U0135454

陈祖武学术文集

旷世大儒：顾炎武
衰世风雷：龚自珍与魏源

陈祖武　著

创于1897　The Commercial Press

图书在版编目（CIP）数据

旷世大儒：顾炎武；衰世风雷：龚自珍与魏源 / 陈祖武著. — 北京：商务印书馆，2024
（陈祖武学术文集）
ISBN 978-7-100-23332-3

I. ①旷… II. ①陈… III. ①顾炎武（1613－1682）－生平事迹－文集②龚自珍（1792－1841）－生平事迹－文集③魏源（1794－1857）－生平事迹－文集
IV. ①B249.1-53②B251.5-53③B252.5-53

中国国家版本馆CIP数据核字（2024）第009968号

（陈祖武学术文集）
旷世大儒：顾炎武
衰世风雷：龚自珍与魏源
陈祖武　著

商 务 印 书 馆 出 版
（北京王府井大街36号　邮政编码 100710）
商 务 印 书 馆 发 行
三河市尚艺印装有限公司印刷
ISBN 978－7－100－23332－3

2024年4月第1版　　　开本 680×960　1/16
2024年4月第1次印刷　　印张 29 1/4

定价：168.00元

作 者 简 介

　　陈祖武，1943 年 10 月生于贵州省贵阳市。1965 年 7 月，毕业于贵州大学历史系。1981 年 7 月，毕业于中国社会科学院研究生院历史系。历任中国社会科学院历史研究所研究实习员、助理研究员、副研究员、研究员。2006 年，当选中国社会科学院首届学部委员。1998 年至 2008 年，任历史研究所所长。2009 年，被国务院聘为中央文史馆馆员，至今一直在馆员岗位履职。主要学术著作有《中国学案史》《清初学术思辨录》《乾嘉学术编年》《乾嘉学派研究》《清代学术源流》《清代学者象传校补》《清史稿儒林传校读记》等。兼任全国古籍规划小组成员，主要古籍整理成果有《榕村语录》《杨园先生全集》《清儒学案》《榕村全书》等。

学术文集自序

生也有涯，学无止境，读书为学一生，不觉已届桑榆景迫。饮水思源，不忘根本。我生在贵州，长在贵州，是在五星红旗下成长起来的新中国学人。从小学、中学一直到大学，我在家乡接受了系统的学校教育。家乡的山山水水和各民族父老乡亲的养育，赋予我坚定不渝的家国情怀和艰苦奋斗的精神品格。一九六五年七月，由贵州大学历史系毕业，从此告别故乡。始而昆明，继之北京，负笈南北，兼师多益，一步一个脚印地摸索前行。

晚近以来，病痛缠身，几同废物。回过头去看一看艰难跋涉的足迹，无间寒暑，朝夕以之，数十年功课皆在伏案恭读清儒学术文献之中。恪遵前辈师长教诲，历年读书为学，每有所得，则只言片语，随手札记。日积月累，由少而多，居然亦能自成片段。承出版界诸多师友厚爱，从一九八三年中华书局约撰《中国历史小丛书》之"顾炎武"，到二〇二二年商务印书馆刊行之《中国学案史》和《感恩师友录》。四十年间，庋书所得幸获十馀次结集。

近期，又蒙商务印书馆盛谊，拟将我数十年之历次为学结集汇为一帙，凭以为新时代之浩瀚学海存此一粟，奉请方家大雅赐教。传承学脉，德高谊厚，谨致深切谢忱。责任编辑鲍海燕同志，不辞辛劳，竞兢业业，置疫情起伏于不顾，屡屡枉驾寒舍，斟酌商量，精益求精。年轻俊彦如此之敬业精神，最是令我终身铭感。

陈祖武 谨识

二〇二二年五月廿日

陈祖武学术文集自序

　　生也有涯，学无止境，读书为学一生，不觉已届桑榆景迫。饮水思源，不忘根本。我生在贵州，长在贵州，是在五星红旗下成长起来的新中国学人。从小学、中学一直到大学，我在家乡接受了系统的学校教育。家乡的山山水水和各民族父老乡亲的养育，赋予我坚定不渝的家国情怀和艰苦奋斗的精神品格。一九六五年七月，由贵州大学历史系毕业，从此告别故乡。始而昆明，继之北京，负笈南北，兼师多益，一步一个脚印地摸索前行。

　　晚近以来，病痛缠身，几同废物。回过头去看一看艰难跋涉的足迹，无间寒暑，朝夕以之，数十年功课皆在伏案恭读清儒学术文献之中。恪遵前辈师长教诲，历年读书为学，每有所得，则只言片语，随手札记。日积月累，由少而多，居然亦能自成片段。承出版界诸多师友厚爱，从一九八三年中华书局约撰《中国历史小丛书》之《顾炎武》，到二〇二二年商务印书馆刊行之《中国学案史》和《感恩师友录》，四十年间，读书所得幸获十余次结集。

　　近期，又蒙商务印书馆盛谊，拟将我数十年之历次为学结集汇为一帙，凭以为新时代之浩瀚学海存此一粟，奉请方家大雅赐教。传承学脉，德高谊厚，谨致深切谢忱。责任编辑鲍海燕同志，不辞辛劳，兢兢业业，置疫情起伏于不顾，屡屡枉驾寒舍，斟酌商量，精益求精。年轻俊彦如此之敬业精神，最是令我终身铭感。

陈祖武　谨识

二〇二二年五月卅日

目 录

旷世大儒：顾炎武

衰世风雷：龚自珍与魏源

旷世大儒

顾炎武

前　言*

在中国学术史上，明末清初是一个风起云涌、才人辈出的时代。顾炎武就是生活在这一时代的卓然大儒。他一生读万卷书，行万里路，行奇学博，志在天下，以其继往开来的杰出业绩，被誉为一代学术的开派宗师。

顾炎武是一个成就斐然的学者，承宋明理学衰微之后，他深得晚明实学思潮熏陶的裨益。一生为学，始终抱定经世致用宗旨，以严谨精勤的学风和朴实的经验归纳方法，广泛涉足于经学、史学、方志舆地、音韵文字、金石考古以及诗文等学。在众多的学术领域，取得了宏富的成就，留下几近五十种的宝贵著述。所著《日知录》《音学五书》《天下郡国利病书》《肇域志》等，宛若一座无比厚重的丰碑，昭示了历史演进的轨迹，具有划时代的重要意义。顾炎武崇实致用的治学精神，严谨绵密的考证方法，以及他对广阔学术门径的开拓，影响一时学风甚巨，对整个清代学术文化的发展，亦显示了深远的历史作用。清代二百六十余年间，音韵文字学之所以能够从经学的附庸而蔚为大国，顾炎武建树了不可磨灭的开创之功。中国封建社会晚期，在学术思潮从宋明理学向清代朴学的转化过程中，作为一个开风气者，顾炎武的历史地位是无可取代的。

中国学术界有个好传统，讲究道德、学问、文章的统一。古往今来，为了实现这样一个三位一体的人生境界，几多儒林中人，潜心问学，甘淡甘贫，视名利若粪土，为学术而终身奋斗。顾炎武一生，将此三者融为一体，执着追求，终身以之，成为数千年儒林的楷模。他操志

---

　　* 该前言为初版（河北人民出版社 2000 年版）时所作。

高洁，人格傲岸，时至今日，三百年过去，依然具有历久不衰的精神震撼力量。为他所倡导的"天下兴亡，匹夫有责"，早已成为中华民族的巨大精神财富。我们今天缅怀这位三百多年前的旷世大儒，就是为了从顾炎武的学行和思想中寻求可贵的历史借鉴，弘扬中华民族的优秀文化传统，批判地继承历史文化遗产，从而推动中华民族新文化的建设，以迎接中华民族的伟大复兴。

祖武之治清代学术史，即自读顾亭林先生书起步。二十余年间，虽亦写有一两篇读书札记，然于亭林学行，实知之太少。原拟一如前辈学者赵俪生教授，俟晚年读书稍多，再去对亭林学行进行梳理。故而近十年间，有关顾亭林先生学行的文字，几乎不写。一九九八年初，承河北人民出版社古籍室主任李大星先生不弃，约撰顾亭林传记。虽几经婉拒，李先生犹错爱不减，实令祖武进退维谷，无可奈何。所可庆幸者，恰逢已故王冀民教授之大著《顾亭林诗笺释》由中华书局出版。王先生之遗著，系先生于顾亭林诗及学行潜心数十年研究之所得，原原本本，信而有征。拜读再三，久蓄胸中之亭林学行疑问，得王先生指点而多获释然。有王冀民先生之力作为据，此时去撰写顾亭林小传，自可较之先前踏实许多。然而毕竟亭林先生行奇学博，祖武至今日犹未明白者尚多，以下所述，依旧有不少未得要领之处。就权且充一阶段性作业，请读者诸君指教吧。

亭林小传结撰过半，承苏州大学周可贞博士盛谊，远道颁赐大作《顾炎武年谱》。顾亭林学行研究得此新著，无疑将会是一个有力推动。前辈哲人云，"学如积薪，后来居上"，信然！

同学诸友，梁君勇、袁君立泽、曹君江红、林君存阳，不唯切磋论难，匡我不逮，且为本书依次分撰第十一至十四各章。集体劳作，增色多矣。

陈祖武　谨识

一九九九年六月于京东潘家园

第一章　一个孕育大儒的时代

顾炎武生当明清鼎革。他原名绛，字忠清，明亡，改名炎武，字宁人，亦自署蒋山佣，学者尊为亭林先生，江苏昆山人。生于明万历四十一年五月二十八日（1613 年 7 月 15 日），清康熙二十一年正月初八日（1682 年 2 月 14 日）病逝，享年七十岁。顾炎武所生活的时代，是一个需要大儒的时代，也是一个孕育大儒的时代。

一、明清更迭的历史动荡

十七世纪的中国，明亡清兴，王朝更迭，形成中国古史中又一个剧烈动荡的时代。从广义上说，明清更迭并不仅仅是指崇祯十七年（1644）三月十九日朱明王朝统治的结束，以及同年五月清军的入据北京和四个月后清世祖颁诏天下，"定鼎燕京"。它是一个历史过程，这一过程长达一个世纪的时间。其上限可以一直追溯到明万历十一年（1583），清太祖努尔哈赤以七大恨告天兴兵，其下限则迄于清康熙二十二年（1683），清廷最终清除亡明残余，统一台湾。

中国封建社会发展到明代，随着专制主义中央集权的强化，其腐朽性亦越发显现出来。及至明神宗万历之时，朱明王朝已入末世。其间虽有过张居正十年（1573—1582 年）的锐意革新，然而颓势已成，不可逆转。天启、崇祯两朝，更是江河日下，犹如痼疽积年，只待溃烂了。

土地兼并，这在漫长的中国封建社会，尤其是它的晚期，是一个无法解决的社会问题。明末，不唯地主豪绅巧取豪夺，更有官庄的肆意侵吞。在以农民为主体的广大劳动者身上，既有私租的榨取，复有官府繁苛赋役的重压，而辽、剿、练三饷的加派，则更属中国古史中所罕见的虐政。崇祯十二年（1639），御史郝晋上疏，对加派的苛酷惊叹道："万历末年，合九边饷止二百八十万。今加派辽饷至九百万，剿饷三百三十万，业已停罢，旋加练饷七百三十余万，自古有一年而括二千万以输京师，又括京师二千万以输边者乎？"[1] 在重重压榨之下，人民生计荡然。崇祯末年，自江淮至京畿的数千里原野，已是"蓬蒿满路，鸡犬无声"[2]。

同经济的崩溃相终始，明末政治格外腐败。阉寺弄权，士绅结党，贪风炽烈，政以贿成，一片亡国景象。明神宗在位四十余年，蛰居深宫，侈靡无度。熹宗一朝，宦官魏忠贤一手遮天，祸国殃民。魏氏党羽，推行恐怖政治，黑暗腐朽，无以复加。崇祯帝当政十七年，尽管孜孜图治，然而病入膏肓，积重难返。因此，崇祯一朝，事事仰承独断的结果，不唯于颓局无补，反倒使诡谀之风日长。这样一个腐朽已极的封建专制政权，理所当然要遭到历史的淘汰。

正当朱明王朝积弱待毙之际，地处我国东北的建州女真崛起。自努尔哈赤于万历十一年（1583）兴兵以来，短短半个世纪间，雄踞辽沈，虎视关内。皇太极继起，挥师频频叩关，出没于辽东、辽西、河北，乃至京畿一带，成为终明之世不得摆脱的忧患。而置朱明王朝于死地的，则是无路可投的农民大众。天启七年（1627），陕西白水县农民率先举起义旗。星星之火，倏尔燎原，于崇祯十七年（1644）将腐朽的朱明王朝埋葬。但是，李自成的大顺农民政权没有能够得以巩固，入据北京仅仅四十余日，便又匆匆西去。明末农民大起义的胜利成果，为拥兵西进的满洲贵族所攫夺。中国封建社会没有发生根本的变革，而只是凭借农民起义的力量，实现了改朝换代的政治变动。

---

[1]　《明史》卷七十八《食货二》。
[2]　谷应泰：《明史纪事本末》卷七十二《崇祯治乱》。

清军入关后，清王朝作为一个全国性的封建政权，自顺治元年（1644）迁都北京，迄于康熙二十二年（1683）统一台湾，经历了整整四十年的动乱。

顺治元年，满洲贵族的入关，改变了明末阶级力量的结构，使之出现了新的组合。在北方，曾经受到李自成农民军严重打击的地主阶级，以吴三桂降清为标志，很快与满洲贵族合流。而在张献忠农民军所扫荡的南方，地主阶级亦纠集武装，对农民军进行拼死反抗。未曾受到农民起义沉重打击的江南官绅，则于同年五月在南京建立起弘光政权，试图与满洲贵族"合师进讨，问罪秦中"。清廷作为满汉地主阶级利益的代表者，一方面于顺治元年颁发圈地令，下令将北京附近各州县的所谓无主荒田，尽行分给东来诸王、勋臣、兵丁，以确保满洲贵族对土地的大量占有，使"满汉分居，各理疆界"。另一方面，清廷则在不与圈地冲突的前提下，明文规定保护汉族地主阶级的利益，于顺治二年宣布，因战乱出逃的地主，返乡之后，准给故业，任何人不得霸占，否则将以"党寇"惩处。[①]就全国范围而言，顺治之初，基本上是一个满汉地主阶级联合镇压农民起义的局面。

然而清政权对汉族地主阶级的联合和保护是有前提的，那就是必须无条件地服从新王朝的统治，承认满洲贵族在这一联合政权中特殊的核心地位。对此不得有丝毫的异议，更不能拥号称尊，否则便是天有二日，形同敌国。所以，当南明政权拒不接受这样的现实之后，这一格局便迅速发生了变化。在农民起义军蒙受重大挫折，局促西南一隅的同时，清军挥师南下，以武力强迫江南官绅接受严酷的现实。顺治二年五月，弘光政权崩溃。六月，清廷再颁剃发令，将满人剃发习俗强制推行于江南。清廷重申："自今布告之后，京城内外，直隶各省，限旬日尽行剃完。若规避惜发，巧词争辩，决不轻贷。"还严格规定："已定

---

① 《清世祖实录》卷十五，顺治二年四月丁卯条；卷十八，顺治二年闰六月辛巳条。

地方，仍存明制，不遵本朝制度者，杀无赦！"① 这样的民族高压政策，虽然使不少江南官绅低头就范，但是也有更多的不甘民族屈辱者，挺而抗争，投身到此伏彼起的反剃发斗争中去。形势的急剧变化，打破了满汉地主阶级联合镇压农民起义的格局，民族矛盾一度上升为社会的主要矛盾。

民族矛盾的空前激化，为大顺、大西农民军余部同南明政权的联合抗清提供了客观的条件。于是在清初历史上，出现了以农民军为主体的抗清斗争高潮。但是，一则由于南明政权的极度腐败，不唯沿袭亡明故态，官僚倾轧，党争不已，而且极力排斥、打击农民军；再则无论是大西军还是大顺军，又都没有形成一个强有力的领导集团，两支力量始终未能有效地进行合作，甚至反目成仇，兵戎相见。这样，经过十余年的角逐，到康熙三年（1664），抗清斗争终于被镇压下去。至此，全国范围的反民族压迫斗争基本告一段落，民族矛盾趋向缓和。

自康熙三年起，曾经出现过一个近十年的相对平静局面。之所以说它是相对平静，其根据在于，清圣祖亲政前后，鳌拜辅政，屡兴大狱，擅杀无辜，弄得朝野不宁。六年，圣祖亲政。八年，总算把鳌拜除去。但是，此时台湾郑氏犹拥兵自立，不奉正朔；西北准噶尔部封建王公正在积聚力量，以与清廷抗衡；吴三桂、尚可喜、耿精忠等藩王，则异志渐萌，尾大不掉。所以，与其说是平静，倒不如说是更大规模对抗和动乱前的酝酿。一方面是清廷强化其中央集权政治需要的日益迫切，另一方面是以吴三桂为代表的封建军阀割据欲望的恶性膨胀，矛盾双方力量的消长，演成了自康熙十二年（1673）起，长达八年之久，蔓延十余省的"三藩之乱"。康熙二十年，三藩乱平。嗣后，清廷才于康熙二十二年降伏郑氏势力，统一了台湾。

一如前述，明朝末年，社会经济已经是一个崩溃的烂摊子。清军入

---

① 蒋良骐：《东华录》卷五，顺治二年六月条。

关之初，连年用兵，战火不熄，社会生产力遭到了严重的破坏，经济状况久久不能复苏。就连清世祖也不得不承认，顺治中叶的社会状况，依旧是"民不聊生，饥寒切身"，"吏治堕污，民生憔悴"。[①] 三藩乱平之后，康熙帝也曾及时指出："今乱贼虽已削平，而疮痍尚未全复。"他深以"师旅疲于征调"，"闾阎敝于转运"为念，敦促内外官员"休养苍黎，培复元气"。[②] 一时民生疾苦，当可想见。然而，毕竟经过明末农民大起义的冲击，腐朽的封建秩序在一定的时间和地域被打乱了，农民大众争得了生存下去的可能。而且，抗清斗争的长期进行，也促使清初统治者不得不对明末积弊及清初虐政做出适当调整。明末的"三饷"加派，早在顺治初即已明令废除。宦官干政，官绅结党，也为清廷三令五申严行禁止。清圣祖亲政以后，鉴于"圈地"所造成的恶劣后果，于康熙八年六月，特为颁诏，宣布："自后圈占民间房地，永行停止。"[③] 所有这些，都为清初经济的恢复提供了可能。康熙中叶的理学名臣陆陇其曾经说过："康熙二十年以后，……海内始有起色。"[④] 这样的话，应当是可信的。

平心而论，清朝初期，尽管有四十年的动乱，但是无论是在经济上，还是在政治上，较之明末，显然有调整、有进步。所以，以清代明，不是历史的倒退，而是历史的前进。只是这个蹒跚的前进过程，采取了曲折的动荡形式罢了。

二、满汉文化的剧烈冲突

满文化发端自早期的女真文化。明中叶以降，满族共同体的形成过

---

① 《清世祖实录》卷七十五，顺治十年五月己卯条。
② 《清圣祖实录》卷九十九，康熙二十年十二月癸巳条。
③ 《清圣祖实录》卷三十，康熙八年六月戊寅条。
④ 《清经世文编》卷二十八，《论直隶兴除事宜书》。

程，也是满文化形成和崛起的过程。努尔哈赤登上历史舞台前的女真文化，是一种原始的采集和渔猎文化，较之毗邻的蒙古文化、朝鲜文化，尤其是先进的汉文化，要落后得多。就社会形态而言，当时的女真社会，尚处于原始氏族部落的末期。自从努尔哈赤发动统一战争，揭开满族共同体历史的新篇章，女真氏族社会因为战争和兼并而急剧解体，迅速地越过奴隶制形态而向早期封建农奴制社会飞跃。古老的女真文化，亦不断接受汉文化、蒙古文化和朝鲜文化的影响而大步迈进。进入辽沈之后，大量蒙古人，尤其是超过女真人数以十倍计的汉人加入民族共同体，在先进的农耕文化影响之下，古老的女真文化逐渐退居次要地位，一个崭新的满文化蓬勃兴起。[①]

崇德八年（1643）八月，皇太极遽然辞世。满洲贵族经过一番权势角逐，由多尔衮、济尔哈朗辅政，拥立皇太极稚子福临继位，是为清世祖。翌年春，历史给了清朝势力一个极好的机遇。先是朱明王朝被李自成农民军所推翻，旋即又是明将吴三桂遣使乞师，于是清军不失时机，由山海关长驱直入，五月初二进入北京，取李自成农民政权而代之。九月，福临迁都北京。至此，清王朝入主中原，成为继明朝之后又一个君临天下的封建王朝。

凭借满洲贵族雄厚的军事实力和显赫的政治权势，满文化在新的封建王朝中居高临下，唯我独尊，亦取得统治文化的态势。然而作为一种后进的文化形态，当满文化取得统治地位之后，它同时也陷入了先进的汉文化的汪洋大海之中。如何去适应这样一种局面，既保持和巩固满文化的特殊地位，又进而使之与汉文化合流，最终维护新兴的封建王朝，乃是满洲贵族必须解决的迫在眉睫的问题。由于清廷的错误决策，民族矛盾激化，以致酿成十余年此伏彼起的抗清斗争。

全国规模的抗清斗争，其外在形式虽是军事和政治的对抗，而从刀

---

① 李洵、薛虹：《清代全史》第一卷，辽宁人民出版社1991年版。

光剑影之中所折射出来的，则是满汉文化的剧烈冲突。这一冲突主要反映在如下几个方面：

第一，强制剃发易服。

在中国历史上，由于文化背景的差异，各个民族皆有自己的衣冠服饰制度和特殊的生活习俗。作为一种文化传统，理应受到尊重，切不可强行划一。可是为历史条件所制约，满洲贵族不可能有这样的历史自觉。因此，还在清朝势力形成的过程中，满洲贵族进入辽沈，即强令广大汉人依照满人习俗，改变衣冠服饰。满人有剃发旧俗，男子顶发四周皆剃去寸许，中间保留长发，朝后编成发辫。此一发式自成一格，素与汉人有别。由于满洲贵族以剃发与否作为汉人顺逆标志，所以剃发与反剃发的斗争，早就成为一种局部的文化冲突。入主中原之初，由于军事抗争的需要，清廷一度放宽对衣冠服饰强令划一的规定。然而当他们在西北告捷，尤其是在江南取得军事上的重大胜利之后，剃发与否再度成为对清政权顺逆的标志。

顺治二年（1645）六月初五，清廷以江南奏捷，遣侍卫尼雅达、费扬古等南下，向前敌将帅和硕豫亲王多铎等颁谕，明令："各处文武军民，尽令剃发，倘有不从，以军法从事。"[①] 十天之后，清廷再颁剃发令，宣布："向来剃发之制，不即令划一，姑听自便者，欲俟天下大定，始行此制耳。今中外一家，君犹父也，民犹子也，父子一体，岂可违异？若不划一，终属二心，不几为异国之人乎！此事无俟朕言，想天下臣民亦必自知也。自今布告之后，京城内外限旬日，直隶各省地方自部文到日，亦限旬日，尽令剃发。遵依者为我国之民，迟疑者同逆命之寇，必置重罪。若规避惜发，巧辞争辩，决不轻贷。该地方文武各官，皆当严行察验。若有复为此事渎进章奏，欲将朕已定地方人民仍存明

---

① 《清世祖实录》卷十七，顺治二年六月丙辰条。

制，不随本朝制度者，杀无赦。"①

在强制剃发的同时，清廷于顺治二年六月明令，汉人必须依照满人样式，改易衣冠服饰，规定："衣帽装束，许从容更易，悉从本朝制度，不得违异。"同年七月，鉴于服饰改易进展迟缓，清廷重申前令，宣布："官民既已剃发，衣冠皆宜遵本朝之制。从前原欲即令改易，恐物价腾贵，一时措置维艰，故缓至今日。近见京城内外，军民衣冠遵满式者甚少，仍着旧时巾帽者甚多，甚非一道同风之义。"因此，责成礼部，"即行文顺天府五城御史，晓示禁止。官吏纵容者，访出并坐。仍通行各该抚按，转行所属，一体遵行"。②

剃发易服为清初一大弊政，在中国古史上实属罕见。因而剃发易服令下，顿时在全国激起反抗怒潮。这场斗争持续时间之长、范围之广、反抗之烈，皆亘古未有。康熙初叶，清廷虽以武力将反清斗争镇压下去，然而于此一弊政则固守不改，产生了久远的恶劣影响。

第二，圈占民间田地。

满洲贵族统兵入关，数十万王公、亲贵、八旗兵丁陆续东来，皆需于京城及京郊或外省八旗驻防地安置，占用土地，势在必行。如何解决这一问题，既使众多兵丁各得其所，又不致扰民生事，这本应从长计议，统筹安排。然而满洲贵族以占用无主荒地为名，不顾后果，强行移植落后生产方式，野蛮圈占民间田地，不仅严重地破坏了农业生产，而且还使众多人民背井离乡，转徙四方。结果弄得怨声载道，民不聊生。

顺治元年（1644）十二月中，圈地伊始，鉴于因之而引起的满汉矛盾，顺天巡按柳寅东疏请进行适当调整，以使满汉别居，疆界分明。他说："清察无主之地，安置满洲庄头，诚开创弘规。第无主之地与有主地犬牙相错，势必与汉民杂处，不惟今日履亩之难，恐日后争端易

---

① 《清世祖实录》卷十七，顺治二年六月丙寅条。
② 《清世祖实录》卷十九，顺治二年七月戊午条。

生。臣以为莫若先将州县大小，定用地多寡，使满洲自占一方，而后以察出无主地，与有主地互相兑换，务使满汉界限分明，疆理各别而后可。"柳寅东认为，这样做可以一举而得五便，他指出："盖满人共聚一处，阡陌在于斯，庐舍在于斯，耕作牧放，各相友助，其便一也。满人汉人，我疆我理，无相侵夺，争端不生，其便二也。里役田赋，各自承办，满汉各官，无相干涉，且亦无可委卸，其便三也。处分当，经界明，汉民不致窜避惊疑，得以保业安生，耕耘如故，赋役不缺，其便四也。可仍者仍，可换者换，汉人乐从。且其中有主者既归并，自不容无主者隐匿，其便五也。"①疏上，十余日后，清廷即取其满汉别居之议，颁谕户部，下令圈地。据称："我朝建都燕京，期于久远。凡近京各州县，民人无主荒田，及明国皇亲驸马、公侯伯、太监等，死于寇乱者，无主田地甚多。尔部可概行清查，若本主尚存，或本主已死而子弟存者，量口给与。其余田地，尽行分给东来诸王、勋臣、兵丁人等。此非利其地土，良以东来诸王、勋臣、兵丁人等，无处安置，故不得不如此区画。然此等地土，若满汉错处，必争夺不止，可令各府州县乡村，满汉分居，各理疆界，以杜异日争端。今年从东先来诸王，各官兵丁，及见在京各部院衙门官员，俱着先拨给田园，其后到者，再酌量照前与之。至各府州县无主荒田及征收缺额者，著该地方官查明，造册送部，其地留给东来兵丁。"②

圈地令下，故明勋戚、公侯庄田自然悉数充公。而民间田地，无论有主、无主，竟连同房屋、坟地乃至人口皆被圈占。这样，所谓圈占无主田地便成了祸国殃民的灾难。因而其恶劣影响，亦屡屡见诸清廷谕旨和臣工奏议。顺治二年（1645）二月，清廷先是明令户部传谕："管庄拨什库等，使晓谕各处庄头，凡民间什物，不许攘掠。若采买刍粮，定

---

① 《清世祖实录》卷十二，顺治元年十二月己未条。
② 《清世祖实录》卷十二，顺治元年十二月丁丑条。

于民间开市之日，著一人率领同往，余日毋得私行。其贸易价值，毋致短少，务须两得其平。倘有违令恣行者，即行处死。至各庄田土，尤须勤力耕种，毋致失时荒芜。"①随后又令户部传谕："各州县有司，凡民间房产，有为满洲圈占，兑换他处者，俱视其田产美恶，速行补给，务令均平。倘有瞻顾徇庇，不从公速拨，耽延时日，尔部察出，从重处分。"②其实，"勤力耕种""兑换均平"云云，无非空文一纸。正如顺治二年六月顺天巡按傅景星上疏所言："田地被圈之民，俱兑拨碱薄屯地。"③

由于圈地造成了诸多弊病，所以顺治四年正月，户部已疏请"以后无复再圈民地，庶满汉两便"④。之后，终世祖一朝，虽多有汉官上疏谏止，但梗阻太多，俱无实效。圣祖亲政，康熙八年（1669）六月，始颁谕户部，明令禁止圈地："自后圈占民间房地，永行停止。其今年所已圈者，悉令给还民间。"⑤圣祖决心虽大，终因积重难返而不能令行禁止。因此，十六年过去，圣祖不得不重申禁令，宣布："凡民间开垦田亩，若圈与旗下，恐致病民，嗣后永不许圈。"⑥至此，清初圈地弊政始告革除。

第三，逼民投充为奴。

在满族共同体的形成过程中，尤其是进入辽沈地区之后，女真社会大步迈进，由氏族社会越过奴隶社会，迈入封建农奴制社会。就女真社会自身而言，这无疑是巨大的历史进步，然而同辽东地区业已形成的封建租佃制关系相比，则仍要落后得多。这种落后，集中表现为大批昔日的自由汉人，在满洲贵族的统治之下，沦为农奴，或在家内供役使的

---

① 《清世祖实录》卷十四，顺治二年二月丁巳条。
② 《清世祖实录》卷十四，顺治二年二月己未条。
③ 《清世祖实录》卷十七，顺治二年六月壬戌条。
④ 《清世祖实录》卷三十，顺治四年正月辛亥条。
⑤ 《清圣祖实录》卷三十，康熙八年六月戊寅条。
⑥ 《清圣祖实录》卷一百二十，康熙二十四年四月戊戌条。

奴仆。入主中原之后，满洲贵族无视京畿先进的农业生产方式，在实行圈地的同时，将农奴制强行移植过来。因圈地而失去谋生依据的汉族农民，每每改而投靠土地的新主人，而清廷亦以所谓"为贫民衣食开生路"之名，将大批汉族农民变为替满洲贵族耕田种地的农奴。这样的举措，清廷称之为"投充"。

投充初行，尚有部分自愿成分，而风气既开，则无论自愿与否，皆一律视为旗下奴仆，甚至有逼勒投充者。因而酿成人心不稳，社会动荡。顺治二年四月，清廷不得不进行适当干预，颁谕户部，指出："前听民人投充旗下为奴者，原为贫民衣食开生路也。诚恐困于饥寒，以致为盗，是以令各自便，不许迫胁。今闻有满洲威逼投充者，又有愚民惑于土贼奸细分民、屠民之言，辄尔轻信，妄行投充者，此等甚可悯恻。前曾令户部榜谕，贫苦之民，无以为生，愿投充旗下者听，不愿者勿得逼勒，以苦民人。今京城内外人等，虽已闻知，尚未明晓，不肯全信。又距京三百里外，耕种满洲田地之处，庄头及奴仆人等，将各州县庄村之人，逼勒投充，不愿者即以言语恐吓，威势逼胁。各色工匠，尽行搜索，务令投充。以致民心不靖，讹言繁兴，惟思逃窜。"有鉴于此，清廷首次宣布："凡恐吓民人，逼胁投充为奴者，许令本人赴部告理，或赴五城御史及顺天府衙门控诉，转送尔（户）部，治以迫胁之罪。距京城三百里内外庄头人等，有逼勒投充为奴，及将工匠逼胁为奴者，道府州县官审明，即将受逼之人释放。如有庄头及奴仆人等恃强不从者，该道即行拿解，尔部审明定罪。如有重罪，可转申抚按题参，请旨定夺。"[①]

就在满族庄头逼汉人投充为奴的同时，汉人中的若干不良之辈，或为图免纳赋税，或为强指他人田产为己有，竟然带地投充。此风一起，更加剧了社会的混乱。所以顺治四年三月，清廷再度出面干预，颁谕户部，重申："前令汉人投充满洲者，诚恐贫穷小民失其生理，困于饥寒，

---

① 《清世祖实录》卷十五，顺治二年四月辛巳条。

流为盗贼，故谕愿投充满洲以资糊口者听。近闻汉人不论贫富，相率投充，甚至投充满洲之后，横行乡里，抗拒官府，大非轸恤穷民初意。自今以后，投充一事著永行停止。"①

然而如同圈地之不易废止，投充弊害亦久久难除。由于事关满洲贵族根本利益，因之"永行停止"云云，不过虚张声势以掩人耳目而已。事实上，清廷既不敢正视现实，杜撰了所谓"轸恤穷民"的初衷，而带头逼民投充者，又正是清廷的实际最高统治者多尔衮。关于这一点，清世祖亲政之后，在谈及多尔衮父子的丑恶行径时，曾向户部明确指出："睿王指称伊子多尔博名，多投充人役，朕前已传谕尔部，俱令查还各州县。今又闻其指称庄内人数不足，滥令投充至六百八十余名。夫庄内人数不足，亦止可收贫乏无业者，用以力农。乃所收尽皆带有房地富厚之家，殊属不合。尔部查照投充原册，逐名开写，发还各州县，照例纳粮应差。其中或有带投他人房地者，俱严责各地方官，确查明白，归还各原主为业。"②

对于圈地和投充给畿辅地区造成的巨大破坏，顾诚教授曾经做过专题研究，他根据地方志中大量资料的统计指出："满洲贵族、官、兵通过圈地和接纳投充，掠夺畿辅地区汉族居民的土地数量十分惊人。如遵化州经过圈占和投充后，剩下的纳税民地不到原额的百分之一，蓟州不到原额的百分之二，东安县更是彻底，'尽行圈丈讫，并无余剩'。"③唯其如此，顺治中叶以后，纠正投充，为民除害，已成朝野共同呼声。顺治十二年正月，都察院左都御史屠赖等奏言："爱民莫先除害。近闻八旗投充之人，自带本身田产外，又任意私添，或指邻近之地，据为己业，或连他人之产，隐避差徭。被占之民既难控诉，国课亦为亏减，上下交困，

---

① 《清世祖实录》卷三十一，顺治四年三月己巳条。
② 《清世祖实录》卷五十九，顺治八年八月辛酉条。
③ 顾诚：《清代全史》第二卷，辽宁人民出版社1991年版，第64页。

莫此为甚。"[1] 其后，随着圈地弊政在康熙初叶的逐步被革除，投充为祸亦渐告废止。乾隆初，虽再申投充禁令，实陋习残存，余波而已。

第四，缉捕逃人。

顺治三年十月，清廷向内外臣工发布命令，宣布："有为剃发、衣冠、圈地、投充、逃人牵连五事具疏者，一概治罪，本不许封进。"[2] 意即剃发、衣冠、圈地、投充和逃人皆为满洲贵族利益攸关，不得有异议。诸项之中，尤以逃人问题所酿成的社会病痛最烈。

何谓逃人？《清史稿》于此有过解释，据云："八旗以俘获为奴仆，主遇之虐，辄亡去。汉民有愿隶八旗为奴仆者，谓之投充，主遇之虐，亦亡去。逃人法自此起。"[3] 可见所谓逃人，即指逃亡的八旗奴仆。在中国古代，奴仆逃亡之成为社会问题，并不自清代始，所以唐宋以还，官方刑律皆辟有专章以作处理依据。然而，如同清初逃人问题之普遍，缉捕逃人之酷烈，则是空前的。所以，在现存清初档案中，有"捉拿逃人一款，乃清朝第一急务"[4] 之说。

清廷何以要把缉捕逃人视为第一急务？道理很清楚，因为役使奴仆乃满洲贵族和八旗官兵的生计所在。所以，一方因不堪役使而逃亡，另一方则不允奴仆离我而去，于是遂演成严酷的缉捕逃人。据李洵、薛虹二位已故教授考证，早在天命七年（1622），努尔哈赤即已发布缉捕逃人令。[5] 此后，掳掠愈多，奴仆愈众，逃人问题亦愈益严重。清朝入主中原之后，早先掳掠为奴的汉人亦随主人进关，重返乡土，思家心切，因之每每逃离主人，返归故里。加以投充为奴者不堪役使，所以奴仆逃亡问题更形突出。据《清世祖实录》载，在顺治三年（1646）初的短短

---

① 《清世祖实录》卷八十八，顺治十二年正月乙巳条。

② 《清世祖实录》卷二十八，顺治三年十月乙酉条。

③ 《清史稿》卷二百四十四《李裀传》。

④ 中国第一历史档案馆编：《清代档案史料丛编》第 11 辑，中华书局 1984 年版，第 80—81 页。

⑤ 李洵、薛虹：《清代全史》第一卷，辽宁人民出版社 1991 年版，第 186 页。

几个月间，逃亡奴仆已达几万人之多。[1] 清廷为了维护生计攸关的农奴制度，当然就要雷厉风行、不计后果地缉捕逃人。

由顺治三年起，清廷开始严厉惩治逃人。同唐宋诸朝全然不同，清廷之处理奴仆逃亡，重在惩罚容留逃奴的窝藏者。对于窝主，清廷先是立即正法，家产入官，继之改为免死流徙，随后又复正法。且牵连所及，邻里乡党、地方官吏皆在所多有，惩治十分残酷。顺治十一年（1654），为缉捕逃人，清廷还专门在兵部设置督捕衙门。

鉴于惩治逃人而殃及无辜，酿成社会动荡，一些敢言的汉官毅然抗疏质疑。顺治十一年（1654）正月，兵部督捕右侍郎魏琯疏言："逃人日多，以投充者众，不皆战阵所获。本主弛纵成习，听其他往，迨日久不还，概讼为逃人。蒙睿鉴原宥，犯逃至再，罪止鞭百。而重惩窝逃，犹沿旧例论斩，籍人口、财产给本主，与叛逆无异。非法之平，请敕议宽减。"[2] 六月，魏琯再奏，疏请："凡窝主已故者，家口免其流徙，田宅免其报部。"疏上，竟遭世祖严词驳斥，宣称："满洲家人，系先朝将士血战所得，故窝逃之禁甚严。近年屡次宽减，罪止流徙，且逃人多至数万，所获不及十一。督捕衙门屡经具奏，魏琯明知，何得又欲求减？显见偏私市恩，殊为可恨。著议政诸王、贝勒、大臣、九卿、詹事、科道各官，会同从重议处具奏。"[3] 结果，魏琯亦因之而被流徙东北辽阳，死于戍所。

在严惩魏琯之后，顺治十一年（1654）九月，清世祖又召见九卿、科道等汉官，再加训斥，指出："尔等之意，欲使满洲家人尽皆逃亡，使满洲失其所业，可乎！朕姑宥前罪，嗣后其各改心易虑，为国为君尽忠效力，以图报称。朕优念尔等，故面谕及此，若更持二志，行私自

---

① 《清世祖实录》卷二十六，顺治三年五月庚戌条。
② 《清史列传》卷七十九《魏琯传》。
③ 《清世祖实录》卷八十四，顺治十一年六月甲子条。

便，尔时事发，决不尔贷。"① 尽管如此，异议依然不绝。十二年正月，兵科右给事中李裀专就缉捕逃人，上疏痛陈七条弊害。李疏云："逃人一事，立法过重，株连太多，使海内无贫富、无良贱、无官民皆惴惴焉莫保其身家。可为痛心者一也。法立而犯者众，势必有以逃人为奇货。纵令扎诈，则富家立破；祸起奴婢，则名分荡然。使愚者误陷而难解，智者欲避而不能。可为痛心者二也。犯法不贷，牵引不原，即大逆不道无以加此。且破一家即耗朝廷一家之供赋，杀一人即伤朝廷一人之培养。古人十年生之，十年教之，今乃以逃人一事戕之乎！可为痛心者三也。人情不甚相远，使其安居得所，何苦相率而逃，至于三万之多。如不以恩意维执其心，而但欲以法穷其所往，法愈峻，逃愈多。可为痛心者四也。即自捕获以后，起解质审，道途骚扰，冤陷实繁，藤蔓不已，生齿凋敝，夫孰非皇上之赤子乎！可为痛心者五也。且饥民流离，地方官以挨查逃人之故，闭关不纳。嗟此穷黎，朝廷日蠲租煮赈，衣而食之，奈何以酷法苛令，迫而毙之乎！可为痛心者六也。妇女踯躅于原野，老稚僵仆于沟渠，其强有力者，东西驱逐，而无所投止，势必铤而走险。今寇孽未靖，方且多方招徕，何为本我赤子，乃驱之作贼乎！可为痛心者七也。"② 疏上，触怒清廷，竟遭放逐东北尚阳堡，惨死他乡。

顺治十二年（1655）三月，户部右侍郎赵开心再度上疏，请暂宽逃人之禁。一如魏琯、李裀，他亦被处以降五级调用的重罚。同时，清世祖颁谕兵、吏二部，严禁内外臣工上疏议及逃人问题，宣布："自此谕颁发之日为始，凡章奏中再有干涉逃人者，定置重罪，决不轻恕。"③

清廷纵然可以用高压而缄人之口于一时，但是逃人问题酿成的弊害则是以专制淫威掩盖不住的。禁令愈严，积弊愈深，到顺治十四年（1657）初，已经形成"秋决重犯，半属窝逃"的严重局面。有鉴于社

① 《清世祖实录》卷八十六，顺治十一年九月己丑条。
② 《清世祖实录》卷八十八，顺治十二年正月己酉条。
③ 《清世祖实录》卷九十，顺治十二年三月甲午条。

会的动荡不宁，为维护自身统治计，清廷被迫对缉捕逃人做出调整。顺治十五年五月，清世祖颁谕兵部督捕衙门，承认逃人问题引出的诸多社会病痛，宣布："今后凡有逃人，本主即报明本固山额真、梅勒章京、牛录等官，将逃人之主及逃人姓名，具印结报部。如逃后日久方报，既获逃人，乃称系伊家人者，此人不许给主，即著入官。直省地方，有旗下告假私出妄为，及冒充旗下群奸横行者，著该督抚严行访拿，解部查明，并本主从重治罪。"①

世祖故世，圣祖亲政，迄于康熙中叶，随着圈地、投充诸弊政的革除，尤其是在旗地上的封建农奴制逐步向租佃制过渡，因而缉捕逃人所造成的社会弊害亦日渐缓解。到康熙三十八年（1699），督捕衙门遂以督捕司之名改归刑部管辖。至此，为祸数十年的逃人弊政，终告废除。

三、清廷文化政策的调整与满汉文化的合流

顺治一朝，戎马倥偬，未遑文治，有关文化政策草创未备，基本上是一个沿袭明代旧制的格局。康熙初叶，南明残余扫荡殆尽，清廷统治趋于巩固。圣祖亲政之后，随着经济的逐渐恢复，文化建设亦相应加强，各种基本国策随之确定下来。康熙二十三年（1684）以后，三藩乱平，台湾回归，清朝历史进入一个相对稳定的发展时期。伴随清廷文化政策的调整，学术文化事业蒸蒸日上，臻于繁荣，曾经剧烈对抗的满汉文化，彼此渗透，日趋合流。

顺治、康熙间的清廷文化政策调整，可以大致归纳为如下几个方面：

第一，民族高压政策的确定。

作为上层建筑的文化政策，一方面它必然要受到其经济基础的制约，从而打上鲜明的时代印记；另一方面各种具体政策的制定，又无不

---

① 《清世祖实录》卷一百一十七，顺治十五年五月癸卯条。

为统治者的根本利益所左右，成为维护其统治的重要手段。满洲贵族所建立的清王朝，虽然形式上是所谓"满汉一体"的政权体制，但是以满洲贵族为核心，才是这一政权的实质所在。这样的政权实质，就决定了满洲贵族对广袤国土上的众多汉民族和其他少数民族的强制统治。反映在文化政策上，便是民族高压政策的施行。由顺治初叶开始，以武力为后盾，渐次向全国推行的剃发易服，构成了民族高压政策的基本内容。这一政策的强制推行，其结果，其一是直接导发江南人民可歌可泣的反剃发斗争，促成明末农民起义军余部同南明政权的联合，并以之为主力，与清廷展开长达十余年的大规模军事对抗。其二，则是它在民族心理上造成的隔阂，历二百数十年而不能平复，从而在一代历史中时隐时显，成为长期潜在的一个严重不稳定因素。

与之相一致，顺治十六年（1659），清廷开焚书恶劣先例，以"畔道驳注"为口实，于当年十一月，下令将民间流传的《四书辨》《大学辨》等书焚毁，严饬各省学臣："校士务遵经传，不得崇尚异说。"[1] 翌年一月，又明令士子"不得妄立社名，纠众盟会"[2]。接着便于康熙初叶的四大臣辅政期间，制造了清代历史上的第一次大规模文字冤狱——庄廷鑨明史案。从此，研究明史，尤其是明末的明清关系史，便成为学术界的禁区。圣祖亲政以后，虽然奉行"宽大和平"的施政方针，对学术文化界苛求尚少，但是在这样一个利害攸关的问题上，则不容越雷池一步。后来文字冤狱的再起，康熙五十二年（1713），翰林院编修戴名世因著述而招致杀身惨祸，直至雍正、乾隆间文网密布，冤狱丛集，根源皆在于此。

严酷的封建文化专制，禁阁思想，摧残人才，成为一时学术文化发展的严重障碍。

---

① 《清世祖实录》卷一百三十，顺治十六年十一月甲戌条。

② 同上书，卷一百三十一，顺治十七年正月辛巳条。

第二，科举取士制度的恢复。

科举取士，自隋唐以来，历代相沿，既成为封建国家的抡才大典，也是文化建设的一项基本国策。明末，战乱频仍，灭亡在即，科举考试已无从正常举行。顺治元年（1644），清廷入主中原。十月，世祖颁即位诏于天下，明令仍前朝旧制，会试定于辰、戌、丑、未年，各直省乡试，定于子、午、卯、酉年，从而恢复了一度中断的科举取士制度。顺治二年五月，南明弘光政权灭亡，清廷从科臣龚鼎孳、学臣高去奢之请，命南京乡试于同年十月举行。七月，浙江总督张存仁疏请"速遣提学，开科取士"，以消弭士子"从逆之念"①。于是乡试推及浙江。翌年二月，首届会试在北京举行，经三月殿试，傅以渐成为清代历史上的第一名状元。同年八月，为罗致人才，稳定统治，清廷下令复举乡试，来年二月再行会试。于是继傅以渐之后，吕宫成为新兴王朝的第二名状元。后来，傅、吕二人均官至大学士。

与之同时，清廷修复明北监为太学，广收生徒，入监肄业。旋即又改明南监为江宁府学，各省府、州、县学，也随着清廷统治地域的扩展而渐次恢复。同学校教育相辅而行，各省书院亦陆续重建，成为作育人才、敦厚风俗的一个重要场所。

自康熙二年（1663）起，清廷曾一度废弃科举考试中的八股文，专试策论。后从礼部侍郎黄机请，于七年仍旧改回。从此，以八股时文考试科举士子，遂成一代定制。

第三，"崇儒重道"基本国策的实施。

在中国数千年封建社会中，重视文化教育，是一个世代相沿的传统。宋明以来，从孔、孟到周、程、张、朱的所谓"道统"说风行，"崇儒重道"便成为封建国家的一项基本文化国策。

清初，经历多尔衮摄政时期的干戈扰攘，顺治八年（1651）世祖

①《清世祖实录》卷十九，顺治二年七月丙戌条。

亲政之后，文化建设的历史课题提上建国日程。九年九月，"临雍释奠"典礼隆重举行，世祖勉励太学师生笃守"圣人之道"，"讲究服膺，用资治理"。十二年，又颁谕礼部，宣布："帝王敷治，文教是先，臣子致君，经术为本。……今天下渐定，朕将兴文教，崇经术，以开太平。"① 两年后，即于顺治十四年九月初七日，举行了清代历史上的第一次经筵盛典。下月，又以初开日讲，祭告孔子于弘德殿。虽然一则由于南方战火未熄，再则亦因世祖过早去世，所以清廷的"振兴文教"云云多未付诸实施。但是，"崇儒重道"的开国气象，毕竟已经初具规模。

世祖去世，历史出现了一个短暂的回旋。在康熙初叶的数年间，辅政的满洲四大臣以纠正"渐习汉俗"，返归"淳朴旧制"为由，推行了文化上的全面倒退。康熙六年（1667），圣祖亲政。八年，清除以鳌拜为首的顽固守旧势力，文化建设重上正轨。同年，圣祖亲临太学释奠孔子。翌年八月，为鳌拜等人下令撤销的翰林院恢复。十月，圣祖颁谕礼部，将世祖制定的"崇儒重道"国策具体化，提出了以"文教是先"为核心的十六条治国纲领。即："敦孝弟以重人伦；笃宗族以昭雍睦；和乡党以息争讼；重农桑以足衣食；尚节俭以惜财用；隆学校以端士习；黜异端以崇正学；讲法律以儆愚顽；明礼让以厚风俗；务本业以定民志；训子弟以禁非为；息诬告以全良善；诫窝逃以免株连；完钱粮以省催科；联保甲以弭盗贼；解仇忿以重身命。"② 后来，清廷将此"圣谕十六条"颁示天下，成为一代封建王朝治国的基本准则。

康熙九年（1670）十一月，日讲重开。翌年二月，中断多年的经筵大典再度举行。此后，每年春秋两次的经筵讲学，便成为一代定制。自日讲重开，年轻的清圣祖在日讲官熊赐履等人的辅导之下，孜孜向学，将"崇儒重道"的既定国策稳步付诸实施。以康熙十七年的诏举"博学

---

① 《清世祖实录》卷九十一，顺治十二年三月壬子条。
② 《清圣祖实录》卷三十四，康熙九年十月癸巳条。

鸿儒”为标志，宣告了清廷“崇儒重道”国策的巨大成功。

第四，“博学鸿儒”特科的举行。

开科取士，意在得人。封建王朝于既定科目之外，为延揽人才而增辟特科，载诸史册，屡见不鲜，并不自清初始。然而如同康熙间的“博学鸿儒”科得人之盛，则是不多见的。自顺治初年以后，在连年的科举考试中，虽然一时知识界中人纷纷入彀，但是若干学有专长的文化人，或心存正闰，不愿合作；或疑虑难消，徘徊观望，终不能为清廷所用。既出于“振兴文教”的需要，又为争取知识界的广泛合作以巩固统治，在平定三藩之乱胜利在即的情况下，清圣祖不失时机地做出明智抉择，对知识界大开仕进之门。康熙十七年（1678）一月，圣祖颁谕礼部：“自古一代之兴，必有博学鸿儒振起文运，阐发经史，润色词章，以备顾问著作之选。……我朝定鼎以来，崇儒重道，培养人才。四海之广，岂无奇才硕彦，学问渊通，文藻瑰丽，可以追踪前哲者？”在发出这一通议论之后，他责成内外官员：“凡有学行兼优，文词卓越之人，不论已仕未仕，令在京三品以上及科道官员，在外督抚布按，各举所知，朕将亲试录用。其余内外各官，果有真知灼见，在内开送吏部，在外开报督抚，代为题荐。务令虚公延访，期得真才，以副朕求贤右文之意。”①

命令既下，列名荐牍者或为“旷世盛典”歆动而出，或为地方大吏驱迫就道，历时一年，陆续云集京城。康熙十八年（1679）三月初一，清廷以《璇玑玉衡赋》和《省耕诗五言排律二十韵》为题，集应荐之一百四十三人②于体仁阁考试。榜发，录取一等二十人，二等三十人，俱入翰林院供职。后来，上述五十人虽在官场角逐中各有沉浮，其佼佼者最终亦多遭倾轧而去职，但是“博学鸿儒”科的举行，其意义则远远超出五十名入选者个人的升沉本身。它的成功首先在于显示清廷崇奖儒

---

① 《清圣祖实录》卷七十一，康熙十七年正月乙未条。
② 此系《清圣祖实录》所载，而陆以湉《冷庐杂识》作一百五十四人。

学格局已定，这就为尔后学术文化事业的繁荣，开创了一个良好的起点。其次，由于对有代表性的汉族知识界中人的成功笼络，其结果，不仅标志着广大知识界与清廷全面合作的实现，而且还在更广阔的意义上对满汉文化的合流产生深远影响，从而为巩固清廷的统治提供了文化心理上的无形保证。

第五，图书的访求与编纂。

"书籍关系文教。"①在中国古代社会，衡量一个王朝文教的盛衰，大致有两个可供据以评定的标准。其一是得人的多寡，人才的质量；其二则是作为学术文化直接成果的图书编纂与庋藏。顺治一朝，文化虽未能大昌，但世祖雅意右文，图书的编纂和访求早已引起重视。定鼎伊始，清廷即沿历代为前朝修史成例，于顺治二年（1645）三月始议编纂《明史》，五月，设置总裁、副总裁及纂修诸官数十员。世祖亲政后，以御撰名义，于顺治十二年九月，将《资政要览》《范行恒言》《劝善要言》《人臣儆心录》颁发异姓公以下、文官三品以上各一部。翌年正月，又令儒臣编纂《通鉴全书》《孝经衍义》等。八月，《内则衍义》撰成。十二月，再敕修《易经通注》。十四年三月，责成各省学臣购求遗书。当时，由于世祖的勤于读书，内院诸臣已有"翻译不给"②之叹。后来，虽因世祖的遽然去世，《明史》《孝经衍义》诸书皆未完篇，但筚路蓝缕，风气已开。

圣祖继起，发扬光大，经二十余年的努力，遂奠定了日后图书编纂繁荣兴旺的深厚根基。其间，于经学则有《日讲四书解义》《易经解义》《书经解义》和《孝经衍义》的先后撰成。于史学则在康熙十八年（1679）重开《明史》馆，"博学鸿儒"科录取人员悉数入馆预修《明史》。对于本朝史事，则有《三朝实录》《太祖、太宗圣训》《大清会

---

① 《清世祖实录》卷一百一十七，顺治十五年五月庚申条。
② 《清世祖实录》卷九十八，顺治十三年二月丙子条。

典》《平定三逆方略》诸书的纂修。康熙二十三年（1684）以后，更扩及诗文、音韵、性理、天文、历法、数学、地理及名物汇编等。一大批具有较高学术价值的官修图书，诸如《佩文韵府》《渊鉴类函》《分类字锦》《古今图书集成》《全唐诗》《律历渊源》《周易折中》《性理精义》及《朱子全书》等，若雨后春笋，纷然涌出。清廷终于以图书编纂的丰硕成果，迎来了足以比肩唐代的贞观、宋代的太平兴国和明代的仁宣之治的繁荣时期。

第六，由尊孔到尊朱。

推尊孔子，作为崇儒的象征，历代皆然。如果说清圣祖亲政之初的在太学释奠孔子，尚属不自觉的官方姿态，那么康熙二十三年以后，他的尊孔，便是一种崇尚儒术的有力表示。

由孔子开创的儒学，在我国历史发展的不同时期，具有外在表现形式各异的时代特征。自北宋以后，儒学进入理学时代，因而元、明诸朝，尊孔崇儒与表彰理学，两位一体，不可分割。明清更迭，社会动荡，这一客观现实反映于意识形态领域，理学营垒分化，朱熹、王守仁学术之争愈演愈烈。清初统治者要表彰理学，就面临一个究竟是尊朱还是尊王的问题。

顺治一朝，国内战争频繁，无暇顾及这一抉择。圣祖亲政，尤其是三藩乱平、台湾回归之后，这样的抉择愈益不可回避。从形式上看，科举取士制度固然可以作为争取知识界合作的一个有效手段，然而要形成并维持整个知识界和全社会的向心力，实现封建国家的长治久安，仅仅依靠这样的手段又显然是不够的。因此，对清初封建统治者来说，寻求较之科举取士制度深刻得多的文化凝聚力，便成为必须完成的历史选择。顺应这样一个客观的历史需要，经历较长时间的鉴别、比较，清廷最终摒弃王守仁心学，选择了独尊朱熹学说的道路。

康熙四十年（1701）以后，清廷以"御纂"的名义，下令汇编朱熹论学精义为《朱子全书》，并委托理学名臣熊赐履、李光地先后主持纂修事宜。五十一年正月，清圣祖明确指出："朱子注释群经，阐发道理，凡所著作及编纂之书，皆明白精确，归于大中至正。经今五百余年，学者无敢疵议。朕以为孔孟之后，有裨斯文者，朱子之功最为弘巨。"[①] 他随即颁谕，将朱熹从祀孔庙的地位升格，由东庑先贤之列，升至大成殿十哲之次。至此，清廷以对朱熹及其学说的尊崇，基本确立了一代封建王朝"崇儒重道"的文化格局。清朝作为中国传统文化当然继承者的地位，亦已确然不拔。

---

① 《清圣祖实录》卷二百四十九，康熙五十一年正月丁巳条。

第二章　晚明经世思潮的熏陶

　　昆山顾氏，为江东望族。炎武祖上世代为官，及至明末，伴随着日益加剧的社会危机，这个家族也不可避免地衰败下来。炎武的曾祖父章志官至南京兵部右侍郎，而祖父绍芳仅任左春坊左赞善，其父同应更未得进入官场，不过是国子监的荫生而已。在国运和家道的江河日下中，顾炎武艰难地奠定了早年的为学藩篱。

一、"士当求实学"的家训

　　顾炎武自幼由叔母王氏抱抚为子，为学伊始，即接受了良好的家庭教育。嗣母王氏知书达理，孀居课子，克勤克俭，于炎武早年的成长，影响甚大。据炎武手撰《先妣王硕人行状》记："自不孝炎武幼时，而吾母授以《小学》，读至王蠋忠臣烈女之言，未尝不三复也。"又云："尤好观《史记》《通鉴》及本朝政纪诸书，而于刘文成、方忠烈、于忠肃诸人事，自炎武十数岁时即举以教。"明亡，清军南下，南京城破，昆山、常熟相继失守，王氏绝食十五日而卒，临殁，遗言炎武："我虽妇人，身受国恩，与国俱亡，义也。汝无为异国臣子，无负世世国恩，无忘先祖遗训，则吾可以瞑于地下。"①

　　在奠定为人为学藩篱的青少年时代，影响顾炎武成长之最大者，则是其嗣祖顾绍芾。绍芾为章志仲子，自幼随父宦居四方。顾氏书香门第，家富藏书。正德末，炎武高祖为官给事中，藏书已达六七千卷之

---

① 顾炎武：《亭林余集·先妣王硕人行状》。

富。嘉靖间，倭寇为祸，焚毁无遗。万历中，经章志、绍芾父子多方购求，至炎武知学，藏书复有五六千卷[①]。绍芾精于史学，谙熟朝章国故，于一时政局变迁，具晓其中曲折。对晚明邸报，绍芾最为留意，"阅邸报，辄手录成帙。……而自万历四十八年七月，至崇祯七年九月，共二十五帙"[②]。天启二年（1622），明军在辽东遭后金军重创，山东白莲教民变亦起。炎武时年十岁。一日，绍芾指庭院中草根喟叹："尔他日得食此幸矣！"从此，悉心督导炎武阅读古代兵家孙子、吴子著述和《左传》《国语》《战国策》《史记》，且以《资治通鉴》为教本，亲为讲授。

崇祯改元，一度出现中兴更化气象。当时，大江南北科举士子结社风气盛行，应社、几社、闻社、读书社等，鳞次栉比，密若繁星。初入科场的顾炎武，翩翩少年，与同邑且同年的同窗归庄，志气相投，共入社会，结成终身的莫逆之交。崇祯二年（1629），太仓张溥、吴江吴翻、贵池吴应箕等，会集远近士子于吴江，创立复社。[③]次年，张溥等人又利用南京乡试的机会，广为招徕，复社队伍更形壮大。同年秋，顾、归二人应试南京，双双成为复社成员。[④]诗文会友，臧否时政，可谓意气风发。唯复社成员来自四方，门户之见颇深，顾、归二人砥行砺节，落落不苟，因之被讥为狂士而有"归奇顾怪"[⑤]之目。

崇祯六年（1633），复社中人大会苏州虎丘，四方云集者数以千计，一时叹为观止。十一年夏，又在南京出《留都防乱公揭》以抨击阉党余孽阮大铖，轰轰烈烈，痛快一时。然而书生议政，不啻纸上谈兵，

---

① 顾炎武：《亭林文集》卷二《钞书自序》。
② 顾炎武：《亭林余集·三朝纪事阙文序》。
③ 复社成立时间，有崇祯二年、三年说。此从吴伟业《复社纪事》、杜登春《社事始末》、陆世仪《复社纪略》、朱彝尊《静志居诗话》说。
④ 顾炎武入复社时间，顾衍生及吴映奎辑《年谱》失载。张穆辑《年谱》系于天启六年，应属误记。赵经达辑《归玄恭先生年谱》系于崇祯二年，理由不充分。似以三年为妥。
⑤ 朱彝尊：《静志居诗话》卷二十二《顾绛》。

党派角逐，反而加剧政局崩溃。崇祯十一年秋，清军破关而入，连捣京畿要塞，直下山东济南，驰骋数千里，如入无人之境。当此深重社会危机，顾绍芾提出"士当求实学"的家训，鞭策顾炎武去讲求经世致用的实学。绍芾说："士当求实学，凡天文、地理、兵农、水土，及一代典章之故，不可不熟究。"①

中国古代儒学，以务实为一优良传统，自孔孟经程朱，至明清间诸大儒，后先接踵，一脉相承。实学这一概念的出现，并不自明清之际始，早在唐代中叶，已经见于史册。据《旧唐书》载，肃宗当政，礼部侍郎杨绾疏陈贡举之弊，即有"人伦一变，既归实学，当识大猷"之论②。两宋间理学勃兴，程颐、朱熹、陆九渊诸大师，皆有"实学"主张。明代中叶以后，阳明学崛起，王学诸大儒亦非不讲"实学"者。然而同样的学术概念，它在不同的历史时代，其内涵则不尽一致。唐中叶杨绾之讲"实学"，乃是切实致用的"当时要务"。宋明间理学中人之言"实学"，则针对佛家之"空""虚"而言，多在封建道德教条的笃实践履。而到了明清之际，一时知识界之昌言"实学"，不仅既有传统的道德修持，而且更有对社会现实的强烈关注，其侧重点已经转向紧迫的救世济时。

当明末季，顾炎武嗣祖之以讲求"实学"为家训，实非顾氏一家之所为，而是一时学术潮流演进使然。

二、理学在晚明的衰微

中国封建社会经历了漫长的演进过程，基于这一过程之上的中国儒学，亦沿着同一方向蹒跚向前。

---

① 顾炎武：《亭林余集·三朝纪事阙文序》。
② 《旧唐书》卷一百一十九《杨绾传》。

北宋以后，中国封建社会自其高峰跌落下来，逐渐步入其晚期。经历唐末五代的社会动荡，新的大一统局面给理论思维提出了新的历史课题，即如何维系国家的一统格局，对封建制度的合理进行理论论证。此其一。其二，汉唐以来，佛、道二家学说得统治者的宽容、提倡，潜滋暗长，渗透朝野，同儒学颉颃争先，对儒学主流地位形成有力冲击。如何确保儒学的正统地位，同样是知识界面临的历史课题。于是一时学术界中人，取佛、道之长为我有，竞相假经学以谈玄理，传统的经学遂衍为以"性与天道"为论究对象的理学。

理学在十一世纪以后的中国社会的出现，既是封建地主阶级挽救其统治危机的需要，也是传统儒学吸取外来的佛教和中国自身的道家、道教思想而进行哲学化的结果。儒家学说本来就具有浓厚的伦理道德色彩，北宋中叶以后的儒学哲学化，把传统的伦理道德学说膨胀为其核心，并使之披上了炫目的哲学外衣。理学家们试图通过把封建伦理道德本体化为"天理"的理论论证途径，确立"存天理，灭人欲"的社会准则，从而去完成封建制度永恒的理论论证。

这个理论论证过程的完成，在中国封建社会晚期足足经历了五个世纪的时间。从北宋中叶的理学家周敦颐、邵雍开始，中经张载、程颢、程颐，直到南宋时的陆九渊、朱熹告一段落，封建伦理道德的"天理"地位，已经用理论规范的形式固定下来。然而，先验的、至高无上的"天理"，又是如何同世俗的人结合在一起，从而成为人世间的主宰？这样一个问题，直到集理学之大成的朱熹并没有得到完满的解决。尔后，又经历了近三百年的时间，才由明代中叶崛起的王守仁，以其"致良知"学说，用"吾心之良知，即所谓天理也"的简捷论证，最终完成了这样一个理论论证过程。

王守仁的"致良知"学说，标志着宋明理学对其历史课题的最终完成。王学既是对宋明理学的发展，同时也正是王学本身，把整个宋明理学导向了瓦解。

宋明理学将封建伦理道德本体化的过程，本来就是以蒙昧主义为前提的。朱熹的"圣贤千言万语，只是教人明天理、灭人欲"[①]，其基本特征就是笃守孔孟以来的封建伦理道德教条。然而到了王守仁这里，他却将神圣不可侵犯的"天理"纳入人"心"之中。王学中的最高哲学范畴"心"，同朱学中的最高哲学范畴"理"一样，都是一个玄虚的精神实体，它们同样具有先验的性质。所不同者，只是朱熹的"理"是以六经、孔孟为论究依据，具有鲜明的儒学正统色彩。而王守仁的"心"，以及这个"心"所固有的"良知"，则并无一个确定的是非标准可循，因之使它带上了招致正统派经学家、理学家攻诘的异端色彩。王守仁曾这么说过："学贵得之心。求之于心而非也，虽其言之出于孔子，不敢以为是也，而况其未及孔子者乎！求之于心而是也，虽其言之出于庸常，不敢以为非也，而况其出于孔子者乎！"[②]他还认为："良知只是个是非之心，是非只是个好恶，只好恶就尽了是非，只是非就尽了万事万变。"[③]于是乎"天理"便脱离了孔子以来的是非标准，而成为游移不定、可以随人解释的东西。这就为王学，乃至整个宋明理学从理论上的崩解，打开了一个致命的、无法弥合的缺口。风行于明朝万历中叶以后的泰州学派，正是沿着王守仁"致良知"说的逻辑程序走下去，"掀翻天地"，"非名教之所能羁络矣"[④]。以论证封建伦理道德永恒为宗旨的宋明理学，发展到明朝末年，竟然同其本来宗旨严重背离，乃至走到其反面，构成一股对封建道德的离心力。这就说明，作为一种学术形态，宋明理学在理论上已经走到了尽头。

晚明的学术界，王学一统，"谈良知者盈天下"[⑤]，因而理学的没落，便集中表现为王学的深刻危机。于是在当时的理学界，出现了由王学向

---

① 朱熹：《朱子语类》卷十二《学六·持守》。
② 王守仁：《传习录》中，《答罗整庵少宰书》。
③ 王守仁：《传习录》下。
④ 黄宗羲：《明儒学案》卷三十二《泰州学案》一。
⑤ 顾宪成：《小心斋札记》卷六。

朱学回归的倾向。东林学派领袖顾宪成、高攀龙，是这一倾向的倡导者。其中，尤以高攀龙对王学的批判最为系统，因而也最具号召力。

万历、天启间，高攀龙为一时江南学术坛坫主盟。他之批判王学，紧紧抓住"致良知"说不放，指出："《大学》曰'致知在格物，物格而后知至'。阳明曰'所谓致知格物者，致吾心之良知于事事物物也。……事物各得其理，格物也'。是格物在致知，知至而后物格也。"[1]一个是"致知在格物"，把格物作为致知的必然途径；一个是"格物在致知"，以"致良知"取代格物。高攀龙认为，这并非寻常为学次第的差异，而是儒学与禅学的分水岭。他说："谈良知者，致知不在格物，故虚灵之用多为情识，而非天则之自然，去至善远矣。吾辈格物，格至善也，以善为宗，不以知为宗也。故'致知在格物'一语，而儒禅判矣。"[2]由此出发，高攀龙把"致知在格物"作为评判朱王学术的标准，肯定朱学为实学，而以王学为虚学。他说："阳明于朱子格物，若未尝涉其藩焉。其致良知乃明明德也，然而不本于格物，遂认明德为无善无恶。故明德一也，由格物而入者其学实，其明也即心即性。不由格物而入者其学虚，其明也是心非性。心性岂有二哉？则所从入者有毫厘之辨也。"[3]

在高攀龙的笔下，王守仁学说既是禅学，又是虚学，理所当然应予否定。因此，他指斥王学使理学中绝，断言："姚江之学兴，而濂洛之脉绝。"[4]高攀龙认为，明中叶以后学术界的诸多弊端，皆导源于王守仁的"致良知"说。他指出："自'致良知'之宗揭，学者遂认知为性，一切随知流转，张皇恍惚。甚以恣情任欲，亦附于作用变化之妙，而迷复久矣。"[5]对于"致良知"说风行所造成的弊害，他归纳为两点："始

---

① 高攀龙：《高子遗书》卷三《阳明说辨》二。
② 高攀龙：《高子遗书》卷八上《答王仪寰二守》。
③ 高攀龙：《高子遗书》卷八下《答方本庵》一。
④ 高攀龙：《高子遗书》卷八上《答张鸡山》。
⑤ 高攀龙：《高子遗书》卷九上《尊闻录序》。

也扫闻见以明心耳，究而任心而废学，于是乎诗书礼乐轻而士鲜实悟。"此其一。其二，"始也扫善恶以空念耳，究且任空而废行，于是乎名节忠义轻而士鲜实修"①。

有鉴于此，高攀龙大声疾呼："今日虚证见矣，吾辈当相与稽弊而反之于实。"②于是他提出了"学反其本"的问题，主张由王学向朱学回归。他指出："圣学正脉，只以穷理为先。"③又说："自良知之教兴，世之弁髦朱学也久矣。一人倡之，千万人从之，易也。千万人违之，一人挽之，岂易易哉！此所谓不惑者也，能反其本者也。夫学者学为孔子而已，孔子之教四，曰文、行、忠、信。惟朱子之学得其宗，传之万世无弊。"④因此他断言："学孔子而不宗程朱，是望海若而失司南也。"⑤

在晚明学术界，顾宪成、高攀龙以向朱学的回归，试图重振没落的理学。他们的学术主张借助其政治影响，向南北迅速传播，使之成为"一时儒者之宗，海内士大夫识与不识，称高、顾无异词"⑥。风气既开，去虚就实遂成儒林呼声。

三、经世思潮的兴起

在学术史上，每当一种学术形态走向极端而趋于没落的时候，它必然要向其相反的方向转化。晚明学术界由王学向朱学回归倾向的出现，已经表明这一转化过程的到来，而蓬勃兴起的经世思潮，则有力地推动了这一转化的实现。

晚明的经世思潮，是一个旨在挽救社会危机的学术潮流，它具有益

---

① 高攀龙：《高子遗书》卷九上《崇文会语序》。
② 高攀龙：《高子遗书》卷四《讲义·知及之章》。
③ 高攀龙：《高子遗书》卷五《会语》。
④ 高攀龙：《高子遗书》卷九上《崇文会语序》。
⑤ 钱士升：《高子遗书序》，载《遗书》卷首。
⑥ 《明史》卷二百四十三《高攀龙》。

趋鲜明的救世色彩。因而一时学术界中人，无论所治为何种学问，救世都成了一个共同论题。万历中叶以后，经世思潮初起，东林巨子顾宪成即以救世为己任，他说："官辇毂，念头不在君父上；官封疆，念头不在百姓上；至于水间林下，三三两两，相与讲求性命，切磨德义，念头不在世道上，即有他美，君子不齿矣。"[①] 高攀龙则明确地提出了"学者以天下为任"[②] 的主张，为抗拒魏忠贤的倒行逆施，愤然投水自尽，以其傲岸的节操，实践了自己的主张。

在晚明方兴未艾的经世思潮中，徐光启是一个杰出的代表。目睹"名理之儒，土苴天下之实事"，以致酿成"实者无一存"[③] 的现状，他一生为学"务求实用"，志在"率天下之人而归于实用"[④]。以其毕生的为学、为政实践，充实了经世思潮的学术内容，使之走上了健实的发展道路。

同是主张学以救世的学者，徐光启却与东林学派不一样，他没有走由王学向朱学回归的路，而是积极倡导并实际讲求"天下要务"。早在天启初，他即指出："方今事势，实须真才，真才必须实学。一切用世之事，深宜究心，而兵事尤亟，务须好学深思。"[⑤] 崇祯元年（1628），在《敬陈讲筵事宜以裨圣学政事疏》中，徐光启把"造就人才，务求实用"视为"救时急务"，主张对"屯田、盐法、河漕、水利等事"，"备细考求，精加参酌"，以使"天下要务，略如指掌"[⑥]。

在"务求实用"的思想指导下，徐光启把"富国强兵"作为自己为学、为政所追求的根本目标。他不仅用心讲求与发展农业有关的水利、漕运、农艺、屯田、历法等，而且身体力行，亲临西北进行农田水利调

---

① 顾宪成：《小心斋札记》卷十一。
② 高攀龙：《高子遗书》卷八下《与李肖甫》。
③ 徐光启：《徐光启集》卷二《刻同文算指序》。
④ 徐光启：《徐光启集》卷二《几何原本杂议》。
⑤ 徐光启：《徐光启集》卷十《与胡季仁比部》。
⑥ 徐光启：《徐光启集》卷九《敬陈讲筵事宜疏》。

查，先后在故乡上海以及寄居地天津进行试验，推广良种。同时，又向当时来华的著名意大利传教士利玛窦学习天文、数学、历法，翻译西方古典数学名著《几何原本》，编译《测量法义》《测量异同》《勾股义》和《泰西水法》等实用数学著作。为了国家的富强，徐光启以一个儒臣而亲临营伍，选练士兵，撰成军事著作《徐氏庖言》《选练条格》。晚年的徐光启，倾注全部心力领导《崇祯历书》的纂辑，完成了不朽的农业科学巨著《农政全书》。

在徐光启的经世思想影响下，崇祯间，复社诸君子闻风而起，把经世思潮大大地向前推进。复社领袖张溥、陈子龙，或向徐光启"问当世之务"①，或就天文、历法"径问所疑"②。他们承其未竟之志，于崇祯十二年（1639）将《农政全书》整理刊行。此前一年，陈子龙、徐孚远等人还编选了卷帙浩繁的《明经世文编》。全书网罗明代二百数十年间的军政要务，试图从中探寻学以救世的途径，成为晚明经世思潮高涨的象征。在这部匡时济世的作品中，陈子龙等人向当时的空疏学风发起猛烈挑战，指出："俗儒是古而非今，文士撷华而舍实。夫抱残守缺，则训诂之文充栋不厌；寻声设色，则雕绘之作永日以思。至于时王所尚，世务所急，是非得失之际，未之用心。苟能访求其书者盖寡，宜天下才智日以绌，故曰士无实学。"③他们甚至惊呼："国家卒有缓急，安所恃哉！"④

作为心性空谈的对立物，在晚明经世思潮的形成过程中，出现了"通经学古"的经学倡导。此风由嘉靖、隆庆间学者归有光开其端，他指出："圣人之道，其迹载于六经。……六经之言，何其简而易也。不能平心以求之，而别求讲说，别求功效，无怪乎言语之支而蹊径旁出

---

① 陈子龙：《农政全书》，凡例。
② 张溥：《农政全书》，序。
③ 《明经世文编》卷首，《陈子龙序》。
④ 《明经世文编》卷首，《许誉卿序》。

也。"①面对八股时文的甚嚣尘上，归有光痛斥其对人才的败坏和世道的为害，积极进行"通经学古"的倡导。他说："近来一种俗学，习为记诵套子，往往能取高第，浅中之徒，转相仿效，更以通经学古为拙。则区区与诸君论此于荒山寂寞之滨，其不为所嗤笑者几希！然惟此学流传，败坏人才，其于世道为害不浅。"②对理学家的空言讲道，归有光也予以否定，试图以讲经去取代讲道。他说："汉儒谓之讲经，而今世谓之讲道，夫能明于圣人之经，斯道明矣，道亦何容讲哉！凡今世之人，多纷纷然异说者，皆起于讲道也。"③因此他认为："天下学者，欲明道德性命之精微，亦未有舍六艺而可以空言讲论者也。"④万历年间，焦竑、陈第继起，皆以"明经君子"⑤而著称一时。启、祯两朝，钱谦益成为归有光学术主张的后先呼应者。他直言不讳地指出，宋明以来的道学（即理学），并非儒学正统，而是犹如八股时文般的"俗学"。他说："自唐宋以迄于国初，……为古学之蠹者有两端焉，曰制科之习比于俚，道学之习比于腐。斯二者皆俗学也。"⑥钱谦益与归有光唱为同调，坚决反对"离经而讲道"。他说："汉儒谓之讲经，而今世谓之讲道。圣人之经，即圣人之道也。离经而讲道，贤者高自标目，务胜于前人，而不肖者汪洋自恣，莫可穷诘。"⑦钱谦益明确主张，应当"以汉人为宗主"去研治经学。在其于明亡前所结撰的《初学集》中，他写道："学者之治经也，必以汉人为宗主。……汉不足，求之于唐；唐不足，求之于宋；唐宋皆不足，然后求之近代。"⑧

从归有光到钱谦益，晚明学者的经学倡导，虽然未能使数百年来为

---

① 归有光：《归震川先生全集》卷七《示徐生书》。
② 归有光：《归震川先生全集》卷七《山舍示学者》。
③ 归有光：《归震川先生全集》卷九《送何氏二子序》。
④ 归有光：《归震川先生全集》卷九《送计博士序》。
⑤ 陈第：《一斋集·尚书流衍自序》。
⑥ 钱谦益：《初学集》卷七十九《答唐汝谔论文书》。
⑦ 钱谦益：《初学集》卷二十八《新刻十三经注疏序》。
⑧ 钱谦益：《初学集》卷七十九《与卓去病论经学书》。

理学所掩的经学重振，但是它却表明，以经学济理学之穷的学术潮流，已经在中国传统儒学的母体内孕育。

四、晚明的西学输入

在晚明学术史上，实学思潮的形成和高涨，同西学的输入关系甚大。晚明的西学输入，始于十六世纪末。它以当时来华的耶稣会传教士为媒介，在杰出的先行者利玛窦倡导之下，始而广东肇庆、韶州，继之江西南昌、江苏南京，最后则深入宫廷，流播朝野，成为名噪一时的"天学"。晚明来华的耶稣会士，以传播天主教教义为根本目的，因而他们所输入中国的西学，首先就是西方的宗教神学。关于这一点，正如万历十一年（1583）耶稣会士罗明坚、利玛窦抵华伊始，向广东肇庆知府王泮所宣称的："我们是一个宗教团体的成员，崇奉天主为唯一的真神。"[①] 这一宗旨，在迄于明亡来华的众多传教士中，是为他们所始终如一地坚持不变的。不过，在中国这样一个具有上千年儒学传统的国度，自身的道教以及东方的佛教，尚且被视为异端邪说而遭到排斥，天主教神学要想立定脚跟，就绝非易事。因此，为了使布教活动得以进行，受过高等教育的利玛窦率先脱去僧装，改着儒冠、儒服，学习中国语言，研讨儒家经典，恪守儒家礼仪。他们长年累月地深入到中国知识分子和封建官僚中去，以传播西方学术为手段，试图在中国谋求建立新生教会的基础。其结果同耶稣会士的本来愿望相反，尽管他们也确实在中国发展了天主教的一批早期信徒，但是为他们所介绍的西方科学技术，却掩宗教神学而上，引起了同他们接触的学者和官员的浓厚兴趣。这样一来，耶稣会士的布教活动变成了名副其实的西方自然科学知识的输入，

---

① 利玛窦、金尼阁：《利玛窦中国札记》（中译本）第二卷第四章，中华书局1983年版，第160页。

利玛窦等人也成了沟通中西文化的使者。

晚明的西学输入，虽然有其严重的历史局限，当时的中国学者也只是把它视为一种"补儒易佛"①的手段而已，但是它所产生的客观历史效果，其主要方面则是积极的。西学的输入，给明末的知识界传来了新的知识信息，示范了一种务实的新学风。它对当时为学风尚的积极影响，大致表现为如下四个方面。

首先，它开阔了我国知识界的学术视野。从利玛窦、庞迪我到熊三拔、艾儒略、罗雅谷、汤若望，耶稣会士们所传播的西学，对长期闭塞的我国知识界是一次有力的冲击。它使愿意正视现实的知识分子看到，中国并不就是世界，在我国的东西南北，不仅有浩瀚的大海，而且还有世代生息繁衍、风俗各异的众多国家和民族。这些国家和民族既如同我国一样，有着自己的文明史，同时在某些学术领域，已经走在我们的前头。正如在《同文算指》一书付刻时，徐光启就我国的数学发展水平所说的："大率与西术合者，靡弗与理合也；与西术谬者，靡弗与理谬也。"②这样的认识，在今天看来不足为奇，但是在三百多年前的知识界，能有这样的清醒认识则是不容易的。

其次，耶稣会传教士大都受过良好的文化教育，他们的为学，不务空谈，讲求实际。为他们所传播的科学技术，"皆返本跖实，绝去一切虚玄幻妄之说。……上穷九天，旁该万事"③。这种"实心、实行、实学"④，不仅赢得了学者和士大夫的信任，而且也示范了一种博大的务实学风。明末的著名学者，从焦竑、李贽、陈第，到李之藻、徐光启、方以智等，无不受到这种学风的熏染。晚明经世致用的实学思潮的形成，固然有其自身的必然历史依据，而西学的输入，无疑也起了积极的催

---

① 徐光启：《徐光启集》卷二《泰西水法序》。
② 徐光启：《徐光启集》卷二《刻〈同文算指〉序》。
③ 徐光启：《徐光启集》卷二《刻〈同文算指〉序》。
④ 徐光启：《徐光启集》卷二《泰西水法序》。

化作用。徐光启正是有感于利玛窦等人的"事天爱人之说，格物穷理之论，治国平天下之术，下及历算、医药、农田、水利等兴利除害之事"①，将数学知识广泛地运用于"富国强兵"的追求，从而升华出"务求实用"的新学风。方以智同样是受到西方传来的"质测"之学影响，但并不以之为满足，而是进一步去探求"通几"之学，试图追寻更深一层的道理。他说："万历年间，远西学人详于质测而拙于言通几。然智士推之，彼之质测犹未备也。"② 由此出发，他写成了百科全书式的名著《物理小识》和《通雅》。

再次，晚明来华的耶稣会士，从利玛窦开始，即把他们的宗教和学术活动，同讲习、表彰我国的传统儒学相结合。利玛窦不仅长期究心儒家典籍，谙熟儒家道德哲学，而且还把孔子的思想和学术主张介绍到西方去。他说："中国哲学家之中，最有名的叫作孔子。这位博学的伟大人物，诞生于基督纪元前五百五十一年，享年七十余岁。他既以著作和授徒，也以自己的身教来激励他的人民追求道德。他的自制力和有节制的生活方式，使他的同胞断言，他远比世界各国过去所有被认为是德高望重的人更为神圣。的确，如果我们批判地研究他那些被载入史册中的言行，我们就不得不承认，他可以与异教哲学家相媲美，而且还超过他们中的大多数人。"③ 利玛窦认为，五经、四书等儒家经典，或为孔子撰写，或为孔子汇编，"构成最古老的中国图书库"。对《论语》一书，他尤为赞赏，指出："它主要是着眼于个人、家庭及整个国家的道德行为，而在人类理性的光芒下，对正当的道德活动加以指导。"④ 这种对孔子学说和儒家经典的表彰，既顺应了晚明知识界于理学没落之后，试图

---

① 徐光启：《徐光启集》卷九《辨学章疏》。
② 方以智：《浮山文集前编》卷六《物理小识自序》。
③ 利玛窦、金尼阁：《利玛窦中国札记》（中译本）第一卷第五章，中华书局1983年版，第31页。
④ 利玛窦、金尼阁：《利玛窦中国札记》（中译本）第一卷第五章，中华书局1983年版，第35页。

从传统经学中去寻找出路的要求，同时也在客观上推动了中国知识界对经学和孔子学说的再认识。

最后，耶稣会士学习我国语言文字的实践，也给了我国语言学研究者以有益的启示。利玛窦是一个知识广博的学者，为了研讨儒家经典，他曾下苦功学习中国语言文字。因而他不仅深知中文的优劣，而且还按照元音和辅音的划分，把每一个汉字分解成若干音节，这就无异于在进行汉字拼音化的尝试。继利玛窦之后，金尼阁又发展了这种尝试，撰为《西儒耳目资》，用拉丁文对汉字进行拼音归类。耶稣会士的成功尝试，比起我国传统的反切法来，无疑是向前推进了一步。这样，就给我国当时及后世的语音史研究，乃至汉字的拼音化，都提供了有益的启示。万历间遨游南北的福建学者陈第，正是在这样的学术背景之下，致力于古代音韵研究的。后来，方以智继起，更是独辟蹊径，专意讲求古代语音，甚至朦胧地提出了参照西文改革汉字的设想。他说："字之纷也，即缘通与借耳。若事属一字，字各一义，如远西因事乃合音，因音而成字，不重不共，不尤愈乎？"[1]

五、投身时代洪流

崇祯十一年（1638），《皇明经世文编》刊行。翌年，《农政全书》问世。以此二书的出版为标志，晚明经世思潮趋于高涨。此时，西北农民起义已成燎原之势，辽东战局又复败报迭传。清军的数度破关，长驱而入，更使江南人心不宁。国计的艰危，民生的凋敝，将顾炎武从科场角逐中震醒。他"感四国之多虞，耻经生之寡术"[2]，毅然摆脱举业桎梏，本"士当求实学"家训，投身时代洪流。时年 27 岁。

---

[1]　方以智：《通雅》卷一。
[2]　顾炎武：《亭林文集》卷六《天下郡国利病书序》。

晚明社会的极度腐朽，经济的濒临崩溃，政治的黑暗龌龊，军事的不堪一击，是年轻的顾炎武迈入社会门槛时所面临的严峻现实。针对积重难返的社会病痛，顾炎武以其嗣祖为楷模，试图引古筹今，从史册和文献中去寻求酿成国贫民弱危局的根源。自崇祯十二年（1639）秋天起，他利用家中的丰富藏书，将有关农田、水利、矿产、交通和地理沿革等资料一一加以辑录，从而揭开了他一生为学的新篇章。

在迄于明亡前的四五年间，顾炎武朝夕伏案，辛勤采摭，共辑出有关资料四十余帙。明亡，清军南下，此一工作虽被迫中断，但所幸资料并未散佚。至其晚年，遂将所存浩繁资料一分为二，关于社会经济方面的部分，题为"天下郡国利病书"，而山川地理诸资料，则题为"肇域志"。

在《天下郡国利病书》中，顾炎武以大量社会历史资料的排比，对土地兼并、赋役不均的社会积弊进行了猛烈鞭挞。根据他所辑录的史料，我们可以看到，有明一代，尤其是中叶以后，土地兼并是何等严重。军屯瓦解是其直接后果，"举数十屯而兼并于豪右，比比而是"[1]。而与之若形影相随的赋役不均、豪绅欺隐，更是有过之而无不及。素以重赋著称的江南，浙江嘉兴县，"一人而隐田千亩"，"其隐去田粮，不在此县，亦不在彼县，而置于无何之乡"[2]。江苏武进县，一豪绅"隐田六百余亩，洒派众户，己则阴食其糈，而令一县穷民代之税"[3]。在东南沿海的福建，竟出现了"有田连阡陌，而户米不满斗石者；有贫无立锥，而户米至数十石者"[4]的景况。

顾炎武着意地去收集这些资料，揭露社会病痛，从广阔的地域反映明代农村的诸多积弊，展示了他早年讲求经世实学的努力和以天下为

---

① 顾炎武：《天下郡国利病书》卷九十一《福建一》。
② 顾炎武：《天下郡国利病书》卷八十四《浙江二》。
③ 顾炎武：《天下郡国利病书》卷二十三《江南十一》。
④ 顾炎武：《天下郡国利病书》卷九十二《福建二》。

己任的博大襟怀。明清易代，顾炎武学以经世的思想益趋成熟。在顺治二年（1645）及稍后一段时间里，他所写的《军制论》《形势论》《田功论》《钱法论》和《郡县论》等，都是探讨他要求改革社会积弊思想的极好材料。

在上述文论中，顾炎武不唯对土地兼并、赋役不均的社会问题痛下针砭，而且更试图对造成这些社会病痛的历史根源进行探索。尽管他对问题的症结没有能够予以准确的揭示，但是其锋芒所向，已经触及封建社会的上层建筑本身。在著名的《郡县论》中，他写道："封建之废，固自周衰之日，而不自于秦也。封建之废，非一日之故也，虽圣人起亦将变而为郡县。方今郡县之弊已极，而无圣人出焉，尚一一仍其故事。此民生之所以日贫，中国之所以日弱而益趋于乱也。"[①]在顾炎武看来，"郡县之弊已极"局面的形成，症结就在于"其专在上"。他说："封建之失，其专在下；郡县之失，其专在上。"皇权的高度集中，酿成各级地方官员"凛凛焉救过之不及，以得代为幸，而无肯为其民兴一日之利"。既然如此，顾炎武断言："民乌得而不穷，国乌得而不弱！"于是他直截地提出了变革郡县制度的要求，大声疾呼："率此不变，虽千百年而吾知其与乱同事，日甚一日者矣。"[②]顾炎武亟求变革的思想，是明清更迭的大动荡在意识形态领域的必然反映，其进步意义是显而易见的。我们不能因为历史的局限使他无法找到解决问题的途径，以致提出"寓封建之意于郡县之中"的主张，便贸然否定《郡县论》以及他要求进行社会变革思想的历史价值。

---

① 顾炎武：《亭林文集》卷一《郡县论一》。
② 顾炎武：《亭林文集》卷一《郡县论一》。

第三章　天下兴亡　匹夫有责

明清更迭的社会大动荡，至崇祯十七年（1644）而达于极点。是年三月十九日，李自成农民军攻占北京，明崇祯帝朱由检缢死煤山，朱明王朝覆亡。四月中，此一消息传到江南，人心震恐，一片混乱。五月，清军入踞北京，江山易帜，正朔顿改。当此国家、民族危亡的历史关头，顾炎武高扬"天下兴亡，匹夫有责"的旗帜，毅然走出书斋，投身时代洪流。

一、弘光授官

清朝入主中原，追歼李自成农民军乃是当务之急，江南半壁，鞭长莫及，于是南明政权应运而起。明制，设南北二京。朱元璋立国，建都南京。成祖以燕王得国，永乐十八年（1420）迁都北京，为遵祖制，亦视南京为留都，文武职官，一如北京。有明一代，遂成定制。明亡，南京众文武大臣得悉噩耗，几经角逐而拥立福王朱由崧监国，改明年为弘光元年，以号召天下。是为南明弘光政权。

明亡消息传至江南，顾炎武当时正在苏州。惊悉国变，他匆匆赶回昆山千墩故里，将嗣母王氏并家人迁居常熟唐市。此时的顾炎武，正深陷家难困扰之中，离乡至苏州及迎母迁家唐市，当皆与家难有关。

顾氏家难之起，源于争夺祖上遗产。先是崇祯十四年（1641），炎武嗣祖绍芾去世。由于炎武非绍芾嫡孙而系继嗣，其从叔叶墅与再从兄维撕下大家子弟的虚伪面纱，为争夺财产继承权，不顾正居丧守制的哀痛，挑起家难。顾叶墅和顾维为达到目的，对顾炎武百计陷害，甚至不惜告到官府，迫使炎武对簿公堂。明代，昆山县属苏州府管辖。崇祯十七年四月，顾炎武之在苏州，或系家难诉讼之故。为一家三十余口生计所迫，顾炎武将祖上遗田八百亩低价典押给同邑富豪叶方恒。叶氏乘顾氏家难之危，图谋仗势侵吞。顾氏家难与这笔田产纠纷相交织，旷日持久，一直闹到明朝灭亡亦未止息。

明亡前的三四年间，顾炎武所经历的这场家难和田产纠纷，给他一生留下了巨大的创痛。当其晚年，他曾就此复书顾维，痛述十一条质问。书中写道："孰使我六十年垂白之贞母，流离奔迸，几不保其余生者乎？孰使我一家三十余口，风飞雹散，孑然一身，无所容趾者乎？孰使我遗赀数千金，尽供猰㺄，四壁并非己有，一簪不得随身，绝粒三春，寄飱他氏者乎？孰使我天性骨肉，并畴萋斐，克恭之弟，一旦而绁兄，圣善之母，一旦而逐子，谗人罔极，磨骨未休，怨不期深，伤心最痛者乎？孰使我诸父宗人，互寻仇隙，四载讼庭，必假手剪屠而后快者乎？孰使我四世祖居，日谋侵占，竟归异姓，谢公辞世，不保五亩之家，欲求破屋数间而已亦不可得者乎？孰使我倍息而举，半价而卖，转盼萧然，伍子吹箎，王孙乞食者乎？孰使我一廛不守，寸亩无遗，夺沁水之田则矫烝尝为号，攘临川之宅则假庙宇为辞，巧立奇名，并归鲸鲁者乎？孰使我旅人焚巢，舟中遇敌，共姬垂逮于宋火，子胥几殒于芦漪者乎？孰使我父母之国，邈若山河，凡我姻友，居停半宿，即同张俭之辜，接话一茶，便等陈容之傌，绝往来，废贺吊，回首越吟，凄其泪下者乎？孰使我岁时蜡腊，伏地悲哀，家人相对，含酸饮泣，叫天而苍苍不闻，呼父而冥冥莫晓者乎？"[1] 顾炎武的这封信，字字句句皆痛心疾首，实为研究他生平行事的一段重要文字，不可忽视。

崇祯十七年（1644）五月，弘光政权建立，经昆山知县杨永言举荐，授顾炎武为兵部司务。对于福王继统，顾炎武为之振奋，他置一己

---

① 顾炎武：《蒋山佣残稿》卷一《答再从兄书》。

家难于不顾，深寄复明希望于弘光政权。心潮起伏，见诸笔端，写下了《大行哀诗》《感事》等激情洋溢的诗篇。诗中，顾炎武比福王为重建夏朝的少康和复兴汉室的光武帝，激励南京文武挥师北进，匡复故国。所撰《感事》第二首，最可反映此种心情，诗云："缟素称先帝，春秋大复仇。告天传玉册，哭庙见诸侯。诏令屯雷动，恩波解泽流。须知六军出，一扫定神州。"[①] 然而福王朱由崧既非中兴英主，南京文武亦乏少康大材，军阀割据，号令不一，已然暴露夭亡凶兆。因之顾炎武在诗中亦留下了深深的忧虑，他写道："自昔南朝地，常称北府雄。六军多垒日，万国鼓鞞中。听律音非吉，焚旗火乍红。恐闻刘展乱，父老泣江东。"[②]

尽管如此，且千墩故居惨遭焚劫，被迫再迁常熟语濂泾，顾炎武在安排好家人之后，依然积极准备前往南京赴任。

二、乙酉四论

顺治二年（1645）春，为准备应弘光政权之召，出任兵部司务，顾炎武撰成著名的"乙酉四论"，即《军制论》《形势论》《田功论》《钱法论》。他从弘光政权据南京立国的实际出发，针对明末在军制、农田、钱法诸方面的积弊，提出了一系列解救危难的应急主张。

弘光政权划江而守，面对埋葬明王朝的农民军和所向披靡的清军，没有强大的军事力量，一切皆无从谈起。有鉴于此，顾炎武的"乙酉四论"，先之以《军制论》。在这篇文章中，他通过总结历代，尤其是明代军制的变迁，指出："尝考古《春秋》《周礼》寓兵于农之说，未尝不喟然太息，以为判兵与农而二之者，三代以下之通弊；判军与民而又二之者，则自国朝始。"炎武认为，明初军制，尚得《春秋》《周礼》遗

---

① 顾炎武：《亭林诗集》卷一《感事》第二首。
② 顾炎武：《亭林诗集》卷一《感事》第七首。

法，这就是朱元璋所说的"吾养兵百万，不费民间一粒"。然而明中叶以后，兵农分离，军兵不一，军制愈变而愈坏，以致"尽驱民为兵，而国事将不忍言矣"。顾炎武就这一严重后果指出："臣尝合天下卫所计之，兵不下二百万。国家有兵二百万，可以无敌，而曾不得一人之用；二百万人之田，不可谓不赡，而曾不得一升一合之用。故曰：高皇帝之法亡矣。"于是他大声疾呼："法不变，不可以救今。已居不得不变之势，而犹讳其变之实，而姑守其不变之名，必至于大弊。"因此，炎武主张本"寓兵于农"遗法，"于不变之中而寓变之之制，因已变之势而复创造之规"。其具体做法是："举尺籍而问之，无缺伍乎？缺者若干人？收其田，以新兵补之。大集伍而阅之，皆胜兵乎？不胜者免，收其田，以新兵补之。五年一阅，汰其羸，登其锐，而不必世其人。"他认为，唯有如此，兵农合一，始可"成克复之勋"①。

与《军制论》互为补充，《形势论》则是从军事地理的角度，探讨用兵须先得地势道理的一篇重要文字。顾炎武既谙熟历代兴亡，又通晓山川地理形势，因此他以史为鉴，通过总结吴、东晋、宋、齐、梁、陈、南唐、南宋等八个建都南方朝代的兴亡，指出："尝历考八代兴亡之故，中天下而论之，窃以为荆襄者，天下之吭，蜀者，天下之领，而两淮、山东，其背也。"炎武认为："夫取天下者，必居天下之上游而后可以制人。英雄无用武之地，则事不集。且人知高皇帝之都金陵，而不知高皇帝之所以取天下。当江东未定，先以大兵克襄汉，平淮安，降徐、宿，而后北略中原。此用兵先得地势也。"既然如此，所以顾炎武向弘光政权建言，主张北守徐、泗，西控荆、襄，接通巴、蜀，"联天下之半以为一"。他认为果能如此部署，"则虽有苻秦百万之师，完颜三十二军之众，不能窥我地。而蓄威固锐，以伺敌人之暇，则功可成也"②。

---

① 顾炎武：《亭林文集》卷六《军制论》。
② 顾炎武：《亭林文集》卷六《形势论》。

农为国本，历代皆然。弘光政权建于大乱之中，用兵固为大事，但如无固本之计，忽视农耕，亦非治国之道。顾炎武的《田功论》开宗明义即指出："天下之大富有二，上曰耕，次曰牧。国亦然。"炎武认为，农耕尤为国家根本，他说："事有策之甚迂，为之甚难，而卒可以并天下之国，臣天下之人者，莫耕若。"顾炎武在此文中，大段征引宋人魏了翁关于务农积谷、屯垦实边的论述。他以之为据而论弘光时局，指出召民屯垦，"此正今日之急务"。对于此一固本之计的具体实施，顾炎武在论证其可行性之后，认为断不可急功近利，建议："请捐数十万金钱，予劝农之官，毋问其出入，而三年之后，以边粟之盈虚贵贱为殿最。"炎武指出，唯有如此，始可达到"物力丰，兵丁足，城围坚"的目的，于是"天子收不言利之利，而天下之大富积此矣"①。

《钱法论》是"乙酉四论"中的最后一篇文字。这篇文章与《田功论》相辅而行，亦专在探讨弘光政权所面临的经济问题。通过总结历代钱法变迁，尤其是有明一代钱法利弊得失，顾炎武认为，明代钱法固然称善，但钱币的流通则最为混乱，症结在于国家权力旁落，行钱不畅。因而迄于晚明，酿成"物日重，钱日轻，盗铸云起"的严重局面。顾炎武历考古制，认为"钱自上下，自下上，流而不穷者，钱之为道也"。他指出，两汉迄于唐宋，口赋之入以钱，盐铁之入以钱，关市之入以钱，榷酤之入以钱，罚锾之入以钱，契税之入以钱。由于国家权尊，行钱有序，所以才能"敛天下之钱而上之，赍予禄给，虑无不用"。而明代不然，晚明为最，"钱则下而不上"，伪钱日售，制钱日壅，结果一片混乱。针对此一积弊，顾炎武主张："请略仿前代之制，凡州县之存留支放，一切以钱代之。"②

顾炎武有此治国方略，满以为成竹在胸，可以为弘光政权效力。于

---

① 顾炎武：《亭林文集》卷六《田功论》。
② 顾炎武：《亭林文集》卷六《钱法论》。

是同年春，他一度离常熟语濂泾至镇江以观察时局。在镇江，熙来攘往的军队调动映入炎武眼帘，似呈一派中兴气象。他为此一局面所鼓舞，写下《京口即事》诗二首，寄寓北伐复国的憧憬。第一首云："白羽出扬州，黄旗下石头。六双归雁落，千里射蛟浮。河上三军合，神京一战收。祖生多意气，击楫正中流。"第二首云："大将临江日，中原望捷时。两河通诏旨，三辅急王师。转战收铜马，还兵饮月支。从军无限乐，早赋仲宣诗。"①五月初一，正值炎武嗣母六十寿辰，亲朋故旧归庄、吴其沆、顾兰服、徐履忱等四人专程来乡居道贺，煮酒剧谈，通宵达旦。同诸友作别，炎武遂出应弘光政权之召。

然而事态的进程同顾炎武的愿望截然相反，腐败的弘光政权为马士英、阮大铖所把持，文官同室操戈，武将拥兵自重。复仇既成空谈，北伐更是无期。当炎武离常熟再出，扬州已为清军攻破，史可法不屈而死。五月十日，福王出逃，转瞬间即成清军阶下囚。十五日，南京城破，弘光政权败亡。

三、苏州从军

清军攻占南京，弘光政权覆亡，旧日文武大员，多俯首称臣。江南告捷，清廷再颁剃发令。铁蹄所至，义师纷起，在江南城乡掀起可歌可泣的反剃发斗争。而揭开这一抗争序幕者，则是弘光兵备副使杨文骢的苏州一战。

据《明史》载，杨文骢，字龙友，崇祯时，官江宁知县，福王立于南京，起兵部主事，历员外郎、郎中，皆监军京口。明年，迁兵备副使，分巡常、镇二府，监大将郑鸿逵、郑彩军。五月朔，擢右金都御史。"文骢乃还驻京口，合鸿逵等兵南岸，与大清兵隔江相持。……初

---

① 顾炎武：《亭林诗集》卷一《京口即事》。

九日，大清兵乘雾潜济，迫岸。诸军始知，仓皇列阵甘露寺。铁骑冲之，悉溃。文骢走苏州。十三日，大清兵破南京，百官尽降。命鸿胪丞黄家鼐往苏州安抚，文骢袭杀之。"①

在杨文骢所部的苏州一战中，留下了顾炎武的身影。据炎武所撰《吴同初行状》记："（顺治二年五月初二）余遂出赴杨公（原昆山知县杨永言——引者）之辟，未旬日而北兵渡江，余从军于苏。"② 由于杨文骢未能坚城固守，反而弃城南去，因而苏州遂为清军所有。苏州兵败，顾炎武匆匆赶回常熟语濂泾。

关于顾炎武的苏州从军，因为他所记甚略，仅有"从军于苏"寥寥四字，所以留给后人很多疑问，以致有将其事同吴志葵、鲁之玙兵薄苏州相连者。其实，这当是一个误会。首先，吴、鲁之进兵苏州，并非顺治二年（1645）五月事，而是之后苏州已为清军所有的同年闰六月至八月间事。据《明史》之《沈犹龙传》记："南京失守，列城望风下。闰六月，吴淞总兵官吴志葵自海入江，结水寨于泖湖。会总兵官黄蜚拥千艘自无锡至，与合。"③ 同书《鲁之玙传》亦记："苏州既降，诸生陆世钥聚众焚城楼。之玙率千人入城，与大清兵战。溃走，之玙战死"④。又据《清史稿》之《李率泰传》载，顺治二年，率泰从豫亲王多铎南征，"克扬州，下江宁，分兵定苏州、松江诸郡。江阴典史阎应元拒守，督兵攻破之。豫亲王令驻防苏州，会明将吴志葵、黄蜚等来犯，……尽歼之"⑤。其次，顾炎武之于吴志葵、鲁之玙等兵薄苏州之役，曾有专文追记，言之甚明，与他毫不相干。据称："始北兵之下，自常州以南，皆望风而降。公（吴志葵——引者）犹建牙海上，与采石黄蜚、京口郑鸿逵、九江黄斌卿、定海王之仁、温州贺若尧、扬州高进忠，凡七总

---

① 《明史》卷二百七十七《杨文骢传》。
② 顾炎武：《亭林文集》卷五《吴同初行状》。
③ 《明史》卷二百七十七《沈犹龙传》。
④ 《明史》卷二百七十七《鲁之玙传》。
⑤ 《清史稿》卷二百七十三《李率泰传》。

兵官合谋拒之。击走叛将洪恩炳，进薄苏州。不克，以舟师营于黄浦。"
又说："苏州之役，丁有光从之玙巷战而死。季宁身中四矢，犹手斩二
级，没于阵。而是日死者，有赞画举人傅凝之，诸生施圣烈，游击聂
豹，蔚川兵营参将孔虎师，都司黄用伦，守备桐用、宗铎、顾之兰，把
总陆进等三十余人。而佣（即炎武自署蒋山佣——引者）有再从兄子
清晏，以武进士为宝山守备，亦从公死于黄浦。"[1]再次，关于自顺治二
年六月至闰六月间顾炎武的行止，他所撰《常熟陈君墓志铭》有明确记
录。据云："崇祯十七年，余在吴门，闻京师之报，人心凶惧。余乃奉
母避之常熟之语濂泾，依水为固，与陈君鼎和隔垣而居。陈君视余年长
以倍，于县中耆旧名德，以及田赋水利，一切民生利病无不通晓。乃未
一岁而戎马驰突，吴中诸县并起义兵自守，与之抗衡。而余以母在，独
屏居水乡不出。自六月至于闰月，无夜不与君露坐水边树下，仰视月
食，遥闻火炮。"[2]

综上所述，可见顾炎武顺治二年五月的苏州从军，当系追随杨文骢
所部，而非其后的吴志葵、黄蜚、鲁之玙部。

四、昆山之难

顺治二年（1645）五月末，苏州兵败，六月初，顾炎武返回常熟语
濂泾，之后数月，皆在乡间伴嗣母而居。就在此数月间，苏南各地，义
旗高举，同清军展开了壮烈的抗争。

江南告捷，清廷前敌将帅向各地派遣接管官员。六月苏州既降，清
廷旋即任命原昆山县丞阎茂才为知县，严令全城人民限期剃发。闰六月
十三日，不堪民族屈辱，昆山贡生朱集璜等揭竿而起，杀阎茂才。十五

---

[1]　顾炎武：《亭林佚文辑补·都督吴公死事略》。
[2]　顾炎武：《亭林余集·常熟陈君墓志铭》。

日，与贡生陈大任等共议，推原明狼山总兵王佐才为主帅，婴城固守。原明昆山知县杨永言、参将陈宏勋等，亦募兵入城，共襄战守。与之同时，鲁王朱以海监国绍兴，成为一时南明军民抗击清军的一面旗帜。而相继以起的苏南义军，江阴则有陈明遇、阎应元，嘉定则有侯峒曾、黄淳耀，华亭则有沈犹龙，松江则有陈子龙，吴淞则有吴志葵，吴江则有吴旸，洞庭则有陆世钥，宜兴则有卢象观，太仓则有张士仪[①]，义旗遍扬，波澜壮阔。

顾炎武身为昆山人，生母何氏及同胞兄弟叔侄，一门皆在城中，且友人归庄、吴其沆亦皆投身义军，而炎武本人是否参与昆山城守事？一如前引《常熟陈君墓志铭》，自顺治二年（1645）六月至闰六月间，他皆"屏居水乡不出"。而昆山城守，归、吴二友皆在军中，炎武则在语濂泾"遥闻火炮"，直到常熟失陷，其嗣母绝食而逝，方始"出入戎行"[②]。关于这一点，除《常熟陈君墓志铭》外，炎武所撰《吴同初行状》亦记之甚明。他说："北兵渡江，余从军于苏。归而昆山起义兵，归生与焉，寻亦竟得脱，而吴生死矣。"[③] 顾炎武为人，诚笃不欺，其所记应属最可信据。因此，雍乾间史家全祖望为炎武撰《神道表》，所云："应昆山令杨永言之辟，与嘉定诸生吴其沆及归庄共起兵，奉故郧抚王永祚以从夏文忠公于吴。江东授公兵部司务。事既不克，永言行遁去，其沆死之，先生与庄幸得脱。"[④] 搅诸事于一时，含混不明，应属误记。诚如已故王冀民先生所批评："此表混'从军于苏'与'昆山起义'为一事，其误甚明。况杨永言、夏允彝、王永祚三人未闻共事，而先生尤未亲与昆山守城之役乎？"[⑤]

然而语濂泾介乎常熟、昆山两县间，去昆山城不过数十里，何况

---

① 王冀民：《顾亭林诗笺释》卷一《千里》，中华书局 1998 年版。
② 顾炎武：《亭林余集·常熟陈君墓志铭》。
③ 顾炎武：《亭林文集》卷五《吴同初行状》。
④ 全祖望：《鲒埼亭集》卷十二《亭林先生神道表》。
⑤ 王冀民：《顾亭林诗笺释》卷一《千里》，中华书局 1998 年版。

归庄、吴其沆皆在义军之中，所以昆山战守，顾炎武当时有所闻。《常熟陈君墓志铭》所云"自六月至于闰月，无夜不与君露坐水边树下，仰视月食，遥闻火炮"，应属实录，可信不诬。不惟昆山战守，而且一时苏南义军动向，亦为顾炎武密切关注。他此期间所写《千里》一诗，有云："千里吴封大，三州震泽通。戈矛连海外，文檄动江东。王子新开邸，将军旧总戎。登坛多慷慨，谁复似臧洪！"[1] 短短四十字，亦诗亦史，仿佛可以听见响彻云霄的正气歌声。

七月六日，昆山城破，清军滥杀无辜，肆意掳掠，一城百姓，死伤惨重。吴其沆殉难城中，"莫知尸处"[2]。归庄则先期乘间逃出，幸免于难。而顾炎武的三弟缵、四弟绳皆惨死屠刀，生母何氏被清兵砍断一臂，致成终身残废。七月十二日，归庄潜回昆山，据他所见，此时的城中，依然"横尸载道"[3]。昆山不过五万户[4]的蕞尔小城，而死难之众并不下于同时的江阴、嘉定。据顾炎武事后所记，已达四万之众[5]。

七月十四日，常熟失陷。炎武嗣母王氏闻讯，毅然绝食，至月末三十日逝世。迄于八月松江义军兵败，苏南各地均为清军所有。

昆山城破，生母大难致残；常熟失陷，嗣母绝食而逝。身历国破家亡的惨痛，当年九月，顾炎武返回昆山，探望幸存的友人吴其沆之母。面对残垣断壁，生灵涂炭，顾炎武写下《秋山》诗二首。该诗第一首写道："秋山复秋山，秋雨连山殷。昨日战江口，今日战山边。已闻右甄溃，复见左拒残。旌旗埋地中，梯冲舞城端。一朝长平败，伏尸遍冈峦。北去三百舸，舸舸好红颜。吴口拥橐驼，鸣箛入燕关。昔时鄢郢人，犹在城南间。"第二首则云："秋山复秋水，秋花红未已。烈风吹山冈，磷火来城市。天狗下巫门，白虹属军垒。可怜壮哉县，一旦生荆

---

[1]　顾炎武：《亭林诗集》卷一《千里》。
[2]　顾炎武：《亭林文集》卷五《吴同初行状》。
[3]　归庄：《归庄集》卷一《遣人入城权瘗三嫂遥哭三章》。
[4]　归庄：《归庄集》卷一《悲昆山》。
[5]　顾炎武：《亭林文集》卷五《吴同初行状》。

杞。归元贤大夫，断脰良家子。楚人固焚麇，庶几歆旧祀。句践栖山中，国人能致死。叹息思古人，存亡自今始。"[1] 抗清战事之悲壮，军民死伤之惨重，江南横遭掳掠之痛心，为天下兴亡而献身的志趣，如泣如诉，一一尽在字里行间。

五、隆武遗臣

顺治二年（1645）闰六月，唐王朱聿键在福州称帝，建元隆武，继绍兴鲁王政权之后，成为南明军民抗清复国的又一面旗帜。消息传至江南，顾炎武为之一振，他在《闻诏》一诗中写道："闻道今天子，中兴自福州。二京皆望幸，四海愿同仇。灭虏须名将，尊王仗列侯。殊方传尺一，不觉泪频流。"[2] 翌年春，隆武帝遣使北上，授顾炎武兵部职方司主事一职。炎武欣然受命，成《延平使至》诗一首，诗中有云："春风一夕动三山，使者持旌出汉关。万里干戈传御札，十行书字识天颜。身留绝塞援枹伍，梦在行朝执戟班。一听纶言同感激，收京遥待翠华还。"[3] 从此，他以隆武遗臣自居，辗转于三吴乡邑，太湖沿岸，直至松江沿海，同吴旸、杨廷枢、陈子龙、顾咸正等人暗中往还，秘密从事反清斗争。

吴旸，字日生，吴江人。明崇祯间进士。弘光立国，经史可法荐，授兵部主事。顺治二年（1645）五月，弘光政权败亡，招募义勇，屯兵太湖，一时号称劲旅。八月兵败，潜踪息影，藏匿不出。三年春，与吴江周瑞义师会合，其势复振，隆武政权授官兵部侍郎。此后，在吴江、嘉善连创清军。同年秋，因叛将告密被逮，不屈而死。顾炎武与杨廷枢、陈子龙等人皆曾参吴旸军事，所以炎武曾撰有《上吴侍郎

---

① 顾炎武：《亭林诗集》卷一《秋山》。

② 顾炎武：《亭林诗集》卷一《闻诏》。

③ 顾炎武：《亭林诗集》卷一《延平使至》。

旸》诗一首，诗中颇能窥见炎武的军事主张。他写道："作气须先鼓，争雄必上游。军声天外落，地势掌中收。征虏投壶暇，东山赌墅优。莫轻言一战，上客有良谋。"①

顺治四年（1647）春，在吴中义士戴之俊等人鼓动之下，清松江提督吴胜兆与海上义师联络，密谋反清。四月，阴谋败露，吴胜兆被逮，株连戴之俊及其师杨廷枢和陈子龙、顾咸正并咸正二子天遘、天遴等，皆遭指名缉捕。顾炎武因与诸人多有过从，亦惴惴不安，藏匿四方。

杨廷枢，字维斗，吴县人。崇祯初，为应天解元，以能文名。弘光政权败亡，曾在松江举兵抗清，兵败，隐居不出，后受隆武政权兵部主事一职。吴胜兆反清案发被逮，不屈死难。顾炎武抚今追昔，痛悼死友，写下《哭杨主事》一诗，诗中有云："松江再蹉跌，搜伏穷千嶂。竟入南冠囚，一死神慨慷。往秋夜中论，指事并吁怅。我慕凌御史，仓卒当绝吭。齐蠋与楚龚，相期各风尚。君今果不食，天日情已谅。陨首芦墟村，喷血胥门浪。唯有大节存，亦足酬帝贶。洒涕见羊昙，停毫默凄怆。他日大鸟来，同会华阴葬。"②

顾咸正，字端木，昆山人。崇祯间，以举人官陕西延安府推官。明亡，于顺治三年（1646）春返回故里。同年，与顾炎武、归庄同受隆武政权诏，秘密致力反清斗争。吴胜兆案发，五月，咸正二子天遘、天遴同陈子龙一道在昆山被捕，慷慨就义。十余日后，咸正亦为清兵抓获，于九月死难。顾咸正于炎武属父辈，两世有交，皆抗清营垒中人。如今，咸正一门死义，炎武独得脱身，哀痛之余，亦为不能搭救天遘、天遴而深以自责。为此，他分别写有《推官二子执后欲为之经营而未得也而二子死矣》和《哭顾推官》二诗，又为天遘、天遴撰《两顾君事状》。炎武所撰二诗，今存《亭林诗集》中，而《两顾君事状》，则佚

---

① 顾炎武：《亭林诗集》卷一《上吴侍郎旸》。
② 顾炎武：《亭林诗集》卷一《哭杨主事》。

而不存。所幸归庄撰《两顾君大鸿仲熊传》述及此事，有云："丁亥夏五月，吾友顾大鸿、仲熊匿兵科都给事中陈公于家，事觉皆死。友人顾宁人为之状，宁人与交未久，故不详其平生。余与两君相知最深，则宜称述以传者，余之责也。"①

陈子龙，字卧子，松江华亭人。明崇祯进士，以能文名。明亡，奔走国事，倡义起兵。顺治二年（1645）八月，松江兵败，隐匿水乡，参吴旸军事。隆武立国，授官太仆寺卿。四年，吴胜兆案发，在昆山顾天遴家中被捕，押解途中，投水自尽。顾炎武与陈子龙相识多年，早年，同为复社中人，明亡，又同在抗清营垒之中，对于此番子龙死难，炎武自然悲痛万分。而子龙避祸出亡，一度投奔炎武乡居，唯炎武同样潜身山乡，未能一助。炎武于此，尤感负疚。因此，他在《哭陈太仆》一诗中写道："事急始见求，栖身各荆棘。君来别浦南，我去荒山北。柴门日夜扃，有妇当机织。未知客何人，仓卒具粝食。一宿遂登舟，徘徊玉山侧。有翼不高飞，终为罻罗得。耻为南冠囚，竟从彭咸则。尚愧虞卿心，负此一凄恻。"②

吴胜兆之狱，对江南抗清斗争是一个沉重打击。从此，浙西大规模的抗清起义，遂告结束。面对旧日抗清营垒中友人的纷纷死难，顾炎武虽痛裂肺腑，但兴复故国之想依然长存胸中。在此时所写《精卫》一诗中，炎武以衔木填海的精卫自况而道出胸臆："万事有不平，尔何空自苦？长将一寸心，衔木到终古。我愿平东海，身沉心不改。大海无平期，我心无绝时。呜呼！君不见西山衔木众鸟多，鹊来燕去自成窠。"③

---

①　归庄：《归庄集》卷七《两顾君大鸿仲熊传》。
②　顾炎武：《亭林诗集》卷二《哭陈太仆》。
③　顾炎武：《亭林诗集》卷一《精卫》。

第四章　歧路彷徨　流转四方

在顾炎武的一生中，顺治五年（1648）至十一年，是一段苦闷彷徨的岁月。此时，江南抗清斗争严重受挫，隆武、鲁监国政权相继败亡，桂王政权始而局促粤西，继之遁入云贵。唯有鲁王余部和郑成功义军转战东南沿海，虽一度北进而掀起波澜，然毕竟孤掌难鸣，大势已去。时局既已如此沉重，家难、私仇又交相煎迫，已过而立之年的顾炎武，为了做出人生道路上的抉择，上下求索，流转四方。

一、远游之想初萌

顺治五年（1648）秋，顾炎武再抵太湖洞庭山，写下《偶来》诗一首。该诗虽仅短短八句，但却道出了抗清斗争失败，旧友死难流散之后，顾炎武在坚守初志与隐遁不出之间痛苦抉择的心境。诗中写道："偶来湖上已三秋，便可栖迟老一丘。赤米白盐犹自足，青山绿野故无求。柴车向夕逢元亮，款段乘春遇少游。鸟兽同群终不忍，辙环非是为身谋。"[①] 诗末二句，最可玩味，从中正可窥见顾炎武的连年奔走，断非为一己谋求安身立命之地，因此，他决计以天下兴亡为己任，坚守初志，辙环四方。

迄于是年冬，顾炎武依然客居太湖洞庭山。他在此时所写《将远行作》一诗，更将远游四方之想倾吐而出。诗中写道："去秋窥东溟，今冬泛五湖。长叹天地间，人区日榛芜。出门多蛇虎，局促守一隅。梦想

---

① 顾炎武：《亭林诗集》卷一《偶来》。

在中原，河山不崎岖。朝驰瀍涧宅，夕宿殽函都。神明运四极，反以形骸拘。收身蓬艾中，所之若穷途。杖策当独行，未敢惮羁孤。愿登广阿城，一览舆地图。回首八骏遥，怅然临交衢。"① 既有远游之想，且已北上京口，何以终未成为现实？该诗原抄本的"时犹全越"四字题注，道出了个中缘由，也为"反以形骸拘"的诗句做了脚注。晚近汪辟疆先生校顾诗，于此四字有云："越疑代发。"已故王蘧常先生著《顾亭林诗集汇注》，肯定汪先生说，指出："汪云越疑代发，是。卷二有《剪发》诗，'时犹全发'，盖对后剪发而言也。疑此四字为后补，故孙诒让作为自注。'全发'用《五代史·四夷传》语。以'月'代'发'，以韵目代忌讳字也。"王先生所言"以韵目代忌讳字"，乃顾亭林诗一重要通例。因之，王先生接着说："此例甚多，更仆难数，潘抄本已多改正，校语中详之。然亦有改而未尽者，此类是也。炎武以韵目代字，最先阐释者似为戴望与孙诒让。……徐注不知此例，遂多误解。后之治亭林诗者，类能以此例推释。亭林《日知录》论《古文未正之隐》云，有待于后人之改正，有待于后人之补完，定、哀之间多微辞，况于易姓改物，制有华夏者乎！自代字之例明，而亭林之微辞见，由是而改正补完，正亭林之志也。"②

由此可见，直至顺治五年（1648）冬，顾炎武依然蓄发不剃。远游之想不能成为现实，这无疑是一个重要原因。

二、被迫剃发

一如前述，南明弘光政权覆亡之后，清廷严颁剃发令，视剃发与否为对其顺逆的标志。面对民族高压，蓄发不剃亦是一时士大夫彰明志节

---

① 顾炎武：《亭林诗集》卷二《将远行作》。
② 王蘧常：《顾亭林诗集汇注》卷一《将远行作时犹全越》，上海古籍出版社1983年版。

的象征，因之而有可歌可泣的反剃发斗争。当反剃发斗争已告失败，现实不可逆转，从俗剃发遂成大势所趋。

置身如此严酷的现实，顾炎武蓄发不剃，殊非易事，其耿然志节，实不愧握发死难者的壮烈。然而既然先前数年的四方奔走，皆"非是为身谋"，其抱负乃在天下兴亡，志存高远，因之从俗剃发以便继续其执着追求，便成为顾炎武的唯一选择。

顺治七年（1650），顾炎武含恨剃发，时年 38 岁。是年，炎武写有《翦发》诗一首 ①。诗中，他将蓄发数年的艰辛，被迫剃发的苦楚，一一委婉道出。诗云："流转吴会间，何地为吾土？登高望九州，极目皆榛莽。寒潮荡落日，杂遝鱼虾舞。饥乌晚未栖，弦月阴犹吐。晨上北固楼，慨然涕如雨。稍稍去鬓毛，改容作商贾。却念五年来，守此良辛苦。畏途穷水陆，仇雠在门户。故乡不可宿，飘然去其宇。往往历关梁，又不避城府。丈夫志四方，一节亦奚取？毋为小人资，委肉投饿虎。浩然思中原，誓言向江浒。功名会有时，杖策追光武。" ②

揆炎武诗意，他之被迫剃发，实出万不得已。既不屑苟且偷生，又不可引颈受屠，为了实现久蓄胸中的四方之志，只好忍辱负重。故而该诗结句，炎武以东汉邓禹自况，将胸臆抒发而出。据《后汉书》之《邓禹传》载，邓禹早年，负笈长安，时光武帝刘秀亦游学京师。"禹年虽幼，而见光武，知非常人，遂相亲附。数年归家。及汉兵起，更始立，豪桀多荐举禹，禹不肯从。及闻光武安集河北，即杖策北渡，追及于邺。" ③刘秀中兴汉室，功垂史册，邓禹杖策追随，亦成佳话。可见顾炎武先前之连年奔走，如今之被迫剃发，皆意在寻觅光武帝般的中兴英主，以天下兴亡为己任而孜孜求索。

唯其如此，所以顾炎武在同年所写《秀州》诗中，又引东汉马援比

①　原题《翦发》，潘耒刻顾诗改题《流转》。
②　顾炎武：《亭林诗集》卷二《流转》。
③　《后汉书》卷十六《邓寇列传第六》。

况，再抒胸臆。他说："将从马伏波，田牧边郡北。复念少游言，凭高一凄恻。"①此处所言马援边郡田牧及马少游事，皆见《后汉书》之《马援传》。据该传载，马援"十二而孤，少有大志"。西汉末，亡命北地，后即"因处田牧，至有牛马羊数千头，谷数万斛"。光武中兴，建武十七年（41），受命率军南征交阯。十九年凯旋，封新息侯，食邑三千户。援置酒肉犒劳官属曰："吾从弟少游常哀吾慷慨多大志，曰：'士生一世，但取衣食裁足，乘下泽车，御款段马，为郡掾史，守坟墓，乡里称善人，斯可矣。至求盈余，但自苦耳。'当吾在浪泊、西里间，虏未灭之时，下潦上雾，毒气重蒸，仰视飞鸢跕跕堕水中，卧念少游平生时语，何可得也。今赖士大夫之力，被蒙大恩，猥先诸君纡佩金紫，且喜且惭。"②马援夙志如此，马少游言如彼，顾炎武之比况马援，本志向相同使然。而马援率师南征，身处危境而念及少游言，亦人之常情。炎武此时之遭际，与马援彼时之困窘，实多有相似处，故而凄恻之感油然漾出，也是很自然的事情。

顾诗若此，顾文亦然。炎武对于此次剃发，看得很重，以致终身不忘，耿耿在怀。康熙十三年（1674），他为早年在常熟水乡比邻而居的陈梅撰墓志铭，引陈氏痛诉被迫剃发语云："吾年六十有六矣，不幸遭此大变，不能效徐生绝脰之节，将从众翦发。念余年无几，当实之于棺，与我俱葬耳。"③十七年，顾炎武致书潘耒，再及陈梅孙芳绩蓄发不剃事，他说："昔有陈亮工者，与吾同居荒村，坚守毛发，历四五年，莫不怜其志节。"④假述陈梅祖孙之被迫剃发而申己痛，炎武为文真意，实寓于此。

---

① 顾炎武：《亭林诗集》卷二《秀州》。
② 《后汉书》卷二十四《马援列传第十四》。
③ 顾炎武：《亭林余集·常熟陈君墓志铭》。
④ 顾炎武：《亭林余集·与潘次耕札》第四首。

三、奔走大江南北

在被迫剃发之后的二三年间，顾炎武一改先前的潜踪息影，混迹商贾，往来通衢，风尘仆仆地奔走于大江南北。

顺治八年（1651）二月，炎武北抵南京，拜谒明太祖朱元璋陵。时值天雨，未得进入陵园，遥为凭吊，不胜今昔之感。于是在《恭谒孝陵》诗中，他抒写兴亡陵谷感慨道："流落先朝士，间关绝域身。干戈逾六载，雨露接三春。患难形容改，艰危胆气真。"该诗结句，炎武再引邓禹自况，表示"愿言从邓禹，修谒待西巡。"[1]据《后汉书》载，建武元年（25），邓禹以二十四岁之年而受封鄼侯。二年春，再封梁侯。"时赤眉西走扶风，禹乃南至长安，军昆明池，大飨士卒。率诸将斋戒，择吉日，修礼谒祠高庙，收十一帝神主，遣使奉诣洛阳，因循行园陵，为置吏士奉守焉。"[2]光武中兴，邓禹追随，西进长安，而有修礼高庙之举。炎武引史比譬，兴复故国之志，跃然字里行间。

八月，炎武离开南京，渡江北上，抵达淮安。炎武此次淮上之行，当系应友人万寿祺所邀。寿祺长炎武十岁，字年少，一字介若，又字内景，徐州人。明崇祯间举人。南明弘光政权亡，与江南义士起兵抗清。太湖兵败被捕，后幸得营救北归，遂祝发为僧，隐居淮上清江浦。清江浦地处南北水陆枢纽，为南京江北咽喉重地。顾炎武初次抵淮上，寄居万氏隰西草堂，写有《赠万举人寿祺》诗一首。诗中有云："万子当代才，深情特高爽。时危见絜维，忠义性无枉。翻然一辞去，割发变容像。卜筑清江西，赋诗有遐想。楚州南北中，日夜驰轮鞅。何人诇北方，处士才无两。"可见，万寿祺之隐居清江浦，似非作遁世渔翁，而实有窥察"北方"动向深意。唯其如此，炎武以寿祺为可依托的同志，

---

[1]　顾炎武：《亭林诗集》卷二《恭谒孝陵》。
[2]　《后汉书》卷十六《邓寇列传第六》。

于是同诗接着便有如下数句："南方不可托，吾亦久飘荡。崎岖千里间，旷然得心赏。会待淮水平，清秋发吴榜。"①

炎武离淮上南归。翌年初夏，万寿祺亦南下昆山，迎炎武挚友归庄北去清江浦。归庄抵万氏隰西草堂，有诗和寿祺，结句云："吾徒盟主斯人在，愿属橐鞬会乘车。"②惜宾主相聚月余，万寿祺即告病逝。顺治九年（1652）五月初三，万寿祺在淮阴逝世。噩耗传来，顾炎武"素车白马，走九百里，哭万年少"③。而归庄所写《哭万年少五首》则倾诉了二人的共同心声，其中第一首有云："平生闻万子，当今之鸾凤。山川虽阻修，常愿执鞭从。千里辱缔交，缟带情良重。始接新知欢，遽抱永别痛。茫茫屈子魂，窈窈庄生梦。浅以哭我私，深为天下恸。"④

顺治八、九年间，顾炎武的北上清江浦，同万寿祺的往还，是一段很可注意的经历。寿祺生前，炎武既视之为"当代才"，尤以"何人诃北方，处士才无两"相推许；闻其病逝，又长途跋涉，专程吊唁。可见顾、万二人之关系非同一般。至于归庄之继顾炎武而渡江北上，抑或就是炎武向万寿祺绍介。归庄与寿祺一见如故，生而推为"盟主"，死而为天下恸哭，更非寻常交友可比。我们认为，顾、归二人此时的往还淮上，非同寻常漫游访友，或当另有所谋。只是代远年湮，文献无征，其真相未得其详。他日若有相关史料爬梳而出，此一揣测之确否或可得以澄清。因此，关于顾炎武此数年间，乃至其后一段时期的若干重要往还及其真实目的，似以存疑为宜。

不过尽管如此，顾炎武奔走大江南北之非同寻常漫游，如下几点则似可证明。

第一，屡谒明孝陵。顺治八年（1651）至十年间，顾炎武曾经三谒

---

① 顾炎武：《亭林诗集》卷二《赠万举人寿祺》。
② 归庄：《归庄集》卷一《过万年少淮浦隰西草堂次元韵题赠》。
③ 归庄：《归庄集》卷五《与王于一》。
④ 归庄：《归庄集》卷一《哭万年少五首》。

孝陵。八年二月初谒，未得入园，仅得陵外遥拜。十年二月再谒，亦未得一一瞻仰。据已故王冀民先生意："今春再谒，入园矣，似未登殿。"[1]同年十月三谒，此次逗留时间最长，考察最细，故谒后留有图一幅，诗一首，序一篇。其《孝陵图序》云："重光单阏二月己巳，来谒孝陵，值大雨，稽首门外而去。又二载昭阳大荒落二月辛丑，再谒。十月戊子，又谒，乃得趋入殿门，徘徊瞻视，鞠躬而登殿上。中官奉帝后神牌二，其后盖小屋数楹，皆黄瓦，非昔制矣。升甬道，恭视明楼宝城。出门，周览故斋宫祠署遗址。牧骑充斥，不便携笔砚，同行者故陵卫百户束带玉稍为指示，退而作图。念山陵一代典故，以革除之事，实录、会典并无纪述；当先朝时，又为禁地，非陵官不得入焉；其官于陵者，非中贵则武弁，又不能通谙国制，以故其传鲜矣。今既不尽知，知亦不能尽图，而其录于图者且不尽有，恐天下之人同此心而不获至者多也，故写而传之。"[2]

　　第二，同明遗民频繁往还。仅据《亭林诗集》所载，顺治八年至十年间，同顾炎武往还的明遗民，其有名姓可考者，有万寿祺、顾存愉、路泽溥、朱四辅、邬继思、杨永言、归庄、刘永锡、郝太极等九人。其中，除万寿祺、归庄之外，最可注意者当为路泽溥。在此三年间，炎武诗集记与他人往还诗皆仅一首，独路氏则是二首。路泽溥，字苏生，河北广平曲州人，系南明隆武政权重臣路振飞之子。据归庄撰《路文贞公行状》记，振飞字见白，号皓月，天启五年进士，由泾阳知县官至都察院右副都御史。崇祯末，外任徐州，总督漕运。明亡，坚守淮上，拥立福王。后追随唐王于福州，官至吏部尚书、武英殿大学士。隆武政权败亡，南下两广，顺治六年卒于粤中，得年六十岁。振飞有三子，长为泽溥，次为泽淳，三为泽浓，唐王赐名太平。[3]隆武立国，泽溥官中书舍

---

① 王冀民：《顾亭林诗笺释》卷二《再谒孝陵》，中华书局 1998 年版。
② 顾炎武：《亭林诗集》卷二《孝陵图》。
③ 归庄：《归庄集》卷八《路文贞公行状》。

人。父亡，迎柩粤中。后奉母寄居太湖东洞庭山。顺治九年（1652），顾炎武在苏州与路泽溥相逢，曾赋诗赠泽溥。诗中有云："君从粤中来，千里方鼎沸。绝迹远浮名，林泉托孤诣。东山崎大湖，昔日军所次。奉母居其中，以待天下事。相逢金阊西，坐语一长喟。"又说："君才贾董流，矧乃忠孝嗣。国步方艰危，简在卿昆季。经营天造始，建立须大器。敢不竭微诚，用卒先臣志。明夷犹未融，善保艰贞利。"[1] 翌年正月，炎武应约入太湖访路泽溥。在泽溥宅，得见路振飞生前主持编制的隆武四年（1648）《大统历》。睹物思人，宛若与隆武君臣相聚一堂。于是炎武赋诗明志，写道："夏后昔中微，国绝四十载。但有少康生，即是天心在。……犹看正朔存，未信江山改。……叔世乏纯臣，公卿杂猥鄙。持此一册书，千秋戒僚采。"[2] 物换星移，江山已改，天下兴亡在顾炎武心中激起的波澜，显然远未平复。

第三，关心湘黔战局。顺治八年（1651）前后，是南明永历政权同大西农民军实现联合抗清的一个重要时期。此时，两广已为清军所有，永历政权西遁云贵，被迫封大西军统帅孙可望为秦王。顺治八年四月，孙可望命冯双礼部由黔入湘，连创湘西清军。翌年四月，李定国部移师东进，与冯双礼部形成夹攻态势。湖南清军屡遭重创，数十州县纷纷为大西、南明联军所有。六月，李定国挥师南下，直逼广西桂林。七月初四日城破，清定南王孔有德兵败自焚。

西南战局的进展，远在江南的顾炎武亦知之甚确。捷报传来，他以《传闻》为题，欣然成诗二首。第一首云："传闻西极马，新已下湘东。五岭遮天雾，三苗落木风。间关行幸日，瘴疠百蛮中。不有三王礼，谁收一战功。"诗中"三王"，原抄本作"真王"，指孙可望依仗军事力量挟封秦王事。孙氏受封，虽系永历帝迫于无奈，但以之为转机而实现联合，始有其后黔、湘、桂战场的新格局。可见顾炎武所获消息之准确。

---

① 顾炎武：《亭林诗集》卷二《赠路舍人泽溥》。
② 顾炎武：《亭林诗集》卷二《路舍人家见东武四先历》。

第二首云："廿载河桥贼，于今伏斧砧。国威方一震，兵势已遥临。张楚三军令，尊周四海心。书生筹往略，不觉泪痕深。"[1] 诗中"河桥"，原抄本作"吴桥"，指明崇祯间，在吴桥（山东德州北）兵变降清的孔有德。

《传闻》诗写于顺治九年（1652）冬，距孔有德自焚桂林仅数月。在当时的通信条件下，顾炎武能够如此准确地获知前方战况，实非易事，恐或有专门联络渠道。至于这一渠道的存在与否，以及具体情况，史料无征，只好存疑。然而于此亦正可见顾炎武此数年间的南北奔走，绝非漫游，当另有所谋。否则既已剃发，远游障碍排除，何以又徘徊大江南北，迟迟不付诸实行呢？

最后，远在西南的湘黔战局，顾炎武尚且如此关注，而近在咫尺的东南沿海义军动向，他又当若何呢？这便是接下去我们要专门梳理的问题。

四、移居神烈山下

顺治十一年（1654），在顾炎武的人生道路上，是不寻常的一年。往日读亭林诗及年谱，蓄疑甚多，尤以是年为最。譬如炎武何以要于是年移居南京神烈山下？倘若仅以之寄托故国之思，何以又不安山居，而要渡江至仪征，再溯江而上，直抵安徽芜湖？亭林诗中所见是年长江战事，与之又是何种关系？难道仅作壁上观？凡此，多不甚了然。近者读顾诚教授新著《南明史》及何龄修教授探讨清初复明运动的诸篇力作，于旧日蓄疑释解，似有所悟。倘若我们将顺治十一年前后顾炎武的行踪，置于一时江南的复明运动中去考察，或可获得一些新的认识。

据顾诚教授著《南明史》考证，顺治十一年，张名振、张煌言等曾率东南沿海义师三入长江。第一次为是年正月，进抵镇江、瓜州，第二

---

① 顾炎武：《亭林诗集》卷二《传闻》。

次为四月，进至仪征，第三次为十二月，直逼南京城外燕子矶。顾先生认为，一年之内，义军三次入江，且一次比一次深入，直至进逼南京，其"时间之长，活动之频繁，都同等待上游明军主力沿江东下密切相关"。顾先生指出："张名振等三入长江之役，确是由内地反清复明人士联络东西，会师长江，恢复大江南北计划的一个组成部分。"其参与密谋者，据顾先生考证，"有原弘光朝礼部尚书钱谦益、鲁监国所封仁武伯姚志卓、鲁监国政权都察院左都御史加督师大学士衔李之春、兵部侍郎张仲符、明宗室朱周镇、原兵部职方司主事贺王盛、生员眭本等一大批复明志士"。其决策者，顾先生认为"是掌握永历朝廷实权的秦王孙可望"。既然先有联络，张名振军已如约入江，且达三次之多，而孙可望军何以迟迟不至？顾诚教授的研究所得为："孙可望任命刘文秀为大招讨，本意是让他在 1654 年（顺治十一年，永历八年）率军由湘出长江，同张名振等会师，夺取江南。当时屯齐部清军北撤，陈泰部清军尚未南下，正是一举击破清经略洪承畴拼凑的汉军，进取江南的大好时机。由于孙可望的图谋篡位，刘文秀只好按兵不动，导致东西会师的计划全盘搁浅。在几经拖延之后，刘文秀才在 1655 年 5 月部署了进攻常德之役。这是原大西军联明抗清以来，最后一次主动出击的军事行动。刘文秀无功而返，随之而来的是围绕拥戴和取代永历帝的内部倾轧，南明朝廷已经无力东顾了。"[①]

有顾诚教授梳理之上述历史背景，再去过细玩味亭林诗，则顺治十一年（1654）顾炎武的行踪，恰与张名振三次挥师入江暗合。是年之亭林编年诗，第一首题为《金山》，诗中所云"故侯张子房，手运丈八矛。登高瞩山陵，赋诗令人愁"下，即有亭林自注"定西侯张名振"数字。而据计六奇《明季南略》记，张名振军首次入江，名振曾在金山寺题诗，该诗前即有"予以接济秦藩，师泊金山，遥拜孝陵，有感而赋"[②]语。对

于张名振军的挥师入江，顾炎武欣喜之情难以自抑，见于诗中则是："沉吟十年余，不见旌旆浮。忽闻王旅来，先声动燕幽。阊阖用子胥，鄢郢不足收。祖生奋击楫，肯效南冠囚。愿言告同袍，乘时莫淹留。"①

正是在张名振遥拜孝陵之后，顾炎武亦在孝陵所在之神烈山，即蒋山卜居下来，因之而有诗《侨居神烈山下》。炎武诗文之自署"蒋山佣"即自此时始。四月，张名振军二次入江，进抵仪征，且有火烧江舟数百艘之举。顾炎武的《真州》诗，即专述其事，诗中有云："击楫来江外，扬帆上旧京。鼓声殷地起，猎火照山明。楚尹频奔命，宛渠尚守城。真州非赤壁，风便一临兵。"②在张名振二次退兵，策划三入长江的过程中，顾炎武由南京溯江而上，抵达安徽当涂、芜湖、繁昌间。他是年所写《太平》《蟂矶》《江上》诸诗，即为此行而作。诗中所云"闻有伐荻人，欣然愿偕往。恐复非英流，空结千龄想"③，可见此行确欲有所图。十二月，张名振率师三入长江，直逼南京燕子矶。而此时的顾炎武，由秋至冬，皆在燕子矶僧院中，他的诗中有云："寄食清江院，从秋又涉冬。水侵慈姥竹，风落孝陵松。野宿从晨钓，山居傍夕烽。相逢徐孺子，多谢郭林宗。"④

张名振军三入长江，顾炎武亦步亦趋，形影相随，这难道仅是其行止的偶然巧合？名振师退，顾炎武南下苏州，谒北宋名臣范仲淹祠。他在《范文正公祠》一诗中，以西夏比清廷，推范仲淹而自况，抒发了取法仲淹，"先天下之忧而忧，后天下之乐而乐"的抱负。诗中写道："先朝亦复愁元昊，臣子何人似范公。已见干戈缠海内，尚留冠佩托江东。含霜晚穗遗田里，噪日寒禽古庙中。吾欲与公筹大事，到今忧乐恐无穷。"⑤

---

① 顾炎武：《亭林诗集》卷二《金山》。
② 顾炎武：《亭林诗集》卷二《真州》。
③ 顾炎武：《亭林诗集》卷二《江上》。
④ 顾炎武：《亭林诗集》卷二《久留燕子矶院中有感而作》。
⑤ 顾炎武：《亭林诗集》卷二《范文正公祠》。

第五章　陆恩案发　初陷囹圄

入清以后，顾炎武曾两次入狱。此两次囹圄之苦，皆植根明清易代，而与一时政局相关。其中，尤以顺治十二年（1655）的第一次入狱，对炎武生平行事影响最大。

一、陆案缘起

顺治十二年（1655），顾炎武的初陷囹圄，是因陆恩命案所致。陆恩本顾氏家仆，自炎武祖上即到顾家。后见炎武家道中落，内有骨肉相残，外有豪绅煎迫，于是转而投靠豪绅叶方恒。

昆山叶氏，亦一方大族。同顾氏的衰颓相反，在晚明的社会动荡之中，叶氏则未经祸难，日趋豪强。一如前述，崇祯十二年（1639），炎武嗣祖绍芾及其长兄绅相继去世，家难骤起，门庭不振。为维持一家数十口生计，顾炎武被迫将祖上遗田八百亩典押给叶方恒。顾、叶二家，早年本有亲戚关系。昆山另一大姓徐家，皆为顾、叶二家姻亲，炎武妹夫徐开法有一妹，即嫁叶方恒为妻。按理，叶氏当急人之难，帮助顾氏渡过危局，但叶方恒为富不仁，竟欲乘人之危而仗势鲸吞顾氏田产。典押之初，叶氏压价签约，价款仅及所值之半。对于这桩不平等的典押，迫于困窘，顾炎武只好接受。尽管如此，叶方恒却迟迟不将价款支付，虽经炎武多次请求，历时两年，始得少量价款，但迄于明亡，依然有四成价款被叶氏拒付。入清，叶方恒见顾氏一蹶不振，百计煎迫，必欲霸顾氏田产为己有。顺治九年（1652），顾氏家仆陆恩投靠叶方恒，于是主仆勾结，狼狈为奸，加紧策划对炎武田产的霸占。

顺治十一年（1654），张名振军三入长江。兵退之后，地方当局追查里应外合诸人，兴起大狱。叶、陆得此良机，遂扬言要以暗通东南沿海义军罪告发顾炎武。消息传到南京，顾炎武于顺治十二年春赶回昆山，率同众亲友将陆恩沉水而死。

关于水沉陆恩的原因，顾炎武本人有一段简略的追记，他说："先是有仆陆恩，服事余家三世矣。见门祚日微，叛而投里豪。余持之急，乃欲陷余重案。余闻，亟擒之，数其罪，沉诸水。"[1]何谓"重案"？顾炎武并未说明。他的挚友归庄议及此事，也只是说"诬宁人不轨"[2]，至于"不轨"之所指，亦晦而不明。乾隆初，史家全祖望应约为炎武撰《神道表》，则将顾、归二人所言"重案""不轨"加以明确，表述为"通海"。全氏说："顾氏有三世仆曰陆恩，见先生日出游，家中落，叛投里豪。丁酉，先生四谒孝陵归，持之急，乃欲告先生通海。先生亟往擒之，数其罪，沉之水。"[3]道光间，张穆辑《顾亭林先生年谱》，则据陆陇其《日记》，将此事做进一步说明。

据陆陇其《三鱼堂日记》康熙十七年（1678）八月廿七日条记："与陆翼王谈，言顾宁人系徐公肃之母舅，而中书顾洪善，其嫡侄也。鼎革之初，尝通书于海，使一僧以其书糊于《金刚经》后，挟之以往。其仆知之，以数十金与僧，买而藏之。后其仆转靠今济宁道叶方恒，叶颇重托之。宁人有所冀于此仆，仆曰：'《金刚经》背上何物也？我藏而不发，乃欲诈吾乎！'宁人大惧而止，遂与徐封翁谋。夜使力士数人入其家杀之，尽取其所有，并叶所托者亦尽焉。"[4]

以上诸种记载，顾、归二家忌讳不明，全祖望则语焉不详，唯陆陇其所记较详。陆氏与炎武为同时人，年辈略晚。其日记所涉之陆翼王，

---

[1]　顾炎武：《亭林诗集》卷二《赠路光禄太平》。

[2]　归庄：《归庄集》卷三《送顾宁人北游序》。

[3]　全祖望：《鲒埼亭集》卷十二《亭林先生神道表》。

[4]　陆陇其：《三鱼堂日记》卷上，康熙十七年八月廿七日条。

名元辅，江苏嘉定（今属上海）人，年龄较炎武略少数岁。陆恩案发，移狱松江，元辅正在乡里，故其所述应属可信。可见，顾炎武的率同徐开法等水沉陆恩，并非一般主仆反目，亦非寻常经济纠纷，而是政治要案，生死攸关。因之他不计后果，铤而走险。

陆恩死，叶方恒气急败坏，遂与陆婿勾结，私设监狱，囚禁顾炎武，逼迫炎武自杀抵罪。同时，叶氏又贿赂苏州府推官，必欲置炎武于死地而后快。

二、苏松入狱

当此危难之际，炎武挚友归庄及路泽溥、路泽浓兄弟等挺身而出，极力营救。他们先是指斥私设公堂之非法，请求苏州官府出面干预，将顾炎武从叶氏囚禁处提出，交由官府审理。由于此一要求合理合法，尽管叶方恒早已买通官府，但是亦无可奈何，只好将顾炎武交出，囚系苏州府监狱。

顾炎武囚系苏州，叶方恒尾随而至，他依仗权势，贿赂官府，执意要炎武杀人偿命。为营救友人，归庄频繁往来于苏州、常熟、昆山间。他先是仗义执言，力阻叶方恒加害顾炎武，继之则联络钱谦益、李模等一方耆旧出面讲情，劝说叶方恒中止讼局。迫于舆论压力，叶方恒一面做出和解姿态，一面则买通苏州府推官，拟判顾炎武杀无罪奴，从重处罚。叶氏此举，不啻当众羞辱炎武，达到迫其自尽的目的。归庄闻讯，就此致书叶方恒，晓以利害，他说："弟初到郡时，知宁人兄窘于事势，将有不测，舆论亦多以兄为已甚，故弟语稍激切。然论其究竟，爱宁人亦所以爱兄也。已而昆老辈委曲相劝，兄因动恻隐之心。要于兄之自为计亦大便，而弟辈则群而诵兄之高义。昨在西郊，文初、子佩诸君及二三远方友人问及，弟公言于众曰'此事误在顾，而叶能不终讼，可谓仁人君子'。人皆服兄为有量。及归寓，忽闻有变局，为之大惊。兄尝谓宁人城府深密，机械满腹。兄前已诺和议，而忽出最难之题目，迫之以必不能从之事，是名虽曰和，实欲战也。兄岂亦有城府机械耶？昆老极和平之人，亦以兄为太甚，今将去矣。弟亦即日同国馨去矣。但使兄若不肯就和，即和而必欲云云，宁人计无复之，必自经沟渎无疑也。陆恩，人奴也，尚不可杀，而迫其主以取偿。宁人非寻常无闻之人，又事无死法，而一旦迫之致死，于兄便乎？不便乎？宁人无亲子弟，料死后必无与申冤者，即有，兄自当有以待之。固知杀宁人万万无患，独不畏清议乎！宁人腹笥之富，文笔之妙，非弟一人之私言，即灌老诸公，皆击节称赏。四方之士见其诗古文者，往往咨嗟爱慕。兄能杀宁人之身，能并其生平之著述而灭之乎？使天下后世读其诗古文者，以为如此文人，而杀之者乃叶峒初也，此名美乎？不美乎？自古文人之受祸者，如子兰杀屈原，姚贾杀韩非，后世读《离骚》及韩公子之书，无不唾骂子兰、姚贾。陈同甫为小人构陷入狱，每读其传，为之发指眦裂。以兄平日自待之高明，何苦而为此事耶？想兄之意，以为宁人即死于牢狱，死于桎梏，不得谓峒初杀之。吾谁欺！当世士大夫有口，亦可畏也！"①

　　鉴于陆恩一案的审理陷入僵局，路泽溥、路泽浓兄弟再度进行搭救。他们利用与苏松兵备副使相识的关系，请求将案件移交松江复审。这一请求如愿以偿，移狱松江，摆脱叶方恒的纠缠，事情才算出现转机。经路氏兄弟和松江诸多友人的努力，顺治十二年（1655）秋，顾炎武得以保释出狱，听候判决。自五月十三日案发，迄于秋后得释，炎武身陷囹圄历时三月余。翌年春，终得以杀有罪奴而从轻结案。

　　经历三月余的囹圄之苦，顾炎武虽曾得友人归庄和路氏兄弟等的鼎力救助而幸免一死，但更多的旧日诗文之友则纷纷惧祸退避。炎武在喟叹交友艰难的同时，更珍惜患难之中诸友的真情。为此，他有诗多首分赠诸友。其中，尤以赠路氏兄弟二诗，最可见其心境。炎武赠泽浓诗痛

　　① 归庄：《归庄集》卷五《与叶峒初》。

述生平，感激友人救助，字里行间洋溢真情。诗中写道："弱冠追三古，中年赋二京。一门更丧乱，七尺尚峥嵘。江海存微息，山陵鉴本诚。落其裁十亩，复草只三楹。变故兴奴隶，莽蜂出里闾。弥天成夏网，画地类秦坑。狱卒逢田甲，刑官属宁成。文深从锻炼，事急费经营。节侠多燕赵，交亲即弟兄。周旋如一日，慷慨见平生。疾苦频存问，阽危得拄撑。不侵贞士诺，逾笃故人情。木向猿声老，江随虎迹清。更承身世画，不觉涕沾缨。"① 赠泽溥诗则集中写苏松狱解，痛定思痛，对友人的深深感激。诗中有云："自分寒灰即溺余，非君那得更吹嘘。穷交义重千金许，疾吏情深一上书。大麓阳飙回宿草，岷江春水下枯鱼。丁宁未忍津头别，此去防身计莫疏。"②

顺治十三年（1656）春，松江狱解，顾炎武获得行动自由而离开松江。临行，炎武诗赠松江隐士张悫、王炜诸友人，国破家亡之痛，苏松囹圄之苦，苏州人情之淡薄，松江友人之仗义，一一皆在字里行间。诗中写道："十载违乡县，三年旅旧都。风期尝磊落，节行特崎岖。坐识人伦杰，行知国器殊。论兵卑起翦，画计小阴符。世事陵夷极，生涯阅历枯。人情来辅藉，鬼语得揶揄。郭解多从客，田儋自缚奴。事危先与手，法定必行诛。义泄神人愤，欢腾里闬呼。匣余刬虬剑，囊解射狼弧。卦值明夷晦，时逢听讼孚。邑豪方龃龉，狱吏实求须。裳帛经时裂，南冠累月拘。橐饘谁问遗，衣食但支吾。薄俗吴趋最，危巇蜀道俱。每烦疑载鬼，动是泣岐途。畜是樊中雉，巢邻幕上乌。霜因邹衍下，日为鲁阳驱。抱直来东土，含愁到海隅。春生三泖壮，雪尽九峰纡。异郡情犹彻，同人道不孤。未穷怜舌在，垂死觉心苏。大义摧牙角，深怀虿尾胡。奸雄频敛手，国士一张须。知己怜三衅，名流重八厨。欲将方寸报，惟有汉东珠。"③

---

①　顾炎武：《亭林诗集》卷二《赠路光禄太平》。
②　顾炎武：《亭林诗集》卷二《赠路舍人》。
③　顾炎武：《亭林诗集》卷三《松江别张处士悫王处士炜暨诸友人》。

三、重返南京

顺治十三年（1656）春，顾炎武离开松江。此时他的生母何氏病势垂危，炎武闻讯，返回昆山故里。三月，其母病故。料理完丧事，他重返南京，依然侨居神烈山下。对于顾炎武的无罪获释，豪绅叶方恒耿耿于怀。炎武离乡，叶氏遣刺客尾随，在南京太平门行刺，致使炎武头部受伤。叶氏见刺杀未能置炎武于死地，又唆使陆氏遗属公然抢劫，将炎武昆山故居洗劫一空。如此恶劣的环境，逼得顾炎武有家不能归。

重返南京，顾炎武一如先前，依然不能忘情于故国兴复。因而同他往还者，皆为故国遗民、南明遗臣，且有来自湘黔的桂王政权中人。

顾炎武是这年五月返回南京的，抵达未久，吴江友人潘柽章远道而来。柽章字力田，一字圣木。明诸生。入清，不仕新朝，曾与顾炎武、归庄等结惊隐诗社，诗文唱和，不忘故国。后清廷禁止士子结社，柽章遂潜心史学，与友人吴炎合撰《明史记》。依二人分工，吴任世家、列传，潘则任本纪及诸志。全书以实录为主要依据，博采文集、奏疏，以反映一代王朝兴衰。此时全书虽未纂成，但已得纲领。柽章此行，即为史书编纂而来。

炎武自幼受到良好的历史教育。其嗣祖绍芾生前，尤为留意晚明史料的收集，曾将自万历四十八年七月，至崇祯七年九月的邸报，分类抄录，辑成二十五帙。之后，绍芾年老未再抄录，仅取邸报略识大要。迄于崇祯十四年绍芾病逝，此事遂告中断。明亡，炎武奔走国事，无暇承其嗣祖遗志、克成完书。所幸荒乱之余，绍芾手稿未有散佚。经历苏松之狱的打击，顾炎武痛定思痛，萌发秉绍芾遗教，纂修泰昌、天启、崇祯三朝史书之想。这就是他在上年《酬陈生芳绩》一诗中所云：“绝交已广朱生论，发愤终成太史书。”[1] 如今潘柽章远道而来，共商明史纂

---

[1]　顾炎武：《亭林诗集》卷二《酬陈生芳绩》。

修，顾炎武大喜过望，欣然支持，允诺当携书南下，与吴、潘二人共修国史。临别，炎武诗赠柽章，有云："北京一崩沦，国史遂中绝。二十有四年，记注亦残缺。中更夷与贼，出入互轇轕。亡城与破军，纷错难具说。三案多是非，反复同一辙。始终为门户，竟与国俱灭。我欲问计吏，朝会非王都。我欲登兰台，秘书入东虞。文武道未亡，臣子不敢诬。窜身云梦中，幸与国典俱。有志述三朝，并及海宇图。一书未及成，触此忧患途。同方有潘子，自小耽文史。荦然持巨笔，直溯明兴始。谓惟司马迁，作书有条理。自余数十家，充栋徒为尔。上下三百年，粲然得纲纪。索居患无朋，何意来金陵。家在钟山旁，云端接觚棱。亲见高帝时，日月东方升。山川发秀丽，人物流名称。到今王气存，疑有龙虎兴。把酒为君道，千秋事难讨。一代多文章，相随没幽草。城无弦诵生，柱殉藏书老。同文化支字，劫火烧丰镐。自非尼父生，六经亦焉保。夏亡传《禹贡》，周衰垂《六官》。后王有所凭，苍生蒙治安。皇祖昔宾天，天地千年寒。闻知有小臣，复见文物完。此人待聘珍，此书藏名山。顾我虽逢掖，犹然抱遗册。定哀三世间，所历如旦夕。颇闻董生语，曾对西都客。期君共编摩，不坠文献迹。便当挈残书，过尔溪上宅。"①

　　这一年的闰五月十日，是明太祖朱元璋逝世纪念日，松江友人王炜远道谒陵，与炎武重逢。王炜，字雄右，号不庵，安徽歙县人。明亡，流寓松江。炎武移狱松江，王炜曾参与搭救，故而今春炎武告别松江诸友，始有诗云"欲将方寸报，惟有汉东珠"。如今重逢南京孝陵，相携拜哭而还，抚今追昔，无限感慨。王炜此行，谒陵之外，拟前往芜湖。临别，炎武赠诗送行，拜托友人关注彼处消息。诗中写道："宵来骑白马，蹑电向钟山。忽遇穷途伴，相将一哭还。君来犹五月，不逐秦淮节。携手宿荒郊，行吟对宫阙。此去到芜湖，山光似旧无？若经巡幸

---

① 顾炎武：《亭林诗集》卷二《赠潘节士柽章》。

地，为我少踟蹰。"①

顾炎武重返南京，同他交往最多的，则是明遗民王潢。潢长炎武十四岁，字元倬，上元人。明崇祯九年举人，后明廷征召，以世乱亲老不出。明亡，隐居不仕。这年闰五月十日，炎武与之拜谒孝陵，共哭陵下。炎武有诗专记此事，诗中写道："忌日仍逢闰，星躔近一周。空山传御幄，莽路想行辀。寝殿神衣出，祠官玉瓒收。蒸尝凭绝坞，鞯馨托荒陬。薄海哀思结，遗臣涕泪稠。礼应求草野，心可对玄幽。寥落存王事，依稀奉月游。尚余歌颂在，长此侑春秋。"②

在顾炎武同王潢的往还中，这年夏末秋初南京城西栅洪桥下的聚会最可注意。当时，王潢置酒浆瓜果，请炎武作陪，款待远道而来的客人。其中，有二人着僧装。老者俗姓熊，名开元，字玄年，一字鱼山，湖北嘉鱼人。明天启间进士，崇祯年间，以劾首辅周延儒而名著朝野。明亡，追随南明政权，官至隆武金都御史、东阁大学士。隆武政权败亡，遁入空门，为僧于苏州灵岩寺。少者俗姓刘，号石溪，释名髡残，湖南常德人。自少出家，早年在乡为僧。明亡，云游四方，一度寓居南京燕子矶禅院。石溪多与明遗民往还，在江南的反清复明运动中，每见其身影。与会的其他二三人，亦皆来自湘黔。此次聚会，湘黔战局和永历政权的存亡为主要话题。来客详告彼处历史和现状，未免黯然神伤。炎武盛赞彼中义士忠勇，表示愿意一道为兴复故国而努力。炎武为此有诗一首写道："大江从西来，东抵长干冈。至今号栅洪，对城横石梁。落日照金陵，火旻生秋凉。都城久尘坌，出郊且相羊。客有五六人，鼓枻歌沧浪。盘中设瓜果，几案罗酒浆。上坐老沙门，旧日名省郎。曾折帝廷槛，几死丹陛旁。天子自明圣，毕竟诛安昌。南走侍密勿，一身再奔亡。复有一少者，沉毅尤非常。不肯道姓名，世莫知行藏。其余数

① 顾炎武：《亭林诗集》卷二《王处士自松江来拜陵毕遂往芜湖》。
② 顾炎武：《亭林诗集》卷二《闰五月十日恭谒孝陵》。

君子，须眉各轩昂。为我操南音，未言神已伤。流贼自中州，楚实当其吭。出入十五郡，南国无安疆。血成江汉流，骨与瀹庐望。赫怒我先帝，亲遣元臣行。北落开和门，三台动光芒。一旦贾大命，藩后残荆襄。遂令三楚间，哀哉久战场。宁南佩侯印，忽焉竟披猖。称兵据上流，以国资东阳。岂无材略士，忍死奔遐荒。落雁衡北回，穷乌树南翔。可怜洞庭水，遗烈存中湘。连营十三镇，恣肆无朝纲。夜半相诛屠，三宫离武冈。黔中亦楚地，君长皆印章。国家有驱除，往往用土狼。积雨闭摩泥，毒泥涨昆明。蛮陬地斗绝，极目天茫茫。顷者西方兵，连岁争辰阳。心悼黄屋远，眼倦烽火忙。楚虽三户存，其人故倔强。崎岖二君子，志意不可量。郧公抗忠贞，左徒吐洁芳。举头是青天，不见二曜光。何意多同心，合沓来诸方。仆本吴趋士，雅志陵秋霜。适来新亭宴，得共宾主觞。戮力事神州，斯言固难忘。我宁为楚囚，流涕空沾裳。"①

正是此次聚会未久，顾炎武遂有南下湖州之举及行止杳茫的未遂远游。

四、孤踪疑影

关于顺治十三年（1656）七八月间顾炎武的行止，扑朔迷离，最是不明。已故王蘧常先生著《顾亭林诗集汇注》，于此有过重要考释。王冀民先生继之而进，在其遗著《顾亭林诗笺释》中，再获可喜突破。据两位先生之研究所得，顾亭林此二月间的孤踪疑影，似可依稀绘出。

根据顾炎武自订编年诗，顺治十三年诗作之中，有《出郭》《旅中》和《酬王处士九日见怀之作》等数首，与其七八月间行踪相关。两位王老先生之考证，即据以展开。为便于引述二位卓见，谨将亭林

---

① 顾炎武：《亭林诗集》卷二《王征君潢具舟城西同楚二沙门小坐栅洪桥下》。

诗过录如后。

《出郭二首》：

> 出郭初投饭店，入城复到茶庵。秦客王稽至此，待我三亭之南。
> 相逢问我名姓，资中故王大夫。此时不用便了，只须自出提酤。

《旅中》：

> 久客仍流转，愁人独远征。釜遭行路夺，席与舍儿争。混迹同佣贩，
> 甘心变姓名。寒依车下草，饥糁鬲中羹。浦雁先秋到，关鸡候旦鸣。跕穿
> 山更险，船破狼犹横。疾病年来有，衣装日渐轻。荣枯心易感，得丧理难
> 平。默坐悲先代，劳歌念一生。买臣将五十，何处谒承明。

《酬王处士九日见怀之作》：

> 是日惊秋老，相望各一涯。离怀销浊酒，愁眼见黄花。天地存肝胆，
> 江山阅鬓华。多蒙千里讯，逐客已无家。①

对《出郭》一诗，蘧常先生的考证指出："王稽云云，当有所托。
疑南明当有使至。此诗与下《旅中》诗似前后一事。惟当是约后独行，
故其末云'买臣将五十，何处谒承明'也。时永历初入云南，鲁王已去
监国号，郑成功奉居金门。成功方应永历诏，欲北上争衡。则先生此
行，或滇或闽乎？"蘧常先生所考，虽多属揣测，但并非无据。所云
"疑南明当有使至"，结合前引《王征君潢具舟城西同楚二沙门小坐栅
洪桥下》所述，彼时与王、顾二人约会者，诸如熊开元、髡残石溪及其

---

① 三诗均见《亭林诗集》卷二。

他"操南音"者，疑即南明永历政权秘使。而炎武此时南下，或即受永历秘使所托，同郑成功义军有所联络。炎武操志高洁，最重然诺，此次南行，正与前引诗结句"戮力事神州"云云相切合。

对《旅中》一诗，蘐常先生的考释为："此行当在夏令，故云'浦雁先秋到'，又明谓自北而南也。考《元谱》，本年于闰五月初十五谒孝陵后，即书冬在钟山度岁。中有所讳，其迹可寻。其归当在七八月之交，下有《酬王处士九日见怀之作》可推也。"指出顾衍生《元谱》于是年谱主行事的忌讳，考明炎武此次南行当在夏末秋初，七八月之交始北归，凡此皆蘐常先生之博学睿识，确然可据。

又据蘐常先生对《酬王处士九日见怀之作》一诗的考证，炎武此年有一次湖州之行。王先生说："案《同志赠言》，王炜原诗有'雪水菰芦谁吊影'句。考《文集·书吴潘二子事》云，'方庄生作书时，属客延予一至其家。予薄其人不学，竟去'。庄生谓湖州史案之庄廷鑨也，详卷四《闻湖州史狱》诗题注。湖州有苕、雪二水，则'雪水菰芦'，似谓赴湖。《同志赠言》王潢有《送顾宁人之吴兴》诗，自注'湖州府又号雪州'，即咏此行。"蘐常先生之所考，卓然可信，足可补衍生《元谱》之漏记。惟王先生据王潢诗'灿灿春华荣槁木'句，断言"此行当在本年春日"[①]，则似偶然疏失。

有鉴于此，王冀民先生释顾诗，就此有专题考辨。冀民先生指出："《同志赠言》载王潢《送顾宁人之吴兴》诗（题下自注'湖州府，又号雪川'）云：'良史才名不可删，皇天命尔试诸艰。休言六代轹颜谢，直取三长驾马班。灿灿春华荣槁木，煌煌夏鼎烛神奸。书成自誓苕溪水，一片丹心告蒋山。'据'吴兴''湖州''雪川''苕溪'诸词，可证先生确有湖州庄家之行；据'良史''马班''书成'等句，知此行原拟助庄生编辑《明书》；据'告蒋山'句，知先生此时仍居金陵，且自

_____

① 凡引王蘐常先生考释语，均见《顾亭林诗集汇注》，上海古籍出版社1983年版。

钟（蒋）山出发也。惟此诗未著赴湖年月，当另取先生本年《酬王处士
九日见怀之作》及王炜《秋日怀宁人道长先生》诗为证。王炜原诗曰：
'孤穷迢递八荒游，肯逐轻肥与世谋？雪水菰芦谁吊影，蒋山风雨自深
秋。已从敝箧留千古，欲向空原助一抔。满眼黄花无限酒，不知元亮可
销忧。'据此可知先生赴湖确在本年。炜诗作于'九日'，时先生已归。
王潢具舟城西时，不早于夏末（见'火旻生秋凉'句），故先生赴湖出
游，首尾不出今年七、八月间。蓬案（见《汇注·酬王处士九日见怀
之作》解题）以为，'（潢）诗有灿灿春华荣槁木句，则此行当在本年
春日'。不知'春华'与'夏鼎'借对，本无关于时令；且今年闰五月
前，先生尚未返钟山也。"①

　　根据王冀民先生的考证，顺治十三年（1656）顾炎武确有湖州之
行，然时间非在春季，"首尾不出今年七、八月间"。据此，冀民先生
又对《出郭》《旅中》二诗加以考释，认为："今年七、八月间，先生
有湖州之行，似无疑矣。然《出郭》《旅中》二题，实与赴湖无涉。盖
此时史狱未作，无论挈书访潘，或偕潘赴湖，俱毋须出郭之诡密、旅中
之困顿也。意者离湖之后，复受'秦客'之邀乎？王炜另有《得宁人书
知在金陵奉寄》诗，曰：'宇宙大如许，不能容顾生。胸怀蕴王略，徒
为孤凤鸣。钟山旧草庐，九鼎此中寄。白日照须眉，青管诛魑魅。伤心
成逐客，一去无留迹。垂死脱仇锋，天为斯人惜。江水去悠悠，凭高往
事愁。塞洪桥上客，清泪几时收？'此诗似先生出游归来后，作书寄
炜，炜始知先生已返金陵。诗末'塞洪桥上客'二句，最堪玩味。按今
年塞洪桥（即栅洪桥）之集在夏末，其客皆楚人，先生其或与楚客相约
于赴湖之后，即将有所往乎？"冀民先生的结论是："此行虽有楚客之
邀，然欲往之地，终未能达。"至于"欲往之地"何在，冀民先生则以
为"欲谒明桂王"，他说："此篇则不只因避仇，兼受楚客之邀，故易

---

① 王冀民：《顾亭林诗笺释》卷二《出郭》，中华书局1998年版。

北而南，易江而海，蘧案以欲谒明桂王当之，未必不然。"[1]

　　合观二位王先生之所考，顾炎武是年七月，曾南下湖州，应友人之约，参与庄氏私修明史事。后因见庄氏不学，断然离去。旋即改换名姓，继续南行，试图同东南沿海郑成功之师联络。由于旅途艰险，联络未遂，于八月中返归南京。

---

　　①　王冀民：《顾亭林诗笺释》卷二《旅中》，中华书局 1998 年版。

第六章　只身远游　吊古伤今

顺治十四年（1657）元旦，顾炎武六谒孝陵。之后即由南京返回昆山故里，将家事稍作安排，只身弃家北游。时年45岁。从此，揭开了他后半生二十五年游历生涯的第一页。

一、北游原因

顾炎武何以要只身北游？这是研究其生平行事中一个久存争议的问题。一些研究者认为，炎武此行，系躲避仇家陷害。而另一些研究者则认为，炎武北游乃有秘密使命，意欲北上抗清，到北方去寻找抗清根据地。持后说者甚至认为，清初的山西票号、民间秘密结社，等等，皆同顾炎武有关。在这个问题上，我们以为，就炎武当时的处境而言，此次离家北游，确实就是为了摆脱纠缠，躲避豪绅叶方恒的陷害。至于其后终老秦晋，不愿返乡，则要较此次避仇北游复杂得多，不宜混为一谈。关于这一点，容后再做讨论。

对于此次北游的原因，顾炎武有过一段自述，他说："先是有仆陆恩，服事余家三世矣，见门祚日微，叛而投里豪。余持之急，乃欲陷余重案。余闻亟擒之，数其罪，沉诸水。其婿复投豪，讼之郡，行千金求杀余。余既待讯，法当囚系，乃不之狱曹，而执诸豪奴之家。同人不平，为代愬之兵备使者，移狱松江府，以杀奴论。豪计不行，而余有戒心，乃浩然有山东之行矣。"[1]可见顺治十四年春的北游，实导源于两年

---

① 顾炎武：《亭林诗集》卷二《赠路光禄太平》。

前的陆恩一案，确系为躲避仇家。

此时陷害顾炎武的"里豪"，炎武文中虽未指明名姓，但其挚友归庄撰文壮行，则说得很清楚。归文有云："余与宁人之交，二十五年矣。其他同学相与，或二十年，或十余年，盖未尝有经岁之别也。今于宁人之北游也，而不能无感慨焉。宁人故世家，崇祯之末，祖父蠡源先生暨兄孝廉捐馆，一时丧荒，赋徭猬集，以遗田八百亩典叶公子，券价仅当田之半，仍靳不与。阅二载，宁人请求无虑百次，乃少畀之，至十之六而逢国变。公子者，素倚其父与伯父之势，凌夺里中。其产逼邻宁人，见顾氏势衰，本蓄意吞之。而宁人自母亡后，绝迹居山中不出。同人不平，代为之请，公子意弗善也。适宁人之仆陆恩得罪于主，公子勾致之，令诬宁人不轨，将兴大狱，以除顾氏。事泄，宁人率亲友掩其仆，执而棰之死。其同谋者惧，告公子。公子挺身出，与宁人讼，执宁人囚诸奴家，胁令自裁。同人走叩宪副行提，始出宁人。比刑官以狱上，宁人杀无罪奴，拟城旦。宪副与公子年家，然心知是狱冤，又知郡之官吏，上下大小，无非公子人者，乃移狱云间守，坐宁人杀有罪奴，拟杖而已。公子忿怒，遣刺客戕宁人。宁人走金陵，刺客及之太平门外，击之，伤首坠驴，会救得免。而叛奴之党，受公子指，纠数十人，乘间劫宁人家，尽其累世之传以去。宁人度与公子讼，力不胜，则浩然有远行。"[1]

据归庄文，则知顾炎武的此次弃家北游，果然是豪绅叶氏逼迫所致。不过，炎武北游的成行、时机的选择、一路的行止，等等，皆与众多挚友的帮助分不开。其中，最先就炎武北游做出安排的友人，当为路泽溥、路泽浓兄弟。这就是炎武松江狱释之后，在赠泽溥、泽浓兄弟诗中所云，"更承身世画，不觉涕沾缨"；"丁宁未忍津头别，此去防身计莫疏"[2]。

---

① 归庄：《归庄集》卷三《送顾宁人北游序》。
② 顾炎武：《亭林诗集》卷二《赠路光禄太平》《赠路舍人》。

临行，诸友朋在昆山置酒饯别。归庄的壮行文记云："酒半，归子作而言曰：'宁人之出也，其将为伍员之奔吴乎，范雎之入秦乎？吾辈所以望宁人者不在此。夫宣尼圣也，犹且遭魋畏匡；文王仁也，不殄厥愠。宁人之学有本，而树立有素，使穷年读书山中，天下谁复知宁人者？今且登涉名山大川，历传列国，以广其志而大其声施。焉知今日困厄，非宁人行道于天下之发轫乎？若曰怨仇是寻，非贤人之志；别离是念，非良友之情。'于是同人曰善，请歌以壮其行，而归子为之序。"①于此又可见顾炎武的北游，与一时政局并不相干，除避仇之外，无非一抒河山壮怀，广交天下贤哲。

二、首途胶东

顺治十四年（1657）春，顾炎武只身逾江涉淮，北上山东。此行首途，并非通衢大邑济南，而是海滨重镇胶东莱州（治所在今掖县）。在莱州，顾炎武投奔的东道主为掖县赵士完、任唐臣。

赵氏为莱州望族。士完字汝言，明崇祯十五年举人。明亡，弃家南下，寄居镇江废寺。乱后返乡。其从兄士哲，早年为复社中人，远近闻名。一门昆弟，皆以才称。任氏亦一方大族，"忠义之人，经术之士，出乎其中"。十余年后，炎武为任氏家谱撰序，曾记及此行。序中有云："乃余顷至东莱，主赵氏、任氏。入其门，而堂轩几榻，无改于其旧；与之言，而出于经术节义者，无变其初心。问其恒产，而亦皆支撑以不至于颓落。余于是欣然有见故人之乐，而叹夫士之能自树立者，固不为习俗之所移。"②唐臣家中，藏有宋儒吴棫著《韵补》一部，顾炎武趁作客之便，得以借读并作注。在掖县，炎武又交邑人钱大受。大受

---

① 归庄：《归庄集》卷三《送顾宁人北游序》。
② 顾炎武：《亭林文集》卷二《莱州任氏族谱序》。

父祚征，天启间，官河南汝州知州，后为农民军所杀。应大受之请，顾炎武为钱祚征撰为《行状》一篇。

莱州为胶东滨海重镇，明末，明廷与后金对垒，此尤为战略要地。顾炎武北游至此，目睹战后乱景，感慨系之，于是吊古伤今，以《莱州》为题，赋诗一首。诗中有云："海右称名郡，齐东亦大都。山形当斗入，人质并魁梧。月主秦祠废，沙坛汉迹孤。已无巡狩跸，尚有戍军郛。潋海盐千斛，栽冈枣万株。鼍梁通日际，蜃市接神区。转漕新河格，分营绝岛迁。三方从庙算，二抚各兵符。炮甲初传造，戈铤已击屠。中丞愁饵贼，太守痛捐躯。郊垒青磷出，城陴白骨枯。危情随事往，深虑逐年徂。计士悲疵国，遗民想霸图。登临多感慨，莫笑一穷儒。"[1]

离开掖县，顾炎武南下即墨，凭吊战国故人田单祠。置身安平君祠，炎武抚今追昔，深以不得田单一类功臣兴复故国而叹惜。他在《安平君祠》一诗中写道："太息全齐霸业遗，如君真是一男儿。功成栈道迎王日，志决危城仗锸时。饥鸟尚衔庭下粒，老牛犹饮穴边池。可怜王建降秦后，千古无人解出奇。"[2] 随后，炎武友人潘柽章北游，成《过安平君祠有感和宁人》诗一首。诗中写道："驻马胶东落日横，依然祠庙有安平。却燕实荷三千锸，脱兔全收七十城。修剑大冠惭辨士，火攻车战奈书生。只今岂少临淄掾，碌碌无人识姓名。"[3]

即墨东南四十里有不其山，东汉末，著名经师郑玄曾讲学于山麓学舍。明正德间，专建康成书院以示纪念。炎武登不其山怀古，面对往日书院废墟，不胜今昔之感。在《不其山》一诗中，他喟叹："荒山书院有人耕，不记山名与县名。为问黄巾满天下，可能容得郑康成？"[4]

① 顾炎武：《亭林诗集》卷三《莱州》。
② 顾炎武：《亭林诗集》卷三《安平君祠》。
③ 王蘧常：《顾亭林诗集汇注》卷三《安平君祠》，上海古籍出版社 1983 年版。
④ 顾炎武：《亭林诗集》卷三《不其山》。

不其山再往南，则是滨海耸立的劳山，奇绝崔嵬，遥望泰岱，为一方胜景。顾炎武登临揽胜，成《劳山歌》一首。歌中痛感历代帝王滥用民力，以致昔日富庶之区，而今已是满目蓬蒿，吊古伤时，悲从中起。在劳山麓，顾炎武结识当地学者黄朗生。朗生父宗昌，为明御史，曾撰《劳山图志》，未成而卒。朗生继以成书，慕炎武名而请为该书作序。炎武推求劳山立名之旨，以警戒当事者，于序中写道："夫劳山皆乱石巉岩，下临大海，偪仄难度，其险处士人犹罕至焉。秦皇登之，是必万人除道，百官扈从，千人拥挽而后上也。五谷不生，环山以外，土皆疏脊；海滨斥卤，仅有鱼蛤，亦须其时。秦皇登之，必一郡供张，数县储偫，四民废业，千里驿骚而后上也。于是齐人苦之，而名曰劳山也，其以是夫？古之圣王，劳民而民忘之；秦皇一出游，而劳之名传之千万年，然而致此则有由矣。"①

顾炎武游劳山，得晤归隐于此的明饶州知府张允抡。允抡抚琴迎客，炎武独解琴音，于是成《张饶州允抡山中弹琴》一诗，以作此行纪念。诗中有云："赵公化去时，一琴遗使君。五年作太守，却反东皋耘。有时意不惬，来蹑劳山云。临风发宫商，二气相缊缊。可怜成连意，空山无人闻。我欲从君栖，山崖与海濆。"②

三、淮北大雨

顾炎武登劳山，时在顺治十四年（1657）春，故其《劳山歌》中有云："犹见山樵与村童，春日会鼓声逢逢。"③而离开劳山之后，炎武行止则未得其详。据其自订诗集，《张饶州允抡山中弹琴》之后，先是《淮北大雨》，随后才接以《济南》等齐鲁游历诗。这一编次似可说明，

① 顾炎武：《亭林文集》卷二《劳山图志序》。
② 顾炎武：《亭林诗集》卷三《张饶州允抡山中弹琴》。
③ 顾炎武：《亭林诗集》卷三《劳山歌》。

告别劳山和北上济南间，顾炎武或有南归淮北之行。

炎武所撰《淮北大雨》诗云："秋水横流下者巢，逾淮百里即荒郊。已知举世皆行潦，且复因人赋苦匏。极浦云垂翔湿雁，深山雷动起潜蛟。人生只是居家惯，江海曾如水一坳。"[1]淮北大雨成灾，泽国汪洋，炎武触景生情，假水害而喻世运，因之成《淮北大雨》一诗。倘非身历其境，断不会无病呻吟。如果说仅据此诗尚不足以断定顾炎武此时行止，那么取此诗同《蒋山佣残稿》中《答人书》自述相比勘，则问题似可澄清。

顾炎武的《答人书》，载《蒋山佣残稿》卷二。由于《残稿》近世晚出，清儒多未得见，故而无论是为顾氏纂辑年谱的张穆、吴映奎诸家不知，就是晚清笺炎武诗的徐嘉亦不晓。此书有云："出游一纪，一生气骨幸未至潦倒随人。而物情日浇，世路弥窄，追想与吾兄语濂读书之时，真是武陵洞口，不可复寻矣。丁酉之秋，启途淮北，正值淫雨沂沐，下流并为巨浸。跣行二百七十里，始得干土，两足为肿。寄食三齐，明年客北平，又明年客上谷。一身孤行，并无仆从，穷边二载，藜藿为飧。庚子南涉江、淮，辛丑薄游杭、越，乃得提挈书囊，赍从估客。壬寅以后，历晋抵秦，于是有仆从三人，马骡四匹。所至之地，虽不受馈，而薪米皆出主人。从此买妾生子，费用渐奢，北方生计未立，而南方又难兼顾。微本为人所负，相知官长一时罢裁，奸人构祸，幽囚异方，仆夫逃散，马骡变卖，而日用两餐无所取给。十年以来，穷通消息之运如此，又何以为故人谋哉？"[2]

书中所云"出游一纪"，自顺治十四年（1657）秋，即"丁酉之秋，启途淮北"起，往后推十二年，为康熙七年（1668）。而是年春末以后，顾炎武正在济南狱中，这就是书中所云"奸人构祸，幽囚异

---

① 顾炎武：《亭林诗集》卷三《淮北大雨》。
② 顾炎武：《蒋山佣残稿》卷二《答人书》。

方”。可见，炎武《答人书》写于康熙七年。又据书中“追想与吾兄语濂读书之时”云云，则诚如已故王蘧常先生所见，此书系写给陈芳绩[1]。炎武此书所书十二年经历，在在可信，因此，“丁酉之秋，启途淮北”，应属实录。这就是说，顺治十四年春夏之交，结束劳山之行，顾炎武确曾短暂南归淮北，入秋，始冒雨跣行，北上济南。在这个问题上，已故王冀民先生的看法是可以成立的。冀民先生就此指出：“《答人书》共记十二年行程，历历可信；《诗集》自编，亦不容置疑，惟《元谱》间有讳漏。因疑游劳山既在春日，自彼至秋，中间无诗，事亦失载。先生得毋复归淮东，至秋复启途北上乎？”[2]

四、遍游齐鲁

顺治十四年（1657）秋，顾炎武于淮北大雨之后，冒淅漓淫雨，北上济南，赤脚跋涉二百七十里，天始放晴而见干土。炎武此行，系应济南友人徐元善所邀。元善字长公，少炎武二岁，为济南府新城县人。早年为诸生，明亡，清兵破新城，其母死，元善遂南游江、浙。顾炎武与徐元善相识，当早在江南，炎武侨居南京神烈山下，屡谒孝陵，元善亦尽知其事。所以，元善于此时致书炎武，嘱北上京城，至天寿山谒明十三陵。顾炎武如约至济南，与徐元善新城再晤，诗文唱和，痛陈沧桑。元善赠炎武诗云：“穷秋摇落此相寻，吴下才名众所钦。一自驱车来北道，即今遗瑟操南音。浯溪颂具元颜笔，楚泽悲同屈宋吟。历览国风几万里，就中何处最伤心？”[3]炎武悲二人身世略同，在答诗中写道：“桓台风木正萧辰，倾盖知心谊独亲。季子已无观乐地，伟元终是泣诗人。愁看落日燕山夜，畏见荒江郢树春。踏遍天涯更回辔，欲从吾兄卜

---

①　王蘧常：《顾亭林诗集汇注》卷三《淮北大雨》，上海古籍出版社 1983 年版。

②　王冀民：《顾亭林诗笺释》卷三《淮北大雨》，中华书局 1998 年版。

③　徐元善：《济南赠顾宁人先生》，载《亭林遗书》附《同志赠言》。

东邻。"①

顾炎武得徐元善款待，在新城度过岁末。翌年春，炎武离济南南下，至泰安，登泰山。旋即至曲阜，谒孔子庙、周公庙。然后继续南行，至邹县，谒孟子庙。各地游历，炎武皆有诗抒怀，其中尤以《七十二弟子》一诗，最可见其志趣。该诗有云："乱国谁知尔，孤生且辟人。危情尝过宋，困志亦从陈。籥舞虞庠日，弦歌阙里春。门人惟季次，未肯作家臣。"②

拜谒圣贤庙后，顾炎武北返邹平，应原明工部尚书张延登之子邀，游张氏万斛园。又交邹平学者马骕，共至城郊访碑吊古。随后至章丘，应隐士张光启之约，作客张氏省园。离章丘，至长山，结识隐士刘孔怀。夏，再至济南，又晤徐元善。

去冬腊八节，归庄、戴笠、王仍、潘柽章诸友人在吴江柽章韭溪草堂聚会，怀念远在山东的顾炎武，成联句长诗一首。诗中有云："十年遭丧乱，朋好叹凋零。作客头将白，逢人眼孰青？岁华嗟已晚，风雨不堪听。坐对昆山玉，难呼钟岳灵。彦先标誉望，元叹肃仪型。揽辔心千里，空囊腹五经。野王收地志，士雅誓江汀。肝胆惟余剑，行藏总类萍。苍茫南斗气，隐见少微星。雾豹文仍耀，云鸿影自冥。有心尝险阻，无路拔膻腥。殊俗惊鸣镝，皇图览建瓴。志坚追日渴，气迈遇风冷。荆楚淹王粲，辽东重管宁。马蹄轻越国，鹏翼任图溟。羡尔游何壮，怜余户独扃。书留公路浦，迹绝子云亭。一别稀烹鲤，相思几落莫。话言犹历历，灯火故荧荧。论史追当日，高谈挟震霆。孰知胸有库，不取说为铃。《梁甫》还成咏，燕然未勒铭。瓜期愆靷掌，兰圯少娉婷。翘首天边雁，伤心原上鸰。亲朋愁带甲，家室祝添丁。于役知良苦，言归莫暂停。石城新卜筑，吴苑旧林坰。有待瞻陵阙，重来葺户

---

① 顾炎武：《亭林诗集》卷三《酬徐处士元善》。
② 顾炎武：《亭林诗集》卷三《七十二弟子》。

庭。梅花春绕屋，竹叶酒盈瓶。此日乘河汉，思君异影形。徒然望云树，聊复折芳馨。各有天涯思，相期共醉醒。"[1]

此诗当系寄济南，托徐元善转交。故济南再晤元善，炎武遂得读诸友联句。尽管友人催促炎武返乡，但是驰骋四方之想，已非思乡之情所能拘縻了。于是炎武和长诗一首送江南诸友，诗中写道："异地逢冬节，同人会韭溪。苍凉悲一别，廓落想孤栖。刻烛初分韵，抽毫亦共题。雪装吴苑白，云幕越山低。清醑传杯缓，哀弦入坐凄。词堪争日月，气欲吐虹霓。写恨工苏李，抒幽剧吕嵇。风流知不坠，肝胆幸无睽。挂帙安牛角，担囊逐马蹄。飘摇过东楚，浩荡适三齐。息足雩门下，停车汶水西。岱宗临日观，梁父蹑云梯。洞壑来仍异，关河去更迷。人看秋逝雁，客唤早行鸡。卧冷王章被，穷余范叔绨。梦犹经冢宅，愁不到中闺。问字谁供酒，缮书独照藜。雅言开竹径，佳讯发兰畦。遗鲤情偏切，班荆意各凄。《式微》君莫赋，春雨正涂泥。"[2]

离开济南，顾炎武东行至潍县、益都。是年初秋，遂依徐元善安排，北上京城。

五、幽燕怀古

顺治十五年（1658）初秋，顾炎武取道督亢，直驱北京。督亢为战国燕地，本为膏腴之区，历经沧桑，尤其是清初圈地的野蛮摧残，而今已是满目疮痍。抚今追昔，顾炎武以《督亢》为题赋诗一首，并成《督亢图》一幅。惜图已不传，而诗则幸存今本《亭林诗集》中。诗中写道："此地犹天府，当年竟入秦。燕丹不可作，千载自凄神。野烧村中

---

[1]　归祚明、戴笠、王仍、潘柽章：《丁酉腊月八日在韭溪草堂奉怀宁人道兄联句三十二韵》，载《同志赠言》。

[2]　顾炎武：《亭林诗集》卷三《酬归祚明戴笠王仍潘柽章四子韭溪草堂联句见怀二十韵》。

夕，枯桑垄上春。一归屯占后，墟里少遗民。"[①]

督亢而北，京城在望。抵达京城，不胜今昔之感，国破家亡之痛油然而生，于是炎武喟叹："丁年抱国耻，未获居一障。垂老人都门，有愿无由偿。足穿贫士履，首戴狂生盎。愁同箕子过，悴比湘累放。纵横数遗事，太息观今向。空怀赤伏书，虚想云台仗。不睹旧官仪，茕茕念安傍。复思塞上游，汗漫诚何当。河西访窦融，上谷寻耿况。聊为旧京辞，投毫一吁怅。"[②]

炎武此行，本为拜谒昌平明十三陵而来，故无意在京城逗留。经与京中友人孙宝侗等安排，遂出都东行，遍历幽燕，凭吊古迹。他自是年深秋出京，取道蓟州，历遵化，过玉田，抵永平，在卢龙度岁，复东出山海关，游昌黎，取道迁安三屯营，遂于顺治十六年（1659）春夏间抵昌平。

在卢龙度岁期间，永平知府慕炎武名，率同一方士绅登旅邸拜望，敦请主持府志定稿事宜。炎武婉言相拒，赋《永平》诗一首以明志。诗中有云："流落天涯意自如，孤踪终与世情疏。冯骧元不曾弹铗，关令安能强著书？榆塞晚花重发后，滦河秋雁独飞初。从兹一览神州去，万里徜徉兴有余。"[③]后炎武谒伯夷、叔齐庙，其意再见《谒夷齐庙》诗中。该诗写道："言登孤竹山，忾焉思古圣。荒祠寄山椒，过者生恭敬。百里亦足君，未肯滑吾性。逊国全天伦，远行避虐政。甘饿首阳岑，不忍臣二姓。可为百世师，风操一何劲。悲哉尼父穷，每历邦君聘。楚狂歌凤衰，荷蒉讥击磬。自非为斯人，栖栖无乃佞。我亦客诸侯，犹须善辞命。终怀耿介心，不践脂韦径。庶几保平生，可以垂神听。"[④]

其后，顾炎武终以不能应邀为《永平府志》定稿而引为歉疚。于是

① 顾炎武：《亭林诗集》卷三《督亢》。
② 顾炎武：《亭林诗集》卷三《京师作》。
③ 顾炎武：《亭林诗集》卷三《永平》。
④ 顾炎武：《亭林诗集》卷三《谒夷齐庙》。

他取二十一史、《资治通鉴》诸书，将其中自燕、秦以来，迄于元至正年间，有关营、平二州重大史事，辑录成帙，汇为六卷，题为《营平二州史事》。此书今日虽已不传，但所幸尚有《营平二州史事序》一篇存《亭林文集》中。炎武推尊万历间永平学者郭造卿纂修《燕史》和《永平志》的业绩，指出："其后七十年而炎武得游于斯，则当屠杀圈占之后，人民稀少，物力衰耗，俗与时移，不见文字礼仪之教，求郭君之志且不可得，而其地之官长暨士大夫来言曰：'府志稿已具矣，愿为成之。'嗟乎！无郭君之学，而又不逢其时，以三千里外之人，而论此邦士林之品第，又欲取成于数月之内，而不问其书之可传与否，是非仆所能。"[1]

山海关耸峙海滨，雄关一道而系明清兴亡。顾炎武登临关楼，极目远眺，昔日战场硝烟，影影约约，依稀可见。他抚今追昔，成《山海关》诗一首。炎武以诗述史，痛陈兴亡，于吴三桂降清，尤有猛烈鞭挞，诗中有云："神京既颠陨，国势靡所托。启关元帅降，歃血名王诺。自此来城中，土崩无斗格。海燕春乳楼，塞鹰晓飞泊。七庙竟为灰，六州难铸错。"[2]

由山海关折返昌黎，弹丸小邑，明末，清军破关袭扰，一城军民婴城固守，可歌可泣。炎武为之肃然起敬，专程拜谒守城义士祠，成《拽梯郎君祠记》一文，以资纪念。文中，炎武以史家之笔实录其事，记述道："余过昌黎，其东门有拽梯郎君祠，云方东兵之入遵化，薄京师，下永平而攻昌黎也，俘掠人民以万计，驱使之如牛马。是时昌黎知县左应选与其士民婴城固守，而敌攻东门甚急。是人者为敌舁云梯至城下，登者数人，将上矣，乃拽而覆之。其帅磔诸城下。积六日不拔，引兵退，城得以全。"[3]

顾炎武弃家北游，经青、齐而至幽、燕，寒暑迭易，三年不归。其

---

[1]　顾炎武：《亭林文集》卷二《营平二州史事序》。
[2]　顾炎武：《亭林诗集》卷三《山海关》。
[3]　顾炎武：《亭林文集》卷五《拽梯郎君祠记》。

亲人及江南诸友，每多系念，时有诗文远寄。归庄《寄怀顾宁人》有云："故人北去已三年，北望钟山信杳然。破尽万金一身在，青齐飘泊又幽燕。"又云："知君已谢鲁朱家，此去无烦广柳车。宫阙山河千古壮，可怜不是旧京华。"①顺治十六年（1659）春，顾炎武有诗三首，分寄其幼弟纾及江南诸友人。三诗如泣如诉，既述旅途艰辛，又在在抒发不可移易的立身旨趣，最可觇其傲岸风骨。炎武寄纾诗第一首云："仲尼一旅人，栖栖去齐卫。当其在陈时，亦设先人祭。深哉告孟言，缅矣封防制。而我亦何为，远游及三岁。前年北逾汶，顷者东过蓟。三世但一身，南瞻每挥涕。未敢废烝尝，无由办羊彘。粟从仁者求，酒向邻家贳。庶几傥来歆，精灵眇天际。不知自兹往，吾驾焉所税。世故多屯邅，曰归未成计。疢如切中心，没齿安蔬粝。"寄诸友诗则云："自昔遭难初，城邑遭屠割。几同赵卒坑，独此一人活。既偷须臾生，讵敢辞播越。十年四五迁，今复客天末。田园已侵并，书卷亦剽夺。尚虞陷微文，雉罗不自脱。却喜对山川，壮怀稍开豁。秉心在忠信，持身类迂阔。朋友多相怜，此志贯穷达。虽邻河伯居，未肯求呴沫。出国每徒行，花时犹衣褐。以此报知交，无为久恻怛。"②

　　顺治十六年（1659）夏，顾炎武抵达昌平明十三陵。拜谒明朝历代帝王陵寝，悲从中起，泪如涌泉。在《恭谒天寿山十三陵》一诗中，炎武写道："麦饭提一箪，枣榛提一筐。村酒与山蔬，一一自携将。下阶拜稽首，出涕双浪浪。主祭非曾孙，降假非宗祊。重上诸陵间，徘徊复彷徨。"③至此，炎武幽燕之行如愿以偿。

---

①　归庄：《归庄集》卷一《寄怀顾宁人》。
②　顾炎武：《亭林诗集》卷三《寄弟纾及友人江南》。
③　顾炎武：《亭林诗集》卷三《恭谒天寿山十三陵》。

第七章　南北往返　风尘仆仆

顺治十六年（1659）初秋，顾炎武离昌平，取道山东南下。此后三年间，他忽南忽北，频繁往返，皆在仆仆风尘之中。

一、江上烽火

顾炎武何以要于顺治十六年初秋离昌平南下？尽管个中原因他从未述及，但是联系此时的江南局势，则在南归时机的选择上，恐非偶然。

顺治十六年（1659）春，清军三路入滇，会师昆明，追剿南明永历政权。三月，永历君臣遁往缅甸，南明政权名存实亡。与之同时，为牵制清军，郑成功屯兵东南沿海，与张煌言部合师北进。五月中，郑、张水师进抵长江口外崇明岛。旋即浩荡入江，于六月中连克瓜州、镇江，兵逼南京。张煌言部则分兵溯江而上，直抵安徽芜湖。败报传至北京，清廷上下，震恐异常。京中各城门皆张贴告示，宣称顺治帝将亲征江南。一时之间，人心惶惶，混乱一片。

而此时，顾炎武的外甥徐元文正在京中应礼部会试，后即以新科状元而供职翰林院。有关江南局势的消息，既然寻常百姓可从官方文告得知一二，顾炎武亦当可从徐元文处得到通报。因此，他选择这样一个时机南归，或许不会是巧合。

郑成功、张煌言的北伐，对不忘兴复故国的顾炎武来说，确实是一个莫大的鼓舞。然而他兼程南下，赶至扬州，等待他的却是复明幻梦的破灭。郑成功义军功败垂成，早已退出长江，张煌言孤军深入，身陷重围，全军覆没。此时的江淮，大雨滂沱，阴霾沉沉，顾炎武的心境也是一片黯然，格外沉重。《秋雨》一诗，恰是真实写照："生无一锥土，常有四海心。流转三数年，不得归园林。跰地每涂淖，阚天久噎阴。尚冀异州贤，山川恣搜寻。秋雨合淮泗，一望无高深。眼中隔泰山，斧柯未能任。车没断崖底，路转崇冈岑。客子何所之，停骖且长吟。夸父念西渴，精卫怜东沉。何以解吾怀，嗣宗有遗音。"①

不绝秋雨，怅惘遗民，顾炎武与在扬州的诸友人依依惜别，留下《与江南诸子别》诗一首。沧海横流，故国难再，唯有各自珍重，草庐容身。正如诗中所云："绝塞飘零苦著书，揭来行李问何如。云生岱北天多雨，水决淮壖地上鱼。浊酒不忘千载上，荒鸡犹唱二更余。诸公莫效王尼叹，随处容身足草庐。"②

郑成功军入长江，沿江上下，遗民雀跃。曾几何时，骄兵溃败，大好局势化为乌有。顾炎武痛定思痛，以《江上》为题，对义军北伐成败进行总结。诗中写道："江上传夕烽，直彻燕南陲。皆言王师来，行人久奔驰。一鼓下南徐，遂拔都门篱。黄旗既隼张，戈船亦鱼丽。几令白鹭洲，化作昆明池。于湖担壶浆，九江候旌麾。宋义但高会，不知兵用奇。顿甲守城下，覆亡固其宜。何当整六师，势如常山蛇。一举定中原，焉用尺寸为？天运何时开，干戈良可哀。愿言随飞龙，一上单于台。"③

离开扬州，无家可归，顾炎武依然取道山东，北上京城。十一月，他将近两年遨游诸咏寄友人归庄。书札及诸咏寄达江南，已是翌年。炎武书札，今日虽已不可见，但归庄复书则完好无损，弥足珍贵，从中正可说明炎武顺治十四年的北游，乃是为了避仇。归庄复书于此说得格外清楚："兄今以逾强之年，当患难之后，生产尽废，室家旷远，不忧苏季裘敝，范叔衣寒，而更遨游四方，驰驱边塞，览山河而赋诗，指营垒而凭吊，快矣哉！前人不能及也。使兄不遇讼，不避仇，不破家，则一

① 顾炎武：《亭林诗集》卷三《秋雨》。
② 顾炎武：《亭林诗集》卷三《与江南诸子别》。
③ 顾炎武：《亭林诗集》卷六《江上》。

江南富人之有文才者耳，岂能身涉万里，名满天下哉！"而当年陷害顾炎武的里豪叶方恒已于顺治十五年（1658）中进士离乡，其弟方霭亦在顺治十六年以第三名进士入京。因此，归庄复书于此又说："兄之仇雠，行且入都，故乡之人，妒极生怜，前事万不足虑。"时值郑成功北伐之后，人心惶惶，归庄引宋代史事为例，敦促炎武早日返乡，信中说："况时方多事，兄以孤身在北，一旦有变，疆域便分。党怀英之于辛弃疾，韩熙载之于李谷，读史至此，每为嗟叹！"①

二、频谒明陵

顺治十六年（1659）夏秋间，郑成功、张煌言率水师北伐，直逼南京城下，对业已入主中原十六年的满洲贵族，是一个沉重的打击。事过之后，清世祖一面惩治失职官员，镇压反清力量；另一面则做出尊礼明代帝王姿态，以笼络民心，稳定局势。于是当年十一月，世祖专程前往昌平，拜谒崇祯帝陵及明帝诸陵。随后，又遣内大臣索尼致祭明崇祯帝，祭文有云："惟帝亶聪御极，孜孜以康阜兆民为念，十七年来，劼毖无斁。不意流寇猖獗，国遂以倾，身殉社稷。向使遭际景运，可称懿辟。独是缵承衰绪，适丁剥厄，虽励精图治，而倾厦莫支。朕念及此，恒用深恻。兹巡幸畿辅，偶过昌平，睇望陵寝，益为凄然。特具牲帛酒品，用昭礼祭。尚飨。"旋即又颁谕工部，下令修葺明帝诸陵，谕中说："前代陵寝，神灵所栖，理应严为防护。朕巡幸畿辅，道经昌平，见明代诸陵，殿宇墙垣，倾圮已甚，近陵树木，多被斫伐。向来守护未周，殊不合理。尔部即将残毁诸处，尽行修葺。见存树木，永禁樵采。添设陵户，令其小心看守。责令昌平道官，不时严加巡察。尔部仍酌量每年或一次，或二次，差官察阅，勿致疏虞。"②

---

① 归庄：《归庄集》卷五《与顾宁人书》。
② 《清世祖实录》卷一百三十，顺治十六年十一月甲戌条。

顺治十七年（1660）二月，顾炎武北抵昌平，再谒明十三陵，留下《再谒天寿山陵》诗一首。诗云："诸灵何崔嵬，不改苍然色。下蟠厚地深，上峻青天极。佳气郁葱葱，灵长讵可测。云何宫阙旁，坐见獯戎偪。空劳牲醴陈，微禋神岂食。仁言人所欣，盗言人所惑。小修此陵园，大屑我社稷。暍来复仲春，再拜翳荆棘。臣子分则同，骏奔乃其识。区区犬马心，愧乏匡扶力。"①炎武诗中所云"空劳牲醴陈"以下六句，即指上年十一月清世祖谒明崇祯帝陵并下令修葺明诸帝陵事。

顾炎武在京中逗留期间，再晤友人王丽正。丽正为安徽歙县人，明诸生，顺治二年（1645），曾在江南从金声起兵抗清，兵败，流寓四方，守志不屈。去年，炎武初入北京，即与丽正相晤。此番重逢，正值丽正南归在即，于是炎武写下《送王文学丽正归新安》诗一首，以送返乡友人。诗中写道："两年相遇都门道，只有王生是故人。原庙松楸频眺望，夹城花萼屡经巡。悲歌绝塞将归客，学剑空山未老身。（生旧在金侍郎声幕府——原注）贳得一杯燕市酒，倾来和泪湿车轮。"②

此时，炎武三甥徐元文，以顺治十六年（1659）状元而为官翰林院，长甥徐乾学亦正在京中，准备应秋天的顺天府乡试。炎武入京，似当寄居外甥宅邸。元文入仕，已成清朝新贵，炎武固守明遗民矩矱，舅甥之情断不可见于诗文唱和。而徐乾学此时尚是布衣，故乾学呈诗炎武，炎武遂有《答徐甥乾学》诗一首。诗中有云："转蓬枯质自来轻，绕树孤栖尚未成。守兔江湄迟夜月，饮牛涧底触秋声。孤单苦忆难兄弟，薄劣烦呼似舅甥。今日燕台何邂逅，数年心事一班荆。"③

仲春时分，顾炎武尚在昌平十三陵下。曾几何时，同年秋，南京明孝陵下，又出现了他仆仆风尘的身影。长途跋涉，七谒孝陵，炎武此时所写《重谒孝陵》一诗，虽仅寥寥四句，但实最可玩味："旧识中官

---

① 顾炎武：《亭林诗集》卷五《再谒天寿山陵》。
② 顾炎武：《亭林诗集》卷五《送王文学丽正归新安》。
③ 顾炎武：《亭林诗集》卷五《答徐甥乾学》。

及老僧，相看多怪往来曾。问君何事三千里，春谒长陵秋孝陵？"① 动荡的时代，动荡的人生，三千里关河崎岖，统统消释在短短的春秋之间。倘非国破家亡隐痛的驱使，倘非兴复故国之想的激励，年近半百的老人，恐怕难以经受如此繁重的旅途劳顿。由此似可说明，顺治十四年（1657）顾炎武的山东之行，固属避仇，然而三年多过去，仇家已去，旧怨不存，复有挚友苦苦劝归，炎武依然旅途，不返乡里，抑或就不是"避仇"二字所能够赅括了。

三、吴门度岁

南京既是明朝南都，又是顾炎武北游前的客居地。经历频年干戈扰攘之后，如今故地重游，虽河山依旧，但遗民的伤心泪仿佛同长江水合而为一，也分不清哪是江水、哪是泪水了。触景生情，炎武写下《白下》诗一首："白下西风落叶侵，重来此地一登临。清笳皓月秋依垒，野烧寒星夜出林。万古河山应有主，频年戈甲苦相寻。从教一掬新亭泪，江水平添十丈深。"②

在南京，顾炎武得以拜见流寓于此的前辈遗民林古度。古度字茂之，一字那子，福建福清人，时已八十一岁。炎武最为敬重老成，何况是志同道合的长者，于是肃然赋诗，以示景仰。诗中写道："老者人所敬，于今乃贱之。临财但苟得，不复知廉维。五官既不全，造请无虚时。赵孟语谆谆，烦乱不可治。期颐悲褚渊，耄齿嗟苏威。以此住人间，动辄为世嗤。嶷嶷林先生，自小工文辞。彬彬万历中，名硕相因依。高会白下亭，卜筑清溪湄。同心游岱宗，谊友从湘累。江山忽改色，草木皆枯萎。受命松柏独，不改青青姿。今年八十一，小字书

---

① 顾炎武：《亭林诗集》卷三《重谒孝陵》。
② 顾炎武：《亭林诗集》卷三《白下》。

新诗。方正既无诎，聪明矧未衰。吾闻王者兴，巡狩名山来。百年且就见，况德为人师。唯此耇成人，皇天所慭遗。以洗多寿辱，以作邦家基。"①古度既重炎武志节，读其北游诸诗，亦诗亦史，更喜其忠义感人，于是欣然次韵作答。古度诗云："夙闻圣人言，老者曰安之。今世无圣人，久已弛四维。布内非不欲，有司非其时。予也每自省，平生生莫治。未能即仙去，学彼丁令威。踯躅尘市中，尝为俗世嗤。幸遇顾夫子，错爱赠温辞。有若古贤哲，恍尔是天随。忘形出至性，过从淮水湄。箧中寡庸言，著述颇累累。最要北游草，览之不胜披。笔墨类容貌，端然忠义姿。谒拜十三陵，以史而托诗。直是纪朝代，切志兴兹衰。旋当建功业，勿谓俟将来。老少不足论，儒雅真吾师。滔滔者斯世，赖有救子遗。龙马与凤鸟，出图而来仪。"②

九月，顾炎武在扬州僧舍晤友人黄师正。师正字帅先，福建建阳人。早年入史可法幕，可法殉难，师正返乡。唐王政权在福州建立，与炎武同官兵部职方司主事。隆武政权败亡，改名澂之，字静宜，漫游大江南北。炎武与师正既为同志，又系诗文知交。炎武北游之初，师正曾相继有《怀宁人客燕》《宁人道兄归自燕山出示近作》二诗相赠。如今重逢，炎武则以诗存人，倾诉对友人的敬重："黄君济川才，大器晚成就。一出事君王，牧马逾岭岫。元臣举国降，羽葆蒙尘狩。崎岖遂奔亡，空山侣猿狖。萧然冶城侧，穷巷一廛僦。数口费经营，索饭兼稚幼。清操独介然，片言便拂袖。常思驱五丁，一起天柱仆。微诚抱区区，时命乃大谬。南望建阳山，荒阡余石兽。生违鹿柴居，死欠狐丘首。矢口为诗文，吐言每奇秀。扬州九月中，煨芋试新酎。猛志雷破山，剧谈河放溜。否极当自倾，伫待名贤救。落落我等存，一绳维宇宙。"③

①　顾炎武：《亭林诗集》卷三《赠林处士古度》。
②　林古度：《奉答宁人先生赠诗次韵》，载沈岱瞻：《同志赠言》，见《亭林遗书汇辑》附录。
③　顾炎武：《亭林诗集》卷三《赠黄职方师正》。

师正与炎武心心相印，亦和二律酬答。其一云："落木淮南惜岁余，纸窗灯火伴离居。云开睥睨过帆转，霜冷觚棱远磬疏。此日依僧仍贳酒，从来为客不歌鱼。山经水志关王略，岂为穷愁始著书。"其二云："异时忧患共艰难，何意今朝续旧欢。激烈歌声知近楚，繁华风物故称邗。闻鸡拔剑中宵舞，走蠹摊书尽日看。却笑为儒头欲白，与君冠盖不须弹。"①

　　这年冬天，顾炎武取道六合，南归苏州。在六合，友人沈子迁送炎武亡友顾梦游遗诗一部请阅。四年前，炎武北游，曾在南京晤顾梦游。梦游善诗，炎武一直事以兄礼，当时他曾告梦游："兄平生作诗多散佚，今老矣，可无传乎？"梦游则答复："有一编在故人沈子迁所，其他稿杂旧笥中，病未理也。"去年秋，炎武南归抵扬州，始闻梦游噩耗，且知友人施闰章有意刻梦游诗而未得如愿。如今得见亡友遗诗凡二百六十首，想是多涉明清兴亡的缘故，炎武被迫删去大半，交沈子迁刻印。他就此撰为《顾与治诗序》一篇，序中说："与治之先自吴郡。洪武中，以赀徙都下，遂为金陵人。从曾祖华玉先生，官至南京刑部尚书，以文章闻于代。至与治亦号能诗。当崇祯之世，天下多故，陪京独完，得以余日赋诗饮酒，极意江山，流连卉木，骋笔墨之长，写风骚之致。晚值丧乱，独身无子，迫于赋役，困踬以终。今读其诗，郁纡凄恻，有郊、岛之遗音焉。"对于亡友梦游的遗诗得以结集刻印，顾炎武深为感慨，于是序中又喟叹："呜呼！士之生而失计，不能取舍，至有负郭数顷，不免饥寒以死，而犹幸有故人录其遗诗，以垂名异日。君子之所以贵乎取友也如是。"②

　　阔别故土四载，顺治十七年（1660）岁末，顾炎武终得返回苏州。度岁吴门，乱离之中得与旧友戴笠、潘柽章等聚首，亦是苦中乐事。当时，潘柽章正与友人吴炎一道纂辑《国史考异》，以记有明一代兴亡。

---

① 黄师正：《奉酬宁人广陵客舍见赠之作》，载沈岱瞻：《同志赠言》，见《亭林遗书汇辑》附录。

② 顾炎武：《亭林文集》卷六《顾与治诗序》。

为支持友人的著述事业，顾炎武将所藏书册千余卷借给吴、潘二人。时值炎武甥徐元文状元及第未久，当炎武往吴江韭溪访潘柽章时，柽章特地就此规劝，不可因之而稍贬其节。炎武于友人规劝感念不忘，事后为文追记道："予之适越，过潘子，时余甥徐公肃新状元及第。潘子规余慎无以甥贵稍贬其节，余谢不敢。"[1]

四、南下浙江

顺治十八年（1661），顾炎武在吴门迎来元旦。由于明《大统历》与清《时宪历》纪日的差异，因而二历的元旦相差一天。顺治十八年元旦，《时宪历》为辛亥日，而《大统历》则为壬子日。顾炎武固守遗民矩矱，终身奉明正朔不改，所以他于明《大统历》元旦日，以《元日》为题赋诗一首，以抒发对永历政权复明的希望。诗中有云："雾雪晦夷辰，丽日开华始。穷阴毕除节，复旦临初纪。（原注：《夷历》元日，先《大统》一日。）行宫刊木间，荜路山林里。云气谁得窥，真龙自今起。天王未还京，流离况臣子。奔走六七年，率野歌虎兕。行行适吴会，三径荒不理。鹏翼候扶摇，鲲鬐望春水。颓龄尚未衰，长策无中止。"[2]

春初，顾炎武离苏州南下，抵达杭州。杭州为宋室南渡后的偏安所在，入清之初，这里又是潞王朱常淓流寓之处。南宋灭亡，前事未远，而常淓沦为清廷阶下囚，更恍若昨日。炎武抚今追昔，成《杭州》诗二首，第一首云："宋世都临安，江山已失据。犹夸天目山，龙翔而凤翥。重江险足凭，百货东南聚。于此号行都，六帝銮舆驻。西输楚蜀资，北拥淮海戍。湖光映罘罳，山色连宫树。两国罢干戈，君臣日游豫。襄樊一陷没，千里无完固。梵呗响殿庭，番僧扪陵墓。天运亦何常，以此思

---

① 顾炎武：《亭林文集》卷五《书吴潘二子事》。
② 顾炎武：《亭林诗集》卷三《元日》。

其惧。"第二首云："浙西钱谷地，不以封宗室。南渡始侨藩，懿亲藉丞粥。序非涿郡疏，德则琅邪匹。如何负扆谋，苍黄止三日。那肱召周军，北庭王卫律。所以敌国人，尽得我虚实。青丝江上来，朱邸城中出。一代都人士，尽屈旃裘膝。谁为斩逆臣，一奋南史笔。"[1] 炎武二诗，以诗述史，一谈宋事，一谈南明，皆深寄兴亡感慨。正如王冀民先生所论："南宋退都杭州，本已怯懦失策。然江山犹可守险，财富差可自给。其致亡之由，在于君臣居安忘危，以'临安'为'长安'耳。弘光朝则视杭州如外府，但爱其财富而禁其设防，是故南京不守，杭州亦覆。此虽兵事之必然，独惜其不发一矢，拱手迎降。先生论其速降之由，首责'逆臣'甘为虎伥，次责'都人士'甘心屈膝，而于潞王则少谴辞。盖潞王素有贤名而不知兵，且无守藩之责，仓促之际，不忍残民而自缚请命，其事可哀，其情殆可恕也。"[2]

杭州而东，绍兴会稽山在望，那里有闻名遐迩的大禹陵。顾炎武登临禹陵，凭吊先哲，回首大禹的历史功业，痛惜南明鲁监国政权的昙花一现，凄恻之情油然而起。于是他以《禹陵》为题成诗一首。诗中写道："大禹巡南守，相传此地崩。礼同虞帝陟，神契鼎湖升。窆石形模古，墟宫世代仍。探奇疑是穴，考典或言陵。玉帛千年会，山河一气凭。御香来敕使，主守付髡僧。树暗岩云集，苔深壑雨蒸。鹡鸰呼冢柏，蝙蝠下祠灯。余烈犹于越，分封并杞鄫。国讹明德阼，人有霸图称。往者三光坠，江干一障乘。投戈降北固，授子守西兴。冲主常虚己，谋臣动自矜。普天皆爵禄，无地使贤能。合战山回雾，穷追海践冰。蠹城迷白草，镜沼烂红菱。樵采冈林遍，弓刀坞壁增。遗文留仆碣，仄径长荒藤。望古频搔首，嗟今更抚膺。会稽山色好，凄恻独攀登。"[3]

绍兴府所属萧山县，有南宋六帝陵寝，依次为高宗永思陵、孝宗

---

① 顾炎武：《亭林诗集》卷三《杭州》。
② 王冀民：《顾亭林诗笺释》卷三《杭州》，中华书局 1998 年版。
③ 顾炎武：《亭林诗集》卷三《禹陵》。

永阜陵、光宗永崇陵、宁宗永茂陵、理宗永穆陵、度宗永绍陵。元初，诸陵横遭摧残。如今，历史重演，顾炎武南来凭吊，于《宋六陵》诗中有云："六陵饶荆榛，白日愁春雨。山原互起伏，井邑犹成聚。偃折冬青枝，哀哀叫杜宇。海水再桑田，江头动金鼓。蹜屐一迁逡，泪洒攒宫土。"[1]

余姚毗邻萧山，为炎武友人吕章成故里。先前，顾、吕二人曾在昌平同谒明帝陵。如今炎武南游，再晤章成，得读章成以《千字文》体述明一代史事，感其不忘故国，且以之教授学子，于是欣然为之撰序。序中说："夫小学，固六经之先也，使人读之而知尊君亲上之义，则必自其为童子始，故余于是书也乐得而序之。"[2]

同年秋，顾炎武结束浙江之行，北返苏州。此次南游，往返皆访潘柽章于吴江韭溪，炎武事后为文追忆道："予之适越，过潘子，时余甥徐公肃新状元及第，潘子规余，慎无以甥贵稍贬其节，余谢不敢。"[3]

五、掉头北去

顾炎武在苏州并未多作停留，而是掉头北去，于闰七月取道南京，径往山东。

此时的故乡，仇家北去，旧怨已释，按理顾炎武似可觅一安静去处，定居下来，不必再四方流转。然而炎武以天下为己任，连年的往返山东，不禁生发出移家齐鲁之想。这有他当年冬在益都登颜神山作《颜神山中见橘》一诗为证。诗中，炎武以橘自况，抒发了希望得屈原一般的高洁之友，结庐北国之想。他说："黄苞绿叶似荆南，立雪凌寒性自

---

① 顾炎武：《亭林诗集》卷三《宋六陵》。
② 顾炎武：《亭林文集》卷二《吕氏千字文序》。
③ 顾炎武：《亭林文集》卷五《书吴潘二子事》。

甘。但得灵均长结伴，颜神山下即江潭。"①

　　顺治十八年（1661）的冬天，顾炎武是在山东渡过的。就在这年冬天，他将数年来在山东的考古所得，加以整理，辑为《山东考古录》。

---

　　①　顾炎武：《亭林诗集》卷三《颜神山中见橘》。

第八章　行万里路　读万卷书

康熙元年（1662）春，顾炎武离山东北上，再赴京城。此后数年，他以友人所赠二马二骡装驮书卷，常年往返于秦、晋、冀、鲁之间，行万里路，读万卷书，决意把自己的后半生献给著述事业。

一、西游秦晋

明崇祯十七年（1644）三月十九日，是崇祯帝朱由检缢死煤山之日。十八年过去，顾炎武于康熙元年三月十九日专程赶往昌平，凭吊崇祯陵。此时，桂王朱由榔自缅甸被擒回的消息已经传开，南明最后一个政权覆亡，顾炎武兴复故国之想亦付诸东流。于是他以"三月十九日有事于欑宫时闻缅国之报"为题，赋诗写状心境，诗中有云："此日空阶荐一觞，轩台云气久芒芒。时来夏后还重祀，识定凡君自未亡。宿鸟乍归陵树稳，春花初放果园香。年年沾洒频寒食，咫尺龙髯近帝旁。"[①]

拜毕崇祯帝陵，顾炎武燕北考古，历时月余。五月下旬，再返昌平。在这里，他度过了五十岁的生日。回首往事，瞻望前程，顾炎武并没有丝毫的消沉和颓丧，他的《五十初度时在昌平》一诗有云："居然濩落念无成，隙驷流萍度此生。远路不须愁日暮，老年终自望河清。常随黄鹄翔山影，惯听青骢别塞声。举目陵京犹旧国，可能钟鼎一扬名。"[②]

当时的京中，盛传一桩涉及礼制的大事，即北岳恒山的祭祀地点问

---

① 顾炎武：《亭林诗集》卷三《三月十九日有事于欑宫时闻缅国之报》。
② 顾炎武：《亭林诗集》卷三《五十初度时在昌平》。

题。据《清世祖实录》载，顺治十七年（1660）二月，"刑科都给事中粘本盛以祀典二事条奏，一移祀北岳于浑源州，一应建传圣祠于文庙，祭祀周公"。[①]之后，清廷竟"议准，改祭北岳恒山于山西浑源州"[②]。

其实，将北岳恒山由河北曲阳改祭于山西浑源，并非粘本盛突发奇想，明代早有议论，只是未获明廷批准罢了。据谈迁著《国榷》载，弘治六年（1493）七月，"戊午，初，兵部尚书马文升言，北岳恒山在浑源州，李唐有飞石曲阳之祠。宋失河北地，白沟河为界，遂祭北岳于曲阳。国朝因之，祭于故都之南，非其故封。礼部尚书倪岳议，曲阳历汉已然。太常寺卿范拱言，轩辕居上谷，在恒山西，舜居蒲坂，在恒山北，未尝据都改岳。上然之"。[③]顾炎武谙熟史事，于明代朝章国故，尤称通晓，对于清廷贸然改祭，他深感义愤。于是这年夏天，炎武离京南下，进行实地考察。

顾炎武先到河北曲阳谒北岳庙，将尚存唐宋碑刻一一拓印摹写。随后再入山西，至浑源县寻觅所谓北岳庙遗址。历时近半年，真相终得澄清，他就此写下《北岳辨》一文。这是一篇很有分量的考据文章，征引文献，辅以碑版，原原本本，可据可依。文中，顾炎武开宗明义即指出："古之帝王，其立五岳之祭，不必皆于山之巅，其祭四渎，不必皆于其水之源也。东岳泰山于博，中岳泰室于嵩高，南岳灊山于灊，西岳华山于华阴，北岳恒山于上曲阳，皆于其山下之邑。然四岳不疑而北岳疑之者，恒山之绵亘几三百里，而曲阳之邑于平地，其去山趾又一百四十里。此马文升所以有改祀之请也。"

为了证明马文升改祀说的荒谬，顾炎武于唐以前，则博征载籍，以澄清"北岳之祭于上曲阳也，自古然矣"；于唐以后，则引据碑文，以判定"文升乃谓宋失云中，始祭恒山于此，岂不谬哉！"其间，顾炎武

---

① 《清世祖实录》卷一百三十二，顺治十七年二月己丑条。
② 《清会典事例》卷四百四十二《礼部·中祀》。
③ 谈迁：《国榷》卷四十二，弘治六年七月戊午条。

所历举的载籍，如《尚书》《尔雅》《周礼》《史记》《汉书》《后汉书》《魏书》《隋书》《唐书》和《风俗通》《水经注》等，尽人皆知，已称有力。而为他所发现的诸多唐宋碑刻，则更属铁证，不可辩驳。在《北岳辨》中，顾炎武于此写道："《唐书》定州曲阳县，元和十五年，更恒岳曰镇岳，有岳祠。又言张嘉贞为定州刺史，于恒岳庙中立颂。予尝亲至其庙，则嘉贞碑故在。又有唐郑子春、韦虚心、李荃、刘端碑文凡四，范希朝、李克用题名各一，而碑阴及两旁刻大历、贞元、元和、长庆、宝历、太和、开成、会昌、大中、天祐年号某月某日祭，初献、亚献、终献某官姓名凡百数十行。宋初，庙为契丹所焚。淳化二年重建，而唐之碑刻未尝毁。至宋之醮文碑记尤多，不胜录也。"[1] 既有文献可依，又有碑文佐证，于是炎武断然判定马文升改祀说之不能成立。文末，他就此做出结论："世之儒者，唐宋之事且不能知也，而况与言三代之初乎？先是，倪岳为礼部尚书，已不从文升议，而万历中，沈鲤驳大同抚臣胡来贡之请，又申言之，皆据经史之文而未至其地。予故先至曲阳，后登浑源，而书所见以告后之人，无惑乎俗书之所传焉。"[2]

康熙元年（1662）十月，顾炎武在山西太原留下了又一篇重要文字，即《书杨彝万寿祺等为顾宁人征天下书籍启后》。文中写道："右十年前友人所赠。自此绝江逾淮，东蹑劳山、不其，上岱岳，瞻孔林，停车淄右。入京师，自渔阳、辽西出山海关，还至昌平，谒天寿十三陵，出居庸，至土木，凡五阅岁而南归于吴。浮钱塘，登会稽，又出而北，度沂绝济，入京师，游盘山，历白檀至古北口。折而南谒恒岳，逾井陉，抵太原。往来曲折二三万里，所览书又得万余卷。爰成《肇域记》，而著述亦稍稍成帙。然尚多纰漏，无以副友人之望。又如麟士、年少、菡生、于一诸君，相继即世而不得见，念之尤为慨然。玄默摄提

---

①　顾炎武：《亭林文集》卷一《北岳辨》。
②　顾炎武：《亭林文集》卷一《北岳辨》。

格之阳月顾炎武识。"①

从这篇后记中，可以得知有关炎武生平学行的两个重要节目。第一是十年前，即顺治九年（1652），顾炎武北游之愿已萌，江南友人曾为他联名写过一篇《征书启》，以作绍介。第二，顾炎武北游以来，行万里路，读万卷书，于康熙元年（1662）完成了《肇域志》的撰写。

至于那篇《征书启》，幸得清人沈岱瞻搜讨，辑入《同志赠言》，谨过录如后：

东吴顾宁人，名炎武，驰声文苑垂三十年。其高祖刑科给事中讳济，累疏直言，载在武、世二庙《实录》。曾祖南京兵部右侍郎讳章志，历任藩臬京兆，及掌南兵，疏更纮政，苏军卫二百年之困。本生祖左春坊左赞善讳绍芳，嗣祖太学讳绍芾，兄孝廉讳细，并以诗文为海内所宗。嗣母王氏，未嫁守节，奉旨旌表贞孝，及闻国变，不食而卒，天下称为贞烈。宁人年十四为诸生，屡试不遇，由贡士两荐授枢曹，不就。自叹士人穷年株守一经，不复知国典朝章、官方民隐，以至试之行事，而败绩失据。于是尽弃所习帖括，读书山中八九年。取天下府州县志书及一代奏疏、文集遍阅之，凡一万二千余卷。复取二十一史并实录，一一考证。择其宜于今者，手录数十帙，名曰《天下郡国利病书》。遂游览天下山川风土，以质诸当世之大人先生。昔司马子长遍游四方，乃成《史记》；范文正自秀才时，以天下为己任。若宁人者，其殆兼之。今且北学于中国，而同方之士知宁人者，敬为先之以言，冀当世大人先生，观宁人之文，以察其志，而助之闻见，以成其书。匪直一家之言，异日天下生民之福，其必由之矣。②

联名撰写上述公启者，凡二十一人，皆一时志节耿然的明遗民。计

① 顾炎武：《亭林佚文辑补》不分卷，《书杨彝万寿祺等为顾宁人征天下书籍启后》。
② 杨彝等：《为顾宁人征天下书籍启》，载沈岱瞻：《同志赠言》，见《亭林遗书汇辑》附录。

有：王猷定、毛骙、顾有孝、王潢、张悫、潘柽章、顾梦麟、陆圻、吴炎、杨彝、黄师正、汤濩、万寿祺、杨瑀、王锡阐、方文、归庄、陈济生、丁雄飞、吴任臣、戴笠。在当时的历史条件下，南北各地明遗民尚存，顾炎武凭借自己的傲岸人格和学术素养，又有这样一份十分有分量的公启绍介，遨游四方，交友天下，也就成为可能了。

此后，顾炎武西游秦晋，在山陕高原陆续结识傅山、李因笃、王弘撰、李颙等操志高洁之士，且与明宗室后裔朱存杠定交。他既为纯朴惇厚的西北民风所感染，又得置身雄关，俯视中原，一览天下之势的熏陶，于是流连忘返，直至最终卜居于此。

二、《明史》冤狱

康熙二年（1663）春，顾炎武旅居山西太原。此时，由京中传来因浙江湖州庄廷鑨私撰《明史》，清廷正锻制冤狱的消息。对于庄氏修史，顾炎武早有了解，且曾于顺治十三年（1656）应约前往湖州。后因鄙薄庄氏不学，未留下助其修史。此时清廷竟因之而严加追究，兴起大狱，虽案情不明，但炎武已深感文字高压的严酷。于是他以"闻湖州史狱"为题，成诗一首，诗中有云："永嘉一蒙尘，中原遂翻覆。名弧石勒诛，触眇苻生戮。哀哉周汉人，离此干戈毒。去去王子年，独向深岩宿。"[1]

《明史》冤狱案情的发展，远出乎顾炎武意料。当他于六月初抵达汾州时，噩耗传来，清廷滥杀无辜，挚友潘柽章、吴炎皆因史狱牵连，蒙冤罹难。顾炎武悲从中起，一腔义愤迸然而出。他在汾州旅邸以歌当哭，遥祭死友。所撰《汾州祭吴炎潘柽章二节士》一诗云："露下空林百草残，临风有恸奠椒兰。韭溪（原注：二子所居。）血化幽泉碧，蒿

---

[1] 顾炎武：《亭林诗集》卷四《咏史》。

里魂归白日寒。一代文章亡左马，千秋仁义在吴潘。巫招虞殡俱零落，欲访遗书远道难。"[1]

　　同时，炎武又以史家直笔，将所了解的冤狱真相如实记录下来。在所撰《书吴潘二子事》中，炎武写道："苏之吴江，有吴炎、潘柽章，二子皆高才。当国变后，年皆二十以上，并弃其诸生，以诗文自豪。既而曰：'此不足传也，当成一代史书，以继迁、固之后。'于是购得《实录》，复旁搜人家所藏文集、奏疏，怀纸吮笔，早夜矻矻，其所手书，盈床满箧，而其才足以发之。及数年而有闻，予乃亟与之交。二子皆居江村，潘稍近，每出入，未尝不相过。又数年，潘子刻《国史考异》三卷，寄予于淮上，予服其精审。又一年，予往越州，两过其庐。及余之昌平、山西，犹一再寄书来。会湖州庄氏难作，庄名廷鑨，目双盲，不甚通晓古今，以史迁有'左丘失明，乃著《国语》'之说，奋欲著书。其居邻故阁辅朱公国桢家，朱公尝取国事及公卿志状疏草，命胥抄录，凡数十帙，未成书而卒。廷鑨得之，则招致宾客，日夜编辑为《明书》，书冗杂不足道也。"

　　文中，炎武又说："廷鑨死，无子，家赀可万金。其父胤城流涕曰：'吾三子皆已析产，独仲子死无后，吾哀其志，当先刻其书，而后为之置嗣。'遂梓行之。慕吴、潘盛名，引以为重，列诸参阅姓名中。书凡百余帙，颇有忌讳语，本前人诋斥之辞未经删削者。庄氏既巨富，浙人得其书，往往持而恐吓之，得所欲以去。归安令吴之荣者，以赃系狱，遇赦得出。有吏教之买此书，恐吓庄氏。庄氏欲应之，或曰：'踵此而来，尽子之财不足以给，不如以一讼绝之。'遂谢之荣。之荣告诸大吏，大吏右庄氏，不直之荣。之荣入京师，摘忌讳语密奏之，四大臣大怒，遣官至杭，执庄生之父及其兄廷钺及弟侄等，并列名于书者十八人皆论死。其刻书、鬻书，并知府、推官之不发觉者，亦坐之。发廷鑨之墓，

　　① 顾炎武：《亭林诗集》卷四《汾州祭吴炎潘柽章二节士》。

焚其骨，籍没其家产。所杀七十余人，而吴、潘二子与其难。"

文末，炎武再记吴、潘二子之临难不屈，他说："当拘讯时，或有改辞以求脱者。吴子独慷慨大骂，官不能堪，至拳踢仆地。潘子以有母故，不骂亦不辩。其平居孝友笃厚，以古人自处，则两人同也。予之适越，过潘子，时余甥徐公肃新状元及第，潘子规余慎无以甥贵稍贬其节，余谢不敢。二子少余十余岁，而予视为畏友，以此也。方庄生作书时，属客延予一至其家，予薄其人不学，竟去，以是不列名，获免于难。二子所著书若干卷，未脱稿，又假予所著书千余卷，尽亡。予不忍二子之好学笃行而不传于后也，故书之。且其人实史才，非庄生者流也。"①

顾炎武的这篇《书吴潘二子事》，以文而存死友，他日吴炎、潘柽章学行之得以名垂史册，当首推炎武表彰之功。而文中所记《明史》冤狱始末，亦以征实可信，成为迄今探讨此段史事最可宝贵的资料。

关于《明史》冤狱，已故王蘧常先生著《顾亭林诗集汇注》，依据顾炎武诗文及其他史料，有过详细考证。蘧常先生指出："庄廷鑨，湖州归安南浔镇人，故曰湖州史狱。考陆莘行《秋思草堂遗集·老父云游始末》谓，康熙元年二月，或有告其父圻，湖州庄姓者，所著秽史，抵触本朝，兼有查、陆、范评定姓名，大为不便。查者名继佐，范者名骧，陆者其父也。其父等即具牒请赵教谕查验。六月，吴之荣者有憾于庄、查，遂抱书击登闻鼓以进。十一月十五日，其父被捕。十二月，与查、范起解。癸卯正月，到京，同入刑部牢。不数日，命下，回浙候审，即日出京。三月初六抵杭，入营监守。计营中所系，庄氏父子、朱氏父子、花里茅氏、赵教谕等，尚有评文姓氏多人。"

王先生还引述佚名《研堂见闻杂记》云："吴兴朱国桢撰《明史》，其子孙以其稿本贸之庄姓者，庄续成之而布之板。其所续烈皇帝诸传，于我朝龙兴事有犯，盛行于坊间。有县令首之朝，天子震怒，逮系若干

---

① 顾炎武：《亭林文集》卷五《书吴潘二子事》。

人。如查继佐、陆圻、范骧，皆浙中名宿。其他姻党亲戚，一字之连，一词之及，无不就捕。每逮一人，则其家男女百口皆银铛同缚，杭州狱中至二千余人。"

王先生复引该书云："《明史》之狱，发难于吴之庸（案：即吴之荣），决于康熙二年之五月二十六日。得重辟者七十人，凌迟者十八人。茅氏一门得其七，当是鹿门后人。如庄、如朱，皆在数中。朱字右明，出赀四五百万助刻，故亦株连。其余绞者数人，郡伯、司理皆与焉。外皆骈首就戮。浒墅榷关使者李继白，止以买书一部，亦与祸。书贾陆德儒及刻匠若干人，皆不免。若范骧、陆圻、查继佐之属，皆首在事前，得免死释归。是役也，或谓吴之庸实伪刻数叶，以成其罪，故所行之书，大有异同。于是贾人刻手，纷纷锻炼而竟不免。一夫作难，祸及万家，惨矣哉！"

蘧常先生又引《榴龛随笔》说："同时文人受祸，除吴、潘外，可考者尚有蒋麟征、张文通、张隽、董二酉、茅元铭、黎元宽、吴心一诸人。刻工之可考者曰汤达甫，刷匠之可考者曰李祥甫。"

至于吴、潘二人死难之惨烈，王先生先引佚名《研堂见闻杂记》云："吴江有两生，一为潘柽章，一为吴炎，平日闭门读书，亦私著《明史》。庄允成（案：即庄胤城）以其同心也，列之参评。后按籍擒捕，两县令、一司理登门亲缉。一则方巾大袖以迎，一则儒巾襕衫以迎，辞气慷慨，凡子女妻妾，一一呼出，尽以付之。两县令、一司理谓：'君家少子姑藏匿，何必为破卵？'两生曰：'吾一门已登鬼箓，岂望覆巢完卵耶？'悉就械，挺身至杭就讯。"继引陈去病《吴节士赤民传》云："在狱中，意气自若，与同坐者赋诗酬唱，阳阳如平时。以康熙二年癸卯五月二十六日，与柽章同磔于杭州之弼教坊。先夕，先生知不免，谓其弟曰：'吾辈罹极刑，血肉狼籍，岂能辨识？汝第视两股有火字者，即吾尸也。'闻者悲之。"后引戴笠《潘力田传》云："柽章专精史事，谓诸史唯司马迁书最有条理，欲仿之作《明史记》。而友人吴炎，所见略同，遂与同事。枟章分撰本纪及诸志，炎分撰世家、列传，其年表、历法，则属诸王锡阐，《流寇志》则笠任之。撰述数年，其书既成十之六七，而南浔庄氏史狱起，两人遂罹惨祸。天下既惜两人之才，更痛其书之不就，并已就者亦不传也。"①

三、置产章丘

康熙三年（1664）春，顾炎武出潼关，山西考古，历时半年，于当年七月初一抵达北京昌平，十五日，四谒明崇祯帝陵。就此次谒陵，炎武写下文一篇、诗一首。文题《谒欑宫文》，炎武写道："自违陵下，即度太行，远离关河，再更寒暑。兹以孟秋之望，重修拜奠之仪。身先旅雁，过绝塞而南飞；迹似流萍，随百川而东下。感河山之如故，悲灌莽之方深。庶表忧思，伏祈昭鉴。"②诗题《孟秋朔旦有事于欑宫》，诗中有云："秋色上陵峒，新松夹殿青。草深留虎迹（原注：茂陵宝城内获二虎。），山合绕龙形。放犊朝登垄，司香月扫庭。不辞行潦荐，仿佛近惟馨。"③

同一谒陵，在其具体时间上，文作"孟秋之望"，即七月十五日；诗则称"孟秋朔旦"，即七月初一日。两者相去十五天。王蘧常先生释顾诗，于此指出："同一事也，而朔望两异，必有一误，不能定其孰是孰非矣。"④蘧常先生提出的问题，是由王冀民先生来解决的。冀民先生释炎武《孟秋朔旦有事于欑宫》一诗云："谒陵日期，诗题作'孟秋朔旦'，《谒欑宫文》作'孟秋之望'。据'司香月扫庭'句，似以望日为

---

①　王蘧常：《顾亭林诗集汇注》卷四《汾州祭吴炎潘枟章二节士》，上海古籍出版社1983年版。

②　顾炎武：《亭林文集》卷五《谒欑宫文二》。

③　顾炎武：《亭林诗集》卷四《孟秋朔旦有事于欑宫》。

④　王蘧常：《顾亭林诗集汇注》卷四《孟秋朔旦有事于先皇帝欑宫》，上海古籍出版社1983年版。

正，且秋祭多在'中元'（七月十五日）也。"[1]

昌平谒陵毕，顾炎武南下保定，拜望河北大儒孙奇逢。奇逢字启泰，号钟元，晚号岁寒老人，学者以其所居尊为夏峰先生，河北容城人。生于明万历十二年（1584）[2]，卒于清康熙十四年（1675），享年九十二岁。孙奇逢的大半生都是在明代度过的。天启间，阉党祸国，东林名士左光斗、魏大中、周顺昌等被逮下狱。奇逢与鹿正、张果中倡义酿金营救，冒死犯难，正气耿然，史称"范阳三烈士"。崇祯间，清兵频频破关袭扰，他组织义勇，结寨易州（今河北易县）五公山，拒敌保乡，深得一方官民敬仰。明廷聘用，屡征不出。明亡，孙奇逢已年逾花甲。由于故园被旗兵圈占，他含恨离乡背井，举家南徙，寄居河南辉县苏门山。清廷屡有征聘，皆为他所断然拒绝。晚年的孙奇逢，在苏门山夏峰村课徒授业，勤于著述，广交南北学术俊彦，俨然中原学术重镇。

顾炎武于康熙三年（1664）八月初一拜见孙奇逢，炎武时当五十二岁盛年，而奇逢已是八十一岁高龄。高山仰止，景行行止，一腔虔诚见诸文字，遂成《赠孙征君奇逢》一诗。诗中，炎武写道："海内人师少，中原世运屯。微言垂旧学，懿德本先民。早岁多良友，同时尽诤臣。苍黄悲诏狱，慷慨急交亲。（原注：天启中，左光斗、魏大中、周顺昌三君被逮至京，君为周旋营救，不避祸患。）党锢时方解，儒林气始申。明廷来尺一，空谷贲蒲轮。未改幽栖志，聊存不辱身。名高悬白日，道大屈黄巾。卫国容尼父，燕山住子春。门人持笈满，郡守式庐频。竹柏心弥劲，陶镕化益醇。登年几上寿，乐道即长贫。尚有传经日，非无拜老辰。伏生终入汉，绮里只辞秦。自愧材能劣，深承意谊真。惟应从卜筑，长与讲堂邻。"[3]

---

① 王冀民：《顾亭林诗笺释》卷四《孟秋朔旦有事于横宫》，中华书局 1998 年版。

② 据《征君孙先生年谱》载，孙奇逢生于明万历十二年十二月十四日，实当 1585 年 1 月 14 日。

③ 顾炎武：《亭林诗集》卷四《赠孙征君奇逢》。

关于顾炎武与孙奇逢的此次晤面，炎武嗣子衍生辑其年谱，记为"至河南辉县访孙夏峰先生"。这就是说，顾、孙会晤，地点在河南辉县，而非保定容城。其实，这是顾衍生《元谱》的一个误会。衍生追随炎武甚晚，据其所辑炎武《元谱》记，直到康熙十六年，父子始得见面。因此，对炎武康熙初年在北方的经历知之不详，亦在情理之中。加以他只知孙奇逢于顺治初移家河南辉县，而不知奇逢康熙三年春，因文字狱牵连而返乡对簿公堂，迄于翌年春始启程南归夏峰，所以便将康熙三年秋顾、孙二人的晤面，误植为河南辉县。道光间，张穆重辑《顾亭林先生年谱》，沿顾衍生《元谱》失误，将康熙三年顾、孙晤面，依然记为在河南辉县。久而久之，几成定说。

二十世纪四十年代末，赵俪生先生撰《张穆亭林年谱订补》，对辉县晤面说提出质疑。赵先生认为："亭林果至夏峰，必在七八月之后，十二月之前，而斯时夏峰正在保定容城乡里。故其未获晤面，自可断言。"[①]继赵先生的"未获晤面"说之后，八十年代初，王蘧常先生著《顾亭林诗集汇注》，又提出康熙四年（1665）五月以后晤面说。蘧常先生就此指出："蘧常案：此诗（指《赠孙征君奇逢》——引者）编于甲辰。《元谱》云，康熙三年甲辰，至河南辉县，访孙夏峰先生。然考《孙征君年谱》：'甲辰二月，闻济上事，余具呈当事，北行。'注云，先生故有《甲申大难录》一编，济宁州牧李为授梓。至是以严野史之禁，有老蠹首大部，李被逮，遂自请赴部。三月，至中途，闻检原书特为表忠，毫无触忌，释济守归，余遂返。辉令知余归，复闻之督抚诸公。豫督刘疑之，余复北上。五月，抵里门（案：容城县北城村）。次涿州，闻事寝，因旋车归北城。七月望日，修祀事。十二月，里门族党觞余。据此，则是年奇逢于二月离辉县，三月暂归，旋又北去，至年终尚留原籍。此诗编于《孟秋朔旦有事于攒宫》诗后，则应为甲辰秋后事，然是年秋后，奇逢尚留容城原籍，何缘于辉县见之也？此必有误。《孙谱》云，四年乙巳五月，再抵夏峰。则访奇逢当在明年五月以后，不当编在本年。诗既误编于前，谱又误从于后，不可不正也。"[1]

同样是注顾诗，也同样是谈顾炎武与孙奇逢的关系，王冀民先生著《顾亭林诗笺释》，则摒衍生《元谱》于不取，在赵、王二家说外，别出新解。冀民先生先引王说云："亭林诸谱，皆系先生访奇逢于本年秋后，衍生《元谱》则于本年访孙事增'至河南辉县'五字。遽案（指王蘧常先生《汇注》——引者）因据汤斌等《孙夏峰年谱》，以为本年自秋徂冬，奇逢尚留容城原籍，（亭林）何缘于辉县见之耶？此必有误。于是断言，访奇逢当在明年五月（奇逢再抵夏峰）以后，不当在本年。并以为'诗既误编于前，谱又误从于后，不可不辨'。"随后加以辨析道："奇逢卒于康熙十四年（1675）孟冬，时先生侨寓太原，不获执绋，作诗曰：'忆叨忘年契，一纪秋徂冬。'据此上推，初谒奇逢恰在今年，决不可迟至本年以后，故知诗未'误编'。本题但云《赠孙征君奇逢》，并未标明赠诗之地，味全首诗意，亦未见初谒便在辉县。考先生前后出京返山东，或取道津、沧，或途经保定，然后交会于德州入山东境。本年至泰安度岁，何至绕道河南？故知先生初谒奇逢，必在今年另一地所。《夏峰年谱》出自汤斌等人之手，既云本年自秋徂冬皆留容城，容城属保定府，正系先生南北往返所必经，于此相见，最为便捷。衍生但知奇逢晚年长住辉县，不知本年有北上对簿之事，遂妄增'至河南辉县'五字。此非先生编诗之误，实《元谱》之误也。"[2]

王冀民先生的辨析，最是精确不误。以下，谨据孙奇逢自撰《日谱》，掇拾数事，以佐冀民先生之考证。

据奇逢《日谱》康熙三年（1664）八月初一日条记："顾炎武，字

---

[1]　王蘧常：《顾亭林诗集汇注》卷四《赠孙征君奇逢》，上海古籍出版社 1983 年版。

[2]　王冀民：《顾亭林诗笺释》卷四《赠孙征君奇逢》，中华书局 1998 年版。

宁人，昆山人，以凫盟字过坊。先曾闻之赤豹与青主，宁人子（子字疑误，当为嗣父——引者）十八捐馆，聘王氏，年十七，未婚，过门守节。巡按御史上闻，奉旨旌表。"①文中凫盟，为河北广平府永年（今河北邯郸市北）人申涵光，涵光字和孟，号凫盟。顾炎武康熙五年撰《送韵谱帖子》有云："申凫盟名涵光，永年人。太仆公之长子，今庶常随叔之兄也。太仆公甲申殉国难。"②康熙二年，炎武同涵光阔别十载，重逢太原，曾有诗一首送涵光，题为《雨中送申公子涵光》。奇逢《日谱》所言赤豹，为史可程，可程字赤豹，号蘧庵，河南祥符人，可法同祖弟。青主为傅山，山初名鼎臣，字青竹，后改名山，字青主，山西太原人。傅山、史可程，皆于康熙二年在太原同顾炎武定交，且均有诗文唱和。

孙氏《日谱》康熙三年十月十六日条又记："《答顾宁人书》二稿，存原册。"③十一月初九条还记："《寄傅青主》：'……弟春初偶罹风浪，三月之内，往返道途三千里。幸风浪平，而偃卧里门者八阅月。顾宁人自北而南，假道过访，念足下不置。"④

根据上引孙奇逢《日谱》诸条可证，顾炎武同孙奇逢会晤，时间为康熙三年八月初一，地点在保定府容城县孙氏故里。炎武来访，曾携有申涵光所写绍介信函一封。关于他的家世，孙奇逢已于晤面前从史可程、傅山处得知。会晤过程中，炎武屡次谈起太原友人傅山。两个多月后，孙奇逢还有书信复顾炎武。奇逢的《答顾宁人书》，今天虽已无从见到，但因晤面而有复书，则是确然无疑的。

容城告别孙奇逢，顾炎武取道德州入山东，度岁于泰安。翌年春，由泰安至济南，抵章丘。章丘土豪谢长吉欠炎武债久未偿还，至此以田

---

① 孙奇逢：《日谱》卷二十二，康熙三年八月初一日条。
② 顾炎武：《亭林佚文辑补》不分卷，《送韵谱帖子》。
③ 孙奇逢：《日谱》卷二十二，康熙三年十月十六条。
④ 孙奇逢：《日谱》卷二十二，康熙三年十一月初九日条。

产抵押，炎武遂在章丘大桑家庄有了田地屋宇。炎武本有移居山东之想，此次置产章丘，或是一个尝试。殊不知谢长吉并非善类，三年后，正是他唆使策划，罗织罪名，使顾炎武再度身陷囹圄。

四、垦荒雁北

康熙五年（1666）春，顾炎武离章丘，取道河北，再游山西。在太原东郊，他与作幕于此的浙江学者朱彝尊相识，遂结为友好。

六月，炎武北上代州。闻顾炎武西游，陕西富平友人李因笃偕远游关中的广东学者屈大均，专程赶来相会。于是遂有炎武与朱彝尊、李因笃、傅山等人集资垦荒之举。

关于雁北垦荒的缘起、经营、结局等，代远年湮，已不得其详。顾衍生辑炎武年谱，记及此事，不过寥寥数字，即"与子德辈二十余人鸠赀垦荒于雁门之北"。其根据则是顾炎武给潘耒的一封复信，信中说："近则稍贷赀本，于雁门之北，五台之东，应募垦荒。同事者二十余人，辟草莱，披荆棘，而立室庐于彼。然其地苦寒特甚，仆则遨游四方，亦不能留住也。彼地有水而不能用，当事遣人到南方，求能造水车、水碾、水磨之人，与夫能出资以耕者。大抵北方开山之利，过于垦荒，蓄牧之获，饶于耕耨，使我有泽中千牛羊，则江南不足怀也。"[1]

顾炎武既称此次垦荒为"应募"，又称"当事遣人到南方"，可见集资垦荒之举系山西地方当局倡议且认可的。而此时的代州长官陈上年，为李因笃幕主，炎武即由因笃而与之相识。陈上年字祺公，保定清苑人，礼贤下士，乐与文士交。所以，炎武赠友人诗，每每比之于信陵君、望诸君。康熙五年（1666），炎武撰《寄刘处士大来》一诗，诗

---

① 顾炎武：《亭林文集》卷六《与潘次耕》。

中所云"一过信陵君，下士色无倦"①，即指山东友人刘六茹投奔陈上年事。同年六月抵代州，重逢李因笃，再撰《重过代州赠李处士因笃在陈君上年署中》一诗，则既以再晤因笃而赞其高才，又喜上年豪侠仗义、文武兼具。诗中有云："陈君心事望诸传，吾友高才冠雍州。玉轴香浮铃阁晓，彩毫光照射堂秋。"②唯其如此，顾炎武离代州，陈上年欣然赋诗二首送行。第一首云："同声隔岁赋离居，空谷跫然贲客车。海岳还高司马辙，风尘益富子云书。樽前烟雨饶相和，室里芝兰迥自如。渭水吴门方驾久，更来彼美说三闾。"第二首云："行行此日尚瞻乌，努力名山在远途。楚璧不妨供独赏，衡门聊自慰潜夫。白云故傍朋簪盍，明月谁教缟带孤。此去秋山迟好会，传鱼早晚过中都。"③而翌年顾炎武同李因笃再晤京城，借抄孙承泽所藏经学诸书，一应费用便得自陈上年的资助。关于这一点，康熙六年顾炎武撰《钞书自序》说得很清楚："今年至都下，从孙思仁先生得《春秋纂例》《春秋权衡》《汉上易传》等书，清苑陈祺公资以薪米纸笔，写之以归。"④

其实，顾炎武与诸多友人垦荒雁北，其目的恐怕并不在于谋利，也不能简单地将它同反清复明一类活动相联系。他的深意，抑或欲以此而做出一种示范，以倡导为学经世的传统精神，韬光养晦，等待中兴之主，为国家建功立业。所以，顾炎武早在顺治七年（1650）赋《秀州》诗，即已发"将从马伏波，田牧边郡北"⑤之想。十六年后，凤愿得遂，他在致潘耒的信中，才会引两汉、三国间人马援、田畴比况，指出："文渊、子春并于边地立业，足下倘有此意，则彼中亦足以豪。"⑥有鉴于此，雍乾间史家全祖望撰《亭林先生神道表》和晚清章太炎先生述亭

---

① 顾炎武：《亭林诗集》卷四《寄刘处士大来》。
② 顾炎武：《亭林诗集》卷四《重过代州赠李处士因笃在陈君上年署中》。
③ 陈上年：《赋送宁人先生》，载《同志赠言》。
④ 顾炎武：《亭林文集》卷二《钞书自序》。
⑤ 顾炎武：《亭林诗集》卷二《秀州》。
⑥ 顾炎武：《亭林文集》卷六《与潘次耕》。

林逸事，所议雁北垦荒，则显然多属揣测，尚乏实据。

　　在这个问题上，王冀民先生释炎武《出雁门屈赵二生相送至此有赋》一诗，有过一段持平的议论。王先生说："先生去年置田产于章丘之大桑家庄，今年又与李因笃、朱彝尊、傅山等二十余人鸠赀垦荒于雁门之北、五台之东，事见《与潘次耕书》（《文集》卷六）。原书但云：'近则稍贷资本，……应募垦荒……而立室庐于彼。然其地苦寒特甚，仆则遨游四方，亦不能留住也。'则知雁北室庐仅为垦荒而置，非常住之地。故全氏《神道表》叙其事曰：'苦其地寒，乃但经营创始，使门人辈司之，而身出游。'所云'门人辈'亦不知为谁。《表》又云：'东西开垦，所入别贮之以备有事。'所备何事，以未见实施，殆不可考。章炳麟《顾亭林遗事》谓：'亭林设票号，属傅青主主之，立新制，天下信从，于是饶于财用。'（《太炎文录续编》卷六）设有其事，亦当在此时。至谓'天下信从'，史籍均不见载。蘧案此诗，引邬庆时《屈翁山年谱》，云：'（翁山）知山陕之间，僻处一隅，清不甚防闲，有志之士，多匿处以图恢复。……顾亭林、李天生、朱竹垞、傅青主等，先后集太原，定计分进。送顾、李出雁门之后，先生（指屈大均）亦即南归，遍游广东南路。事虽未成，而其志可知矣。'民按：亭林先生终生不忘故国，不忘抗清，是矣。然谓其雁北垦荒，华阴卜宅，皆欲有所为，则苦无实证。章、邬诸君于清季民族抗争之际，多饰前贤以号召，故不免揣摩其事。即如全氏《神道表》所云'以备有事'，亦不过据先生'华阴缩毂'之言，申先生'幽隐莫发'之志而已。不然，何同时诸人别集只字不载，即如屈、赵二生赠行诗，亦不见其端倪耶？"[1]

　　信以传信，疑以存疑，这是中国古代史家的一个好传统。对于顾炎武雁北垦荒的诸多问题，既然尚乏确凿史料，还是以存疑为宜。

----

[1]　王冀民：《顾亭林诗笺释》卷四《出雁门关屈赵二生相送至此有赋》，中华书局1998年版。

五、刻书淮安

康熙五年（1666）秋，顾炎武由北京至山东。十月，炎武撰《韵补正》在山东脱稿。在该书序中，炎武写道："余为《唐韵正》，已成书矣。念考古之功，实始于宋吴才老，而其所著《韵补》，仅散见于后人之所引而未得其全。顷过东莱，任君唐臣有此书，因从假读之月余。其中合者半，否者半，一一取而注之，名曰《韵补正》，以附《古音表》之后。如才老，可谓信而好古者矣。后之人如陈季立、方子谦之书，不过袭其所引用，别为次第而已。今世甚行子谦之书，而不知其出于才老，可叹也。然才老多学而识矣，未能一以贯之，故一字而数叶，若是之纷纷也。夫以余之谫陋，而独学无朋，使得如才老者与之讲习，以明六经之音，复三代之旧，亦岂其难？而求之天下，卒未见其人，而余亦已老矣，又焉得不于才老之书而重为之三叹也夫！"[1]

岁末，炎武抵兖州，客居知府彭绳祖署。炎武历年来辑有《古今集论》五十卷，在这里他得到兖州司李刘泽远相助，将其中有关经学和治术的文字录出，改题《近儒名论甲集》刊行[2]。

六年正月中，顾炎武南旋，携业已完成的《音学五书》书稿至淮安，送请友人张弨刊刻。

《音学五书》凡三十八卷，由《音论》《诗本音》《易音》《唐韵正》和《古音表》等五部分构成。全书承明人陈第对古音的探讨，以对上古音韵的成功离析，开启了一代音韵学研究的先路。在该书序中，顾炎武历考音韵学演变源流，展示了欲以《音学五书》去"一道德而同风俗"的追求。他说："《记》曰：'声成文谓之音。'夫有文斯有音，比音而为诗，诗成然后被之乐，此皆出于天而非人之所能为也。三代之时，其文皆本于六书，其人皆出于族党庠序，其性皆驯化于中和，而发之为音

---

①　顾炎武：《亭林文集》卷六《吴才老韵补正序》。
②　顾炎武：《亭林佚文辑补》不分卷，《又与颜修来书》。

无不协于正。然而《周礼·大行人》之职:'九岁属瞽史,谕书名,听声音。'所以一道德而同风俗者又不敢略也。是以《诗》三百五篇,上自《商颂》,下逮陈灵,以十五国之远,千数百年之久,而其音未尝有异。帝舜之歌,皋陶之赓,箕子之陈,文王、周公之系,无弗同者。故三百五篇,古人之音书也。魏晋以下,去古日远,词赋日繁,而后名之曰韵。至宋周颙、梁沈约而四声之谱作。然自秦、汉之文,其音已渐戾于古,至东京益甚。而休文作谱,乃不能上据雅南,旁摭骚子,以成不刊之典,而仅按班、张以下诸人之赋,曹、刘以下诸人之诗所用之音,撰为定本,于是今音行而古音亡,为音学之一变。下及唐代,以诗赋取士,其韵一以陆法言《切韵》为准,虽有独用、同用之注,而其分部未尝改也。至宋景祐之际,微有更易。理宗末年,平水刘渊始并二百六韵为一百七。元黄公绍作《韵会》因之,以迄于今,于是宋韵行而唐韵亡,为音学之再变。世日远而传日讹,此道之亡,盖二千有余岁矣。"

在梳理音学源流之后,顾炎武专就《音学五书》的结撰写道:"炎武潜心有年,既得《广韵》之书,乃始发悟于中而旁通其说。于是据唐人以正宋人之失,据古经以正沈氏、唐人之失,而三代以上之音部分秩如,至赜而不可乱。乃列古今音之变,而究其所以不同,为《音论》三卷,考正三代以上之音;注三百五篇,为《诗本音》十卷;注《易》,为《易音》三卷;辨沈氏部分之误,而一一以古音定之,为《唐韵正》二十卷;综古音为十部,为《古音表》二卷。自是而六经之文乃可读,其他诸子之书,离合有之,而不甚远也。天之未丧斯文,必有圣人复起,举今日之音而还之淳古者。子曰:'吾自卫反鲁,然后乐正,《雅》《颂》各得其所。'实有望于后之作者焉。"[1]

张弨为古文字学家,工于篆刻。此后十余年间,顾炎武的《音学五书》得其襄助,不断完善。在诸多学术界友朋的帮助下,先期刻成

---

[1]　顾炎武:《亭林文集》卷二《音学五书序》。

的《诗本音》亦屡经刊改，精益求精。直至康熙十九年（1680），全书始告刊定，炎武于是年三月十五日再撰《后序》一篇。文中写道："余纂辑此书三十余年，所过山川亭障，无日不以自随，凡五易稿而手书者三矣。然久客荒壤，于古人之书多所未见，日西方莫，遂以付之梓人，故已登版而刊改者犹至数四。又得张君弨为之考《说文》，采《玉篇》，仿《字样》，酌时宜而手书之；二子叶增、叶箕，分书小字，鸠工淮上，不远数千里累书往复，必归于是；而其工费则又取诸鬻产之直，而秋毫不借于人。其著书之难而成之之不易如此。"①

顾炎武的淮安之行，历时半月，其下榻处为友人王略寓庐。王略，字起田，与炎武同年同月生，稍长二十余日。据顾炎武称："往余在吴中，常郁郁无所交。出门至于淮上，临河不度，彷徨者久之。因与其地之贤人长者相结，而王君起田最与余善。自此一二年或三四年一过也。"此番久别重晤，炎武已然五十五岁，王略因之劝其结束游历生涯，表示："子行游天下二十年，年渐衰，可已矣！幸过我卜筑，一切居处器用，能为君办之。"②顾炎武一时难作决断，依然按计划告辞。临行，王略持酒浆远道相送，殊不知竟成二人间的诀别。

在离开淮安前夕，炎武致书友人归庄，告以近况。此札为《亭林文集》及诸家辑文所未载，墨迹藏吴县顾氏鹤庐。1965 年，已故柴德赓先生将其整理刊布。炎武书云："刘子端兄北来，所寄札已到。弟别有一书付小仆赵安送上者，内有宋人诗数首。又中秋在燕邸附马殿闻兄处一书，计俱不浮沉。两次惠诗文，并已盥手细读。每得佳句，为之徘徊击节，而犹嫌其稍入宋调，不若《孝子传》之真古文、真大家也。要之，此等制作，皆司马子长所谓雕琢曼辞耳。以通经学古为一身之资，以救时行道为百世之俟，则弟所窃有愿焉而未逮，而以期诸同学之友朋

---

① 顾炎武：《亭林文集》卷二《音学五书后序》。
② 顾炎武：《亭林文集》卷五《山阳王君墓志铭》。

者也。丁未正月，策马而南，至于淮浦。见起田兄，谓三四年前，令郎曾一到彼，至问何以不在，则不得其耗。兄字亦不明言，何以遂有穷独之感耶？承谕三窟之计，向时曾有之。今老矣，时时念故乡，绕树三匝，未尝不作南枝之恋也。人从吴会来者，言彼中人家，日就凋零，情况日就锁薄。又见震泽波涛，鱼鸟俱乱。而冥飞之羽，晏然不闻，暂且偷安异邦，陆沉都市，岂有文渊边郡、子春无终之意哉！少俟倦还，即当卜邻偕友，追年少之欢惊，乐丘园之肥遁，合并之期，可计日竣耳。在浦半月，今又北行，草此寄路大兄转觅的人奉致。停骖匆遽，诸亲知并不及作书。比刻先祖诗集已完，不便携上，仅刻启一通，附寄函中。好音见惠，仍付路大兄可也。率尔不尽。"[①]

告别淮安诸友，顾炎武取道山东、河北，再入北京。在京中，炎武与友人李因笃聚首，由孙承泽处借得《春秋纂例》《春秋权衡》《汉上易传》等书，并承陈上年资助而录出副本。是年冬，遂得与因笃共研经学于京中慈仁寺。

---

① 柴德赓：《跋顾亭林〈致归元恭札〉墨迹》，载《史学丛考》，中华书局 1982 年版，第 313 页。

第九章　莱州祸起　再陷囹圄

顾炎武一生曾两受囹圄之苦，第一次为顺治十二年（1655）的苏松入狱，第二次则是康熙七、八年间（1668—1669）的济南文祸。其中尤以济南入狱历时最久、牵连最众，且打击亦最深。

一、京中闻祸

康熙七年（1668）春，顾炎武寓居京中慈仁寺中。二月十五日，忽闻山东凶讯，据称有人指控炎武曾在莱州辑刻"逆书"《忠节录》。由于事关生死，为澄清真相，炎武于翌日启程，南下投案。至德州，又闻知山东地方当局已行文昆山，指名缉捕。案情既如此重大，炎武遂暂留二日，将行囊中有关书札悉行焚毁，然后赶赴济南。

莱州文祸，发难者为姜元衡。据王蘧常、王冀民二位先生考证，元衡本姓黄，为莱州即墨县故明兵部尚书黄嘉善家仆黄宽之孙、黄瓒之子。顺治六年（1649）进士，以庶吉士官翰林院编修。康熙初，养亲回籍。时值元衡旧主黄培，因所作诗文多触时忌，遭其内从弟兰溥举报。元衡重理旧日主仆恩怨，落井下石，将黄培堂弟、现任浦江知县黄坦和黄培侄、现任凤阳府推官黄贞麟一并告发，牵连黄氏一门十四人。康熙五年（1666）六月，奉旨发山东督抚审理。历时两年，株连二三十人。是为莱州黄培诗案。

黄培诗案，本与顾炎武无涉，而将他牵入此案，首告亦是姜元衡。康熙七年（1668）正月，姜元衡见前举诗文罪名未能将黄培一家告倒，于是精心策划，铤而走险，不惜翻钦定旧案，再上《南北通逆启》，蓄意扩大案情。姜氏宣称："据各刻本，山左有丈石诗社，有大社，江南有吟社，有遗清等社，皆系故明废臣与招群怀贰之辈南北通信。书中确载有隐叛与中兴等情，或宦孽通奸，或匹夫起义，小则谤讪，大则悖逆。职系史臣，宜明目张胆，秉笔诛逆，故敢昧死陈揭，逆刻种种，罪在不赦。"在姜氏列举的"逆书"中，述及《启祯集》即《忠节录》。他说："北人之书，削我庙号，仍存明号，且感愤乎鸱张，虎豹乎王侯。南人之书，以我朝为东国，为虎穴；以伪王为福京，为行在。北人之书，曰斩虏首（原注：黄培刻《郭汾阳王考传》中，有'斩首四千级，捕虏五千人'。乃子仪败安禄山兵纪功之语），拥胡姬，征铁岭，（原注：黄培诗有云：'怨女金闺里，征夫铁岭头。'）杀金微；又有思汉威仪，纪汉春秋。南人之书，有黄御史握发一传，又有起义，有举事，有劝衡王倡义及迎鲁王、浙东王上益王等事。又有吴人与鲁藩舟中密语，又有平敌将军，有悬高皇帝像恸哭及入闽、入海等事。北人之书，有《含章馆诗集》《友晋轩诗集》《夕霏亭诗》《郭汾阳王考传》。南人之书，有《启祯集》即《忠节录》、《岁寒诗》、《东山诗史》、仿文信国集子美句百八十章。其北人则黄培所刻《十二君唱和序跋》等人，其南人则《启祯集》所载姓名籍贯，俱在刻本中，约三百余人。"[①]

　　姜元衡既于《南北通逆启》中指控《启祯集》为"逆书"，同年正月三十日山东巡抚庭审，姜氏又将此书同黄氏及顾炎武联系起来。据称："有《忠节录》即《启祯集》一书，（原注：元衡口供：《启祯集》二本，皮面上有旧墨笔写《忠节录》字样。）陈济生所作，系昆山顾宁人到黄家搜辑发刻者。"姜氏还就此举出二证，一是："此书中有《黄御史传》（原注：宗昌，即坦之父。）一篇，有云：'家居二年，握发以终。'"二是："有《顾推官（咸正）传》一篇，有云：'晚与宁人游。'

---

①　姜元衡：《南北通逆启》，载《亭林佚文辑补》不分卷，《与人书》。

有云：'有宁人所为状在。'"① 自姜元衡指控及口供出，黄培诗案扩大，殃及顾炎武，于是遂有"咨行原籍逮证"之举。

是年三月二日，顾炎武抵达济南。四日，亲赴山东巡抚衙门投案。十五日前后，遂拘押济南府监狱。

二、《忠节录》案

顾炎武与姜元衡素不相识，此次济南入狱，实因姜氏指控《忠节录》即《启祯集》为"逆书"，因之被牵连。据考，《启祯集》本确有其书，题为《天启崇祯两朝遗诗》，编选者为陈济生。已故谢国桢先生早年辑《增订晚明史籍考》，于此书有过详尽介绍。

谢先生先引述陈济生《自序》云："己亥夏，予所论定两朝遗诗告成，而序之曰：启祯以来，理学节义，名臣伟儒，国史家乘，彰彰可考，人不必以诗传，而诗则以人重。……集中诸作，格体非一，工拙亦异。至其发乎性情，止乎礼义，幽思而不伤，怨诽而不怒，其有合于风骚之意则一也。予故厘为数卷而较定之。……集中所存，要皆品节文章卓然可传于后世，庶几读是书者无愧于知人论世之旨也。"

关于这部诗选的编选动机和纂辑过程，陈济生于卷首撰有凡例八条，所述甚详。谨据谢先生引述转录如后。

一、是选以人为重，人以节义为主。以观近代，有三大事：乙丑、丙寅之际，罹逆奄祸以死者，一也；崇祯时殉国者，又一也；乙酉以还洁身死者，又一也。凡此诸公，皆两朝正气，一代伟人，特首录之。至数十年间，或理学绍古，或经济匡时，或正色立朝，直言忤主，孤忠大节，易地皆然，故次录之。他如磊落之才，未登仕籍，文章之士，沦弃山林，羽仪

① 顾炎武：《亭林佚文辑补》不分卷，《与人书》。

所存，知交多有，则以是终焉，共得八卷。

一、明诗选本，不下数家，近日钱宗伯《列朝诗》出，已具大观。兹于世远者，概不复记。惟通籍在万历以还，捐馆在天启以后，上自先文庄师友一辈，以至不佞济生交与之间，数十年中约略具载。至于当世，人文蔚兴，嗣刻奇尝，兹不混入。

一、三大事诸公，多四方之产，河山阻绝，重以兵戈，搜访有心，邮简莫致，或仅尝寸脔，或未见一斑。今就箧中所存，先付剞劂，尚期海内同人，共怀彝好，各出秘藏，以光风雅。

一、诸君子人各一集，集系一传，或取之奏疏、语录，或取之丰碑、行状，所采录者止生平大节。其行谊细微，生卒年月，不无阙略，尚图搜辑，续所未备。

一、同时诸君子，有有文无诗者，悉于他传中附见，以志景仰。海内秘本遗编，或属家珍，或存友笥，望悉赐邮寄，补入成书。

一、第一卷天启间死珰祸者。二卷崇祯甲申死难，暨在任、在籍先后死者。三、四卷乙酉以后殉节者。事迹虽异，忠义则同。第或传闻有漏，岁月未详，期共厘正，以佐不逮。

一、第五、六卷先达理学经济，品节文章，暨天启忤珰逮黜者，悉遵科次成编。七、八卷自启祯来高士名贤，知交气谊，或简存旧帙，或征求秘册，大都未经传播，即吉光片羽，亟愿表章。至如程孟阳、李长蘅，诗固作手，人亦高流，因钱宗伯收之已备，重复则无取，补遗又不必。若云间之董、陈，竟陵之钟、谭，近世竞宗之，人诵其篇，家有其集，亦无俟余之采录也。凡有阙遗，多如此例。

一、是选始于癸巳，成于乙未。诗到随选随刻，有始仅见数首或数十首，收之稍宽，及得全集，觉前多滥，既已刻成，遂不复削。有本不工诗，偶得一二，欲存其人，不计工拙，当分别观之。[1]

---

[1]　谢国桢：《增订晚明史籍考》卷二十四《天启崇祯两朝遗诗初集》。

根据上引陈济生《自序》及所拟凡例，可知《启祯集》凡八卷，始辑于顺治十年，十二年初成，至十六年而定稿刊行。全书上起明天启间魏忠贤祸国，下迄清顺治初南北复明运动，选诗"人各一集，集系一传"。诚如谢国桢先生所考论："是书之长，选诗之外，所附小传，至一百七十余篇之多。戋然巨帙，叙述明季抗清诸人事迹，尤为博洽，堪为研治明季史事之资。徒以清康熙初，山东莱州姜元衡告讦黄培藏《启祯遗诗》案发生之后，是书即遭禁毁，原书流传，几若星凤。江安傅增湘先生藏有残卷三册，武进陶湘藏有《遗诗》十卷、《小传》二卷，后归于北京图书馆。书前有吴甡、沙门智光、姜埰、王光承、尹民兴、归庄、叶襄、陈三岛序，《自序》《凡例》。"①

谢先生所说之归庄序，见于今本《归庄集》中，题为"天启崇祯两朝遗诗序"。序中有云："国朝诗选者不下数十家，大率惟其诗，不惟其人。吾友陈太仆皇士，有《两朝遗诗》之选，而属序于余。详其旨，盖借诗存人，人不得滥；以人重诗，诗不必尽工。其可谓知所重，善于选后世之诗者矣。两朝者，天启、崇祯也。万历中科第而卒于其时，或通籍其时而死在后者，皆列焉。首录忠义诸公，如罹奄祸死者，与于甲申、乙酉之难，及前乎此、后乎此之殉国者。次则硕德名贤，立朝著大节而获考终者。次则高士幽人，足羽仪一世者。虽丧乱之后，山河间阻，文字遗佚，搜访或有未备。要之入是选者，其无作伪之人，离情写志之诗，可必也。夫以数十年之中，天下之大，崇高富贵之人，能诗者何限，而不得与焉。至于忠义以下诸君子，则旁搜博采，得一二逸篇秘稿，亟录之，以为一代风雅之光。世之文人学士，其亦思所以自立，而知徒敝精神于声韵之学无为也。或疑郑、卫淫辞，孔子不削，选诗而论人，毋乃隘乎？余闻之夹漈郑氏曰：'孔子所定《三百篇》，皆所谓雅乐，安得存郑、卫亡国之音？此必秦火之后，世儒附会以足三百篇之

---

① 谢国桢：《增订晚明史籍考》卷二十四《天启崇祯两朝遗诗初集》。

数.'阳明先生是其说,余亦以此论为不可易。通其意者,知余所谓人无足取,诗不必多存,未为苛论。而皇士此选,有补于世道人心,为不可少也。"①

归庄序中所说之陈皇士,即陈济生。关于陈皇士及其与顾炎武的关系,谢国桢先生考之甚确,他说:"皇士名济生,号定叔,长洲人。陈仁锡之子,以荫历官太仆寺丞,娶顾同应之女,顾宁人之姊婿也。莱州黄培遗诗案事发,皇士已前卒,而宁人独膺其难。张穆撰《亭林年谱》,记其事甚详。"②

至于《忠节录》与《启祯集》的关系,姜元衡所言不诬,二书实为一书。所不同者,《启祯集》有诗有传,而《忠节录》则仅系《启祯集》中之小传合编。这有顾炎武的《又与人书》为证,该书说:"前沈天甫所指造陈济生逆书,有序有目,有诗有传,原状称共三百一十六叶。今元衡所首之书,无序无目无诗,止传一百余叶,知部中原书已毁,删去天甫状中已经摘出者,称另是一书。据元衡《南北通逆情由》一揭,欲借此书另起一大狱,而罗书内有名之三百余人于其中,以翻主仆名分之案。不知就此百余叶中,篇篇有济生名,则即此一书之明证也。"③姜、顾二人于此书,结论相同,而动机迥异。姜氏之意,在于指控《忠节录》为顾炎武在即墨黄氏家中辑刻,而炎武之意,则力辩二书为一,与己无干。是为《忠节录》案。

三、济南入狱

按理,姜元衡就《忠节录》所提出的指控,实非杜撰诬告,足以置

---

① 归庄:《归庄集》卷三《天启崇祯两朝遗诗序》。
② 谢国桢:《增订晚明史籍考》卷二十四《启祯两朝遗诗考》。
③ 顾炎武:《亭林佚文辑补》不分卷,《又与人书》,辑自张穆:《顾亭林先生年谱》,康熙七年五十六岁条。

黄氏一门及顾炎武于死地。譬如，所云《黄宗昌传》"握发以终"云云，即见于《启祯集》卷六中。关于这一点，谢国桢先生引述傅增湘先生《启祯集残卷跋》有云："康熙七年，顾宁人为莱州黄培诗案牵连入狱，即此书也。每叶三十行，每行二十八字，版式与牧斋《诗集》绝相类。每卷前列小传，卷三凡二十六人，卷四凡四十八人，卷六凡三十五人，卷八凡一百十五人，共小传五十六篇。姜元衡所控《黄御史宗昌传》，'家中居二年，握发以终'云云，今检此传正在卷六中。"[1]而姜氏所控《顾推官咸正传》，"晚与宁人游""有宁人所为状在"云云，考诸史实，皆非虚词。虽然《顾氏行状》并不载今本《亭林文集》中，但是顾咸正二子死难，炎武为二人撰有《行状》一篇，则有《归庄集》可证。据归庄撰《两顾君大鸿仲熊传》云："丁亥夏五月，吾友顾大鸿、仲熊匿兵科都给事中陈公于家，事觉皆死。友人顾宁人为之状。宁人与交未久，故不详其平生。余与两君相知最深，则宜称述以传者，余之责也。……延安府推官，以家居潜谋兴复，事泄被收而死者，曰咸正，其父也。而叔父咸建，以钱塘知县，守节不屈，为贝勒所杀。"[2]至于顾咸正"晚与宁人游"，亦有顾炎武所写诸诗篇为证。

据今本《亭林诗集》载，顺治四年（1647）初，顾炎武有《赠顾推官咸正》诗一首，诗中有云："上郡天北门，一垣接羌氐。当年关中陷，九野横虹霓。日光不到地，哭帝苍山蹊。君持苏生节，冒死决蒺藜。挥刀斩贼徒，一炬看燃脐。东虞势薄天，少梁色悲凄。遂从黄冠归，间关策青骊。岂知呆卿血，已化哀鹃啼。未敢痛家仇，所念除鲸鲵。有怀托桑榆，焉得岩下栖。便蹴刘司空，夜舞愁荒鸡。春水湿楼船，湖上闻钲鼙。勾吴古下国，难与秦风齐。却望殽潼间，山高别马嘶。天子哀忠臣，临轩降紫泥。高景既分符，汾阴亦执珪。如君俊拔才，久宜侍

---

① 谢国桢：《增订晚明史籍考》卷二十四《天启崇祯两朝遗诗初集》。

② 归庄：《归庄集》卷七《两顾君大鸿仲熊传》。

金闺。会须洗中原，指顾安黔黎。"① 同年五月，咸正二子因反清事泄死难，炎武以不能营救而深感愧疚，遂成诗二首。第一首云："生来一诺比黄金，那肯风尘负此心。不是白登诗未解，菲才端自愧卢谌。"第二首云："苍黄一夜出城门，白刃如霜日色昏。欲告家中卖黄犊，松江江上去招魂。"② 六月，顾咸正亦因同案被逮。九月，不屈死难。炎武悲痛万分，有《哭顾推官》诗一首。诗中写道："推官吾父行，世远亡谱系。及乎上郡还，始结同盟契。崎岖鞭弭间，周旋仅一岁。痛自京师沦，王纲亦陵替。人怀分土心，欲论纵横势。与君共三人，独奉南阳帝。誓麾白羽扇，一扫天日翳。君才本恢宏，阔略人事细。一疏入人手，几堕猾虏睨。乃有汉将隙，因掉三寸说。主帅非其人，大事复不济。君来就茅屋，问我驾所税。幸有江上舟，请鼓铃下枻。别去近一旬，君行尚留滞。二子各英姿，文才比兰桂。身危更藏亡，并命一朝毙。巢卵理必连，事乃在眉睫。一身更前却，欲听华亭唳。我时亦出亡，闻此辄投袂。扁舟来劝君，行矣不再计。惊弦鸟不飞，困网鱼难逝。旦日追吏来，君遂见囚系。槛车赴白门，忠孝辞色厉。竟作戎首论，卒践捐生誓。仓皇石头骨，未从九原瘗。父子兄弟间，五人死相继。呜呼三吴中，巍然一门第。尚有五岁孙，伏匿苍山际。门人莫将燮，行客挥哀涕。群情伫收京，恩恤延后世。归丧琅邪冢，诏策中牢祭。后死愧子源，徘徊哭江裔。他日修史书，犹能著凡例。"③

凡此所引，足见顾炎武之与顾咸正关系的确非同寻常。姜元衡之所指控，当属可信。事实上，三十余年过去，至康熙十九年，顾炎武卜居陕西华阴，时年六十八，他依然在怀念早年做过延安府推官的顾咸正。炎武此时所写《华下有怀顾推官》一诗有云："秋风动乔岳，黄叶辞中林。策杖且行游，息此空亭阴。伊昔吾宗英，赋诗一登临。尔来阅

---

①　顾炎武：《亭林诗集》卷一《赠顾推官咸正》。

②　顾炎武：《亭林诗集》卷一《推官二子执后欲为之经营而未得也而二子死矣》。

③　顾炎武：《亭林诗集》卷一《哭顾推官咸正》。

三纪，斯人成古今。邈矣越石啸，悲哉嵇生琴。钟吕久不鸣，乾坤尽聋喑。为我呼薛收，虎爪持霜金。起我九原豪，狝彼田中禽。下见采薇子，旧盟犹可寻。神理傥不瞑，久要终此心。"①

然而，姜元衡虽有诸多证据以指控顾炎武，但他却忘记了一个重大的关节，即《启祯集》曾于康熙六年（1667），以"逆书"遭人举报，后经钦定判为诬告，首告诸人皆被处死。据《清圣祖实录》康熙六年四月甲子条记："江南奸民沈天甫、吕中、夏麟奇等，撰逆诗二卷，诡称黄尊素等百七十人作，陈济生编集，故明大学士吴甡等六人为之序。沈天甫使夏麟奇诣吴甡之子中书吴元莱所，诈索财物，吴元莱察其书非父手迹，控于巡城御史以闻。上以奸民诳称谋叛，诬陷平人，大干法纪，下所司严鞫。沈天甫等皆弃市，其被诬者悉置不问。"② 至于有关详情，还见于归庄所撰《随笔二十四则》。

据归庄文记："苏州陈太仆皇士，尝选《启祯两朝遗诗》，自名公卿以至处士皆有之，卷帙甚多。作序者六人：吴相国鹿友、姜给谏如农、薛开封谐孟、王玠右、叶圣墅及余也。诸诗中多有感慨时事，指斥今朝者，固选者失检点，亦以顺治时禁网疏阔也。康熙初，为国史事杀戮多人，自此文网渐密。五年丙午，有嘉兴张某，偶于坊间得《两朝诗选》一书，见中有触时忌者，遂以为奇货，将设诈局。时陈太仆及作序薛、叶两君皆已故，余与玠右，彼亦知为贫士，独侦知太仆之弟，及吴、姜二氏家甚富，可恐喝也。而姜久寓吴中。时张兄弟皆欲入京，于是便道过吴门，遂首发难端。其兄与莱阳宋按察玉叔有故，宋与姜同县，姜之子，宋婿也。张于是以逆书谋叛为名，往巡抚军门处一首呈，使其兄闻之于宋。宋大惊惧，力劝其婿，宜有以应其求。而托余转闻之于太仆之弟，其人置之罔闻。姜氏稍有所费。张某者尝发觉科场之弊，

---

① 顾炎武：《亭林诗集》卷五《华下有怀顾推官》。
② 《清圣祖实录》卷二十二，康熙六年四月甲子条。

致考试官皆置重辟，以为人慑其威，将惟其所欲，不敢不听，至是乃大失望。后又至兴化恐吓吴相国，相国亦不应，吾知其不能忘情也。相国之子源来，为中翰在京。六年丁未春，忽有吕中、沈天甫等至京师，以此事恐喝中翰，索二千金。中翰初惧祸，将称贷以应之。或以为不可，教之具录自明，且以吕中等索诈实情上闻。后遂得旨严究，部拟一人辟，余皆流徙。此事处分，殊快人意，自此告讦之风当少息矣。吾意吕中等必是张某所主使，不然何其事之巧相符也。方事未定时，亲友皆为余危，余则置之度外，看花游山，日日狂醉，微天之幸，得免于祸。盖亦因与有力者事关一体，故叨其庇云。"①

既然《启祯集》一案业已钦定为诬告，朝野尽知，如果此番节自前书的《忠节录》一案能够成立，那么上年的钦定大案势必就要推翻。其牵涉面之大，后果之严重，不言而喻。在当时的历史条件下，为了姜元衡的以仆告主一案，竟然置身家性命于不顾，敢于推翻钦定旧案的人，内外臣工，实无其选。因此，《忠节录》案发难之初，这一致命的弱点即早已决定姜元衡败诉乃势所必然。唯其如此，顾炎武入狱前后，经与朝野诸多友人商定，即在"翻案"二字上大做文章。

三月四日，顾炎武前往济南官府投案，所呈辩诘文书，即就此有大段反驳。书中说："此书已于六年二月，曾经沈天甫出首矣。请略言之。昔敝郡有陈明卿先生（原注：讳仁锡），以壬戌探花官至国子祭酒。好刻古书，有《资治通鉴》《大学衍义》等书一二十种行世。其子济生亦好刻书。济生已故，有光棍施明者从海外来，与沈天甫等合伙伪造此书，假已故陈济生之名，而罗江南北之名士巨室于其中，以为挟害之具。又伪造原任阁辅吴姓一序，以骗诈其子见任中书吴元莱。奉旨圈议。部议：'书内有名之人共七百名，内有写序、写诗讥伤本朝之人五十余名，合行查究。'奉旨：'沈天甫、夏麟奇、吕中，逃走之施明，

---

① 归庄：《归庄集》卷十《随笔二十四则》。

未来之吴石林，及代主控告之叶大等，合伙指造逆诗，肆行骗诈，虽称逆诗从海内带来，茫无凭据。又云编诗之陈济生久经物故，而从海内带诗之施明又经逃走。此等奸棍吓诈平人，摇动良民，诬称谋叛，以行挟害，大干法纪。尔部即将沈天甫、夏麟奇、吕中、叶大俱行严审，拟罪具奏。逃走之施明，未来之吴石林，俱着严行缉拿，获日也着拟罪具奏。'刑部审得沈天甫等供称：'骗诈吴中书银二千两未给，将此书出首，欲图三品前程是实。'奉旨：'将沈天甫、夏麟奇、吕中、叶大四人，于闰四月二十二日，押赴西市处斩。'施明、吴石林缉拿未获。今元衡所首之书一百二十余叶，与沈天甫之三百一十六叶者虽删去颇多，而诗即启祯之诗，传即此诗之传，编造之人即陈济生，其为一书，不问可知也。恭绎明旨，不直曰编诗之陈济生，而加以'又云'二字，'又云'者，据沈天甫之所云。是已故之济生，圣明犹烛其诬罔，而元衡欲以此牵事外之人，而翻久定之案。"①

炎武既将"翻案"二字点出，旋即又反被告为原告，向姜元衡大兴问罪之师。他说："是元衡之意，不但陷黄坦，陷顾宁人，而并欲陷此刻本有名之三百余人也。不知元衡与已斩之沈天甫，逃走之施明，何亲何故？何以得此海内带来之书？而前唱后和，如出一口。其与不识面之顾宁人，刻本有名之三百余人，何仇何隙？而必欲与黄氏之十二君者一网而尽杀之。推其本意，自知以奴告主之罪，律所不赦，欲别起一大狱以陷人，而为自脱之计，遂蹈于明旨所谓'吓诈平人，摇动良民，诬称谋叛，以行挟害'者而不觉也。"②

同时，顾炎武又致书朝中友人谭吉璁等，恳请"主持公论"。其中三月四日一书有云："在都时，极荷惓惓之爱。今姜元衡攀及弟名，具题请旨，弟已赴济南投到矣。先有一札致谭年翁，业详此事始末。念知己

---

① 顾炎武：《亭林佚文辑补》不分卷，《与人书》。
② 顾炎武：《亭林佚文辑补》不分卷，《与人书》。

闻之，必倍悬切，谨此布启。前沈天甫所指造陈济生逆书，有序有目，
有诗有传，原状称共三百一十六叶。今元衡所首之书，无序无目无诗，
止传一百余叶，知部中原书已毁，删去天甫状中已经摘出者，称另是一
书。据元衡《南北通逆情由》一揭，欲借此书另起一大狱，而罗书内有
名之三百余人于其中，以翻主仆名分之案。不知就此百余叶中，篇篇有
济生名，则即此一书之明证也。奉旨为沈天甫指造之书，即已故之陈济
生尚属诬罔，而况余人乎？弟敢不惜微躯，出而剖白此事，尤望大君子
主持公论。此札仍乞传与谭年翁一观，并以告诸吴、越之同声气者。"[1]

《忠节录》一案，顾炎武虽有胜诉的可能，但毕竟姜元衡并非寻常
百姓，而是朝廷命官，其身后还有一方土豪谢长吉等。何况姜氏的指控
言之凿凿，山东地方当局要令其承认诬告既不可能，即使劝其撤诉亦殊
非易事。而案情牵连的黄坦，为保全一己身家性命，又不惜多方下石，
百般作梗。因而顾炎武久困图圄，竟达半年之久。其间，窘迫苦楚，远
逾早先的苏松之狱，以致"仆夫逃散，马骡变卖，而日用两餐无所取
给"[2]，只好"每日以数文烧饼度活"[3]。

四、亲友搭救

《忠节录》一案的审拟，顾炎武固守钦定旧案而据理力争，山东地
方当局心存顾忌而暗中回护，此当为炎武最终平安出狱的重要原因。同
时，徐乾学、徐元文兄弟以及南北诸多挚友的搭救，或亦更属有力。

一如前述，抵达济南之初，炎武即致书朝中友人谭吉璁等，恳请
"主持公论"。因而谭氏及诸多内外官员如孙承泽、陈上年等，皆多所
致力。而其间影响最大者，则是山东巡抚刘芳躅。刘氏与孙、陈籍属同

---

① 顾炎武：《亭林佚文辑补》不分卷，《又与人书》。
② 顾炎武：《蒋山佣残稿》卷二《答人书》。
③ 顾炎武：《亭林佚文辑补》不分卷，《又与人书》。

乡，炎武西游秦晋结识的友人朱彝尊，此时又恰在其幕中为宾。加以居丧昆山的徐元文及时赶赴济南，当面拜托，于是姜元衡、黄坦纵然不甘就范，亦是无可奈何。

至于从中搭救的诸多友人，除朱彝尊之外，诸如王弘撰、路泽浓、程先贞、李源兄弟、颜修来叔侄等，皆多所用力。其中，最为尽心竭力者，当推李因笃。炎武初抵济南，即致书因笃于关中，又托晋中友人转知，"促之入京，持辇上一二函至历下"①。因笃接书，急奔京城，求得朝中大吏书札，遂冒暑赶赴济南。正如炎武事后致刘芳躅的信中所称："富平李天生因笃者，三千里赴友人之急，疾呼辇上，协计橐饘，驰至济南，不见官长一人而去。此则季心、剧孟之所长，而乃出于康成、子慎之辈，又可使薄夫敦而懦夫立者也。"②

由于为友人焦虑，冒暑急驰，李因笃抵济南未久即患病。李、顾二人在狱中依依惜别，炎武赋长诗三十韵送行，题为《子德李子闻余在难中特走燕中告急诸友人复驰至济南省视于其行也作诗赠之》。诗中写道："急难良朋节，扶危烈士情。平居高独行，此去为同盟。抚剑来燕市，扬鞭走易京。黄埃随马涨，黑水系船横。救宋裳初果，囚梁狱未成。盈庭多首鼠，中路复怔营。已涉平原里，遄驱历下城。云浮泉气活，日丽岳林明。夜树蝉初引，晨巢鹊亟鸣。喜犹存卜璞，幸不蹈秦坑。劳苦词难毕，悲欢事忽并。橐饘勤问遗，寝息共论评。发愤皆公正，娉修自幼清。君贤关羽弟，我愧季心兄。将伯呼朝士，同人召友生。诗书仍烬溺，禹稷竟冠缨。颇忆过从数，深嗟岁序更。川岩句注险，池馆蓟丘平。每并登山屐，常随泛月觥。诗从歌伎采，辩使坐宾惊。禄位扬雄小，囊钱赵壹轻。与君俱好遁，于世本无争。史论悲钩党，儒流薄近名。材能尊选懧，仁义怀孤茕。自得忘年老，聊存处困贞。不才偏累

---

① 顾炎武：《亭林佚文辑补》不分卷，《又与人书》。
② 顾炎武：《蒋山佣残稿》卷二《与人书》。

友，有胆尚谈兵。坎窞何当出，处机讵可撄。殷勤申别款，落莫感精诚。禽海填应满，鳌山抃岂倾。相期非早暮，渭钓与莘耕。"①

翌年，顾、李二人再晤都门，因笃遂广五十韵奉诗答炎武，题为《旧年宁人先生以无妄系济南走书报余触暑驰视苦疾作辞还先生寄赠行三十韵诗春日晤保州重会蓟门奉答前诗广五十韵》。诗中有云："卧病三秋色，怀人五岳情。凉飙吹梦起，啄雀唤愁生。客返关中路，书传历下城。（原注：客秋有乡人至自济南，拜先生书。）倒衣初罢枕，垂涕复沾缨。巷伯诗难读，梁园狱已平。长吟归黯淡，别绪郁纵横。忆折前津柳，同炊古寺羹。（原注：前年与先生同客慈仁寺，予先别去。）有孚谋且窒，无角兆先成。远道兼葭隔，周行坎窞并。莒莱矜野语，虞芮乱嚚声。（原注：讼起因小人夺先生田。）欻棹江波大，潜扬海汐轻。（原注：时讼牍株累多人，用已结海上事。）群疑纷所出，众口漫多惊。智勇微夫子，艰危讵此行。奋身甘下吏，微服耻为氓。易象繇斯昉，骚歌比类明。经旬喧地坂，举国丐天晴。（原注：时地震淫雨。）节至通萍藻，（原注：先生在难，不废时祭。）愁来忆弟兄。曾要肝胆契，况忝雪霜盟。草莽虚炎月，云高隐暮旌。罢呼燕市酒，遄决蓟门程。戍角迷丹幦，河阴护绿蘅。崩堤频淖马，废坞剩闻莺。水旱忧兼剧，诛求惨自鸣。（原注：时道多流亡，别自有诗。）此邦哀琐尾，何室厌香橙。触目难俱述，惊时已渐更。驰闻瀛隰尽，颇喜岱岚迎。膏沐谁遑理，壶飧欲就倾。畏途晨上谒，羁邸夜班荆。续烛探行笥，联床敞外楹。年华穷不减，《日录》老逾精。（原注：先生时成《日知录》若干卷。）恨失登山约，嗟为抱瓮贞。徘徊违鲁赗，（原注：刘六茹新故，未能往吊。）邂逅合秦筝。（原注：乡人阎天木以事滞山左。）阁彷沧溟峻，泉怜趵突清。（原注：趵突泉东有白雪楼。）狂涛终砥柱，直道益峥嵘。旅食悲寒及，

---

① 顾炎武：《亭林诗集》卷四《子德李子闻余在难中特走燕中告急诸友人复驰至济南省视于其行也作诗赠之》。

归舟阻潦盈。依然垂橐去，率尔采薪婴。左次才弥拙，西还意若醒。贫非荒竹径，渴岂慕金茎。急难睽良友，端居惕远征。寸心如溅落，中夜几屏营。自得分鱼素，空教怨鹿苹。川原仍独往，伏腊互相衡。甫定他乡榻，俄从上日觥。（原注：先生以二月朔至。）好音随杖屦，佳会足公卿。律转坚冰解，春回早卉荣。敛才期近物，逃俗励修名。忽复追鞭弭，还来过帝京。每询邙邑树，谁荐寝园樱。（原注：时在清明。）进履耽逢石，将诗悚报琼。雍田关华好，为耦待躬耕。（原注：时先生与无异有华山卜筑之约。）"①

五月十九日，《忠节录》一案在济南庭审。审拟结果，姜元衡当初的指控，一一皆遭否定。姜氏见败诉已成定局，遂自寻台阶退让，"求不深究"。为此，顾炎武有二书分致友人。其一云："五月十九日院审，先取有同案中年老者四五人，保识黄御史曾已遵制剃头口供，次辩《启祯集》中有宁人字无顾姓，又不在黄御史一篇传内，并审出衅起章丘地土情由。惟问姜要顾宁人辑书实证，无词以对。又扳即墨老诸生杜述交为证，此人从不识面。又展转推出所从得书之人为莱阳孙荣，荣乃积年走空之人，今并行提去矣。虽未保出，而是非已定。"② 其二云："前岁在大名接到手札，无缘奉复，而弟旋有意外之事。衅起于章丘，祸成于即墨，遂以三千里外素不识面之人，而请旨逮问。当时移文昆山提顾宁人，业称无凭查解。独念事关公义，不宜避匿，又恐久而滋蔓，贻祸同人。故重趼赴济，径自投到，南冠就絷。区区自矢，不惜以一篑障江河，神之听之，事果得白。证佐之人杜廷蛟既供从不相识，而《黄御史传》中并无贱名，其别篇中有'晚与宁人游'一句，亦无顾姓。又审出此书即系去年斩犯沈天甫诈骗吴中翰（原注：名元莱，鹿友相公之子。）之书，奉旨所云'海中带来者'。原告当堂口禀，求不深究，不惟孱儒

---

① 李因笃：《受祺堂诗》卷十二《旧年宁人先生以无妄系济南》。
② 顾炎武：《亭林佚文辑补》不分卷，《又与人书》。

得全，而士林并受其福。"①

尔后，虽因黄坦作梗，案情反复，但终因原告"求不深究"，九月二十日，顾炎武遂得保释出狱。十一月十日，案中一应人员同赴济南府画押，待刑部认可结案，就只是一个时间问题了。

五、《赴东》诗史

济南出狱，顾炎武得释重负，痛定思痛，遂成《赴东》诗六首，以记一案始末。该诗题序云："莱人姜元衡讦告其主黄培诗狱，株连二三十人。又以吴郡陈济生《忠节录》二帙首官，指为余所辑，书中有名者三百余人。余在燕京闻之，亟驰投到，讼系半年，竟得开释，因有此作。"其第一首云："人生中古余，谁能免尤悔。况余庸驽姿，侧身涉危殆。窦窬起东嵎，长鲸翻渤海。斯人且鱼烂，士类同禽骇。禀性特刚方，临难讵可改。伟节不西行，大祸何由解。"第二首云："行行过瀛莫，前途憩广川。所遇多亲知，摇手不敢言。尔本江海人，去矣足自全。无为料虎须，危机竟不悛。下有清直水，上有苍浪天。旦起策青骡，夕来至华泉。"第三首云："苦雾凝平皋，浮云拥原隰。峰愁不注高，地畏明湖湿。客子从何来，彷徨市边立。未得诉中情，已就南冠絷。夜半鸺鹠鸣，势挟风雨急。枯鱼问河鲂，嗟哉亦何及。"第四首云："荏苒四五日，乃至攀髻时。夙兴正衣冠，稽首向园墀。诗人岸狱中，不忘恭敬辞。所秉独《周礼》，颠沛犹在斯。北斗临轩台，三辰照九疑。可怜访重华，未得从湘累。"第五首云："羲仲殷东方，伶伦和律管。阴崖见白日，黍谷回春暖。柔橹下流澌，轻舟渡危栈。草木皆欣欣，不觉韶光晚。大造虽无私，薰犹不同产。奈此物性何，鸠化犹鹰眼。"第六首云："天门踥蹀荡荡，日月相经过。下闵黄雀微，一旦决网

---

① 顾炎武：《蒋山佣残稿》卷二《与人书》。

罗。平生所识人，劳苦云无他。骑虎不知危，闻之元彦和。尚念田昼言，此举岂足多。永言矢一心，不变同山河。"①

诗成，炎武即寄挚友归庄，并附告平安书一封。归庄接书札并《赴东》诗，得悉炎武安然出狱，于是欣然步韵奉答。归庄答诗现存五首，载今本《归庄集》中。其第一首云："中材涉末流，动即生尤悔。祸机非一端，前年事几殆。譬若无维楫，孤舟涉沧海。恬然卧舟中，旁人为震骇。有口自须言，非过何由改。皇天终爱材，涣然幸冰解。"第二首云："忽闻吾友事，亦如涉大川。迢迢三千里，惟闻道路言。事起两相仇，客子宜得全。但忧吾友性，迂怪终不悛。远祸在人为，岂容独恃天。此世宜敛迹，知我惟龙泉。"第三首云："贞松挺高冈，芳兰被皋隰。四皓老深山，贾生夭卑湿。人生何必同，要在有所立。近传我故人，株连竟囚絷。情事不能悉，犹幸狱未急。永叹愧良朋，救患非所及。"第四首云："尺素从天来，乃在孟冬时。开缄得新咏，朗吟步阶墀。徐生从北还，亦多赞叹辞。宠辱不曾惊，面目只如斯。微闻谳狱者，此案在矜疑。著书犹未就，不愿脱因累。"第五首佚。第六首云："君诗古风调，应刘不能过。惟恐贤诸侯，或以礼为罗。将使江南产，有耀翻自他。南皮名建安，兰亭著永和。兴到不自禁，著述应更多。故人在庐中，相望隔山河。"②

除答诗之外，归庄还有书札一封致炎武。信中写道："戊申春夏之交，闻兄以山左荐绅相仇之事连及，时适有海陵之行，无从问得确耗。秋间还，从令甥处知兄遂不免犴狱，私心忧之。未几而得所寄书及六诗，读之深叹兄之善处忧患。张元节之亡命，虽幸免祸，君子讥之。兄乃自诣狱，不惟举动光明，揆之事理，亦自宜尔。盖两姓交恶而委罪于兄，兄身出则事白，事白则身全，兄之慷慨就狱，乃精于脱祸者也。但

---

① 顾炎武：《亭林诗集》卷四《赴东》。
② 归庄：《归庄集》卷一《顾宁人去冬寄诗次韵答之》。

不知出狱之后，复栖迟何所？弟前书中戏诘三窟，后察之亦不甚确，惟济上一窟是实，而又闻为人所卖。趯趯毚兔，幸脱于罗，将仍依此窟，抑复别寻窟乎？一笑。六诗已和得奉览。其中迂怪不悛及江南乐土等语，初非因此事而发，盖别有为。"①

据上引归庄《与顾宁人》中语，则玄恭和诗之第五首，当以"江南乐土"而敦促挚友返乡。而此一心境，即见同书之最后一段，归庄有云："顾兄之去坟墓十余年矣，初因避仇，势非得已。岁月既久，怨仇已释，且今年仇家已尽室赴任，更无所虑。柳子厚窜南方，惟以不得上丘墓为恨，谓其祖先曾不若马医夏畦之鬼，犹得享岁时之祭。彼以得罪不能归，兄今欲归，其孰御之？独无丘墓之思乎？此又平生故人所恳恳于怀者也。和诗不免局于短篇，未能尽达所怀，故复及之。"②

对于挚友的敦促返乡，顾炎武确曾流露过南归之想。关于这方面的考虑，一见于康熙七年（1668）九月保释出狱后，炎武给其外甥徐乾学的信；一见于翌年夏《忠节录》案及章丘田产纠纷结案后，炎武给江南友人的信。

前信有云："令先君捐馆，葬虞我既未得一至，而三年以来，亦未接诸甥音问。乃因急难之际得手书，知尊堂与吾甥萦念之切，兼损惠金。自念大礼尚阙，受之不当，而远来又无可却，闻戒之馈，当厄之与，惭愧而已。安以八月十三日到，九月二十日方得保出。书中云云，所见略同，已一一如示行之。天水亦甚悔此一节，对簿折辨，俱是皮毛之语。而此书之所从来，竟无着落，乃反以不刻揭之故，取怒于江夏，而多方下石。凡当日抚军止批审后酌夺，臬司径发府送鞫，以至院示取保而不得保，已准保而不得出，皆江夏之为也，可谓'中山狼'矣。此事上台不肯担当结案，今又题展限两月。公肃之来，正当其时。若得言

①　归庄：《归庄集》卷五《与顾宁人》。
②　归庄：《归庄集》卷五《与顾宁人》。

之抚军，比宋澄岚例摘释，庶无牵绊。不然，此案扳蔓，非旦夕所能了也。天水本自无仇，衅起章丘谢生，千金被坑，偿以庄田十顷，主唆出此一禀，遂占收其田。及莱兵既却，而郓田始归。今已具禀抚院批行，军厅正在提究，而此田备公肃之名管业，以为转售之地。此处取得本银到手，方可南归。”①

后信则称："去秋舍甥人来，附一函上候戬谷，未知彻记室否。冬杪钟山过济，具言注存之切，感甚。南面百城，兼有林泉之胜，起八代之衰，而树千秋之业，非明公其谁与归！当不仅流连比兴，传播艺林，为斯之盛事矣。祝祝。弟于正月四日入都，即墨一案至三月十六日始结。程邈囚雍，初有隶书之作；范滂归汝，更来车两之迎。至于辇上诸公，无不推怀君子，弘悯清流，但垂拊马之慈，总藉登龙之谊。今者，山左石田已托之舍甥，□便于新秋挂帆南下，小憩淮上，即去吴中，冀得观柱下之藏书，聆杏坛之绪论。"②

然而，当济南文祸成为过去之后，顾炎武最终并未返乡。他一如既往，以游为隐，把自己生命的最后十余年，执着地献给了著述事业。

<hr />

① 顾炎武：《蒋山佣残稿》卷二《与原一甥》。
② 顾炎武：《蒋山佣残稿》卷二《与人书》。

第十章　以游为隐　关山共老

济南案结，顾炎武已年届五十有七。此后十余年间，他并未返乡安度晚景，依然常年往来于直、鲁、秦、晋间，志在九州，著述经世，一直到他生命的最后一息。

一、初拒修史

在中国古代，自唐初官修《晋书》始，尔后历代相沿，新王朝为前朝修史，几成定规。明亡，顺治二年（1645）五月，清廷以冯铨、洪承畴、李建泰、范文程、刚林、祁充格为总裁，开馆纂修《明史》[①]。其后，因资料短缺，人员不齐，馆臣无从着手，史馆形同虚设。

康熙十年（1671）夏，儒臣熊赐履以翰林院掌院学士而有推动《明史》纂修之想。恰好此时顾炎武游京，寄居其外甥徐乾学宅。乾学为熊氏门生，于是赐履遂置酒邀炎武舅甥。席间，熊氏议及修《明史》事，拟邀请顾炎武助其修史。熊赐履显然对顾炎武的人格和经历不甚了然，他忘记了一个最基本的事实，即自己是清朝新贵，而炎武则是恪守矩矱的明朝遗民。何况康熙二年《明史》案的沉重打击，也是熊氏所无法理解的。因此，顾炎武断然拒绝了修史邀请，甚至不惜以死相辞。

顾炎武与熊赐履的这次会晤，此后若干年间，朝野每多传闻，颇有失真处。有鉴于此，八年之后，炎武特地为文追记道："辛亥岁夏，在都中。一日，孝感熊先生招同舍甥原一饮，坐客惟余两人。熊先生从容

---

① 《清世祖实录》卷十六，顺治二年五月癸未条。

言，久在禁近，将有开府之推，意不愿出。且议纂修《明史》，以遂长孺之志。而前朝故事，实未谙悉，欲荐余佐其撰述。余答以果有此举，不为介推之逃，则为屈原之死矣。两人皆愕然。余又曰，即老先生亦不当作此。数十年以来，门户分争，元黄交战，啧有烦言，至今未已。一入此局，即为后世之人吹毛索垢，片言轻重，目为某党，不能脱然于评论之外矣。酒罢，原一以余言太过。又二年，余复入都，问原一：'孝感修《明史》事何如？'答云：'熊老师自闻母舅之言，绝不提起此事矣。'近有传余此语者，或失其真，故聊笔之以视同志。"①

康熙十二年（1673），顾炎武连遭失去亲友之痛。先是十月，经德州，友人程先贞病逝。继之至章丘，又闻从叔父兰服和挚友归庄相继谢世的噩耗。

程先贞系炎武北游后结识的患难之交，南来北往，德州程宅皆是炎武下榻之地。最令他痛心者，先贞去世，竟不得握手诀别。悲痛愧疚交织，炎武写下《自章丘回至德州则程工部逝已三日矣》一诗。诗中写道："高秋立马鲍山旁，旅雁初飞木叶黄。十载故人泉下别，交情多愧郢君章。"②

顾兰服是炎武的从叔父，少炎武二岁，自幼相伴，情同手足。五年前，炎武济南入狱，彼此尚有书札往复，倏尔之间，兰服已成古人。炎武挥泪为之撰行状一篇，以资纪念。他说："呜呼！叔父之年五十有九，而实少炎武二岁，以其年之相近，故居止游习无不同也。自崇祯之中年，先王考寿七十余无恙。而叔父既免丧，天下嗷嗷方用兵，而江东晏然无事。以是余与叔父泪同县归生，入则读书作文，出则登山临水，闲以觞咏，弥日竟夕。近属之中，惟叔父最密。叔父亦豪宕喜交游，里中宾朋多会其宅。而又多材艺，好方书，能诊视人病。与人和易可亲，人

---

① 顾炎武：《蒋山佣残稿》卷二《记与孝感熊先生语》。
② 顾炎武：《亭林诗集》卷四《自章丘回至德州则程工部逝已三日矣》。

无不爱且敬者。已而先王考捐馆，余累焉在疚，而阅侮日至，一切维持调解，惟叔父是赖。而叔父以不问生产之故，家亦稍稍落。南渡之元，相与赴南京，寓朝天宫，即先兵部侍郎公之祠而共拜焉，亦竟不能有以自树。而戎马内入，邑居残破，昔日酌酒赋诗之地，俄为刍牧之场矣。余既先奉母避之常熟之语濂泾，而叔父亦移县之千墩浦上，居于墓左，相去八十余里，时一挐舟相过，悲歌慷慨如前日也。叔父不多作诗而好吟诗，归生与余无时不作诗，其往来又益密。如是者又十年，而叛奴事起，余几不自脱，遂杖马棰跳之山东、河北。而叔父独居故里，常郁郁无聊，子姓不才，所遇多拂意者。叔父弱人也，又孤立莫助，内愤懑而无所发。逋赋日积，久无以偿。余既为宵人所持，不敢遽归，而叔父年老，望之弥切，贻书相责，以为一别十有八年，尔其忘我乎？炎武奉书而泣，终不敢归。而叔父竟以昭阳赤奋若之春二月甲寅，弃我而逝。呜呼痛哉！惟人生之聚散，家道之盛衰，与国运之存亡，有冥冥者主之矣。余又何言，乃挥涕而为之状。"①

炎武所撰此文，既记其叔父生平，又及死友归庄行事，且述一己经历。一文而写状三人，人生聚散，家道盛衰，国运存亡，六十年间事皆在字里行间，几可作炎武自传来读。

对于挚友归庄的去世，炎武则以歌当哭，撰为《哭归高士》诗四首。第一首云："弱冠始同游，文章相砥砺。中年共墨衰，出入三江汭。悲深宗社墟，勇画澄清计。不获骋良图，斯人竟云逝。"第二首云："峻节冠吾侪，危言惊世俗。常为扣角歌，不作穷途哭。生耽一壶酒，没无半间屋。惟存孤竹心，庶比黔娄躅。"第三首云："太仆经铿铿，三吴推学者。安贫称待诏，清风播林野。及君复多材，儒流嗣弓冶。已矣文献亡，萧条玉山下。"第四首云："郦生虽酒狂，亦能下齐军。发愤吐忠义，下笔驱风云。平生慕鲁连，一矢解世纷。碧鸡竟长鸣，悲哉君不

① 顾炎武：《亭林余集》不分卷，《从叔父穆庵府君行状》。

闻。"第四首末，原抄本有自注云："君二十五年前作诗，以鲁连一矢寓意，君没十旬，而文覃举庚。"[1]归庄去世，时在是年仲秋[2]，噩耗传至山东，已是岁末。炎武在章丘遥祭死友之后，旋即北上京城。入京，闻吴三桂云南起兵反清消息，于是遂有诗末之"碧鸡竟长鸣，悲哉君不闻"语。至于自注之"文覃举庚"，诚如诸家顾诗注所见，系以韵目代字，即谓"云南起兵"。[3]

二、三藩乱中

康熙十二年（1673），清平西王吴三桂封建割据势力恶性膨胀，为抗拒清廷撤藩令，于当年十一月二十一日，杀云南巡抚朱国治，起兵反清。一个月后，吴军横扫贵州，直驱湖南。十三年春，湖南全境皆落入吴三桂手。闻吴三桂叛，福建耿精忠、广东尚之信相继称兵反清，史称三藩之乱。

三藩乱起，清廷上下一片震恐，调兵遣将，朝野不宁。加以又有杨起隆诈称朱三太子，在京中聚众谋叛，于是更加剧了京城的混乱局面。康熙十三年（1674）正月，顾炎武离开乱局，取道广昌（今河北涞源），赴山西汾阳。面对动乱时局，他写下《广昌道中》诗二首。第一首云："匹马去燕南，易京大如砺。五回春雪深，涞上孤城闭。行行入飞狐，夕驾靡遑税。融冰见睨流，老树陵寒霁。啄鹊驯不惊，卧犬安无吠。问客何方来，幽都近如沸。出车日辚辚，戈矛接江裔。此地幸无兵，山田随树艺。且偷须臾间，未敢谋卒岁。"第二首云："久客燕代间，遂与关山老。流连王霸亭，踯躅刘琨道。枯荑春至迟，落木秋来

---

① 顾炎武：《亭林诗集》卷四《哭归高士》。
② 赵经达：《归玄恭先生年谱》，六十一岁条。
③ 见王蘧常：《顾亭林诗集汇注》，上海古籍出版社 1983 年版；王冀民：《顾亭林诗笺释》，《哭归高士》，中华书局 1998 年版。

早。独往兹怆然，同游昔谁好。三楚正干戈，沅湘弥浩浩。世乏刘荆州，托身焉所保。纵有《登楼》篇，何能荡怀抱。思因塞北风，一寄南飞鸟。"①

诗中"世乏刘荆州，托身焉所保"云云，既思念远在三楚乱境中的友人李因笃，又以吴三桂断非可以依靠之人的判断，勉友且自勉。前者的拒熊赐履邀修《明史》，此番的超然吴三桂乱局之外，表明了顾炎武北不与清廷合作，南不与吴三桂为伍的志向。于是返归山东章丘，经营所置田产，遂成一最好归宿。正如顾炎武在《刘禾长白山下》一诗中所云："载未来东国，年年一往还。禾垂墟照晚，果落野禽间。食力终全节，依人尚厚颜。黄巾城下路，独有郑公山。"②

康熙十四年（1675）四月，河北大儒孙奇逢在河南辉县病逝，享年九十二岁。十月，葬夏峰东原。此时炎武正在山西祁县，不得赶来参加葬礼，于是以一诗遥寄哀思。诗中写道："老不越疆吊，吾衰况疏慵。遥凭太行云，迢遰过夏峰。泉源日清泚，上有百尺松。忆叨忘年契，一纪秋徂冬。常思依蜀庄，有怀追楚龚。不得拜灵軮，限此关山重。会葬近千人，来观马鬣封。悦有徐孺子，只鸡远奔从。一时诸生间，得无少茅容。俗流骛声华，考实皆凡庸。淄渑竟谁知，管华称一龙。我无人伦鉴，焉敢希林宗。惟愿师伯夷，宁隘毋不恭。嗟此衰世意，往往缠心胸。回首视秋山，肃矣霜露浓。"③

置身乱局，顾炎武超然物外，著述不辍。一如济南圄圉之结撰《日知录》，自康熙九年（1670）该书初刻八卷本刊行之后，顾炎武经频年增改，至康熙十五年，已得手稿二十余卷。然而炎武是一位严谨笃实的学者，他鄙弃"速于成书，躁于求名"④的浮躁学风，并未再将书稿

---

① 顾炎武：《亭林诗集》卷五《广昌道中》。
② 顾炎武：《亭林诗集》卷五《刘禾长白山下》。
③ 顾炎武：《亭林诗集》卷五《孙征君以孟冬葬于夏峰时侨寓太原不获执绋》。
④ 顾炎武：《亭林文集》卷四《与潘次耕书》。

刊行，而只是为初刻本补撰了一篇自序。序中写道："炎武所著《日知录》，因友人多欲钞写，患不能给，遂于上章阉茂之岁，刻此八卷。历今六七年，老而益进，始悔向日学之不博，见之不卓，其中疏漏往往而有，而其书已行于世，不可掩。渐次增改，得二十余卷，欲更刻之，而犹未敢自以为定，故先以旧本质之同志。盖天下之理无穷，而君子之志于道也，不成章不达。故昔日之得，不足以为矜；后日之成，不容以自限。若其所欲明学术，正人心，拨乱世以兴太平之事，则有不尽于是刻者。须绝笔之后，藏之名山，以待抚世宰物者之求。其无以是刻之陋而弃之，则幸甚。"①

在《日知录》的结撰过程中，最令顾炎武欣慰的是，他在其间提出的诸多学术主张，及其社会理想，与同时大儒陆世仪、黄宗羲不谋而合。为此，早在康熙十一年，炎武就曾致书陆世仪，指出："廿年以来，东西南北，率彼旷野，未获一觐清光。而昨岁于蓟门得读《思辨录》，乃知当吾世而有真儒如先生者，孟子所谓'穷则独善其身，达则兼善天下'，具内圣外王之事者也。弟少年时，不过从诸文士之后，为雕虫篆刻之技。及乎年齿渐大，闻见益增，始知后海先河，为山复篑。而炳烛之光，桑榆之效，亦已晚矣。近刻《日知录》八卷，特付东堂邮呈，专祈指示。其有不合者，望一一为之批驳，寄至都门，以便改正。《思辨录》刻全，仍乞见惠一部。"②

康熙十五年（1676），顾炎武在京中得读黄宗羲著《明夷待访录》，又就《日知录》致书宗羲。信中写道："辛丑之岁，一至武林，便思东渡娥江，谒先生之杖履，而逡巡未果。及至北方十有五载，流览山川，周行边塞，粗得古人之陈迹，而离群索居，几同伧父，年逾六十，迄无所成，如何如何。伏念炎武自中年以前，不过从诸文士之后，注虫鱼，

---

① 顾炎武：《亭林文集》卷二《初刻日知录自序》。
② 顾炎武：《亭林余集》不分卷，《与陆桴亭札》。

吟风月而已。积以岁月，穷探古今，然后知后海先河，为山复篑，而于圣贤六经之指，国家治乱之源，生民根本之计，渐有所窥，未得就正有道。顷过蓟门，见贵门人陈、万两君，具谂起居无恙。因出大著《待访录》，读之再三，于是知天下之未尝无人，百王之敝可以复起，而三代之盛可以徐还也。天下之事，有其识者未必遭其时，而当其时者或无其识。古之君子所以著书待后，有王者起，得而师之。然而《易》'穷则变，变则通，通则久'。圣人复起，不易吾言，可预信于今日也。炎武以管见为《日知录》一书，窃自幸其中所论，同于先生者十之六七。但鄙著恒自改窜，未刻，其已刻八卷及《钱粮论》二篇，乃数年前笔也，先附呈大教。倘辱收诸同志之末，赐以抨弹，不厌往复，以开末学之愚，以贻后人，以幸万世，曷胜祷切。"[1]

早在康熙七八年间，经历济南之狱的打击，顾炎武对山东民风已颇多失望，叹为"不啻蛮髦"[2]，因之而有卜居西北之想。至康熙十六年（1677），炎武时已六十五岁。由于晚年无子，经诸多亲友帮助，遂在江苏吴江觅得族子衍生为嗣。这年四月，衍生随师李云沾北抵山东，在德州与炎武正父子之礼。其后，炎武父子与李云沾结伴而行，取道河北，西去秦晋。迄于逝世，炎武足迹皆在西北高原。

三、再拒鸿博

入清以后，在连年的科举考试之中，虽然一时知识界中人纷纷入彀，但是若干学有专长的文化人，或心存正闰，不愿合作；或疑虑难消，徘徊观望，终不能为清廷所用。既出于"振兴文教"的需要，又为争取知识界的广泛合作以巩固统治，在平定三藩之乱胜利在即的情况

---

① 顾炎武：《亭林佚文辑补》不分卷，《与黄太冲书》。
② 顾炎武：《蒋山佣残稿》卷二《与原一甥》。

下，清圣祖不失时机地做出明智抉择，对知识界大开仕进之门。康熙十七年（1678）一月，他颁谕吏部："自古一代之兴，必有博学鸿儒，振起文运，阐发经史，润色辞章，以备顾问著作之选。朕万几余暇，游心文翰，思得博学之士，用资典学。我朝定鼎以来，崇儒重道，培养人才。四海之广，岂无奇才硕彦，学问渊通，文藻瑰丽，可以追踪前哲者？"在发出这一通议论之后，圣祖接着责成内外官员："凡有学行兼优，文辞卓越之人，不论已仕未仕，令在京三品以上及科道官员，在外督抚布按，各举所知，朕将亲试录用。其余内外各官，果有真知灼见，在内开送吏部，在外开报督抚，代为题荐。务令虚公延访，期得真才，以副朕求贤右文之意。"①

命令既下，列名荐牍者或为"旷世盛典"歆动而出，或为地方大吏驱迫就道，历时一年，陆续云集京城。康熙十八年（1679）三月初一，清廷以《璇玑玉衡赋》和《省耕诗五言排律二十韵》为题，集应荐一百四十三人于体仁阁考试。榜发，录取一等二十人，二等三十人，分授翰林院侍读、侍讲、编修、检讨，俱入《明史》馆供职。是为博学鸿儒特科。

在此次特科荐举之中，顾炎武一度是内外大员瞩目的重要人物。诏下之初，内阁学士叶方霭、翰林院侍讲韩菼皆欲推荐炎武，后幸得徐乾学、徐元文兄弟劝阻，始得未入荐牍。顾炎武对此深感庆幸，在康熙十七年（1678）所作《春雨》一诗中写道："平生好修辞，著集逾十卷。本无郑卫音，不入时人选。年老更迂疏，制行复刚褊。东京耆旧尽，羸疗留余喘。放迹江湖间，犹思理坟典。朝来阅征书，处士多章显。何来南郡生，心期在轩冕。幸得比申屠，超然竟独免。春雨对空山，流泉傍清畎。枕石且看云，悠然得所遣。未敢慕巢由，徒夸一身善。穷经待后

---

①《清圣祖实录》卷七十一，康熙十七年正月乙未条。

王，到死终黾勉。"① 为了表示与清廷的不合作态度，顾炎武从此绝迹不入都门。

顾炎武虽然幸得逃脱特科笼络，但是他的许多挚友，诸如李因笃、王弘撰、傅山，以及弟子潘耒，皆在荐牍之中。友人李颙则至死不从，始得谢病放归。有关这方面的情况，顾炎武在致友人书中颇有涉及。《与李星来书》云："今春荐剡，几遍词坛，虽龙性之难驯，亦鱼潜之孔炤。乃申屠之迹，竟得超然，叔夜之书，安于不作，此则晚年福事。关中三友，山史辞病，不获而行；天生母病，涕泣言别；中孚至以死自誓而后得免，视老夫为天际之冥鸿矣。"②《答李紫澜书》亦云："常叹有名不如无名，有位不如无位。前读大教，谬相推许，而不知弟此来关右，不干当事，不立坛宇，不招门徒。西方之人，或以为迂，或以为是。而同志之李君中孚，遂为上官逼迫，舁至近郊，至卧操白刃，誓欲自裁。关中诸君有以巨游故事言之当事，得为谢病放归。然后国家无杀士之名，草泽有容身之地，真所谓威武不屈。然而名之为累，一至于斯，可以废然返矣。"③

特科既举，史馆重开，康熙十八年（1679），京中又传来史局中欲聘炎武佐修《明史》的消息。炎武闻讯，当即致书叶方蔼，誓死不从。他说："去冬韩元少书来，言曾欲与执事荐及鄙人，已而中止。顷闻史局中复有物色及之者。无论昏耄之资，不能黾勉从事，而执事同里人也，一生怀抱，敢不直陈之左右。先妣未嫁过门，养姑抱嗣，为吴中第一奇节，蒙朝廷旌表。国亡绝粒，以女子而蹈首阳之烈。临终遗命，有'无仕异代'之言，载于志状。故人人可出，而炎武必不可出矣。《记》曰：'将贻父母令名，必果；将贻父母羞辱，必不果。'七十老翁何所

---

① 顾炎武：《亭林诗集》卷五《春雨》。
② 顾炎武：《亭林文集》卷三《与李星来书》。
③ 顾炎武：《亭林文集》卷三《答李紫澜书》。

求？正欠一死，若必相逼，则以身殉之矣！"①

同样的心境，还见于炎武致其弟子潘耒的诗文中。《寄次耕》一诗云："嗟我性难驯，穷老弥刚棱。孤迹似鸿冥，心尚防弋矰。或有金马客，问余可共登？为言顾彦先，惟办刀与绳。"②足见果有史局之聘，炎武当宁死不屈。而复潘耒的信，于此讲得尤为清楚，信中写道："子德书来，云'顷闻将特聘先生，外有两人'。此语未审虚实。'君子之道，或出或处'，鄙人情事与他人不同。先姚以三吴奇节，蒙恩旌表，一闻国难，不食而终，临没丁宁，有'无仕异朝'之训。辛亥之夏，孝感特柬相招，欲吾佐之修史，我答以果有此命，非死则逃。原一在坐与闻，都人士亦颇有传之者。耿耿此心，终始不变。幸以此语白之知交。"③

《明史》馆当事者见炎武不出意坚，遂嘱潘耒向炎武索取所著史书。炎武接潘耒信，有诗文相答。其答诗云："年来行止类浮萍，虽有留书未杀青。世事粗谙身已老，古音方奏客谁听？儿从死父传楹语，帝遣生徒受壁经。投笔听然成一笑，春风绿草满阶庭。"④如果说诗语含蓄，未尽晓畅，那么复潘耒一信则质实朗然。炎武说："大家续孟坚之作，颇有同心；巨源告延祖之言，实为邪说。展读来札，为之怆然。吾昔年所蓄史事之书，并为令兄取去，令兄亡后，书既无存，吾亦不谈此事。久客北方，后生晚辈益无晓习前朝之掌故者。令兄之亡十七年矣，以六十有七之人，而十七年不谈旧事，十七年不见旧书，衰耄遗忘，少年所闻，十不记其一二。又当年牛李、洛蜀之事，殊难置喙。退而修经典之业，假年学《易》，庶无大过。不敢以草野之人，追论朝廷之政也。"⑤

顾炎武虽拒不入史局，但毕竟事关有明一代兴亡，故而他依然每有中肯意见答复史馆中人。其意见大要有三：一是对明历朝实录应有一理

---

① 顾炎武：《亭林文集》卷三《与叶讱庵书》。
② 顾炎武：《亭林诗集》卷五《寄次耕》。
③ 顾炎武：《亭林文集》卷四《答次耕书》。
④ 顾炎武：《亭林诗集》卷五《次耕书来言时贵有求观余所著书者答示》。
⑤ 顾炎武：《亭林文集》卷四《与次耕书》。

智态度。在答复汤斌的信中，炎武就此指出："闻之前辈老先生曰，《太祖实录》凡三修。一修于建文之时，则其书已焚，不存于世矣。再修于永乐之初，则昔时大梁宗正西亭曾有其书，而洪水滔天之后，遂不可问。今史成所存，及士大夫家讳《实录》之名，而改为《圣政记》者，皆三修之本也。然而再修三修所不同者，大抵为靖难一事。如弃大宁而并建立之制，及一切边事书之甚略是也。至于颖、宋二公，若果不以令终，则初修必已讳之矣。闻之先人曰，《实录》中附传于卒之下者，正也；不系卒而别见者，变也。当日史臣之微意也。……今观卒后恩典之有无隆杀，则举一隅而三可反矣。至于即主位之月日，当如来论，以《实录》为正耳。"[1]

二是万历以还，是非混淆，尤当博征史料。这方面的意见，同样见于答汤斌信中。炎武说："子德西归，拜读手札。复有一牍具陈先姚节烈，及前朝旌表之概，求入史传，当已彻台览矣。承问史事，弟年老遗忘，不敢臆对。但自万历以来，是非之涂，樊然殽乱。姑以目所尝见之书，其刻本则如《辛亥京察记事》、《辽事实录》（原注：王公在晋）、《清流摘镜》（原注：王岳）、《傃庵野抄》、《同时尚论录》（原注：二书并蔡某，忘其名）、《悫书》（原注：蒋公德璟）；抄本则如《酌中志》（原注：刘若愚，即《汪钝庵集》中所谓远志之苗）、《幸存录》（原注：夏君允彝）、《恸余杂记》（原注：史君惇）之类，皆不可阙，而遽数之不能终也。搜罗之博，裁断之精，是在大君子而已。"[2]

三是当以邸报为准，异同并存，以待后世公论。此一方面意见，《与公肃甥书》表述最为集中，炎武说："修史之难，当局者自知之矣。求藏书于四方，意非不美，而西方州县以此为苦，宪檄一到，即报无书。所以然者，正缘借端派取解费，时事人情，大抵如此。窃意此番纂

---

[1]　顾炎武：《亭林文集》卷三《答汤荆岘书》。
[2]　顾炎武：《蒋山佣残稿》卷三《复汤荆岘书》。

述，止可以邸报为本，粗具草稿，以待后人，如刘昫之《旧唐书》可也。（原注：唐武宗以后无实录。）忆昔时邸报，至崇祯十一年方有活板，自此以前，并是写本。而中秘所收，乃出涿州之献，岂无意为增损者乎？访问士大夫家，有当时旧抄，以俸薪别购一部，择其大关目处略一对勘，便可知矣。吾自少时，先王父朝夕与一二执友谈论，趋庭拱听，颇识根源。但年老未免遗忘，而手泽亦多散轶，史稿之成，犹可辨其泾渭。今日作书，正是刘昫之比。而诸公多引洪武初修《元史》故事，不知诸史之中，《元史》最劣，以其旬月而就，故舛谬特多。如列传八卷速不台，九卷雪不台，一人作两传；十八卷完者都，二十卷完者拔都，一人作两传。几不知数马足，何暇问其骊黄牝牡耶？然此汉人作蒙古人传，今日汉人作汉人传，定不至此。（原注：亦有如谷林苍以张延登、张华东为两人者。）惟是奏章是非同异之论，两造并存，而自外所闻，别用传疑之例，庶乎得之。此虽万世公论，却是家庭私语，不可告人，以滋好事之腾口也。"①

四、卜居华阴

康熙十八年（1679）正月，顾炎武西入华阴，寄住友人王弘撰新筑"读易庐"中，卜居西北夙愿，终得一遂。对于晚年卜居华阴的选择，炎武后有专书致乡里诸侄加以说明。他所陈述的原因主要是两条，第一："秦人慕经学，重处士，持清议，实与他省不同"；第二："华阴缩毂关河之口，虽足不出户，而能见天下之人，闻天下之事。一旦有警，入山守险，不过十里之遥。若志在四方，则一出关门，亦有建瓴之便。"②顾炎武所述之两方面因素，一为人文，一为地理。前者系据其毕

---

① 顾炎武：《亭林文集》卷三《与公肃甥书》。
② 顾炎武：《亭林文集》卷四《与三侄书》。

生经历，尤其是北游二十余年所见而得。后者则时在三藩乱中，文韬武略皆经世所需，故而始有此论。

对于顾炎武的卜居华阴，江南诸侄是否接受这一说明，不得而知。而业已贵显的外甥徐乾学、徐秉义、徐元文兄弟，则并不赞成，因此，他们拟在乡置园，迎炎武颐养天年。对此，炎武亦有专书回绝，信中写道："老年多暇，追忆曩游。未登弱冠之年，即与斯文之会，随厨俊之后尘，步杨班之逸躅，人推月旦，家擅雕龙。此一时也。已而山岳崩颓，江湖沸汹，酸枣之陈词慷慨，尚记臧洪；睢阳之断指淋漓，最伤南八。重泉虽隔，方寸无暌。此又一时也。已而奴隶鸱张，亲朋澜倒，或有闻死灰之语，流涕而省韩安；览穷鸟之文，抚心而明赵壹。终凭公论，得脱危机。此又一时也。凡此三者之人，骑箕化鹤，多不可追；哲嗣闻孙，往往而在。此即担簦戴笠，陌路相逢，犹且为之叙殷勤，陈夙昔，班荆郑国之野，贳酒黄公之垆。而况吾甥欲以郡中之园为吾寓舍，寻往时之息壤，不乏同盟，坐今日之皋比，难辞后学。使鸡黍蒌具，干糇以愆，既乖良友之情，弥失故人之望。且吾今居关、华，每年日用约费百金。若至吴门，便须五倍，吾甥能为办之否乎？又或谓广厦之欢，可以大庇寒士；九里之润，亦当施及吾侪。而曰吾尔皆同声气、同患难之人，尔有鼎贵之甥，可无挹注之谊？因罴觅苋，见弹求鸮，有如退之诗所云，'偶然题作木居士，便有无穷祈福人'者，吾甥复能副之否乎？虽复田文、无忌，不可论之当今，假使元美、天如，当必有以处此，而如其不然，则必以解望之怀，更招多口之议。况山林晚暮，已成独往之踪；城市云为，终是徇人之学。然则吾今日之不来，非惟自适，亦所以善为吾甥地也。"①

然而毕竟离乡二十余年，且已届垂暮之岁，顾炎武难免产生返乡一视之感。于是他又致书徐氏兄弟，盼对返乡探望亲友一事做出安排。炎

---

① 顾炎武：《亭林文集》卷三《答原一公肃两甥书》。

武说："念暮年久客，家园之计亦不得不往一视。建坊筑堂一札，烦付
汝嘉者，计已悉之，八月二十日已赍银南行矣。如得及旅力之未愆，幸
关河之无阻，一瞻丘垄，并会亲朋，亦足以毕老人之愿。……幸吾甥
为吾熟筹之以报。来年不能，且须后年耳。"①

令人十分惋惜的是，顾炎武返乡"一瞻丘垄"之想，由于健康状
况逐渐恶化，迄于逝世终未得以实现，徒然留下无尽的思念。康熙十九
年（1680）十一月，炎武发妻王氏在昆山故里病逝。噩耗传来，炎武在
汾州遥为祭奠，满怀悲恸写下《悼亡》诗五首。全诗如泣如诉，情真谊
挚，最可窥见炎武晚年一腔思亲怀土深情。该诗第一首云："独坐寒窗
望蒿砧，宜言偕老记初心。谁知游之天涯别，一任闺芜日夜深。"第二
首云："北府曾缝战士衣，酒浆宾从各无违。虚堂一夕琴先断，华表千
年鹤未归。"第三首云："廿年作客向边陲，坐叹兰枯柳亦衰。传说故园
荆棘长，此生能得首丘时？"第四首云："贞姑马鬣在江村，送汝黄泉
六岁孙。地下相烦告公姥，遗民犹有一人存。"第五首云："摩天黄鹄自
常饥，但惜流光不可追。他日乐羊来旧里，何人更与断机丝？"②

五、死而后已

顾炎武是一位以天下为己任的杰出学者，他早年奔走国事，中年图
谋匡复，晚年则志在天下，著述经世，鞠躬尽瘁，死而后已。

顾炎武一生的最后岁月，过得格外充实。卜居华阴之后，他主要做
了如下三件大事。

第一件事是一如既往，献身著述事业。顾炎武一生的重要代表著
述《音学五书》，自康熙六年（1667）开刻淮上，在著名文字学家张弨

---

①　顾炎武：《蒋山佣残稿》卷三《与原一公肃两甥》。
②　顾炎武：《亭林诗集》卷五《悼亡》。

的鼎力相助之下，经不断修订，臻于完善，于康熙十九年刊刻蒇事。同时，炎武另一部精心结撰的力作《日知录》，则自康熙九年初刻八卷之后，亦不间寒暑，朝夕其间，到康熙二十年冬，已成书稿三十余卷。他就此给江南一友人写道："自丁酉至今，二十五年不奉德音矣，每游历山川障塞，恨不与知己同之。而遥想饶、歙之间，山高水驶，如在天涯。又前示寄书，当在芜湖录之簿册，被盗失去，遂不知道驾所驻，而问津桃源不可得矣。今秋都下人来，乃连接三书，备悉素履无恙，从游河、汾，多房、杜之流，则已不胜喜忭。而展读大集，历数今昔，垂念故人，而恐其异日诗文之不传，又何其殷殷也！然弟二十年来，则有进于是者。君子之为学，以明道也，以救世也。徒以诗文而已，所谓雕虫篆刻，亦何益哉！自年五十以后，笃志经史，其于音学深有所得。今为《五书》，以续三百篇以来久绝之传。而别著《日知录》，上篇经术，中篇治道，下篇博闻，共三十余卷，有王者起，将以见诸行事，以跻斯世于治古之隆，而未敢为今人道也。所传刻本，乃其绪余耳。"[1]

第二件事是营建朱子祠堂和考亭书院，表彰朱子，兴复礼学。康熙二十年（1681）冬，朱子祠堂初成，顾炎武抱病撰《华阴县朱子祠堂上梁文》一篇。文中说："盖闻宣气为山，众阜必宗乎乔岳；明征在圣，群言实总于真儒。自夫化缺三雍，风乖四始，两汉而下，虽多保残守缺之人，六经所传，未有继往开来之哲。惟绝学首明于伊洛，而微言大阐于考亭，不徒羽翼圣功，亦乃发挥王道，启百世之先觉，集诸儒之大成。然而代运当屯，著占得遯。官方峻直，难久立于朝端；祠禄优游，每自安于林下。眷此云台之侧，实为寄禄之邦。子静书中，羡希夷之旧隐；《启蒙》序末，题真逸之新名。虽风声远隔于殊方，而道德实同乎一统。家传户诵，久已无间寰区；春祀秋尝，独此未瞻庙貌。于是邑之荐绅耆旧，以及学士青衿，无不博考遗编，深嗟阙典，睇琳宫之绚烂，

---

[1] 顾炎武：《蒋山佣残稿》卷一《与人书》。

悲木铎之幽沉。爰有廷掾张君、山史王君搜采于前，子德李君、适之宋君宣扬于后。而会炎武跋涉关河，留连原巘，发遐情于五岳，寻坠绪于千年。即云台旧院之西，度香火专祠之地，重邀茂宰（原注：华阴令迟维城），赞此良图。萃人力以作新，捐缗钱而倡导，卜神涓吉，庀材效工。右带流泉，来惠风之习习；前凭岳麓，状盛德之峨峨。将使俎豆增崇，章逢无绝。敬泚衰芜之笔，式陈邪许之辞。"①

顾炎武之表彰朱子，其目的并不在于倡导一方学者步宋明理学家后尘，沉溺理气心性的探讨。他的意图在于，号召人们究心朱子所曾致力的经学，躬行践履，兴复礼学。为此，康熙十八年（1679），炎武致书朝中友人施闰章，信中指出："理学之传，自是君家弓冶。然愚独以为，理学之名，自宋人始有之。古之所谓理学，经学也，非数十年不能通也。故曰：'君子之于《春秋》，没身而已矣。'今之所谓理学，禅学也，不取之五经而但资之语录，校诸帖括之文而尤易也。又曰：'《论语》，圣人之语录也。'舍圣人之语录，而从事于后儒，此之谓不知本矣。"②

翌年，炎武又致书北游京中的门人毛今凤，阐发了兴复礼学之想。他说："比在关中，略仿横渠、兰田之意，以礼为教。夫子尝言：'博学于文，约之以礼。'而刘康公云：'民受天地之中以生，所谓命也。是以有动作、礼义、威仪之则，以定命也。'然则君子之为学，将以修身，将以立命，舍礼其何由哉？吾之先元叹丞相，在吴先主朝，以严见惮。先主每言：'顾公在坐，使人不乐。'吾见近来讲学之师，专以聚徒立帜为心，而其教不肃，故欲反其所为。《卫诗》言武公之德曰：'瑟兮僴兮，虽不能至，然心向往之。'倘有如阮籍之徒，猖狂妄行，而嫉礼法为仇雠者，则亦任之而已。忆昔万历庚申，吾年八岁，今年元旦作一对曰：'六十年前二圣升遐之岁，三千里外孤忠未死之人。'便中有字与吴门，

---

① 顾炎武：《亭林文集》卷五《华阴县朱子祠堂上梁文》。
② 顾炎武：《亭林文集》卷三《与施愚山书》。

可代为录此，与一二耆旧知心者观之，知此迂拙之叟犹在人间耳。"①

第三件事则是关注民生疾苦，竭力为民纾困。康熙十八年（1679）九月，炎武外甥徐元文奉命主持《明史》纂修。元文到任，致书请教。炎武在复信中，则既答修史，又谈一方隐忧。他说："夫史书之作，鉴往所以训今。忆昔庚辰、辛巳之间，国步阽危，方州瓦解，而老成硕彦，品节矫然。下多折槛之陈，上有转圜之听。思贾谊之言，每闻于谕旨；烹弘羊之论，屡见于封章。遗风善政，迄今可想。而昊天不吊，大命忽焉，山岳崩颓，江河日下，三风不儆，六逆弥臻。以今所睹国维人表，视昔十不得二三，而民穷财尽，又倍蓰而无算矣。身当史局，因事纳规，造膝之谟，沃心之告，有急于编摩者，固不待汗简奏功，然后为千秋金镜之献也。关辅荒凉，非复十年以前风景，而鸡肋蚕丛，尚烦戎略，飞刍挽粟，岂顾民生。至有六旬老妇，七岁孤儿，挈米八升，赴营千里。于是强者鹿铤，弱者雉经，阖门而聚哭投河，并村而张旗抗令。此一方之隐忧，而庙堂之上或未之深悉也。吾以望七之龄，客居斯土，饮瀣餐霞，足怡贞性，登岩俯涧，将卜幽栖。恐鹤唳之重惊，即鱼潜之非乐，是以忘其出位，贡此狂言。请赋《祈招》之诗，以代麦丘之祝。不忘百姓，敢自托于鲁儒；维此哲人，庶兴哀于周雅。当事君子倘亦有闻而叹息者乎？东土饥荒，颇传行旅，江南水旱，亦察舆谣。涉青云以远游，驾四牡而靡骋，所望随时示以音问。"②

康熙二十年（1681）八月，顾炎武游山西曲沃。此时他的健康状况已经大不如前，"衰疾渐侵，行须扶杖"③。抵曲沃三日，即告恶化，几乎不起。所幸服药之后，转危为安。十月中，病势稍减，炎武即就一方民生疾苦致书京中大吏，信中说："天生豪杰，必有所任，如人主于其臣，授之官而与以职。今日者拯斯人于涂炭，为万世开太平，此吾辈之

---

① 顾炎武：《亭林文集》卷六《与毛锦衔》。
② 顾炎武：《亭林文集》卷六《答徐甥公肃书》。
③ 顾炎武：《亭林文集》卷四《与李中孚书》。

任也。仁以为己任，死而后已，故一病垂危，神思不乱。使遂溘焉长逝，而于此任已不可谓无尺寸之功。今既得生，是天以为稍能任事而不遽放归者也，又敢怠于其职乎？今有一言而可以活千百万人之命，而尤莫切于秦陇者，苟能行之，则阴德万万于于公矣。请举秦民之夏麦秋米及豆草，一切征其本色，贮之官仓，至来年青黄不接之时而卖之，则司农之金固在也，而民间省倍蓰之出。且一岁计之不足，十岁计之有余，始行之于秦中，继可推之天下。然谓秦人尤急者，何也？目前凤翔之民举债于权要，每银一两，偿米四石，此尚能支持岁月乎？捐不可得之虚计，犹将为之，而况一转移之间，无亏于国课乎？然恐不能行也。《易》曰：'牵羊悔亡，闻言不信。'至于势穷理极，河决鱼烂之后，虽欲征其本色而有不可得者矣。救民水火，莫先于此。病中已笔之于书，而未告诸在位。比读国史，正统中，尝遣右通政李畛等官粜米得银若千万，则昔人有行之者矣。特建此说，以待高明者筹之。"[①]

康熙二十年（1681）冬，炎武致书富平友人李因笃，告大病得起。因笃接书，本拟赶赴曲沃探问，因大雪路阻，遂遣专人送去七律五首问候。旧岁初除，新年伊始，得读挚友华章，炎武欣然酬答。诗中写道："戴雪来青鸟，开云见素书。故人心不忘，旅叟计何如？上国尝环辙，浮家未卜居。康成嗟耄矣，尼父念归与。忽枉佳篇赠，能令积思抒。柴门晴旭下，松径谷风舒。记昔方倾盖，相逢便执袪。自言安款段，何意辱干旄。适楚怀陈轸，游燕吊望诸。讵惊新宠大，肯与旧交疏！不砆诚师孔，知非已类蘧。老当为圃日，业是下帷初。达夜抽经笥，行春奉板舆。诛茅成土室，辟地得新畬。水跃穿冰鲤，山荣向日蔬。已衰耽学问，将隐悔名誉。客舍轻弹铗，王门薄曳裾。一身长瓠落，四海竟沦胥。契阔头双白，蹉跎岁又除。空山清涤曲，乔木绛郊余。不出风威灭，无营日景徐。但看《尧典》续，莫畏禹阴虚。地阔分津版，天长接

---

①　顾炎武：《亭林文集》卷三《病起与蓟门当事书》。

草庐。一从听《七发》，欲起命巾车。"①

　　顾炎武万万没有想到，此诗竟是他的绝笔。康熙二十一年（1682）正月初四，承曲沃友人韩宣厚谊，设家宴邀官绅为炎武病愈道喜。初八日晨，炎武兴致勃勃，出门答谢一方官绅的款待。不料上马失足坠地，旧病陡然复发。翌日凌晨，遂因之而溘然长逝，享年七十岁。

---

① 顾炎武：《亭林诗集》卷五《酬李子德二十四韵》。

第十一章　顾亭林致潘次耕书札考证

在清代学术史上，顾炎武被誉为"开山之祖"。[1] 作为一位倡风气先声的学术大师，"他不但是经师，而且是人师"[2]。以下，拟通过对现存顾炎武致其门人潘耒十余封信的考证，据以窥见他为人师表的典范形象。

一、从游前诸札

潘耒（1646—1708 年），字次耕，号稼堂，晚自号止止居士，江苏吴江人。潘耒六岁丧父，其母吴氏"开家塾，延师训之，至鬻簪珥供束脩膏火"。[3] 潘耒先后执经问难于戴笠、吴炎，十五岁又从学于其兄柽章[4]。潘柽章，字力田，"肆力于学，综贯百家，天文地理、皇极太乙之书，无不通晓"[5]。明亡后弃诸生，隐居韭溪。他鉴于"明兴三百年间，圣君贤辅、王侯外戚、忠臣义士、名将循吏、孝子节妇、儒林文苑之伦，天官郊祀、礼乐制度、兵刑律历之属，粲然与三代比隆。而学士大夫，上不能为太史公，叙述论列，勒成一书；次不能为唐山夫人者流，被之声韵，鼓吹风雅"[6]。因之，"欲仿（司）马迁作《明史记》。而友人吴炎所见略同，遂与同事"[7]。潘柽章与顾炎武交谊甚笃，他们同为惊隐

---

① 梁启超：《中国近三百年学术史》六，《清代经学之建设》。
② 梁启超：《中国近三百年学术史》六，《清代经学之建设》。
③ 潘耒：《遂初堂文集》卷十八《先姚封太孺人吴氏行述》。
④ 潘耒：《遂初堂文集》卷十《戴耘野先生六十寿序》。
⑤ （民国）《吴江县志》卷三十三《隐逸·潘柽章》。
⑥ 吴炎：《今乐府》，《殷礼在斯堂》丛书本。
⑦ 戴笠：《潘力田传》，转引自王蘧常：《顾亭林诗汇注》，上海古籍出版社 1983 年版，第 472 页。

诗社社友①，且皆以遗民自居。顾炎武"有志述三朝，并及海内图"，潘
柽章亦"莘然持巨笔，直溯明兴始"，② 二人在学问上更是志同道合。顾
炎武为襄助潘柽章撰写《明史》，慷慨地将自己所蓄史籍千余卷相借③。
而潘柽章为声援顾炎武"北学于中国"，则与同仁联名发起《为顾宁人
征天下书籍启》④。潘耒正是通过其兄柽章得以结识顾炎武⑤。顾炎武坚持
"不坐讲堂，不收门徒"，⑥ 但潘耒后来却能够从游其门下，同顾炎武与
潘柽章间这种笃厚之谊密不可分。

康熙二年（1663）二月，清廷惩治庄廷鑨明史案，潘柽章、吴炎因
名列庄书参校，于是年五月磔于杭州弼教坊，妻、子俱依叛案例充军宁
古塔。顾炎武时在山西汾州，惊悉噩耗，满怀悲愤写下《汾州祭吴炎潘
柽章二节士》一诗，喊出"一代文章亡左马，千秋仁义在吴潘"⑦的正
义之声。顾炎武对潘柽章一家的遭遇深表同情和关怀，他以挚友兄长的
口吻特意写诗给柽章之弟潘耒，谆谆告诫他："犹存太史弟，莫作嗣书
人。门户终还汝，男儿独重身。"⑧ 要他以兄为鉴，切莫再蹈覆辙，衷心
地希望他保重身体，力撑门户。这首《寄潘节士之弟耒》也是迄今发现
的顾炎武与潘耒交往的最早史料。

据考，顾炎武并没有将此诗寄予潘耒。因为潘柽章遇难之时，其妻
沈氏有孕在身，年仅十八岁的潘耒思为存孤，于是尽卖家产，裹粮与沈
氏一起踏上漫长的北上充军之路。行至燕山广宁城，沈氏临产不育，引
药自裁，潘耒始痛哭而返⑨。顾炎武对这一切当知之甚悉，因为潘耒北

---

① 杨凤苞：《秋室集》卷一《书南山草堂集后》。
② 顾炎武：《亭林诗集》卷二《赠潘节士柽章》。
③ 顾炎武：《亭林文集》卷四《与次耕书》。
④ 沈岱瞻：《同志赠言》，载《亭林遗书》附录。
⑤ 潘耒：《遂初堂文集》附录，《皇清征仕郎日讲起居注翰林院检讨稼堂府君行述》。
⑥ 顾炎武：《亭林余集》不分卷，《与潘次耕书札三》。
⑦ 顾炎武：《亭林诗集》卷二《汾州祭吴炎潘柽章二节士》。
⑧ 顾炎武：《亭林诗集》卷四《寄潘节士之弟耒》。
⑨ 潘耒：《遂初堂诗集》补遗，《恸哭七十韵》。

上之时，路过淮阴，是"介亭林先生苍头"① 得以入谒王略的，而王略亦以顾炎武的缘故将女儿许配潘耒，申为婚姻之约。② 顾炎武后来所作《山阳王君墓志铭》亦云："当余在太原，而余友潘力田死于杭，系累其妻子以北。少弟耒年十八，孑身走燕都。"③ 所以顾炎武《寄潘节士之弟耒》之诗末才会说："裁诗无寄处，掩卷一伤神。"

潘耒自广宁返乡后，"馆粥之田已尽，先世数椽亦不保，流离琐尾，一岁三四迁"④。为避难他化名吴琦（字开奇），卜居上沙山中，并于是年冬拜徐枋为师⑤。人生的磨难促使潘耒尽快成熟，"稼堂以孱童惨酷，几无生理，顾念覆巢破卵之余，计惟奋志读书，庶可亢宗名世。时顾亭林先生通经博古，蔚为儒宗，则负笈从游"⑥。但是，潘耒的负笈从游并非一帆风顺，我们从现存顾炎武致潘耒的两封书信中，即可窥见一斑。

第一封信云：

接手札如见故人，追念痛酷，其何以堪！古人于患难之余，而能奋然自立，以亢宗而传世者，正自不少，足下勉旃，毋怠！承谕负笈从游，古人之盛节，仆何敢当！然心中惓惓，思共晨夕，亦不能一日忘也。而频年足迹所至，无三月之淹，友人赠以二马二骡，装驮书卷，所雇从役，多有步行，一年之中，半宿旅店，此不足以累足下也。近则稍贷赀本，于雁门之北、五台之东，应募垦荒。同事者二十余人，辟草莱，披荆棘，而立室庐于彼。然其地苦寒特甚，仆则遨游四方，亦不能留住也。彼地有水而不能用，当事遣人到南方，求能造水车、水碾、水磨之人，与夫能出资以耕

① 潘耒：《遂初堂文集》附录，《皇清征仕郎日讲起居注翰林院检讨稼堂府君行述》。
② 顾炎武：《亭林文集》卷五《山阳王君墓志铭》。
③ 顾炎武：《亭林文集》卷五《山阳王君墓志铭》。
④ 潘耒：《遂初堂文集》附录，《皇清征仕郎日讲起居注翰林院检讨稼堂府君行述》。
⑤ 罗振玉：《徐俟斋年谱》，康熙二年四十二岁条及五年四十五岁条，《罗雪堂先生全集》，台湾文华出版公司1968年版，第816页。
⑥ 李桓：《国朝耆献类征初编》卷一百八十《词臣四·潘耒》。

者。大抵北方开山之利，过于垦荒；蓄牧之获，饶于耕耨。使我有泽中千牛羊，则江南不足怀也。列子"盗天"之说，谓取之造物而无争于人。若今日之江南，锥刀之末将尽争之，虽微如蟣螟，亦岂得容身于其间乎？文渊、子春并于边地立业，足下倘有此意，则彼中亦足以豪，但恐性不能寒，及家中有累耳。徐介白久不通书，为我以此字达之，知区区未死，宇内犹有一故人也。[1]

潘耒致顾炎武的信，《遂初堂文集》未有收录。从顾炎武的回信中，我们可以看出潘耒在信中主要表达的是欲从游于顾氏门下的愿望。按，从康熙二年（1663）冬起，潘耒即"常卜居上沙山中"[2]，而当时吴江的遗民如徐枋、徐白等亦多隐居此地。归庄《观梅日记》云，康熙五年二月十二日，他自昆山舟行而西，晡时至虎丘，寓梅花楼。十三日，访徐枋于上沙，又访徐白，然后与徐白一起至徐枋家夜饮。"是日，晤吴开奇及笫在、镜庵二僧于座上。吴生者，亡友潘力生之弟，吴赤溟之门人也。二君以国史事被杀，家徙塞外，故生改姓窜于山中。余见生，伤其兄及其师，为之执手号恸。生出诸诗古文相质，才笔惊人，志尚尤可嘉。"[3]我们依顾炎武回信内容看，潘耒致顾炎武的信当写于此事后不久。

从时间上讲，顾炎武的这封回信当写于康熙五年（1666）的七月，主要线索就是信中所说的"近稍贷赀本，于雁门之北、五台之东，应募垦荒"。信中言"同事者二十余人"，除顾炎武外，还有李因笃、屈大均、朱彝尊、傅山等[4]。鸠资垦荒应当在顾炎武与诸人会面之后。按，顾炎武与朱彝尊会面是在康熙五年季春，他的《朱处士彝尊过余于太原

---

①　顾炎武：《亭林文集》卷六《与潘次耕》。文中"子春"系"子泰"之误。

②　潘耒：《遂初堂文集》附录，《皇清征仕郎日讲起居注翰林院检讨稼堂府君行述》。

③　归庄：《归庄集》卷六《观梅日记》。

④　邓之诚：《清诗纪事初编》卷一《顾炎武》。

东郊赠之》一诗所云"草没青骢晚，霜浮白堕春"[①] 即可证明。傅山寓舍即在太原东郊[②]，顾炎武自康熙二年结识傅山后，每过太原，必主于此，顾、朱会面极有可能是在傅山家中。另据《天生先生年谱》：康熙五年，"五月，番禺屈大均至长安，因定交。……六月，偕赴代。时顾宁人亦至，访先生于道署"[③]。可知，顾炎武、李因笃、屈大均三人会面时间为六月。据此，我们可以推定顾炎武等鸠资垦荒应在六月之后。至是年秋，顾炎武始离开代州，后经大同入北京。炎武出雁门关时，屈大均、赵匐鼎远道来送，三人皆赋诗记之。其中屈大均《送宁人先生之云中》一诗谓："八月龙沙飞急雪，中军置酒琵琶咽。"[④] 由此我们可以判断顾炎武离开代州的确切时间当为八月。从而据以推断出顾炎武诸人实际垦荒期限应在六月之后、八月之前，亦即七月。顾炎武给潘耒的这封回信显然写于垦荒之时，故可将其写作时间断定为康熙五年七月。

明亡，顾炎武感于"神州荡覆，宗社丘墟"[⑤]，而深斥聚徒讲学。他认为聚徒是"徇众人之好，而自贬其学，以来天下之人，而广其名誉，则是枉道以从人"[⑥]；讲学为"置四海之困穷不言，而终日讲危微精一之说"。[⑦] 所以对潘耒的从游之请，则以"频年足迹所至，无三月之淹。友人赠以二马二骡，装驮书卷，所雇从役，多有步行，一年之中，半宿旅店，此不足以累足下也"为由，予以委婉拒绝。但是尽管如此，他还是愿意引潘耒为同道，故在信中讲，现在江南生存环境险峻，"岂得容身于其间乎？"马援、田畴皆在边地立业，我们亦开始边地垦荒，"足下倘有此意，则彼中亦足以豪"。

---

① 顾炎武：《亭林诗集》卷四《朱处士彝尊过余于太原东郊赠之》。
② 潘耒：《遂初堂诗集》卷一《双塔寺雅集诗·序》。
③ 吴怀清：《天生先生年谱》，康熙五年三十六岁条。
④ 见沈岱瞻：《同志赠言》，载于《亭林遗书》附录。
⑤ 顾炎武：《日知录》卷七《夫子之言性与天道》。
⑥ 顾炎武：《亭林文集》卷三《与友人论门人书》。
⑦ 顾炎武：《亭林文集》卷三《与友人论学书》。

自康熙五年（1666）首次书札往复，至康熙八年底潘未谒顾炎武于京师，其间还存留一封顾炎武致潘未的信。兹过录如后：

> 接手书，具感急难之诚，尤钦好学之笃。顾惟鄙劣，不足以裨助高深，故从游之示，未敢便诺。今以天下之大，而未有可与适道之人，如炎武者，使在宋元之间，盖卑卑不足数，而当今之世，友今之人，则已似我者多，而过我者少。俗流失，世坏败，而至于无人如此，则平生一得之愚，亦安得不欲传之其人，而望后人之昌明其业者乎？凡今之所以为学者，为利而已，科举是也。其进于此，而为文辞著书一切可传之事者，为名而已，有明三百年之文人是也。君子之为学也，非利己而已也，有明道淑人之心，有拨乱反正之事，知天下之势之何以流极而至于此，则思起而有以救之。不敢上援孔孟，且六代之末，犹有一文中子者，读圣人之书，而惓惓以世之不治，民之无聊为亟。没身之后，唐太宗用其言以成贞观之治，而房、杜诸公皆出于文中子之门。虽其学未粹于程朱，要岂今人之可望哉。仰惟来旨，有不安于今人之为学者，故先告之志以立其本。惟愿刻意自厉，身处于宋元以上之人与为师友，而无徇乎耳目之所濡染者焉，则可必其有成矣。[①]

判断这封信的写作时间，当以"急难"二字为坐标。康熙二年（1663）顾、潘往来之后，炎武所罹危难，莫急于康熙七年的山东黄培诗案。是年二月中，顾氏闻此案与己牵涉，匆匆南下，三月初抵济南，十五日入狱。其挚友李因笃闻讯，于该年夏秋间由陕西入京，远道搭救。顾炎武感其诚笃，赋诗相赠，诗中即有"急难良朋节，扶危烈士情"[②]之句。很显然，这封信当写于山东黄培诗案结案之后不久，即康熙七年十一月十日后的一段日子里。

---

① 顾炎武：《亭林余集》不分卷，《与潘次耕札一》。

② 顾炎武：《亭林诗集》卷四《子德李子闻余在难特走燕中告急诸友人复驰至济南省视于其行也作诗赠之》。

在信中，尽管顾炎武以"顾惟鄙劣，不足以裨助高深"，而"未敢便诺"潘耒的"从游之示"，但是无疑已为潘耒的"好学之笃"所感动，所以才在信中道破自己的苦衷："则平生一得之愚，亦安得不欲传之其人，而望后人之昌明其业者乎？凡今之所以为学者，为利而已，……而为文辞著书一切可传之事者，为名而已。"顾炎武坚决反对这种治学为文唯名利是瞻的学术时尚，积极倡导"君子之为学也，非利己而已也，有明道淑人之心，有拨乱反正之事，知天下之势之何以流极而至于此，则思起而有以救之"的经世学风。潘耒时年二十三岁，涉世未深，志趣可塑，因此写信"先告之志以立其本"。事实上，顾炎武不仅要求别人这样做以挽世风，而且自己率先垂范。他抱定"拯斯人于涂炭，为万世开太平，此吾辈之任也"[1]的坚定信念，时刻关注国家和民族的命运，并终生为之奔走呼号。顾炎武为学更是主张通经致用。他编撰《日知录》，"意在拨乱涤污，法古用夏，启多闻于来学，待一治于后王"。[2]其纂辑《音学五书》，标举"读九经自考文始，考文自知音始"[3]，实寓"治音韵为通经之钥，而通经为明道之资，明道即所以救世"[4]之旨。平生撰著，"凡文之不关于六经之指、当世之务者一切不为"[5]。顾炎武高尚的人格和笃实的学风，已于此信揭出。

二、从游期间诸札

顾炎武以行旅之人不可与同游及德业鄙劣不足为师为由，两却潘耒的从游之请。康熙八年（1669）六月，潘耒岳父王略病故[6]。同年十一

① 顾炎武：《亭林文集》卷三《病起与蓟门当事书》。
② 顾炎武：《亭林文集》卷六《与杨雪臣》。
③ 顾炎武：《亭林文集》卷四《答李子德书》。
④ 钱穆：《中国近三百年学术史》第四章，"顾亭林"。
⑤ 顾炎武：《亭林文集》卷四《与人书三》。
⑥ 潘耒：《遂初堂文集》卷一《怀旧赋》。

月，其妻王氏亦接踵而殁①。潘耒自淮阴出发，经德州，"艰难千里"②赴京投师，顾炎武始破例收其为弟子。

关于潘耒投师地点，前哲时贤有三种说法：一、汾州说，梁启超在其《中国近三百年学术史》中谓："（潘耒）既壮，从亭林学于汾州"；③二、平原（今山东德州）说，张穆《顾亭林先生年谱》云："（康熙八年）冬，抵平原，潘次耕耒来受学"；④三、北京说，王冀民著《顾亭林诗笺注》及周可真著《顾炎武年谱》皆持此见⑤。梁启超主汾州说不知何据，但可以肯定的是康熙八年（1669）冬顾炎武根本不在山西。张穆的平原说导源于潘耒所撰《己酉冬自淮阴抵平原呈亭林先生六十韵诗》⑥，王蘧常先生已在《顾亭林诗集汇注》附录《诗谱》中辨其非⑦。王冀民、周可真的北京说值得肯定，因为顾炎武在致潘耒内兄王智栗的信中明确指出："不佞以十一月廿六日入都，而次耕后此匝月始至。今将于长安图一读书之地，必不虚千里相从之愿也。"⑧另外，潘耒赴德州投师时，寓于程先贞家⑨，程先贞后来作《寄次耕十韵次耕有妻之丧自淮阴入燕事亭林今暂依卫太史》⑩一诗以记之，亦证明潘耒投师地点不是德州而是北京。

在潘耒从游期间，顾炎武致其书信现存三封，兹分述之。

第一封信云：

---

① 潘耒：《遂初堂文集》卷十九《亡妻王孺人圹志铭》。
② 顾炎武：《亭林诗集》卷四《亡友潘节士弟耒远来受学兼有投诗答之》。
③ 梁启超：《中国近三百年学术史》六，《清代经学之建设》。
④ 张穆：《顾亭林先生年谱》卷三，康熙八年五十七岁条。
⑤ 参见王冀民：《顾亭林诗笺释》，中华书局 1998 年版，第 757 页。周可真：《顾炎武年谱》，苏州大学出版社 1998 年版，第 390 页。
⑥ 见潘耒：《遂初堂诗集》补遗。
⑦ 王蘧常：《顾亭林诗集汇注》，上海古籍出版社 1983 年版，第 1314 页。
⑧ 顾炎武：《亭林佚文辑补》不分卷，《复智栗书》。
⑨ 程先贞：《海右陈人集》卷下，《潘次耕从阴来》。
⑩ 见程先贞：《海右陈人集》卷下，《寄次耕十韵次耕有妻之丧自淮阴入燕事亭林今暂依卫太史》。

　　昨退翁见召，午后趋往，而太史公已行，不得一晤，幸致意。明日有便酌，可于晡时过我，昏后遣骑送回。此启次耕贤弟。炎武顿首。①

　　退翁指孙承泽。承泽字耳北，号退谷。明崇祯进士，官给事中。入清后官至吏部左侍郎。孙承泽"家多藏书"②，"一时图书之富，比之宋田氏"③。康熙六年，顾炎武尝从其处借抄《春秋权衡》《春秋纂例》《汉上易传》等书。④

　　康熙九年（1670），朱彝尊偕纪映钟、杜镇、谭吉璁等一同赴孙承泽的研山斋看书，朱彝尊尝作《同纪处士映钟杜太史镇谭舍人兄吉璁集孙侍郎承泽研山斋四首》以记之。因为当时顾炎武正在德州为程先贞等人讲《易》，所以朱彝尊在该诗之末有"齐东回首望，最忆虎头痴"之叹，并自注云："谓顾子炎武也。"⑤顾炎武于九月初讲毕返京，九日应邀与朱彝尊、陆元辅、申涵光、谭吉璁等到孙承泽研山斋详定所藏古碑刻。⑥"昨退翁见召，午后趋往"，实指此事。潘耒入京后一直住在翰林院检讨卫既齐家中⑦。这次顾炎武入京，访卫氏不遇，故有"太史公已行，不得一晤"之语，要潘耒代己"幸致意"。又依张穆《顾亭林先生年谱》："盖研山一集之后，（顾炎武）即出都，竹垞复有宴集，而忆及之也。"⑧则这里的"明日有便酌"，似即指此。研山之集在康熙九年九月九日，而这里讲是昨天，故可推知此信当写于康熙九年九月十日。张穆辑《顾亭林先生年谱》将此信系于康熙十一年，认为："以时考之，

---

① 顾炎武：《亭林佚文辑补》不分卷，《与潘次耕手札》。
② 吴修：《昭代名人尺牍》卷二《小传·孙承泽》。
③ 颜光敏：《颜氏家藏尺牍》附录，《姓氏考·孙承泽》。
④ 顾炎武：《亭林文集》卷二《钞书自序》。
⑤ 朱彝尊：《曝书亭集》卷七《同纪处士映钟杜太史镇谭舍人兄吉璁集孙侍郎承泽研山斋四首》。
⑥ 张穆：《顾亭林先生年谱》卷三，康熙九年五十八岁条。
⑦ 见程先贞：《海右陈人集》卷下，《寄次耕十韵次耕有妻之丧自淮阴入燕事亭林今暂依卫太史》；又见朱彝尊：《曝书亭集》卷七《赠次耕》。
⑧ 张穆：《顾亭林先生年谱》卷三，康熙九年五十八岁条。

当在此年八月复入都门时也"①，恐有误。若依张谱，十一年八月顾炎武
入都时，潘耒当在北京。而事实上，直至是年十月，潘耒还在"苦欲东
还更向西"，滞留于龙门②。其回到北京，必在十月之后。

顾炎武自去年收潘耒为弟子，即毅然承担起教书育人的重任。潘耒
北上从学四年，除康熙十年（1671）至十一年一度客游山西外，其余时
间皆住在北京。而顾炎武亦自今年开始，每岁出游必过京师以给潘耒授
学。从这封信中就可看出，尽管顾炎武此次返京来去匆匆，但仍不忘在
百忙中挤出空暇为潘耒谈艺。

第二封信为：

> 读书不多，轻言著述，必误后学。吾之跋《广韵》是也。虽青主读书
> 四五十年，亦同此见。今废之而别作一篇，并送览以志吾过。平生所著，
> 若此者往往多有，凡在徐处旧作，可一字不存。自量精力未衰，或未遽死，
> 迟迟自有定本也。③

《广韵》全称《大宋重修广韵》，宋陈彭年、丘雍等奉诏根据《切
韵》和《唐韵》增订而成。书成于大中祥符四年（1011），共五卷，分
韵二百零六，计二万六千一百九十四字。按：张穆《顾亭林先生年谱》
引王弘撰《山志》云，康熙六年（1667），李因笃得《广韵》旧本，告
知顾炎武。炎武"深明古音，悯学者泥今而昧古，实始表章此书"④，遂
致书李因笃，谓："今之《广韵》，固宋时人所谓菟园之册，家传而户
习者也。自刘渊韵行，而此书几于不存。今使学者睹是书，而曰：'自
齐、梁以来，周颙、沈约诸人相传之韵固如是也'，则俗韵不攻自绌，

---

① 张穆：《顾亭林先生年谱》卷三，康熙九年五十八岁条。
② 潘耒：《遂初堂诗集》卷二，《龙门八首》。
③ 顾炎武：《亭林余集》不分卷，《与潘次耕札五》。
④ 潘耒：《遂初堂文集》卷七《重刊古本广韵序》。

所谓'一变而至鲁'也。又从是而进之五经三代之书，而知秦、汉以下至齐、梁历代迁流之失，而三百五篇之《诗》，可弦而歌之矣。"① 因此，"顾亭林言之陈祺公，托张力臣为镂木淮阴"②。但是，顾炎武"所见乃内府刊本，已经删削者，久而觉其书之不完，作后序以志其遗憾"③。

从此信的语气上看，它当作于潘耒结识傅山之后。又，该信言及"凡在徐处旧作，可一字不存"，据此亦可推定潘耒是时应在北京。按：潘耒入晋是在康熙十年（1671）④，他之结交傅山，当介于其师顾炎武。炎武于是年入山西为太原守周令树点定荀悦的《汉纪》，而该书实取自傅山，周令树的《重刻汉纪序》则由潘耒捉刀代笔。⑤ 及顾炎武离开后，潘耒依然作客太原，"与傅青主、阎古古诸君盘桓晋祠、卦山之间，日以讲道为乐"⑥，直至十一年冬，始返回北京。潘耒北上游学四年后，"自念太孺人年高，定省不可久旷，自癸丑后即息驾不出"⑦。也就是说他是康熙癸丑（十二年）离开北京返回故里的。潘耒后来还回忆道："芒鞋昔别蓟门秋，誓作农师守故丘"。⑧ 表明其离京时节当为秋天。另外他在《戴耘野先生六十寿序》中亦云："昭阳赤奋若之岁中秋前三日，为吾师戴先生六旬初度，……小子耒捧觞离席，揖群弟子而进。"⑨ 昭阳赤奋若是摄提格纪年，与干支相配为癸丑，亦可旁证潘耒康熙十二年秋离京返乡。由以上诸证，我们不难判断，潘耒在结识傅山后寓居北京的时间，应为康熙十一年冬至康熙十二年秋。顾炎武的这封信，即写于这段时期。

---

① 顾炎武：《亭林文集》卷四《与李子德书》。
② 吴怀清：《天生先生年谱》，康熙六年三十七岁条。
③ 潘耒：《遂初堂文集》卷七《重刊古本广韵序》。
④ 朱彝尊：《曝书亭集》卷三十八《朱人远西山诗集序》。
⑤ 见张穆：《顾亭林先生年谱》卷三，康熙十年五十九岁条。又见潘耒：《遂初堂文集》卷六《重刻汉纪序》。
⑥ 潘耒：《遂初堂文集》附录，《皇清征仕郎日讲起居注翰林院检讨稼堂府君行述》。
⑦ 潘耒：《遂初堂文集》附录，《皇清征仕郎日讲起居注翰林院检讨稼堂府君行述》。
⑧ 潘耒：《遂初堂诗集》卷三《后写怀十首》。
⑨ 潘耒：《遂初堂文集》卷十《戴耘野先生六十寿序》。

顾炎武倡导"博学于文"，并身体力行。在这封信中，他自暴其丑，以自己刊刻《广韵》的教训来提醒潘耒"读书不多，轻言著述，必误后学"，充分体现了这位学术大师虚怀若谷、实事求是的治学风尚。顾炎武认为："盖天下之理无穷，而君子之志于道也，不成章不达，故昔日之得不足以为矜，后日之成不容以自限。"[①] 又说："人之为学，不日进则日退。"[②] 还说："君子之谦也，然后可与进于学。"[③] 正是这种永不自满，使他为纂辑《音学五书》，"所过山川亭障，无日不以自随，凡五易稿而手书者三矣"[④]，花费长达三十余年的心血；也正是这种永不自满，造就了"先生（顾炎武）非一世之人，此书（《日知录》）非一世之书也"[⑤]。顾炎武笃实谦虚的学风对潘耒后来的为学影响很大。

潘耒返回吴江后，顾炎武尝作《潘生次耕南归寄示》一诗以勉之："知君心似玉壶清，未肯缁尘久雒京。若到吴阊寻旧迹，《五噫》东去一梁生。"[⑥] 顾炎武北游二十余年，虽多次假道京师，但不干当事，不受当事招致，以"门人惟季次，未肯作家臣"[⑦] 自勉，所以亦劝潘耒一片玉壶冰心，不要留恋京雒缁尘。顾炎武对潘耒的成长，可谓言传身教并举，煞费苦心。顾炎武之所以这样做，固然与其严"夷夏之防"[⑧] 的遗民情结有关，但更是他"君子之为学也，非利己而已也"[⑨] 治学思想的具体体现。事实上，清初的北京的确是风尘污人，可使素衣化缁，志士易节，我们从顾炎武致潘耒的第三封信中即可看得一清二楚。

顾炎武此信写道：

---

① 顾炎武：《亭林文集》卷二《初刻日知录自序》。
② 顾炎武：《亭林文集》卷四《与人书一》。
③ 顾炎武：《日知录》卷二十《述古》。
④ 顾炎武：《亭林文集》卷二《音学五书后序》。
⑤ 潘耒：《遂初堂文集》卷六《日知录序》。
⑥ 顾炎武：《亭林诗集》卷五《潘生次耕南归寄示》。
⑦ 顾炎武：《亭林诗集》卷三《七十二弟子》。
⑧ 顾炎武：《日知录》卷七《管仲不死子纠》。
⑨ 顾炎武：《亭林余集》不分卷，《与潘次耕札一》。

原一南归，言欲延次耕同坐。在次耕今日食贫居约，而获游于贵要之门，常人之情鲜不愿者。然而世风日下，人情日诡，而彼之官弥贵，客弥多，便佞者留，刚方者去，今且欲延一二学问之士以盖其群丑，不知薰莸不同器而藏也。吾以六十四之舅氏，主于其家，见彼蝇营蚁附之流，骇人耳目，至于征色发声而拒之，乃仅得自完而已。况次耕以少年而事公卿，以贫士而依庑下者乎？夫子言吾死之后，则商也日益，赐也日损。子贡之为人，不过与不若己者游，夫子尚有此言，今次耕之往，将与豪奴狎客朝朝夕夕，不但不能读书为学，且必至于比匪之伤矣。孟子曰："饥者甘食，渴者甘饮，是未得饮食之正也，饥渴害之也。"今以百金之修脯，而自侪于狎客豪奴，岂特饥渴之害而已乎？荀子曰："白沙在泥，与之俱黑。"吾愿次耕学子夏氏之战胜而肥也，"吾驾不可回"，当以靖节之诗为子赠矣。[①]

这封信的写作时间较容易判定。依张穆《顾亭林先生年谱》，康熙十五年（1676）冬，徐母顾太夫人病故，翌年正月，徐乾学兄弟返乡居忧。在三徐离京前，顾炎武与其"话别于天宁寺"[②]。"原一南归，言欲延次耕同坐"，当于此时耳闻。据是可知此信应写于这件事后不久。又，顾炎武生于明万历四十一年五月二十八日，至清康熙十六年五月二十八日始满六十五岁。此信讲"吾以六十四之舅氏"，说明写信之时不会晚于是年五月二十八日。

顾炎武是徐乾学兄弟母舅，徐氏兄弟未达时，顾炎武尝赈其匮乏。三徐显贵后，对炎武亦十分敬重，炎武得免山东黄培诗狱及辞熊赐履修史之邀，乾学兄弟实有力焉。但顾炎武并未以亲谊而废大节。尽管他每次入京多栖徐宅，但通过耳闻目睹，使其对徐乾学的为人为官十分不耻。因此，当徐氏邀潘耒入幕时，顾炎武义正词严地建议拒绝。他告诫

---

① 顾炎武：《亭林余集》不分卷，《与潘次耕札二》。
② 张穆：《顾亭林先生年谱》卷三，康熙十六年六十五岁条。

潘耒："彼之官弥贵，客弥多，便佞者留，刚方者去，今且欲延一二学问之士以盖其群丑，不知薰莸不同器而藏也。吾以六十四之舅氏，主于其家，见彼蝇营蚁附之流，骇人耳目，至于征色发声而拒之，乃仅得自完而已。"故力劝潘耒且莫听聘，否则，"将与豪奴狎客朝朝夕夕，不但不能读书为学，且必至于比匪之伤矣"。

事实上，对潘耒入都师从顾炎武应该一分为二来看。一方面，它固然能使潘耒学业突飞猛进，"学以亭林为依归"，"群经诸史，旁及算数宗乘，无不通贯"[1]；另一方面却也衍生出顾炎武原本不愿看到的现象。顾炎武游京师，当然能"虽依檐下宿，无异深林里"[2]，但对少年潘耒而言，就未必能"静其居处，简其出入，严其师友，收敛其才华，充拓其器识"[3]，更何况他"欲糊口四方，非炫其才华不可"[4]呢？所以尽管顾炎武劝诫潘耒勿以文辞著书而为名[5]，但潘耒之文实已声誉渐起。顾炎武不愿潘耒"以少年事公卿"，而潘耒却以顾炎武的关系与三徐过从较密，且尤"素与南州（徐元文）交好"[6]。这就为他日后被荐博学鸿词埋下隐忧。徐乾学欲招入幕，只不过是被征的前奏而已。

三、鸿博特科及其后诸札

康熙十七年（1678）正月，平定三藩胜利在望，清圣祖出于振兴文教的需要，同时为了争取汉族知识分子的广泛合作以巩固统治，颁谕吏部："自古一代之兴，必有博学鸿儒振起文运，阐发经史，润色词章，以备顾问著作之选。……我朝定鼎以来，崇儒重道，培养人才。四海之广，

---

① 徐世昌：《清儒学案》卷六《亭林弟子》。
② 顾炎武：《亭林诗集》卷五《赋得檐下雀》。
③ 徐枋：《居易堂集》卷一《与潘生次耕书》。
④ 顾炎武：《蒋山佣残稿》卷三《与潘次耕》。
⑤ 顾炎武：《亭林余集》不分卷，《与潘次耕札一》。
⑥ 钮琇：《觚賸续编》卷三《事觚·小座师》。

岂无奇才硕彦，学问渊通，文藻瑰丽，可以追踪前哲者？"遂责成内外官员："凡有学行兼优、文词卓越之人，不论已仕未仕，令在京三品以上及科道官员，在外督、抚、布、按，各举所知，朕将亲试录用。"①

　　这道谕令，在清初学术界引起强烈震动。顾炎武时在陕西，闻讯后立即写信给尚在吴兴坐馆的潘耒。信中写道：

　　　　昔有陈亮工者，与吾同居荒村，坚守毛发，历四五年，莫不怜其志节。及玉峰坐馆连年，遂忘其先人之训，作书来蓟，干禄之愿，几于热中。今吾弟又往矣，此前人坠阮之处也！杨恽所云："足下离旧土，临安定，而习俗之移人者"，其能自保乎？时归溪上，宜常与令兄同志诸友往来讲论，一暴之功，犹愈于十日之寒也。天生之学，乃是绝尘而奔，吾且瞠乎其后，不意晚季乃有斯人！今虽登名荐剡，料其不出山，更未可知耳。近读其解《易》一卷，吾自手录之，学问亦日进。中孚虽从象山入手，而近颇博览，与吾交，亦更亲于昔。去秋已遣祁县之妾，将书籍尽移之华下，今春并挈雨（原误作"两"——引者）公及幼子往矣。频阳令郭公既迎中孚而侨居其邑，今复遣人千里来迎，可称重道之风。而天生遂欲为我买田结婚之计，事虽未可必，然中心愿之矣。但荐举一事，得超然免于评论否？如其行取，必在元籍。今已作字令犹子具呈，以伯父行年七十，弃家入道为词。必不得已，遣一家人领批前来寻访，道路申病，详具三徐札中。然近来实病，似不能久于人世，所萦念者，先妣大节未曾建坊，存此一段于集中，以待河清之日，自有人为之表章。侄洪慎报得一子，请名，今即作书与二弟，乞之为孙，以守坟墓。至于著述诗文，天生与吾弟各留一本，不别与人以供其改窜也。②

　　依张穆《顾亭林先生年谱》，康熙十七年（1678）春，"富平令郭

　　①　《清圣祖实录》卷七十一，康熙十七年一月乙未条。
　　②　顾炎武：《亭林余集》不分卷，《与潘次耕札四》。

九芝传芳迎先生于二十里外"。① 这里的频阳令郭公"今复遣人千里来迎,可称重道之风",即指此事。据此可推知这封信当写于康熙十七年春。张谱又云,同年"闰三月,遣子德家人至曲周接衍生及既足,期会于富平军砦李中孚家"。② 但在这封信中,却说:"天生遂欲为我买田结婚之计,事虽未可必,然中心愿之矣。"由是则知此信当写在康熙十七年闰三月遣李因笃家人至曲周接衍生及既足之前。顾炎武时在富平,而潘耒则坐馆于吴兴摘藻堂③,并与汪季青"采葺明诗"④。

顾炎武身负亡国之痛,矢志不移,并对潘耒亦寄予厚望。早在潘耒离京南归后的康熙十三年(1674),顾炎武即作诗勉之:"知君心似玉壶冰,未肯缁尘久雒京。"康熙十六年又致书潘耒,力主拒徐乾学入幕之邀。及今年鸿博征诏既下,顾炎武写此信再劝潘耒勿出。拳拳之心,跃然纸上。这封信首先摆出陈亮工这个靶子,旨在劝勉潘耒引以为戒,切毋热衷干禄。为此,要他"时归溪上,宜常与令兄同志诸友往来讲论"。并告诫他,"一暴之功,犹愈于十日之寒也"。信中且引李因笃"今虽登名荐剡,料其不出山",以与潘耒共勉。

顾炎武写此信时,尚不知潘耒已名列荐剡。潘耒对荐举鸿博亦持消极态度,"玉居璞内方为宝,泉出山来定减清"⑤,因而对顾炎武的来信马上做出反应,表示拟坚隐不出,"洗耳苕水滨,叩舷歌采菱"⑥。顾炎武对潘耒的这种举动自然甚为赞赏,是时适逢都中书至,言及潘耒奉母远行以避荐,顾炎武欣慰之余,作下书与潘耒:

　　都中书至,言次耕奉母远行,不知所往。中孚即作书相庆。绵山之谷,

① 张穆:《顾亭林先生年谱》卷三,康熙十七年六十六岁条。
② 张穆:《顾亭林先生年谱》卷三,康熙十七年六十六岁条。
③ 潘耒:《遂初堂文集》卷八《摘藻堂集序》。
④ 潘耒:《遂初堂诗集》卷二《赠汪季青四首》自注。
⑤ 潘耒:《遂初堂诗集》卷三《后写怀十首》。
⑥ 顾炎武:《亭林诗集》卷五《寄次耕时被荐在燕中》。

弗获介推；汶上之疆，堪容闵子，知必有以处此也。朱子祠堂，山史但能割地耳，经营之事，吾将一身任之。春仲兴工，自有助者，大以成大，小以成小。吾异日局面似能领袖一方，然而不坐讲堂，不收门徒，悉反正德以来诸老先生之凤习，庶无遗议于后人。不知一二年间，能策塞而来，一悉情怀否？既足、衍生并好。寄去文集一本，仅十之三耳，然与向日抄本不同也。①

依吴怀清《二曲先生年谱》，康熙十七年（1678），"是春，复促起程。既而兵部主政房君廷桢又以海内真儒推荐"，"先生（李颙）以疾笃辞"，"不听"，"舁榻以行"。②而在这封信中却有"中孚即作书相庆"，说明写信之时李颙尚在富平，并未成行。又信中言"既足、衍生并好"，表明是时顾炎武并嗣子衍生及其师既足同在一处。据张穆《顾亭林先生年谱》，到了康熙十七年闰三月，顾炎武始遣李因笃家人至曲周接衍生及既足，期会于富平军砦李颙家中③。这就是说，顾炎武的这封信应写于康熙十七年闰三月顾炎武接既足、衍生到李颙家之后。李颙、顾炎武、衍生、既足同在富平的时间只能是康熙十七年闰三月，这封信即作于是时。

事实上，在鸿博开科之初，潘耒即被左春坊谕德卢琦、刑部主事谢重辉举荐。他秉承师训，以母老固辞。此事经京城传入富平，顾炎武闻讯后，当即给潘耒写此信对其力辞荐举的高风亮节予以表彰。不唯如此，顾炎武在与他人的信札中亦对潘耒的举动赞不绝口："敝门人潘耒字次耕，谢病之后，遂奉母入山，不知所往。干木逾垣之志，介推偕隐之风，昔闻晋国，今在吴门矣。"④

---

①　顾炎武：《亭林余集》不分卷，《与潘次耕札三》。
②　吴怀清：《二曲先生年谱》不分卷，康熙十七年五十二岁条。
③　张穆：《顾亭林先生年谱》卷四，康熙十八年六十七岁条。
④　顾炎武：《蒋山佣残稿》卷二《与苏易公》。

　　但是，天不遂人愿，尽管潘耒"只合从容求放免，林泉深处好偷生"[①]，但无奈"有司敦迫苦频仍"[②]，终被迫就道赴试。潘耒抵京后，"屏居萧寺，不投一刺，不晤一客，欲试毕即归"。[③]顾炎武得知潘耒抵京，即赋《寄次耕》诗相赠。诗中首先申明自己的观点："何图志不遂，策蹇还就征"，对潘耒来京赴试深表遗憾。然后申述自己的反对理由："京雒多文人，一贯同缁渑。分题赋淫丽，角句争飞腾。"的确，博学鸿词旨在"学行兼优，文词卓越之人"，[④]名列荐剡者文人诚多[⑤]。而顾炎武一向主张慕经儒而黜文人，他尝说："君子之为学，以明道也，以救世也。徒以诗文而已，所谓雕虫篆刻，亦何益哉？"[⑥]因而坚持"能文不为文"[⑦]的信念，认为"一命为文人，无足观矣"[⑧]。他对被荐文人赋文邀宠的举动颇为不耻，建议潘耒："转盼复秋水，当随张季鹰。归咏《白华》诗，膳羞与晨增。"虽不得已而试，但秋后亦应借养母而南归。诗末以死自誓，重申不仕清朝的决心，并希望通过潘耒向京城故旧表露自己的志节："嗟我性难驯，穷老弥刚棱。孤迹似鸿冥，心尚防弋矰。或有金马客，问余可共登。为言顾彦先，惟办刀与绳。"[⑨]

　　康熙十八年（1679）三月，博学鸿词科榜发，潘耒名列二等第二，授翰林，预修《明史》。潘耒再次以独子终养为请，三上吏部，乞求放归，皆不果，遂就职。耒致函炎武，陈述不得已之情。顾炎武接信后，复下书以答之：

---

①　潘耒：《遂初堂诗集》卷三《写怀十首》。

②　潘耒：《遂初堂诗集》卷三《后写怀十首》。

③　潘耒：《遂初堂文集》附录，《皇清征仕郎日讲起居注翰林院检讨稼堂府君行述》。

④　《清圣祖实录》卷七十一，康熙十七年一月乙未条。

⑤　顾炎武：《亭林文集》卷三《与李星来书》谓："今春荐剡，几遍词坛。"

⑥　顾炎武：《亭林文集》卷四《与人书二十五》。

⑦　顾炎武：《亭林文集》卷四《与人书二十三》。

⑧　顾炎武：《亭林文集》卷四《与人书十八》。

⑨　顾炎武：《亭林诗集》卷五《寄次耕时被荐在燕中》。

　　曲周接取中之报，颇为惜之。吾弟今日迎养都门，既必不可，菽水之供，谁能代之？宜托一亲人照管，无使有尸饔之叹。不记在太原时，共与读寅旭书中语乎？又既在京邸，当寻一的信与嫂侄相闻，即延津在系，亦须自往一看。此皆吾辈情事，亦清议所关，不可阙略也。至于来书所言，已□之为偶然。寓席未煖，即出为大河南北之游，又所以示不滞一方之意，有进于所言者也。《蓣》《青》二诗已到，今又一律寄上，在子德函中。并附《嵩山》一绝。①

　　信中言，"曲周接取中之报"，表明顾炎武时在曲周。依张穆《顾亭林先生年谱》，康熙十八年（1679）四月，顾炎武抵曲周②。据此可知，这封信当作于是时。在此之前，顾炎武为避帅府招致，尝作嵩、少之游③，信里谈及的《嵩山》一诗即作于此时，这又为该信写于康熙十八年四月作了旁证。

　　清廷开鸿博科，上征下荐，迫使志士易节。潘耒"牵于世故，进退不能自决"④，最终还是未能坚守师教。从这封信中，我们不难看出此时顾炎武的复杂心情。从其主观上讲，自然是坚决反对潘耒仕清。但是潘耒生于顺治三年（1646），自非明朝遗民，其隐居只不过是受其诸师若顾炎武、徐枋、戴笠辈耳濡目染，且不忘兄仇而已。至其被荐之时，官府威逼甚急，他上有老母，自然不能以死相拒。君子严以律己，宽以待人，所以顾炎武对潘耒中榜，在惋惜之中亦寓宽恕之意。顾炎武在这封信中，还首次提到潘耒远戍塞外的嫂侄⑤，旨在提醒他切莫因入仕而忘记兄仇。同时告诫潘耒，毋使老母失养。苦口婆心，谆谆教诲。既是人

---

① 顾炎武：《蒋山佣残稿》卷三《与次耕》。
② 张穆：《顾亭林先生年谱》卷四，康熙十八年六十七岁条。
③ 顾炎武：《蒋山佣残稿》卷二《与李紫澜》。
④ 潘耒：《遂初堂文集》卷九《送钮玉樵知项城序》。
⑤ 信中言"嫂侄"，恐有衍误。按：潘柽章妻沈氏早在康熙二年发配途中即已殁于广宁，潘耒时在身边。潘耒师从顾炎武有年，当会告知此事。

师，更似兄长。

不久，顾炎武又写信给潘耒：

> 于天空海阔之中，一旦为畜樊之雉，才华累之也。虽然，无变而度，无易而虑，古人于远别之时，而依风巢枝，勤勤致意，愿子之勿忘也。自今以往，当思中材而涉末流之戒，处钝守拙。孝标策事，无侈博闻；明远为文，常多累句。务令声名渐减，物缘渐疏，庶几免于今之世矣。若夫不登权门，不涉利路，是又不待老夫之灌灌也。[1]

此札又见于《蒋山佣残稿》，而文字略有异同：

> 于天空海阔之中，而一旦为畜樊之雉，既已不可谏矣。虽然，无变而度，无易而虑，古人于远别之时，而依风巢枝，勤勤致意，愿子之勿忘也。昔日欲糊口四方，非炫其才华不可，今日当思中材而涉末流之戒，处钝守拙。鲍照为文，常多累句，务令声名渐减，物缘渐疏，则不至为龚生之夭夭年矣。若夫不入权门，不居间公事，是又不待老夫之灌灌也。吾之行止，悉如前札所言。今已尽取安德书装西入壶口。吾弟见人不妨说吾将至都下，盖此时情事，不得不以逆旅为家，而燕中亦逆旅之一，非有所干也。若块处关中，必为当局招致而受其笼络，又岂能全其志哉！今在晋中固为□然□书思之，反是一途耳。[2]

顾炎武北游几十年，"频年足迹所至，无三月之淹"，"一年之中，半宿旅店"[3]，几成定式。然康熙十七年（1678）荐局正殷，未便出行。至翌年三月，鸿博榜发，才得以自决行止。而是时适逢甘肃提督张勇

---

[1] 顾炎武：《亭林文集》卷四《与次耕书三》。
[2] 顾炎武：《蒋山佣残稿》卷三《与潘次耕》。
[3] 顾炎武：《亭林文集》卷六《与潘次耕》。

命其子云翼来聘顾炎武，炎武不欲往，遂出关作嵩、少之游以避之[①]。信中言："若块处关中，必为当局所招致而受其笼络"，所以"不得不以逆旅为家"，即指此事。信里有"今在晋中"字样，依张穆《顾亭林先生年谱》，至康熙十八年四月，顾炎武始入山西[②]。据此推知，这封信写作时间最早不过康熙十八年四月。又，顾炎武在信中提及"今已尽取安德书装西入壶口"，他在《答李子德》中亦谈到此事："自洺上至壶口"，且补充道："目下将往汾阳，借王中翰郊园度夏"。[③] 既曰度夏，当不会超过五月。我们据此可判定顾炎武写这封信应在康熙十八年四、五月间。但顾炎武在此后不久写给潘耒的信中又讲："五月望黎城一札想到，是月之末，遂至西河。"[④] 西河即汾州。这一时间恰好与顾炎武致潘耒、李因笃信中提及的抵达壶口和入汾阳度夏的日子相契合，所以我们断定此信就是"五月望黎城一札"，它写于康熙十八年五月望日（十五日），顾炎武时在山西黎城。

顾炎武对潘耒的成长倾注了大量心血。尽管他对潘耒入仕深表遗憾，但是一旦他意识到"既已不可谏矣"，则又反过来设身处地，为潘耒的前途谋划方略。所以他才会在致李因笃的信中讲："次耕叨陪同事，愿加提挈。"[⑤] 同时亦在这封信中叮嘱潘耒："自今以往，当思中材而涉末流之戒，处钝守拙"，"务令声名渐减，物缘渐疏"。顾炎武之所以这样讲，主要是有感而发，旨在提醒潘耒引以为戒。他在《与李紫澜》书中既引东汉郑玄为例，言："昔者郑康成以八十之年，赴袁本初之召，竟卒军中者，名之为累也。"[⑥] 同时，又以李颙的以死拒荐为鉴，言："然而名之为累，一至于斯，可以废然返矣。"[⑦] 因之，劝勉潘耒："有

① 顾炎武：《蒋山佣残稿》卷二《与李紫澜》。
② 张穆：《顾亭林先生年谱》卷四，康熙十八年六十七岁条。
③ 顾炎武：《蒋山佣残稿》卷三《答李子德》。
④ 顾炎武：《蒋山佣残稿》卷三《答潘次耕》。
⑤ 顾炎武：《蒋山佣残稿》卷三《答李子德》。
⑥ 顾炎武：《蒋山佣残稿》卷二《与李紫澜》。
⑦ 顾炎武：《亭林文集》卷三《答李紫澜书》。

名不如无名，有位不如无位。"① 其次是针对潘耒个性而言。潘耒少年成名，锋芒外露，早在其十八岁时，徐枋就曾告诫他"收敛其才华"②。顾炎武频年出入京城，"阅世颇深"③，洞悉官场之弊，对潘耒这种性格能否适应官场表示担忧，故多次叮嘱其守钝处拙。而潘耒最终即恰在此处栽跟头。史载潘耒"精敏敢言，无稍逊避，为忌者所中，坐降调"④。康熙二十三年（1684）即被罢官。这不正从反面证明了顾炎武对潘耒所知之深及其建议的有见识吗？

康熙十八年（1679）夏，潘耒由京中致书顾炎武，劝其"无入都门及定卜华下"，同时李因笃亦来书，告以京中有"特聘"顾炎武的传闻。于是，顾炎武就二信一并复书潘耒。信中写道：

> 来书北山南史一联，语简情至，读而悲之。既已不可谏矣，处此之时，惟退惟拙，可以免患。吾行年已迈，阅世颇深，谨以二字为赠。子德书来云："顷闻将特聘先生，外有两人。"此语未审虚实？吾弟可为调之，速寄字来。关中人述周总督之言曰："天生自欲赴召可耳，何又力劝中孚，至诎之以利害，而强之同出，殆是蘧伯玉耻独为君子之意。"《易》曰："君子之道，或出或处，二人同心，其利断金。"彼前与我书，有勿遽割席之语，若然，正当多方调护，使得遂其鱼鸟之性耳，岂可逆虑我之有言，而迫以降志辱身哉！况鄙人情事与他人不同。先姚以三吴奇节，蒙恩旌表，一闻国难，不食而终，临没丁宁，有无仕异朝之训。辛亥之夏，孝感特柬相招，欲吾佐之修史，我答以果有此命，非死则逃。原一在坐与闻，都人士颇有传之者。耿耿此心，终始不变！幸以此语白之知交。至于《当归》一诗，已焚稿矣。五月望黎城一札想到，是月之末，遂至西河。不意司马刘君到

① 顾炎武：《亭林文集》卷三《答李紫澜书》。
② 徐枋：《居易堂集》卷一《与潘生次耕书》。
③ 顾炎武：《亭林文集》卷四《答次耕书》。
④ 李元度：《国朝先正事略》卷三十八《潘耒》。

任甫一月，而已闭门乞休，可谓达者。其子进士君子端执弟子之礼，迎我入署，或当少留，以听消息。吾弟有书但付提塘，封入汾府报内，并示现寓何所，以便直达。原一兄弟何时入京，亦可及之。前字中劝我无入都门及定卜华下，甚感此意。回环中腑，何日忘之！彼地有旧临淄杨君，与我新交，似在李、王之上。但衍生质钝，未知能读书否？以此尚未结婚。既足亦欲执经北面，吾以西席在先，须俟行时方受此礼。今欲留之关内，而身一为淮上之行，以竣《五书》之刻。然资斧缺乏，未卜早晚，统俟嗣音悉之。①

信中讲，"五月望黎城一札想到，是月之末，遂至西河"。据此可以肯定，此信当写于五月之后。信中又云"子德书来"，说明李因笃是时尚在北京。按，李因笃于康熙十八年（1679）七月，以母老且病，自赍疏跪午门三日，特旨许辞京返乡。李因笃西归过汾州，尝省顾炎武于天宁寺。②这封信显然写于此前。该信既然写于五月之后、七月之前，所以我们可以判断它的准确写作时间当为康熙十八年六月，顾炎武时在汾州。

这封信同上封信一样，字里行间既表露对潘耒举官的惋惜，又隐寓对其仕宦浮沉的忧虑与关切。顾炎武在信中再次陈述力辞荐举的因缘，情真志坚，撼人心魄，正如已故钱穆先生所说："使三百年后学者读之，如承面命，何其感人之深也。"③顾炎武再三要求潘耒惟退惟拙，实与他"行己有耻"的人生哲学分不开。既然"京雒多风尘，素衣化为缁"④，那么要做到"行己有耻"，就必须树起坚强的意志抵抗恶社会，用严正的规矩约束自我，其最低限度就是使自己不被流俗同化。采取"处钝守

① 顾炎武：《蒋山佣残稿》卷三《答潘次耕》。此札又载于《亭林文集》卷四，然文字简略，不及《残稿》详细。
② 顾炎武：《亭林诗集》卷五《子德自燕中西归省我于汾州天宁寺》。
③ 钱穆：《中国近三百年学术史》第四章，"顾亭林"。
④ 陆机：《陆士衡文集》卷五《为顾彦先赠妇诗》。

拙""惟退惟拙"的态度，不失为独善其身的一种较好手段。

在这一年的下半年，顾炎武还给潘耒写了一封信，信中说：

> 大家续孟坚之作，颇有同心；巨源告延祖之言，实为邪说。展读来札，为之怆然！吾昔年所蓄史事之书，并为令兄取去，令兄亡后，书既无存，吾亦不谈此事。久客北方，后生晚辈益无晓习前朝之掌故者。令兄之亡十七年矣，以六十有七之人，而十七年不谈旧事，十七年不见旧书，衰耄遗忘，少年所闻，十不记其一二。又当年牛李、洛蜀之事，殊难置喙。退而修经典之业，假年学《易》，庶无大过，不敢以草野之人，追论朝廷之政也。然亦有一得之愚，欲告诸良友者。自庚申至戊辰邸报皆曾寓目，与后来刻本记载之书殊不相同。今之修史者，大段当以邸报为主，两造异同之论，一切存之，无轻删抹，而微其论断之辞，以待后人之自定，斯得之矣。割补《两朝从信录》尚在吾弟处，看完仍付来，此不过邸报之二三也。[①]

康熙十八年（1679）三月，鸿博中式者五十人皆"著纂修《明史》"[②]。四月，朱彝尊上书史馆总裁，请先定例发凡[③]，修史工作始次第展开。因为顾炎武学问博洽，精于史事，所以史馆中不断有信咨询，商榷《明史》纂修诸问题。顾炎武的解答复函，保存下来的，除了这封信外，还有《答汤荆岘书》[④]。鉴于这两封信所讨论的问题同属修史之事，且是在潘耒、汤斌二人入史馆后不久发出的，故可推定，这两封信写作时间应大体同时。因为顾炎武在《复汤荆岘书》中有"子德西归，拜读手札"之语，而李因笃辞官离京是在康熙十八年七月，所以可判断《复

---

①　顾炎武：《亭林文集》卷四《与次耕书》。又见于《蒋山佣残稿》卷三，题作《与潘次耕札》，文字略有出入。

②　《清圣祖实录》卷八十，康熙十八年三月甲子条。

③　朱彝尊：《曝书亭集》卷三十二《史馆上总裁第一书》。

④　顾炎武：《亭林文集》卷四《答汤荆岘书》。又见于《蒋山佣残稿》卷三，题作《复汤荆岘书》，文字略有出入。

汤荆岘书》当作于十八年七月之后，亦即秋天。顺而推之，这封信亦应作于此时。

这封信重提潘柽章借史书之事，其思想与前面几封信一脉相承，旨在提醒潘耒勿以仕清而忘记前仇。顾炎武自少年即熟读经史，因而史学造诣很深，能够明辨源流，援古证今。他在这里提出了修《明史》之诸条良方，其中最重要一条就是："今之修史者，大段当以邸报为主。"这是顾炎武几十年治史实践的心得，他的诸多明史著作，皆由此而来①。另外，他主张修史应"据事直书，则是非互见"。②为此，"两造异同之论，一切存之，无轻删抹，而微其论断之辞，以待后人之自定"。顾氏主张之所以如此，主要缘于"门户之人，其立言之指，各有所借；奏章之文，互有是非。作史者两收而并存之，则后之君子如执镜以照物，无所逃其形矣。偏心之辈谬加笔削，于此之党则存其是者去其非者，于彼之党则存其非者去其是事者，于是言者之情隐，而单辞得以胜之"。由是则"国论所以未平，而百世之下难乎其信史也"。③当是时，顾炎武的许多亲朋故旧供职明史馆，监修徐元文为其外甥，总裁叶方蔼是其同乡，汤斌、朱彝尊、施闰章、汪琬、徐乾学、徐秉义、潘耒皆任纂修官，他的修史主张，影响清初《明史》纂修当是不言而喻的。

此后，顾炎武还给潘耒写了如下一封信：

> 著述之家，最不利乎以未定之书传之于人。昔伊川先生不出《易传》，谓是身后之书。即如近日力臣札来，《五书》改正约有一二百处：《诗》《祈父》"靡所厎止"、《小旻》"伊于胡厎"，误作"底"，注云：十一荠，而不知其为五旨也。五经无"底"字，皆是"厎"字，惟《左传》襄二十九

---

① 参见《熹庙谅阴记事》《三朝纪事阙文序》，《顾亭林诗文集》，中华书局 1983 年版，第 444、155 页。
② 顾炎武：《日知录》卷十八《三朝要典》。
③ 顾炎武：《日知录》卷十八《三朝要典》。

年"处而不底"，昭元年"勿使有所壅闭湫底以露其体"，乃音丁礼反耳。今《说文》本"底"字有下一画，误也。字当从"氏"。《诗》"周道如砥"，《孟子》引之作"底"，以"砥""底"音同而古亦可通也。今本误为"底"字。童而习之，并《诗》之"砥"字亦读为"邸"矣。《商颂》《烈祖》诗上云"以假以享"，下云"来假来飨"，石经上作"享"，下作"飨"。欧阳氏曰："上云'以享'者，谓诸侯皆来助享于神也；下云'来飨'者，谓神来至而歆飨也。""享""飨"二义不同。"享"者，下享上也，《书》曰"享多仪"是也。"飨"者，上飨下也，《传》曰"王飨醴"是也。故《周颂》"我将我享"作"享"，"既右飨之"作"飨"；《鲁颂》"享以骍牺"作"享"，"是飨是宜"作"飨"。今《诗经》本周、商二《颂》上下皆作"享"，非矣。举此二端，则此书虽刻成而未可刷印，恐有舛漏以贻后人之议。马文渊有言："良工不示人以璞。"今世人速于成书，躁于求名，斯道也将亡矣。前介眉札来索此，原一亦索此书并欲钞《日知录》，我报以《诗》《易》二书今夏可印，其全书再待一年，《日知录》再待十年；如不及年（原注：此"年"字，如"赵孟不复年"之"年"），则以临终绝笔为定，彼时自有受之者，而非可豫期也。《诗》云："如切如磋，如琢如磨。"此之谓也。[1]

依张穆《顾亭林先生年谱》，康熙十九年《音学五书》刊行，顾炎武作《音学五书后序》。[2]而顾氏在这封信中却讲："我报以《诗》《易》二书今夏可印，其全书再待一年。"由此可推知此信当写于康熙十八年（1679）无疑。信中又谓："前介眉札来索此"，陈介眉的索书札在其《兼山堂集》中失收。不过，顾炎武致其回信却保留下来，并收录于《蒋山佣残稿》中。顾炎武在信中说："天生西来，知地震之前，台

---

① 顾炎武：《亭林文集》卷四《与潘次耕书》。
② 张穆：《顾亭林先生年谱》卷四，康熙十九年六十八岁条。

旌已归四明。"①李因笃西归是在康熙十八年七月，故可知顾炎武给陈介眉的回信必写于十八年七月之后。顾炎武在致潘耒的这封信中简略提及自己给陈氏回信的部分内容，则说明这封信的写作当又在给介眉回信之后矣。

顾炎武在这封信中开宗明义："著述之家，最不利乎以未定之书传之于人。"寥寥一语，即集中道出他严谨笃实的治学和著述态度。顾炎武尝说："有一日未死之身，则有一日未闻之道。"②他身体力行，永不停息地追求学问，直至死而后已。为纂辑《音学五书》，他耗费三十余年心血，"所过山川亭障，无日不以自随，凡五易其稿，而手书者三矣"③。《日知录》更是他"生平精力所集注"④，"有一疑义，反复参考，必归于至当；有一独见，援古证今，必畅其说而后止"⑤。而对于"速于成书，躁于求名"的时弊，顾炎武则予以鞭挞："尝谓今人纂辑之书，正如今人之铸钱。古人采铜于山，今人则买旧钱，名之曰废铜，以充铸而已。所铸之钱既已粗恶，而又将古人传世之宝，舂锉碎散，不存于后，岂不两失之乎？"⑥他认为倘若长此以往，则"斯道也将亡矣"。

从康熙五年（1666）潘次耕呈书问业，顾炎武欣然复书，中经康熙八年次耕远道追随，亲承謦咳，直至二十一年顾亭林溘然辞世，十余年间，师弟书札往复，唱和甚多，在清代学术史上，写下了甚可宝贵的一页。仅据前述顾亭林致潘次耕十余封书札的考证，即可看到一代学术大师之于弟子，既是经师，亦是人师。顾亭林给潘次耕所示范的，不唯有博大通达的学业、严谨笃实的学风，而且还有以天下为己任的高尚情操和傲岸人格。因此，顾炎武以其晚年心血所成就者，当然断不仅仅是学

---

① 顾炎武：《蒋山佣残稿》卷三《与陈介眉》。
② 顾炎武：《日知录》卷七《朝闻道夕死可矣》。
③ 顾炎武：《亭林文集》卷二《音学五书后序》。
④ 梁启超：《清代学术概论》四。
⑤ 潘耒：《遂初堂文集》卷六《日知录序》。
⑥ 顾炎武：《亭林文集》卷四《与人书十》。

者潘耒一人，他所留给一代学术的深远影响，则是终清一代而历久不绝的。事实上，顾炎武的杰出学术业绩以及为他所倡导的严谨笃实学风，还有响彻九州的"天下兴亡，匹夫有责"的呐喊，世代相传，早已成为中华民族学术和文化思想宝库中不可或缺的一部分。

第十二章 《广师》杂识

在中国学术史上，唐儒韩愈以《师说》一篇，力倡尊师重道，登高一呼，传唱不绝。历时近千载，清儒顾炎武又以《广师》一文，接武前哲，后先辉映。纵观顾炎武一生，处王朝鼎革之巨变，怀明道求世之坚志，可谓历尽忧患，饱尝艰辛。他以游为隐，坚不出仕，素为人所景仰。自顺治十四年（1657）秋始，弃家北游，尔后二十余年，往来于鲁、燕、晋、陕、豫诸省之间，所至之地，访求同学，相与师友，不遗余力。之所以如此，客观上固然与顾氏独特的生活经历不无关联；但究其内在根由，则无疑是他笃实的治学风格和谦逊的为学品德的必然反映。唯其如此，方有《广师》一文的问世，一代宗师风范尽在其中。

一、撰述缘起与成文时间

《广师》一文载于《亭林文集》卷六，文称：

> 苕文汪子刻集，有《与人论师道书》，谓："当世未尝无可师之人，其经学修明者，吾得二人焉，曰：顾子宁人、李子天生。其内行淳备者，吾得二人焉，曰：魏子环极、梁子曰缉。"炎武自揣鄙劣，不足以当过情之誉，而同学之士，有苕文所未知者，不可以遗也，辄就所见评之。夫学究天人，确乎不拔，吾不如王寅旭；读书为己，探赜洞微，吾不如杨雪臣；独精三礼，卓然经师，吾不如张稷若；萧然物外，自得天机，吾不如傅青主；坚苦力学，无师而成，吾不如李中孚；险阻备尝，与时屈伸，吾不如路安卿；博闻强记，群书之府，吾不如吴任臣；文章尔雅，宅心和厚，吾

不如朱锡鬯；好学不倦，笃于朋友，吾不如王山史；精心六书，信而好古，吾不如张力臣。至于达而在位，其可称述者，亦多有之，然非布衣之所得议也。

文中的"苕文汪子"所指为汪琬。汪琬（1624—1691年），江苏长洲（今吴县）人，字苕文，小字液仙，又字钝庵，初号玉遮山樵。其晚年学者多以"钝翁"尊之。顺治十一年（1654）乡试夺魁，次年高中进士。几经官场沉浮，不甚称意。顺治十八年，坐江南奏销案，被降职。后虽有升迁，终因直言遭忌，再度谪官，遂于康熙九年（1670）称病请告南归。未几，结庐太湖湖畔尧峰山，闭户著书，自号尧峰，故学者又以尧峰先生相称。康熙十七年正月，诏开特科，征博学鸿儒，汪琬被荐赴京应试。著有《钝翁前后类稿》、《钝翁续稿》（以下简称《续稿》）、《尧峰文钞》等。

顾炎武和汪琬为同时代人，但有关二人的交往情况，史书所载却甚为简略。后人可资为凭者，只有《亭林文集》卷三《答汪苕文书》（又见《蒋山佣残稿》卷二，作《答汪苕文》）、《蒋山佣残稿》卷二《答汪苕文》、《钝翁续稿》卷十二《答顾宁人先生书》以及《广师》篇。

据赵经达所著《汪尧峰先生年谱》称，汪琬曾于康熙九年（1670）"合所作诗文诸稿，如《毓德堂诗钞》《玉遮山人诗稿》《戊己集》等为《前稿》二十四卷"。故后来刊刻《钝翁类稿》时题《钝翁前后类稿》（以下简称《类稿》），其始刻时间为康熙十三年八月。翌年七月，汪琬又自为凡例六则。康熙十五年，是书方告刻竣[1]。《广师》中所称的《与人论师道书》，载于《类稿》卷二十一，题《答从弟论师道书》。书中有云：

---

[1] 赵经达：《汪尧峰先生年谱》，赵诒琛辑：《又满楼丛书》第四册，民国十四年（1925）刊。

来书第九段："安能尽得若经师者、若人师者而师之哉？"甚矣！足下之固陋也。由足下言之，则是谓天下无经明行修者也。……盖今足下乘舟驾车，南不逾浙，北不及淮，耳目见闻不出四五百里，而敢轻量天下之士哉！仆宦游十五年矣，其有经学修明者得二人焉，曰：顾子宁人、李子天生。其内行淳备者得二人焉，曰：魏子环极、梁子日缉。此四君子者，皆与仆为友。仆老矣，虽不能师之，固所为欣然执鞭者也。惜乎！足下未之一见耳。

据上得知：首先可以肯定，《广师》一文是顾炎武在读过《类稿》之后所写；其次可以推断，此前顾炎武并未知汪琬的《答从弟论师道书》。合此两点判断，《广师》结撰在时间上至少不应早于康熙十五年（1676）。

已故王冀民先生在其遗作《顾亭林诗笺释》自序注中，称："《广师》篇作于康熙十五年。"[1] 查现存顾炎武诸年谱，并无明确记载《广师》所作时间者，故王冀民先生的判定，尤可重视。其在为顾炎武《过张贡士尔岐》一诗所作的笺释中又称："《广师》篇作于汪琬丙辰（康熙十五年）刻集之后，尔岐丁巳（康熙十六年）逝世之前。"[2]《广师》文意乃是承接"汪子刻集"《与人论师道书》中所谓的"当世未尝无可师之人"而发，故其所称述的十人以皆应在世为妥。而十人之中又以张尔岐故去时间最早，为康熙十六年。所以王冀民先生以这样两条线索为立说依据，将《广师》厘定为康熙十五年之作，前无所载，自有开创之功。但是，若将诸多因素综合起来考察，此说似又不无可商榷之处，兹试析如后。

据考，顾炎武文集中提及"汪子刻集"者，凡两处。其一为《广

---

[1] 王冀民：《顾亭林诗笺释》卷首，《自序》注（五），中华书局1998年版，第5页。
[2] 王冀民：《顾亭林诗笺释》卷五，《过张贡士尔岐》，中华书局1998年版，第854页。

师》，已如前引；其二为《答汪苕文》（《蒋山佣残稿》卷二，以下简称《答汪（残）》），为便于考察，谨将《答汪（残）》全文过录：

> 伏读大集，谬荷推奖，自惟谫劣，非所克当。至与甫草一书，深得圣人言学之指，而五服异同之录，当与天壤并存，斯道之传，将赖之而不坠矣。弟久在山左，有济阳张君稷若，淹通礼学，著《仪礼郑注句读》一书，立言皆有原本。近至关中，谓此地宋之横渠、蓝田诸先生以礼为教。今之讲学者甚多，而平居雅言无及之者。值此人心陷溺之秋，苟不以礼，其何以拨乱而返之正乎？一时高谈之士，或以鄙言为肤浅，而周至李隐君中孚独以为然，请以质之君子。年垂七十，布衣蔬食之外，别无所求，流行坎止，安时处顺，并以奉闻。偶有续《尚书》二条，并以就正，幸赐指教，不宣。

此处的"伏读大集"当指康熙十五年（1676）刻竣的《类稿》。是时，江南刻书始成，行迹往来于北方诸地的顾炎武似不太可能于当年即获读此集，更遑论撰文称述。这一点大致可以从汪琬的《答顾宁人先生书》（以下简称《答顾》）中发现线索。其文称：

> 与天生相见，语次知长者比来动履清吉，著述益多，殊慰仰止。继又得手教，所以奖励鄙拙过实，万不敢当。礼教废坏久矣，倘蒙先生斟酌今古，原本礼经，而又上不倍国家之制，下不失风俗之宜，用以扶翼人伦，开示后学，甚善甚善！别纸所论康王之诰，辨冕服为逾年即位之礼，依据最明，援引最悉。……琬山居读书九年，差觉自惬，此番进退狼狈，当不免有识掩口，不审先生何以诲之。时节严寒，伏惟为道自爱不宣。[1]

---

[1] 汪琬：《钝翁续稿》卷十二。

《答顾》文中有诸多时间线索可供参证。其一，"琬山居读书九年"，事涉汪琬称病请归，以康熙九年（1670）计，此际当为康熙十七年，据之可断定《答顾》作于是年。其二，"与天生相见"，其事在当年之秋，而其地则应在京城。据《天生先生年谱》载：是年"九月，九芝（指富平令郭传芳）为先生具装，偕茹紫庭明府北上，九月抵都"①。又《汪尧峰先生年谱》：是年汪琬与"华阴王山史、富平李天生、睢州汤孔伯等先后相遇于京师"②。其三，"继又得手教"，所谓"手教"应指《答汪（残）》一文；《答汪（残）》中有"年垂七十"一语，康熙十七年时顾炎武六十六岁，故有是说，所以，此"手教"亦当作于是年为妥。其四，文末称"时节严寒"，道出了《答顾》一文所撰更为具体的时间，这样也就间接规定了《答汪（残）》所作时间的下限，即在康熙十七年夏秋间。既以"手教"见示，那么"伏读大集"的时间亦当距此不远。顺推之，《广师》一文的写就，恐不迟于康熙十七年夏。

基于前述，如果说《广师》作于康熙十五年（1676），便等于承认顾炎武在是年已获"汪子刻集"，而后至康熙十七年春夏之间方始回书称述。这样一个判断不仅于史无征，而且其中竟出现了近两年时间的延搁，亦恐有悖于常理。

以上，我们对涉及《广师》成文时间的诸多因素进行了大致的分析，从而得出当作于康熙十七年的揣测。那么深入一步，从内容上看，将《广师》结撰判定在康熙十七年，是否亦具有合理性呢？我们认为，答案同样是肯定的。

《答汪（残）》称："值此人心陷溺之秋，苟不以礼，其何以拨乱而返之正乎？"《答顾》亦谓："琬山居读书九年，差觉自惬，此番进退狼狈，当不免有识掩口，不审先生何以诲之。"其中"值此人心陷溺之秋"

---

① 吴怀清：《关中三李年谱》卷七，康熙十七年戊午，四十八岁条。
② 赵经达：《汪尧峰先生年谱》，赵诒琛辑：《又满楼丛书》第四册，民国十四年（1925）刊。

与"此番进退狼狈"皆实有所指，即康熙十七年（1678）正月，清廷诏开博学鸿儒特科事。顾炎武称"今春荐剡，几遍词坛"。此事对当时的知识界影响极大，对顾炎武个人亦有相当大的冲击，后来竟至几乎与挚友李因笃割席断交。在荐局中，顾炎武的许多朋友俱在被荐之列，连他本人亦是以死相抗，方得幸免。顾炎武一生坚持拒不仕清的政治立场，人格气节可钦可佩。而不少被荐者，虽持有相同的道义原则，却受严酷的政治高压逼迫，多不得已而入都待试。顾炎武于此表示了充分的理解，其书有云："关中三友：山史辞病，不获而行；天生母病，涕泣言别；中孚至以死自誓而后得免，视老夫为天际之冥鸿矣。"[①] 面对这样的局面，顾炎武的头脑是相当冷静的。他在同年所作的《春雨》诗[②] 中，称"朝来阅征书，处士多彰显。何来南郡生，心期在轩冕"。据《后汉书·申屠蟠传》载："太尉黄琼辟，不就。及琼卒，归葬江夏，四方名豪会帐下者六七千人，互相谈论，莫有及蟠者。唯南郡一生与相酬对，既别，执蟠手曰：'君非聘则征，如是相见于上京矣。'蟠勃然作色曰：'始吾以子为可与言也，何意乃相拘教乐贵之徒邪？'因振手而去，不复与言。再举有道，不就。"[③] 这里表明顾炎武对于汲汲名利的干禄之士持彻底否定的态度，在他眼中，如"南郡生"者流的"处士"与"关中三友"般的"处士"是绝然不同的两种人。他以"人心陷溺之秋"来形容身处荐局的复杂与凶险，对那些"高谈之士"全然不屑一顾，对肝胆相照的知己却充满理解和信任。

相形之下，顾炎武对汪琬的态度则明显表现得谨慎持重。此前，汪琬就已先登仕籍，不足以称。其《答顾》所言"此番进退狼狈，当不免有识掩口"，既有实情，亦含矫情。据《鸡窗丛话》载："吴江叶横山先生与钝翁相埒，且相好。康熙己未诏开博学鸿儒科。横山谓钝翁曰：

---

① 以上俱见顾炎武：《亭林文集》卷三《与李星来书》。
② 顾炎武：《亭林诗集》卷五《春雨》。
③ 《后汉书》卷五十三。

'我二人在所必举，应举乎？抑不应举乎？'钝翁曰：'宜不应，则名更高也。'横山信以为然。后钝翁竟应举入翰林，而名益显。横山艳之，知为钝翁所卖，遂大恚。因将钝翁所刊《类稿》大加指摘，作《汪文刺谬》二卷。将刊行之，钝翁惧，介横山密友复修旧好。"[1] 汪琬曾为复社中人，其出仕新朝，已属守节不终；应荐就试，则更为有志者所不齿。所以，汪琬为人在气节方面是有所亏欠的，这恐怕正是今天顾炎武诗集未留下与之唱和篇章的重要原因。因之，在《答汪（残）》文中，顾炎武或多或少地表露了对于对方心理上的戒备。其称"年垂七十，布衣蔬食之外，别无所求，流行坎止，安时处顺"，适值汪琬身处荐局，此番用语似乎不无弦外之音。而顾炎武在《广师》中所谓"至于达而在位者，其可称述者，亦多有之，然非布衣之所得议也"，表达的也正是类似的意思。

如果再结合荐举的背景，来考察《广师》所述内容，那么情况或许就更为清楚。在《广师》一文所称可师的十人中，列名荐局者即达五人之多，如傅山、李颙、吴志伊、朱彝尊、王弘撰皆是。迄于康熙十七年（1678）秋，除李颙以死自誓得免外，余者均已陆续抵都。既已入京，便有成为清廷臣工的可能，依照顾炎武的立身准绳，自然不会再去表彰他们。因此，从内容上可以判定，《广师》成文时间的下限当不晚于康熙十七年秋。又，顾炎武在同年春夏之际写给弟子潘耒的书函中对挚友李因笃仍极为称道，对其是否应荐则称："今虽登名荐剡，料其不出山，更未可知耳。"[2] 可见，此时的顾炎武对"同学之士"依旧充满关切和期许，并无任何责怨的成分。

另可注意者，王冀民先生以"尔岐丁巳（康熙十六年）逝世之前"作为判断《广师》成文时间的主要依据，似也有不确之处。据王蘧常先生《顾炎武诗集汇注》中顾炎武《哭张尔岐》诗题注称："盛百二《柚

---

① 蔡澄：《鸡窗丛话》，载赵诒琛辑：《峭帆楼丛书》第六册，民国四年（1915）刊。
② 顾炎武：《亭林余集·与潘次耕札》。

堂笔谈》卷三:《济阳县志》载有《顾亭林闻张稷若赴》一诗,亭林集中不载云云。常慵《群书斠识》:蒿庵卒于康熙丁巳季冬,时亭林在关中。此诗盖作于次年也。"[1] 所以,张尔岐故世时,顾炎武远在西北一带。荐局方殷,顾氏自然不可能出关东行;况且时值三藩乱中,道路阻隔,关卡重重,故而噩耗传至关中,定不会在康熙十六年。那么《广师》结撰时间,似以康熙十七年之初较为妥帖。

综上所列,我们认为,《广师》成于康熙十五年(1676)说的提出,对于顾氏学行的研究,无疑是一个推动,功不可没。然而察其立说所据,似尚可商榷。本文所得出的康熙十七年之初成文的判断,能否成立,亦无把握,固不揣浅陋,敷衍成文,还请读者指教。

二、《广师》十贤学行述略

在《广师》篇中,顾炎武称,"同学之士,有若文所未知者,不可以遗也,辄就所见评之"。而这些被称述的"同学之士",又无不与之有着十数年的交谊挚情,此时仍绝无一人入仕清廷,其文章旨趣,尤堪玩味。顾炎武对他们的赞誉则从术业学识、为人品性到道德气节无所不备,所彰所显,非同寻常,同时也映衬出了顾氏本人虚怀若谷的高尚品德。兹试将其文中所涉及诸贤的主要学行事迹约略介绍如下:

《广师》篇中所称王锡阐、杨瑀、吴志伊等三人是顾炎武早年在江南便已结识的好友。

王锡阐(1628—1682年),字寅旭,号晓庵,江苏吴江人。曾与张履祥(1611—1674年)为友,讲濂洛之学,兼通中西历法。其"坚苦力学,治《诗》《易》《春秋》,学无师授,自通大义,讲学宗濂洛,孤介寡合,以志节自励"[2]。他生于明末,当时徐光启(1562—1633年)、

---

① 王蘧常:《顾亭林诗集汇注》,上海古籍出版社 1983 年版,第 1287 页。
② 徐世昌:《清儒学案》卷三十一。

李之藻（1566—1630 年）等人将欧洲天文学的理论和方法陆续介绍进来，致使士大夫渐好治天文算学。入清，王锡阐以专精历算而与梅文鼎齐名。据史书载："当徐光启等修新法时，聚讼盈廷，先生独闭户著书，潜心测算。遇天色晴霁，辄登屋卧鸱吻间，仰观景象，竟夕不寐，务求精符天象，不屑屑于门户之分。"① 对于顺治末康熙初的新旧历法之争，他既不盲从，也不守旧，通过亲身实践，发现问题的症结。指出汤若望等人对中国传统历法并没有认真研究，便随意责难；同时也对传统的《授时历》和《大统历》中存在的缺点进行分析，"久之，则中西两家异说，皆能条其原委，考镜其得失也"，② 真正做到"考古之误而存其是，择西说之长而去其短。"③ 所著《晓庵新法》"会通若干事，考正若干事，……增葺若干事。……旧法虽舛而未遽废者两存之，理虽可知而非上下千年不得其数者阙之。虽得其数，而远引古测未经目信者，别为补遗"。④ 梁启超将其总结为"不设成见，实事求是"。⑤ 他首创了正确计算日月蚀初亏和复圆方位角的方法，对于计算金星和水星凌日、月掩行星以及五星凌犯的初终时刻等问题，都有独到的发明。其著作有《晓庵新法》《西历启蒙》《推步交朔》《测日小记》《丁未历稿》等十余种。王寅旭与潘柽章（1626—1663 年）、吴炎（?—1663 年）、戴笠等皆为吴江人，这些人又同归庄、顾炎武俱入惊隐诗社。谢国桢先生考证说，自顺治二年（1645）杨永言所领导的抗清义师失败之后，顾炎武便经常往来吴江，他与王锡阐的交谊应该是到吴江后建立起来的，并以《王晓庵文集》卷二有与顾亭林书为证，其书云："昨已寓书语水，致先生愿交之意，俟相见时，再当悉委道达。"⑥ 康熙十年（1671），顾炎武有诗

　　① 李元度：《国朝先正事略》卷三十三。
　　② 钱林：《文献征录》卷三。
　　③ 李元度：《国朝先正事略》卷三十三。
　　④ 王锡阐：《晓庵新法·自序》。
　　⑤ 梁启超：《中国近三百年学术史》第十一章。
　　⑥ 谢国桢：《顾炎武与惊隐诗社》，载《明末清初的学风》，人民出版社 1982 年版，第184 页。

《太原寄高士王锡阐》云："游子一去家，十年悉不见。愁如汾水东，不到吴江岸。异地各荣衰，何繇共言宴。忽睹子纲书，欣然一称善。知交尽四海，岂必无英彦。贵此金石情，出处同一贯。太行冰雪积，沙塞飞蓬转。何能久不老，坐看人间换。惟有方寸心，不与元气变。"① 王冀民先生笺释称："先生诗集称'高士'者共四人：归庄、杨瑀、戴笠、王锡阐。四人均吴中籍，又皆抗节不仕，其'高'处正相同。"②

杨瑀（1629—1705 年），字组玉，号雪臣，又号旭楼，江苏武进人。《顾亭林诗集汇注》引徐乾学《雪臣七十寿序》云："先生少日好立奇节，既而厚自刻励，韬光灭影，率诸子键户读书，自经史而外，分授天官、地理、历律、兵农之书。出则与恽逊庵讲学南田及东林书院，如是者余三十年。"③ 又《二曲先生年谱》引《武进志》云："杨瑀，字组玉，邑诸生。鼎革后，弃举子业，与恽日初讲学延陵书院。又以梁溪高世泰邀请，讲学东林书院，四方问业者日至。发挥奥旨，洒然倾听。安溪李光地亟称之，谓与明道称康节、晦翁状延平'始皆豪迈慷慨，而卒清明粹和'者无异。"④ 著有《四子书义》《旭楼诗集》等。故而顾氏称："愚所深服先生者，在不刻文字，不与时名。至于朋友之中，观其后嗣，象贤食旧，颇复难之。郎君博探文籍而不赴科场，此又今日教子者所当取法也。人苟遍读五经，略通史鉴，天下之事，自可洞然，患在为声利所迷而不悟耳。"⑤ 可见，顾炎武对杨瑀的为学品格特别推重。康熙十一年（1672），顾氏有《寄杨高士瑀》诗，云"廿载江南意，愁来更渺茫。友朋嗟日损，鸡犬觉年荒。水历书池净，山连学舍长。但闻杨伯起，弦诵夜琅琅。"⑥ 二十年前，顾氏决意北游，友人归庄、杨彝、万

---

① 顾炎武：《顾亭林诗集》卷四。
② 王冀民：《顾亭林诗笺释》，中华书局 1998 年版，第 788 页。
③ 王遽常：《顾亭林诗集汇注》，上海古籍出版社 1983 年版，第 1041—1042 页。
④ 吴怀清：《关中三李年谱》，《二曲先生年谱》卷一，康熙十年辛亥四十五岁条。
⑤ 顾炎武：《亭林文集》卷六《与杨雪臣》。
⑥ 顾炎武：《亭林诗集》卷四《寄杨高士瑀》。

寿祺等人联名作《为顾宁人征天下书籍启》，杨瑀、吴志伊、王锡阐等皆名列其中。盖诗中"廿载"意有所指，二人交谊有自。

　　吴志伊，字任臣，一字尔器，初字征鸿，号托园，江苏仁和人，原籍莆田，生卒不详。史载其"志行端悫，博闻强识，兼精天官、乐律。康熙己未，召试博学鸿儒，授检讨，承修《明史·历志》，撰《十国春秋》百十四卷，广搜博引，可称淹贯。又撰《山海经广注》《字汇补》《周礼大义》《礼通》《春秋正朔考辨》《托园诗文集》诸书"[1]。又载"涉览记传，号能多识。通天官、六壬、奇门学，射事多中，人比管、郭"[2]。有一次他和吴百朋饮酒，吴百朋问他"郦""殹"二字的读法。吴任臣当即回答说："'殹'和'也'相同，见于《秦权》一书；'郦'就是古文的'许'字，出自《说文长笺》一书。"吴百朋随后取来两书一一对照，果然如其所言。又一次，吴任臣在街市上发现一枚编钟，用手指敲了敲，断定说："这就是古书所记载的大吕钟。"后来，有人把这枚古钟清洗了一番，看到留款上确实铸有"古大吕之钟"的字样。其学之精，可见一斑。顾炎武与之虽未留下交往的诗文，但从上述情形看，二人系为江南刎交。

　　路泽浓虽为北方人，但与顾炎武相识亦在南方。

　　路泽浓，后改名泽农，字吾征，又字安卿，直隶曲周人。其伯兄泽溥，字苏生，荫官中书舍人。仲兄泽淳，字闻符，早卒。父振飞，字见白，号皓月，明天启五年（1625）进士，崇祯末，官右佥都御史，巡抚凤阳，开府淮上。唐王朱聿键监国福州，以旧恩召赴闽，泽浓与父俱应诏入闽，授职光禄少卿，赐名太平。当时，闽广等地已为清廷所有，其父忧愤成疾，客死他乡。泽浓闻讯，一恸至呕血数升。时甫十七，扶榇而行。且行且哭濒于毁，途遇伯兄奔丧，至吴中洞庭山厝。伯兄留滞洞

---

①　李元度：《国朝先正事略》卷二十七。
②　钱林：《文献征存录》卷二。

庭，贫不能归。仲兄早没，泽浓则教其遗孤。其常言人生无论出处当有惠泽及物，故而居处尽管俭约，亲族之中却有数十家受过他的接济。晚年殚心易理，著有《宜轩诗》一卷、《草堂杂著》数卷、《琴谱》一卷。"亭林因叛仆之狱，赖其伯兄为之营救，晚年北游数过其家，曾留嗣子衍生读书于曲周。盖与交谊最笃。"①顺治九年（1652），顾炎武有《赠舍人泽溥》诗，云："相逢金阊西，坐语一长喟。复叙国初变，山东并贼史。"表明二人久别重逢，不胜感慨。又云："国步方艰危，简在卿昆季。"显见对路家兄弟十分钦佩。顺治十二年，顾氏又有《赠路光禄太平》和《赠路舍人》诗，分别写给泽浓、泽溥。是年顾炎武因杀恶仆而遭执，故称其诗为"蒙难之作"。前诗云："节侠多燕赵，交亲即兄弟。周旋如一日，慷慨见平生。"后诗云："穷交义重千金许，疾吏情深一上书。"对路氏兄弟的仗义之举感动由衷。两诗末尾分别称"更承身世画，不觉涕沾缨"，"丁宁未忍津头别，此去防身计莫疏"。暗示顾炎武将弃家北游，而路氏兄弟作为挚友，更是为之殷勤筹划。

张尔岐、张弨是顾炎武北游后，分别在山东和淮安结识的好友。

张尔岐（1612—1677 年），字稷若，号蒿庵，又号汗漫，山东济阳人。明诸生。父行素，"性乐儒术，每以不克竟学为恨。蓄书延师以教其子甚笃"②，后死于兵难。尔岐闻之巨恸，几欲投水自尽，后因顾念其母强抑自制方止，遂决志不出，取《诗经·小雅·蓼莪》"蓼蓼者莪，匪莪伊蒿"之意，题其室曰"蒿庵"，因以为号，称蒿庵居士，不问世事，教授乡里，隐居著述。有《蒿庵集》《蒿庵闲话》《仪礼郑注句读》《周礼说略》《诗说略》《老氏说略》《夏小正传注》《弟子职注》等。《四库全书总目》称其文"才锋骏利，纵横曼衍，多似苏轼"③。顺治七年（1650），清廷拟以宿儒召入太学，张氏以病坚辞。顺治十四

① 徐世昌：《清儒学案》卷七。
② 张尔岐：《蒿庵集》卷三《将仕佐郎龙溪府君墓表》。
③ 《四库全书总目·别集类·存目八》。

年，顾炎武至济南，与之订交，赠诗云："缁帷白室睹风标，为叹斯人久寂寥。济水夏寒清见底，石田春润晚生苗。长期六籍传无绝，能使群言意自消。窃喜得逢黄叔度，频来听讲不辞遥。"[①] 史载其与亭林相遇，"亭林闻其与人谈《仪礼》，指画古宫制、朝聘、大享表次著位，《士丧礼》内外、男女、宾主、东西南北面哭泣吊问之次，东西阶登降送迎之节。又说乡射、大射、乡饮酒、燕礼歌乐饮馔之算，冲口豳臆，而辞罔不顺，比大惊异，遂与订交"。而其交游"亭林之外，惟长山刘友生、安乐李象先、关中李中孚、王山史四人而已。晚年萧然物外，不与世接"[②]。《汉学师承记》称其"年三十，读《仪礼》叹曰：'汉初，高堂生传《仪礼》十七篇。武帝时，有李氏得《周官》五篇，河间献王以《考工》补《冬官》，共成六篇，奏之。后复得古经五十六篇于鲁淹中。其十七篇与高堂生所传同，余三十九篇无师说。《汉志》所载传《礼》者十三家，其所发明，皆《周官》及此十七篇之旨也。十三家独《小戴》大显，近代列于经以取士，而二《礼》反日微。盖先儒于《周官》疑信各半，而《仪礼》则苦其难读故也。夫疑《周官》者，尚以新莽、荆国为口实。《仪礼》则周公之所定，孔子之所述，当时圣君贤相士君子之所遵行，可断然不疑者，而以难读废，可乎？'因郑康成注文古质，贾公彦释义曼衍，学者不能寻其端绪，乃取经与注章分之，定其句读，疏其节，录其要，取其明注而止；有疑义则以意断之，亦附于末。始名《仪礼郑注节释》，后改名《仪礼郑注句读》。又参定监本脱误凡二百余字，并考古经脱误凡五十余字，作《正误》二篇，附于后。成书之时，年五十有九矣。"[③] 是以可知，尔岐三十以后专心研读《仪礼》，四十四岁始与亭林相识，故顾氏诗中有"为叹斯人久寂寥"句，大有相见恨晚之意。亭林对其研究更是褒奖有加，谓"能使群言意自消"。后来又

① 顾炎武：《亭林诗集》卷五《过张贡士尔岐》。
② 徐世昌：《清儒学案》卷十六。
③ 江藩：《汉学师承记》卷一。

在《哭张蒿庵先生》诗中深自长叹："从此山东问三礼，康成家法竟谁传？"恸挽之情溢于言表。

张弨，字力臣，号亟斋，生卒不详。明诸生。其父致中，字生符，为当地复社领袖，"精小学，辨体审音，正讹厘谬，为士林所宗仰"①，曾以经明行修荐举，未授官而卒。张弨禀承父教，终身不应试。虽家贫微，但"储藏鼎彝碑版文甚富"②。他"通经博古，专心六书，尤嗜金石文字，尝躬历焦山水澨，仰卧沙石，手拓《瘗鹤铭》，增多前人十余字。又谒唐昭陵，遍拓从葬诸王公墓碑及《六马图赞》。过济宁州，拓孔子庙五汉碑。旨加辨论，根据详洽。虽以聋废，而考证殊勤。后人哀其所著为《张亟斋遗集》"③。康熙六年（1667），顾氏力作《音学五书》开雕于淮上，其与人书称"弟近二十年精力并用之音韵之学，今已刻之淮上，惟自待与张君力臣面加订改"④。又云："即如近日力臣札来，《五书》改正约有一二百处。"⑤ 其寄诗张弨云："冬来寒更剧，淮堰比何如？遥忆张平子，孤灯正勘书。江山双鬓老，文字六朝余。愁绝无同调，蓬飘久索居。"⑥ 其中"文字六朝余"句下自注云"得所寄《瘗鹤铭辨》"，所以顾氏称道他"精心六书，信而好古"。

傅山、朱彝尊、李颙、王弘撰等四人是顾炎武在西北结识的挚友。

傅山（1606—1685年）⑦，初名鼎臣，字青竹，后改名山，字青主，一字啬庐，别号公之它，又称朱衣道人，另有数十别号、室名。山西阳曲（今太原）人。明诸生。少尚节气，曾受知山西按察司提学佥事袁继咸。继咸为其师，遭阉党所陷逮京入狱，傅山为之奔走千里，三

---

① 支伟成：《清代朴学大师列传·金石学家列传第十八》。
② 钱林：《文献征存录》卷二。
③ 支伟成：《清代朴学大师列传·金石学家列传第十八》。
④ 顾炎武：《亭林文集》卷三《复汤荆岘书》。
⑤ 顾炎武：《亭林文集》卷四《与潘次耕书》。
⑥ 顾炎武：《亭林诗集》卷四《寄张文学弨时淮上有筑堤之役》。
⑦ 其生卒年代有多种说法，此处依王冀民：《顾亭林诗笺释》，中华书局 1998 年版，第593 页。

次入京，伏阙讼冤，终致大白，遂闻名于世。崇祯十五年（1642），傅山乡试落第，便绝意科场，弃青衿而着道士装。明亡后，又"衣朱衣，居土穴，以养母"。顺治十一年（1654），南明总兵宋濂在晋豫边界起事，傅山受此牵连，被执入狱。他"抗词不屈，绝粒九日，几死。门人中以奇计救之，得免。然山深自咤恨，谓不若速死为安，而其仰视天、俯视地者，未尝一日止。比天下大定，始出与人接"。据称，其少有异禀，读书过目成诵，精医术，工书画，擅金石，曾谓"书宁拙毋巧，宁丑毋媚，宁支离毋轻滑，宁真率毋安排"①。其心性之洒脱于此可见。著有《霜红龛集》等。康熙二年（1663）春，顾炎武抵太原，始与傅山订交。其诗云："为问明王梦，何时到傅岩。临风吹短笛，剧雪荷长镵。老去肱频折，愁深口自缄。相逢江上客，有泪湿青衫。"②康熙十七年清廷开特科，给事中李宗孔举荐，傅山坚辞不就。次年，有司强令之行，复以疾辞，不准，无奈之下让役夫抬卧床而行，距京城二十里，以死拒入。吏部尚书魏象枢只好以其老病上奏，降诏准许免试，并特加中书舍人，以示恩宠。大学士冯溥劝他入朝称谢，傅山不为所动，遂被人强行抬入城中，及望见午门，已是老泪纵横。冯溥迫其叩谢，傅山就势仆伏于地，魏象枢赶趋前道："止！止！是即谢矣。"次日，傅山便启程而归，大学士冯溥以下诸官员前来送行，傅山不觉叹息道："今而后其脱然无累哉！"既而又说："使后世或妄以许衡、刘因辈贤我，且死不瞑目矣！"闻之者莫不咋舌。等回到山西，诸大吏纷纷前往造谒，傅山仍旧布衣毡帽，自称为民，有人问他："君非舍人乎？"傅山沉默以待，令其无趣。故世时，仍以朱衣、黄冠入殓，其一生志节如是。

　　朱彝尊（1629—1709 年），字锡鬯，号竹垞，浙江秀水（今嘉兴）人。先世居吴中。他少而聪颖，博极群书，年十七，弃举子业，肆力古

---

① 以上俱见《清史稿》卷五百一，《列传》二百八十八之《遗逸》二。
② 顾炎武：《亭林诗集》卷四《赠傅处士山》。

学，后客游四方，南逾岭，北出云朔，东泛沧海，登之罘，经瓯越。所至丛祠、荒冢，金石断缺之文，无不搜剔考证，与史传参互同异，为文益奇。且喜藏书，号称八万卷。有一次，孙承泽过其寓所，见插架书，回来对人说："吾见客长安者，争驰逐声利，其不废著述者，秀水朱十一人而已。"[1] 著有《经义考》《曝书亭集》《日下旧闻》《明诗综》《五代史注》等。康熙五年（1666），顾炎武去曲周，途经太原，彝尊访之，遂与订交。亭林诗中云："词赋雕镌老，河山骋望频。末流弥宇宙，大雅接斯人。……与尔皆椎结，于今且约钓。羁心萦故迹，殊域送良辰。"[2] 对朱彝尊称赞有加。康熙七年顾氏陷济南狱，朱彝尊自京师亲赴济南，客山东巡抚刘芳躅幕，从中斡旋，可谓急友之难，义不容辞。后应试特科，以布衣入选，与富平李因笃、吴江潘耒、无锡严绳孙同修《明史》，有四布衣之称。

李颙（1627—1705年），字中孚，陕西周至人。尝自号惭夫，又因山曲称周，水曲称至，故自号二曲，学者尊为二曲先生，与富平李因笃、郿县李柏并称关中三李。著有《四书反身录》《二曲集》等。其幼孤家贫，无所凭借，却能"自拔流俗，以昌明关学为己任。……有馈遗者，虽十反不受。或曰：'交道接礼，孟子不却。'颙曰：'我辈百不能学孟子，即此一事不守孟子家法，正自无害"。顾炎武于康熙二年（1663），过访周至，与之订交，遂往来不绝。《二曲先生年谱》载："十月朔，东吴顾宁人来访。顾博物宏通，学如郑樵，先生与之从容盘桓，上下古今，靡不辩订。既而叹曰：'尧舜之知，而不遍物，急先务也。吾人当务之急，原自有在，若舍而不务，惟骛精神于上下古今之间，正昔人所谓抛却自家无尽藏，沿门持钵效贫儿也'。顾为之怃然。"[3] 后李颙身陷荐局，不惜以死抗拒，高风亮节备受亭林推崇。寄

---

① 以上俱见李元度：《国朝先正事略》卷三十九。
② 顾炎武：《亭林诗集》卷四《朱处士彝尊过余于太原东郊赠之》。
③ 吴怀清：《关中三李年谱》，《二曲先生年谱》卷一，康熙二年癸卯三十七岁条。

诗《梓潼篇赠李中孚》称道其"读书通大义，立志冠清流……当追君子躅，不与室家谋。独行长千古，高眠自一丘。闻孙多好学，师古接娉修。忽下弓旌召，难为涧壑留。从容怀白刃，决绝却华辀。介节诚无夺，微言或可投……岁逐糟糠老，云遗富贵浮"。面对荐征，李颙表现出特有的气节。顾炎武在与友人书中重申其事："同志之李君中孚，……舁至近郊，至卧操白刃，誓欲自裁。关中诸君有以巨游故事言之当事，得为谢病放归。"①

王弘撰（1622—1702 年），字无异，一字文修，号山史，又署鹿马山人，晚号山翁，又称丽农老人、天山丈人。名其所居曰砥斋，又称待庵，陕西华阴人，明诸生。"博雅能古文，嗜金石，藏古书画、金石最富。又通濂、洛、关、闽之学，好《易》，精图象。学者翕然宗之，关中人士领袖也。"② 著有《砥斋集》《山志》《西归日记》《待庵日记》等。其"为学宗朱而不薄陆王，盖尊其事功。顾炎武至关中，实为之主。……具经纶天下之才，而退藏不见其崖略也。"③ 康熙二年（1663），顾炎武至华阴拜访王弘撰，始订交。清廷开博学鸿儒科，其年近花甲而受荐举，请辞不准，被迫入京，后托病坚不就试。王弘撰为人尚意气，重名节，对朋友十分热情，顾炎武入关中曾屡宿其家。二人多有诗文往来，交谊甚厚。

三、虚怀若谷　相得益彰

顾炎武一生治学严谨，学风笃实，交友论学，虚怀若谷。他晚年所撰《广师》一篇，不啻是这种可贵品格的一个缩影。

首先，顾炎武为学特别注重交友，其称："人之为学，不日进则日

---

① 顾炎武：《亭林文集》卷三《答李紫澜书》。
② 《清史稿》卷五百一，《列传》二百八十八之《遗逸》二。
③ 邓之诚：《清诗纪事初编》卷二。

退。独学无友，则孤陋而难成；久处一方，则习染而不自觉。不幸而在穷僻之域，无车马之资，犹当博学审问，古人与稽，以求其是非之所在，庶几可得十之五六。若既不出户，又不读书，则是面墙之士，虽子羔、原宪之贤，终无济于天下。"①又称："子曰：'有朋自远方来，不亦乐乎？'古之人学焉而有所得，未尝不求同志之人，而况当沧海横流，风雨如晦之日乎？于此之时，其随世以就功名者固不足道，而亦岂无一二少知自好之士，然且改行于中道，而失身于暮年，于是士之求其友也益难。而或一方不可得，则求之数千里之外；今人不可得，则慨想于千载以上之人；苟有一言一行之有合于吾者，从而追慕之，思为之传其姓氏而笔之书。"②交友被看成是益学进道的重要途径，因此，寻友和交友构成了顾氏为学生涯的重要部分。亭林早年曾入复社，后又参加惊隐诗社，与"同志之人"归庄、吴炎、戴笠、杨瑀、潘柽章、王锡阐、朱鹤龄等人往来颇勤，交谊有素。后来弃家北游，积二十余年，又在北方与当时名儒孙奇逢、傅山、李颙，以及张尔岐、李因笃、朱彝尊、王弘撰等人称交建谊，相互切磋。弟子潘耒在《日知录》序中称道其师："足迹半天下，所至交其贤豪长者。……当代文人才士甚多，然语学问，必敛衽推顾先生；凡制度典礼有不能明者，必质诸先生；坠文轶事有不知者，必征诸先生。先生手画口诵，探源竟委，人人各得其意去。天下无贤不肖，皆知先生为通儒也。"③如他在山东济南结识张尔岐，当时的张尔岐只不过是一名不太为人所知的私塾先生而已。据清人罗有高《张尔岐传》称，顾氏有一次偶尔路过山东通志馆，听到里面有人在讲谈《仪礼》一书。此书之难懂，古有定论，不想讲谈的人竟滔滔不绝，娓娓道来，而且涌流条贯，顺理成章。顾炎武为之一惊，经打听始知乃"乡里句读师张生也"。第二天一早，顾炎武便"戒僮仆，

① 顾炎武：《亭林文集》卷四《与人书一》。
② 顾炎武：《亭林文集》卷二《广宋遗民录序》。
③ 潘耒：《遂初堂集》卷六《日知录序》。

肃名刺，修古相见礼"，前往拜访。二人"相与论议甚欢，恨相见晚，定交。既别去，相存问甚殷"。可见，顾氏择友，是以学识为根本的，《广师》篇中所称述的十贤，于此最为明显。又如他与"关中三友"的交往，其称："秦人慕经学，重处士，持清议，实与他省不同。"① 对"关中三友"每人都有极高的评价，特别是对李因笃推重尤深。顾炎武长李因笃18岁，可称是莫逆挚交。史载二人订交为康熙二年（1663）顾氏入关中时。顾诗称："一朝得李生，词坛出飞将"；"东还再见君，床头倒春酿"。② 李诗称："海内求遗逸，如君气自豪"；"独树三吴帜，旁窥两汉涛。经邦筹利病，好古博风骚"。③ 李因笃因"欲师顾炎武不可，乃为友"。彼此推重，不难想见。康熙七年，顾炎武受黄培诗案株连，入济南狱，曾致书李因笃求援。"富平李因笃自京师为告急于有力者，亲至历下解之，狱始白。"④ 顾炎武为之感叹："富平李天生因笃者，三千里赴友人之急。"⑤ 诗称："急难良朋节，扶危烈士情。"⑥ 又谓："所以入险能出，困而不踬者，皆知己扶持之力。"⑦ 为此事奔走倾力最著者当首推李因笃。在后来的赠诗中，顾氏云："忆昔论交日，星霜一纪更。及门初拜母，让齿忝为兄。"二人交谊至以兄弟相称。及至李因笃身入荐局，顾氏更是充满关切。他致书李因笃，为之筹划，称："鸿都待制，似不能辞，然陈情一表，迫切号呼，必不可已。即其不申，亦足以明夙心而谢浮议，老夫所惓惓者此也。""旁人佞谀之言，塞耳勿听。凡见人但述危苦之情，勿露矜张之色，则向后声名，高于征书万万也。"⑧

① 顾炎武：《蒋山佣残稿》卷三《与三侄》。
② 顾炎武：《亭林诗集》卷四《酬李处士因笃》。
③ 李因笃：《雁门邸中值宁人先生初度制二十韵以代洗爵诗》。
④ 全祖望：《鲒埼亭文集·亭林先生神道表》。
⑤ 顾炎武：《蒋山佣残稿》卷二《与人书》。
⑥ 顾炎武：《亭林诗集》卷四《子德李子闻余在难特走燕中告急诸友人复驰至济南省亲于其行也作诗赠之》。
⑦ 《亭林佚文补辑·与人书》，见《顾亭林诗文集》，中华书局1959年版，第236页。
⑧ 俱见顾炎武《蒋山佣残稿》卷三。

炎武作《与李湘北学士书》①和《与梁大司农书》②，代为疏通，替友陈情。而且，在同年夏秋之际写给弟子潘耒的书函中仍极称李因笃，云："天生之学，乃是绝尘而奔，吾且瞠乎其后，不意晚季乃有斯人。"③特地叮嘱："至于著述诗文，天生与吾弟各留一本，不别与人以供其改窜也。"对李氏的信任溢于言表。再如他与王弘撰，早有华山卜筑之约，后来身入关中，不少事情皆由王弘撰为之经营。清廷诏开特科，"关中三友"俱在被荐之列，但顾炎武并未因此改变对他们的看法，仍然以"处士"相称，或为之陈情，或寄诗明志，相互砥砺，反而交谊更切。他称王弘撰"笃于朋友"，而亭林本人又何尝不是以道义相砥砺，笃于友且信于友呢！

其次，顾炎武在为学交友过程中始终推友之长，虚己待人，以友为师，虚怀若谷，其高尚的治学品格足以为后世楷模。他的《日知录》积三十余年所学，"平生之志与业皆在其中"，④可谓皆为"有益于天下"之文。然而就是这样一部力作，他却在自序中谦称："炎武所著《日知录》，因友人多欲钞写，患不能给，遂于上章阉茂之岁（即康熙九年，1670 年）刻此八卷。历今六七年，老而益进，始悔向日学之不博，见之不卓，其中疏漏往往而有，而其书已行于世，不可掩。渐次增改，得二十余卷，欲更刻之，而犹未敢自以为定，故先以旧本质之同志。盖天下之理无穷，而君子之志于道也，不成章不达。故昔日之得，不足以为矜；后日之成，不容以自限。"⑤而且期望友人能够与之切磋益学。他在致友人书中云："《日知录》初本乃辛亥年（即康熙十年，1671 年）刻。彼时读书未多，见道未广，其所刻者，较之于今，不过十分之二。非敢沽名炫世，聊以塞同人之请，代抄录之烦而已。……《记》曰：'学然

① 顾炎武：《蒋山佣残稿》卷二，又见《亭林文集》卷三《与李湘北书》。
② 顾炎武：《蒋山佣残稿》卷二。
③ 顾炎武：《亭林余集·与潘次耕札》。
④ 顾炎武：《亭林文集》卷三《与友人论门人书》。
⑤ 顾炎武：《亭林文集》卷二《初刻日知录自序》。

后知不足。'信哉斯言！今此旧编，有尘清览。知我者当为攻瑕指失，俾得刊改以遗诸后人，而不当但为称誉之辞也。"① 在给弟子潘耒的信中，他又特意叮嘱："读书不多，轻言著述，必误后学。吾之跋《广韵》是也。虽青主读书四五十年，亦同此见。今废之而别作一篇，并送览以志吾过。平生所著，若此者往往多有，凡在徐处旧作，可一字不存。"② 亭林待己之严，于此可见一斑。

顾炎武在严于责己的同时，对于诸友却是尽可能扬人之长，推美尽致。所谓"时人之言，而亦不敢没其人。君子之谦也，然后可与进于学"③。康熙六年（1667），其著《音学五书》付梓淮安，得张弨父子鼎力相助。后来，顾氏在《音学五书后序》中称："余纂辑此书三十余年，所过山川亭鄣，无日不以自随，凡五易稿而手书者三矣。然久客荒壤，于古人之书多所未见，日西方莫，遂以付之梓人，故已登版而刊改者犹至数四。又得张君弨为之考《说文》，采《玉篇》，仿《字样》，酌时宜而手书之；二子叶增、叶箕分书小字；鸠工淮上，不远数千里累书往复，必归于是。"④ 序中称是书五易其稿，三次手书，刊刻之后四次修改，不可谓不精，尤其是对张弨的表彰，尽显大师风范。当张弨致书对《音学五书》做出约二百处的改正后，亭林非但没有什么难为情，反而告诉弟子潘耒说："此书虽刻成而未可刷印，恐有舛漏以贻后人之议。"⑤ 而且在后来刊刻的《音学五书》中将张弨所改一一列出，从善如流而绝不掩人之美，其所为实在令人敬佩。又如他对张尔岐的推重，顾氏在《广师》篇中称道其"独精三礼，卓然经师"。因亭林首倡"经学即理学"的为学路向，张尔岐致力于《仪礼》之学，亭林遂以同道目之，对其所著《仪礼郑注句读》一书大加奖掖。在给汪琬的两次书札中

① 顾炎武：《蒋山佣残稿》卷一《与友人书》。
② 顾炎武：《亭林余集·与潘次耕札》。
③ 顾炎武：《日知录》卷二十《述古》。
④ 顾炎武：《亭林文集》卷二《音学五书后序》。
⑤ 顾炎武：《亭林文集》卷四《与潘次耕书》。

都对是书给予称许，指出："而所见有济阳张君稷若名尔岐者，作《仪礼郑注句读》一书，根本先儒，立言简当，以其不求闻达，故无当世之名，而其书实似可传。"[1] 又云："弟久在山左，有济阳张君稷若，淹通礼学，著《仪礼郑注句读》一书，立言皆有原本。"[2] 顾氏以知己相待，在学业上对张尔岐的学问屡加表彰，可以说是不遗余力。

总之，由《广师》所折射出的顾炎武可贵的为学品格是多方面的，但归结起来，又可以将其看作是顾氏一生身体力行的严谨健实学风的重要基础。顾氏之所以能开启一代学术门径，与他可贵的治学品格和深湛的学人境界，有着不可分割的内在联系。

---

[1] 顾炎武：《亭林文集》卷三《答汪苕文书》。
[2] 顾炎武：《蒋山佣残稿》卷二《答汪苕文》。

第十三章　不朽的学术巨著《日知录》

顾炎武一生广泛涉足于经学、史学、方志地理、音韵文字、金石考古以及诗文等，在众多的学术领域，取得了宏富的学术成就，留下了五十余种的宝贵著述。其中尤以《日知录》影响最大，堪称不朽。

一、《日知录》纂修考

（一）关于始撰时间的判定

顾炎武何时开始结撰《日知录》？这是一个迄今尚无定论的问题。最近甘肃人民出版社出版的《日知录》认为："是书约始撰于明崇祯十二年（公元1639年）。"[①] 对于做出这样一个判断的依据，他们虽然没有说明，但大概当是今本《日知录》前的一篇题记。这篇题记说："愚自少读书，有所得辄记之。其有不合，时复改定。或古人先我而有者，则遂削之。积三十余年，乃成一编，取子夏之言，名曰《日知录》，以正后之君子。"[②] 笔者以为，仅仅根据这篇题记来判定《日知录》的始撰时间，还缺乏足够的说服力。理由如下。

首先，这里有一个认识问题需要解决，即能否把顾炎武早年读书做札记，同结撰《日知录》看成一回事情。笔者以为，应当把二者区别开来。的确，顾炎武从少年时代开始，就接受了读书要做札记的良好教育，用他自己的话来说，就叫作"抄书"。关于这一点，顾炎武晚

---

① 顾炎武：《日知录》，周苏平、陈国庆点注说明，甘肃人民出版社1997年版。
② 顾炎武：《日知录》卷首，题记。

年写过一篇《钞书自序》，文中说："先祖曰：'著书不如钞书。凡今人之学，必不及古人也，今人所见之书之博，必不及古人也。小子勉之，惟读书而已。'"①至于顾炎武什么时候做读书札记，这篇《钞书自序》也有回顾："自少为帖括之学者二十年，已而学为诗古文，以其间纂记故事。年至四十，斐然欲有所作。又十余年，读书日以益多，而后悔其向者立言之非也。"②这就是说，顾炎武虽然早就受到"抄书"的教育，但是付诸实践去"纂记故事"已经二十余岁，直到四十岁才开始著书，五十余岁以后，又因先前著述的不成熟而懊悔。顾炎武生于明万历四十一年（1613），二十余岁正当崇祯中，而四十岁则已经入清，为顺治九年（1652），五十余岁，就是康熙初叶了。

其次，顾炎武自崇祯十二年开始纂辑的书并非《日知录》，而是《天下郡国利病书》和《肇域志》。据顾炎武晚年所撰《天下郡国利病书序》说："崇祯己卯，秋闱被摈，退而读书。感四国之多虞，耻经生之寡术，于是历览二十一史以及天下郡县志书、一代名公文集及章奏文册之类，有得即录，共成四十余帙。一为舆地之记，一为利病之书。"③崇祯己卯即十二年（1639）顾炎武时年二十七岁。关于这方面的情况，《肇域志序》也说得很清楚："此书自崇祯己卯起，先取《一统志》，后取各省府州县志，后取二十一史参互书之。"④可见，顾炎武《钞书自序》中所说的"纂记故事"，即指崇祯十二年，二十七岁起开始辑录的《天下郡国利病书》和《肇域志》。

再次，《天下郡国利病书》《肇域志》卷帙浩繁，顾炎武在完成这两部书稿之前，不可能再分心去结撰《日知录》。据考，《天下郡国利病书》初稿完成，当在顺治九年（1652）。当时，由于豪绅煎迫，家难

---

① 顾炎武：《亭林文集》卷二《钞书自序》。
② 顾炎武：《亭林文集》卷二《钞书自序》。
③ 顾炎武：《亭林文集》卷六《天下郡国利病书序》。
④ 顾炎武：《亭林文集》卷六《肇域志序》。

打击，顾炎武决意弃家北游。为此，江南友人杨彝、万寿祺等联名写了一篇《为顾宁人征天下书籍启》，文中说："宁人年十四为诸生，屡试不遇。由贡士两荐授枢曹，不就。自叹士人穷年株守一经，不复知国典朝章、官方民隐，以至试之行事而败绩失据。于是尽弃所习帖括，读书山中八九年，取天下府州县志书及一代奏疏文集遍阅之，凡一万二千余卷。复取二十一史并《实录》，一一考证，择其宜于今者，手录数十帙，名曰《天下郡国利病书》。遂游览天下山川风土，以质诸当世之大人先生。"[1] 至于《肇域志》的脱稿，则是此后十年，即康熙元年的事情。这有顾炎武撰《书杨彝万寿祺等为顾宁人征天下书籍启后》为证："右十年前友人所赠。自此绝江逾淮，东蹑劳山、不其，上岱岳，瞻孔林，停车淄右。入京师，自渔阳、辽西出山海关，还至昌平，谒天寿十三陵，出居庸、至土木，凡五阅岁而南归于吴。浮钱塘，登会稽，又出而北，度沂绝济，入京师，游盘山，历白檀至古北口。折而南谒恒岳，逾井陉，抵太原。往来曲折二三万里，所览书又得万余卷。爰成《肇域记》，而著述亦稍稍成帙。然尚多纰漏，无以副友人之望。又如麟士、年少、菡生、于一诸君相继即世而不得见，念之尤为慨然！玄黓摄提格之阳月顾炎武识。"[2] 而"玄黓摄提格"则是干支纪年"壬寅"年的别称，即康熙元年。

最后，顾炎武自己及友人谈及《日知录》，都在康熙初年以后。今本《日知录》卷首所录顾氏各条文字，如《初刻日知录自序》《与人书十》《与人书二十五》《与潘次耕书》《与杨雪臣书》《与友人论门人书》等，众所周知，恕不赘举。谨依年次先后，再举五例为证。

第一，康熙九年（1670），山东德州程先贞撰《赠顾征君亭林序》云："今年结夏于此，与二三同人讲《易》。复得发其《日知录》一书

---

① 沈岱瞻：《同志赠言》，《为顾宁人征天下书籍启》，载《亭林先生遗书汇辑》附录。

② 顾炎武：《亭林佚文辑补》不分卷，《书杨彝万寿祺等为顾宁人征天下书籍启》。

观之，多考古论世之学，而其大旨在于明经术，扶王道，为之三叹服膺，劝其出以惠学者。"①

第二，康熙十一年（1672），顾炎武《与李良年（武曾）书》云："弟夏五出都，仲秋复入，年来踪迹大抵在此。将读退谷先生之藏书，如好音见惠，亦复易达。顷者《日知录》已刻成样本，特寄上一部，天末万山中冀览此如观面也。"②

第三，康熙十二年（1673），顾炎武《又答李武曾书》云："黔中数千里，所刻之书并十行之牍乃不久而达，又得手报至方山所，而寄我于楼烦、雁门之间。若频阳至近，天生至密，而远客三楚，此时犹未见弟之成书也，人事之不齐，有如此者，可为喟然一叹！此书中有二条，未得高明驳正，辄乃自行简举，容改后再呈。且续录又得六卷，未必来者之不胜于今日也。"③

第四，康熙十二年（1673），顾炎武《又与颜修来书》云："弟今寓迹半在历下，半在章丘。而修志之局，郡邑之书颇备，弟得藉以自成其《山东肇域记》。……近日又成《日知录》八卷，韦布之士，仅能立言，惟达而在上者为之推广其教，于人心世道，不无小补也。"④

第五，康熙十五年（1676），顾炎武《与黄太冲书》云："炎武以管见为《日知录》一书，窃自幸其中所论，同于先生者十之六七，但鄙著恒自改窜，未刻，其已刻八卷及《钱粮论》二篇，乃数年前笔也，先附呈大教。"⑤

根据以上所考，足见把《日知录》的始撰时间定在明崇祯十二年是欠妥当的。笔者以为，应以顾炎武逝世前夕，于康熙二十年（1681）所写《与人书》为据。顾在这封信中说："某自五十以后，笃志经史，

---

①　程先贞：《同志赠言》不分卷，《赠顾征君亭林序》，载《亭林先生遗书汇辑》附录。
②　顾炎武：《亭林佚文辑补》不分卷，《与李良年（武曾）书》。
③　顾炎武：《亭林佚文辑补》不分卷，《又答李武曾书》。
④　顾炎武：《亭林佚文辑补》不分卷，《又与颜修来书》。
⑤　顾炎武：《亭林佚文辑补》不分卷，《与黄太冲书》。

其于音学深有所得。今为《五书》以续三百篇以来久绝之传，而别著《日知录》，上篇经术，中篇治道，下篇博闻，共三十余卷。有王者起，将以见诸行事，以跻斯世于治古之隆，而未敢为今人道也。"① 据此，《日知录》的始撰时间，假如定在康熙元年他五十岁以后，或许会更合理一些。

（二）《日知录》的撰述动机

顾炎武为什么要著《日知录》？他逝世后，康熙三十四年（1695），该书在福建建阳付梓，潘耒曾就此写了如下一段话："先生非一世之人，此书非一世之书也。魏司马朗复井田之议，至易代而后行，元虞集京东水利之策，至异世而见用。立言不为一时，录中固已言之矣。异日有整顿民物之责者，读是书而憬然觉悟，采用其说，见诸施行，于世道人心实非小补。如第以考据之精详，文辞之博辨，叹服而称述焉，则非先生所以著此书之意也。"② 这就是说《日知录》是一部经世致用的书，顾炎武的理想虽然生前没有实现，但是往后一定会有人使之实现的。假如仅仅以考据精详、文辞博辨来评价这部书，那就违背顾炎武著书的本意了。

潘耒的这一担心，不幸被言中了。乾隆年间修《四库全书》，一时儒臣为《日知录》撰写提要，就提出了同潘耒完全不同的评价。据他们称："炎武生于明末，喜谈经世之务，激于时事，慨然以复古为志。其说或迂而难行，或愎而过锐。观所作《音学五书后序》，至谓圣人复起，必举今日之音而还之淳古。是岂可行之事乎？潘耒作是书序，乃盛称其经济，而以考据精详为末务，殆非笃论矣。"③

同样一部书，两个时代的评价竟然如此不同。究竟谁是谁非？笔者

---

① 顾炎武：《亭林文集》卷四《与人书二十五》。
② 潘耒：《遂初堂集》卷六《日知录序》。
③ 《四库全书总目》卷一百一十九《日知录》。

以为，还是以顾炎武本人的论述为依据，最令人信服。

关于《日知录》的撰述动机，顾炎武生前曾经多次谈及。譬如他为《日知录》初刻本撰序，就很清楚地指出，该书的结撰是为了"明学术，正人心，拨乱世以兴太平之事"。[①] 在给友人杨瑀的信中，说得就更为明白："向者《日知录》之刻，谬承许可，比来学业稍进，亦多刊改。意在拨乱涤污，法古用夏，启多闻于来学，待一治于后王。"[②] 至于前引顾氏逝世前夕给江南友人的信，信中所述："《日知录》上篇经术，中篇治道，下篇博闻，共三十余卷。有王者起，将以见诸行事，以跻斯世于治古之隆。"[③] 无疑就该是这个问题的"晚年定论"了。

正因为如此，所以顾炎武把著《思辨录》的陆世仪和著《明夷待访录》的黄宗羲引为同志。在给陆世仪的信中，他说："廿年以来，东西南北，率彼旷野，未获一觌清光。而昨岁于蓟门得读《思辨录》，乃知当世而有真儒如先生者，孟子所谓'穷则独善其身，达则兼善天下'，具内圣外王之事者也。弟少年时，不过从诸文士之后，为雕虫篆刻之技。及乎年齿渐大，闻见益增，始知后海先河，为山覆篑，而炳烛之光，桑榆之效，亦已晚矣。近刻《日知录》八卷，特付东堂邮呈，专祈指示。其有不合者，望一一为之批驳，寄至都门，以便改正。《思辨录》刻全，仍乞见惠一部。"[④] 而给黄宗羲的信也同样说："顷过蓟门，见贵门人陈、万两君，具念起居无恙。因出大著《待访录》读之再三，于是知天下之未尝无人，百王之敝可以复起，而三代之盛可以徐还也。天下之事，有其识者未必遭其时，而当其时者或无其识。古之君子所以著书待后，有王者起，得而师之。然而《易》'穷则变，变则通，通则久'。圣人复起，不易吾言，可预信于今日也。炎武以管见为《日知录》一

---

① 顾炎武：《亭林文集》卷二《初刻日知录自序》。
② 顾炎武：《亭林文集》卷六《与杨雪臣》。
③ 顾炎武：《亭林文集》卷四《与人书二十五》。
④ 顾炎武：《亭林余集》不分卷，《与陆桴亭札》。

书，窃自幸其中所论，同于先生者十之六七。"①

　　根据以上材料，足以说明《日知录》确如潘耒所见，是一部讲求经世致用学问的书。顾炎武是要以之去"拨乱世以兴太平之事"。按理这些材料四库馆臣都能看到，他们又都是全国的一流学者，据以做出准确的判断应无问题。然而他们却没有这样做，而是否定了顾炎武的经世主张，讥之为"迂而难行""愎而过锐"。为什么会形成这样一种局面？其原因大概可以从如下两方面去考察。第一，顾炎武明确主张"法古用夏"，"待一治于后王"，"拨乱世以兴太平之事"，这不仅反映了他对清王朝的不合作态度，而且简直是近乎否定现政权的存在。这样一种经世学说，在文化专制十分严酷的乾隆时代，当然是没有人敢于去正视和肯定它的。第二，《日知录》的结撰和刊行，是康熙中叶以前的事情，到乾隆朝修《四库全书》，时间已经相去七八十年。时代变了，学风也变了，经世致用思潮已经成为过去，代之而起的则是风靡朝野的考据学。在这样的政治和学术环境之下，四库馆臣曲解《日知录》也就不足为奇了。

　　然而历史的本来面目终究是掩盖不住的。嘉庆、道光间，清王朝盛极而衰，内忧外患交织，经世致用思潮再度兴起。道光初，嘉定青年学者黄汝成辑《日知录集释》，将先前众多学者关于《日知录》的研究成果汇聚一堂。他虽然没有对四库馆臣的提要进行批评，但是却十分明确地表彰了顾炎武及其《日知录》的经世学说。黄汝成认为《日知录》"于经术文史、渊微治忽，以及兵刑、赋税、田亩、职官、选举、钱币、盐铁、权量、河渠、漕运，与他事物繁赜者，皆具体要"②，是一部讲求经世之学的"资治之书"③。晚清，文网松弛，《四库提要》已成批评的对象。朱一新著《无邪堂答问》，对四库馆臣的曲解《日知录》进行尖

---

① 顾炎武：《亭林佚文辑补》不分卷，《与黄太冲书》。
② 黄汝成：《袖海楼文录》卷三《答李先生申耆书》。
③ 黄汝成：《袖海楼文录》卷二《日知录集释序》。

锐批评，讥之为"叶公之好龙""郑人之买椟"①。

（三）从初刻八卷到临终绝笔

在《日知录》的结撰过程中，初刻八卷本的问世，是一个重要环节。以往，由于这个本子流传未广，不易得读，所以有的研究者遂误认为已经亡佚。20世纪80年代初，上海古籍出版社将这个本子影印，附录于《日知录集释》出版，这样不仅澄清了误会，而且大大方便了研究者。

《日知录》的刊刻时间，可以大致确定为康熙九年（1670）八月。根据主要是两条，第一条为顾炎武康熙十五年所撰《初刻日知录自序》。序中说："炎武所著《日知录》，因友人多欲钞写，患不能给，遂于上章阉茂之岁刻此八卷。"②上章阉茂为干支纪年庚戌的别称，庚戌即康熙九年。第二条即前引程先贞撰《赠顾征君亭林序》。这篇序说："亭林先生……今年结夏于此，与二三同人讲《易》。复得发其《日知录》一书观之，多考古论世之学，而其大指在于明经术、扶王道，为之三叹服膺，劝其出以惠学者。"③程序题下所署年月即为康熙九年八月。

有关《日知录》初刻时间的资料，还见于《蒋山佣残稿》。其中，顾炎武的《与友人书》说："《日知录》初本乃辛亥年刻。"④辛亥年即康熙十年。

顾炎武谈《日知录》初刻，为什么在时间上会出现庚戌、辛亥二说？笔者以为，是否可以做这样的理解，即八卷本《日知录》系康熙九年始刻，而至康熙十年完成。

至于初刻地点，据周可贞同志新著《顾炎武年谱》考证，当在德

---

①　朱一新：《无邪堂答问》卷五。
②　顾炎武：《亭林文集》卷二《初刻日知录自序》。
③　程先贞：《赠顾征君亭林序》，载沈岱瞻：《同志赠言》，见《亭林先生遗书汇辑》。
④　顾炎武：《蒋山佣残稿》卷一《与友人书》。

州。他说："《日知录》初本，实乃先生讲《易》时，在程先贞等友人劝说下才决定刊刻的，刻书地点可能就在德州。"①

将初刻《日知录》的有关故实考出，这无疑是周著新谱的一个贡献。而把初刻地点大致定在山东德州，虽属揣测，尚需进一步寻觅佐证，但就顾炎武在此数年间，频繁往返德州的经历来看，又不无道理。只是这样一来，却碰到一个不易得到圆满回答的问题，即现存八卷本《日知录》，刻书者自署"符山堂"，而符山堂为张弨书屋，张氏系江苏淮安人，而非山东德州人。当时，张弨正为顾炎武刻《音学五书》，地点就在淮安。这有顾炎武康熙十九年（1680）撰《音学五书后序》为证，他说："余纂辑此书三十余年，所过山川亭鄣，无日不以自随，凡五易稿而手书者三矣。然久客荒壤，于古人书多所未见，日西方莫，遂以付之梓人，故已登版而刊改者犹至数四，又得张君弨为之考《说文》，采《玉篇》，仿《字样》，酌时宜而手书之；二子叶增、叶箕分书小字；鸠工淮上，不远千里累书往复，必归于是，而其工费则又取诸鬻产之直，而秋毫不借于人，其著书之难而成之之不易如此。"②因此《日知录》八卷本的初刻，又存在淮安付梓的可能。事情真相如何，史料无征，只好存疑。

《日知录》初刻八卷本共收读书札记141条。其中卷一15条，卷二25条，卷三7条，卷四25条，卷五16条，卷六17条，卷七19条，卷八17条。从内容上看卷一的《朱子周易本义》《巳日》《鸿渐于陆》《姤》《序卦杂卦》《七八九六》《卜筮》讲《周易》；《帝王名号》《武王伐纣》《丰熙伪尚书》言《尚书》；《诗有入乐不入乐之分》《孔子删诗》《国风》《公姓》《何彼秾矣》言《诗经》。卷二、三讲《春秋》《礼》《四书》。卷四、五、六讲治道。卷七、八为杂考证。同后来三十二卷本的《日知录》相比，上篇经术、中篇治道、下篇博闻的编纂雏形，此

---

① 周可贞：《顾炎武年谱》，康熙十八年条，苏州大学出版社1998年版，第401页。

② 顾炎武：《亭林文集》卷二《音学五书后序》。

时已经大体形成。

初刻八卷本问世之后，《日知录》的结撰，不间寒暑，精益求精，耗尽了顾炎武毕生的心力。对于其中的甘苦，他曾经说："尝谓今人纂辑之书，正如今人之铸钱。古人采铜于山，今人则买旧钱，名之曰废铜，以充铸而已。所铸之钱既已粗恶，而又将古人传世之宝，舂剉碎散，不存于后，岂不两失之乎？承问《日知录》又成几卷，盖期之以废铜。而某自别来一载，早夜诵读，反复寻究，仅得十余条，然庶几采山之铜也。"① 顾炎武将此书的结撰喻为采铜于山，可见其劳作的艰辛和学风的严谨。

顾炎武严谨笃实，学随日进。在他生命历程的最后数年里，一方面则是对初刻本精雕细琢，纠正讹误。康熙十五年，顾炎武为初刻本《日知录》补撰自序，就此书反省道："历今六七年，老而益进，始悔向日学之不博，见之不卓，其中疏漏往往而有，而其书已行于世，不可掩。渐次增改，得二十余卷，欲更刻之，而犹未敢自以为定，故先以旧本质之同志。"② 同年，他给黄宗羲的信中也说："炎武以管见为《日知录》一书，……但鄙著恒自改窜，未刻。"③

晚年的顾炎武，恪遵"良工不示人以璞"的古训，精心雕琢《日知录》。在致其学生潘耒的信中，他说："著述之家，最不利乎以未定之书传之于人。昔伊川先生不出《易传》，谓是身后之书。……今世之人速于成书，躁于求名，斯道也将亡矣。前介眉札来索此（指《音学五书》——引者），原一亦索此书，并欲钞《日知录》。我报以《诗》《易》二书今夏可印，其全书再待一年，《日知录》再待十年。如不及年，则以临终绝笔为定。"④

---

① 顾炎武：《亭林文集》卷四《与人书十》。
② 顾炎武：《亭林文集》卷二《初刻日知录自序》。
③ 顾炎武：《亭林佚文辑补》不分卷，《与黄太冲书》。
④ 顾炎武：《亭林文集》卷四《与潘次耕书》。

顾炎武没有违背自己的诺言，迄于康熙二十一年（1682）正月逝世，他始终未曾把已经完成的三十余卷《日知录》再度付刻。直到十三年之后，遗稿由潘耒整理删削，才在福建建阳刻印。

二、社会政治思想

社会政治思想，这是顾炎武思想的核心。如何对其评价，正是把握顾氏思想实质的一个关键，也是全面评价这一历史人物的一个重要方面。

顾炎武所生活的明清之际，是中国封建社会晚期危机重重、剧烈动荡的时代。他的社会政治思想也随着历史的步伐而深化，打上了鲜明的时代印记。

明末封建社会的极度腐朽，是顾炎武迈入社会门槛时所面临的严峻现实。对此，他予以广泛深刻的注视。其集中的反映，便是他自二十七岁起所开始纂辑的《天下郡国利病书》。书中，顾炎武以大量社会历史资料的排比，对土地兼并、赋役不均的社会积弊进行了猛烈的鞭挞。根据他所辑录的史料，我们可以看到，有明一代作为土地兼并直接后果的军屯瓦解是何等严重，"举数十屯而兼并于豪右，比比皆是"。[①] 而与之若形影相随的赋役不均、豪绅欺隐，更是有过之而无不及。素以重赋著称的江南，浙江嘉兴县，"一人而隐田千亩"，"其隐去田粮，不在此县，亦不在彼县，而置于无何之乡"[②]。江苏武进县，一豪绅"隐田六百余亩，洒派众户，己则阴食其糈，而令一县穷民代之税"[③]。在东南沿海的福建，竟出现了"有田连阡陌，而户米不满斗石者；有贫无立锥，而

---

① 顾炎武：《天下郡国利病书》卷九十一《福建一》。
② 顾炎武：《天下郡国利病书》卷八十四《浙江二》。
③ 顾炎武：《天下郡国利病书》卷二十三《江南十一》。

户米至数十石者"①的景况。

顾炎武着意地去收集这些资料，从广阔的断面反映明末农村的真实面貌，揭露黑暗的现状，正是他早年经世致用思想的体现。及至明清更迭，顾炎武的这一思想业已成熟。他在顺治二年（1645）及稍后一段时间所写的《军制论》《形势论》《田功论》《钱法论》和《郡县论》等，都是探讨他要求改革社会积弊思想的极好材料。

在上述文论中，顾炎武不唯对土地兼并、赋役不均的社会问题痛下针砭，而且更试图对造成这些社会现象的历史根源进行探索。尽管他对于问题的真谛没有能够予以准确的揭示，但是其锋芒所向，已经触及封建社会的上层建筑本身。在著名的《郡县论》中，他写道："封建之废，固自周衰之日，而不自于秦也。封建之废，非一日之故也，虽圣人起亦将变而为郡县。方今郡县之弊已极，而无圣人出焉，尚一一仍其故事。此民生之所以日贫，中国之所以日弱而益趋于乱也。"②在顾炎武看来，"郡县之弊已极"局面的形成，症结就在于"其专在上"。他说："封建之失，其专在下；郡县之失，其专在上。"皇权的高度集中，酿成各级地方官员"凛凛焉救过之不及，以得代为幸，而无肯为其民兴一日之利"。既然如此，顾炎武断言："民乌得而不穷，国乌得而不弱！"于是他直截地提出了变革郡县制度的要求，大声疾呼："率此不变，虽千百年而吾知其与乱同事，日甚一日矣。"③顾炎武亟求变革的思想，是明清更迭的大动荡在意识形态领域的必然反映，其进步意义是显而易见的。我们不能因为历史的局限使他无法找到解决问题的途径，以致提出"寓封建之意于郡县之中"的主张，便贸然否定《郡县论》以及他要求进行社会变革的思想的历史价值。

在《日知录》中，我们可以看到，迄于暮年，顾炎武经世致用思

---

① 顾炎武：《天下郡国利病书》卷九十二《福建二》。
② 顾炎武：《亭林文集》卷一《郡县论》一。
③ 顾炎武：《亭林文集》卷一《郡县论》一。

想日趋深化的明晰轨迹。他在这一时期，一如既往，留心时务，关注民生，不仅写出了《苏松二府田赋之重》一类优秀的学术札记，将早年对社会历史的研究引向深入，而且萌发了若干有价值的民主思想幼芽。这首先是对君权的怀疑。顾炎武将神圣不可侵犯的君权，大胆地列入了自己的论究对象。在《日知录》卷二十四《君》条中，他广泛征引载籍，以论证"君"并非封建帝王的专称。他指出，在古代君为"上下之通称"，不仅天子可称君，就是人臣、诸侯、卿大夫，乃至府主、家主、父、舅姑等皆可称君。这样的论证，简直近乎在嘲弄封建帝王了。而且顾炎武并没有就此却步，他进而提出了反对"独治"，实行"众治"的主张。他认为："人君之于天下，不能以独治也。独治之而刑繁矣，众治之而刑措矣。"① 由此出发，顾炎武发出了"以天下之权寄之天下之人"的呼吁。他说："所谓天子者，执天下之大权者也。其执大权奈何？以天下之权寄之天下之人，而权乃归之于天子。自公卿大夫，至于百里之宰，一命之官，莫不分天子之权以各治其事，而天子之权乃益尊。后世有不善治者出焉，尽天下一切之权而收之在上。而万几之广，固非一人之所能操也。"② 虽然时代的局限障蔽了顾炎武的视野，他没有，也不可能逾越封建的藩篱去否定君主专制，但是他对君权的大胆怀疑，进而提出"众治""以天下之权寄之天下之人"等主张，则是很可宝贵的思想。

《日知录》中民主思想萌芽的另一个集中反映，就是富有探讨价值的社会风俗论。顾炎武在此处所说的"风俗"，并不是狭义的风土人情，而是要广泛得多的社会风气。他在书中用了几乎整整一卷的篇幅，详细地考察了历代社会风气的演变情况。面对明末以来社会风气的恶化，作为一个杰出的学者和思想家，顾炎武依据大量的历史事实论证：

---

① 顾炎武：《日知录》卷六《爱百姓故刑罚中》。
② 顾炎武：《日知录》卷九《守令》。

"观哀、平之可以变而为东京，五代之可以变而为宋，则知天下无不可变之风俗。"① 他憧憬着社会风气的淳厚和国治民安，为了实现这一理想，他主张进行"教化"，指出："目击世趋，方知治乱之关必在人心风俗，而所以转移人心，整顿风俗，则教化纪纲为不可阙矣。百年必世养之而不足，一朝一夕败之而有余。"② 在《日知录》卷十三《廉耻》条中，顾炎武引述宋人罗从彦（字仲素）的话说："教化者，朝廷之先务；廉耻者，士人之美节；风俗者，天下之大事。朝廷有教化，则士人有廉耻；士人有廉耻，则天下有风俗。"这就是说，为了确立良好的社会风气，知识界有着不可推卸的历史责任，它的廉耻与否正是一个关键，而解决问题的根本，则在于封建国家必须把文化教育作为治国之先务。与之同时，顾炎武呼吁重视社会公正舆论的作用，他把这种舆论称为"清议"。他说："古之哲王所以正百辟者，既已制官刑儆于有位矣，而又为之立闾师，设乡校，存清议于州里，以佐刑罚之穷。移之郊遂，载在《礼经》，殊厥井疆，称于《毕命》。两汉以来，犹循此制。乡举里选，必先考其生平，一玷清议，终身不齿。……降及魏晋，而九品中正之设，虽多失实，遗意未亡。凡被纠弹付清议者，即废弃终身，同之禁锢。"③ 通过对历史的深刻反思，顾炎武得出了这样的结论："天下风俗最坏之地，清议尚存，犹足以维持一二。至于清议亡，而干戈至矣。"④

固然，国家的兴衰、社会的治乱，并不如同顾炎武所说，只是一个人心、风俗问题，但是在明清之际，当社会风气极度败坏的时候，致力于转移人心、救正风俗、倡导"清议"，无疑又是切合社会需要的。顾炎武看到了这一点，并以之作为追求目标，正是其作为一个进步思想家的卓越之处。

---

① 顾炎武：《日知录》卷十三《宋世风俗》。
② 顾炎武：《亭林文集》卷四《与人书九》。
③ 顾炎武：《日知录》卷十三《清议》。
④ 顾炎武：《日知录》卷十三《清议》。

同早年相比，入清以后，尤其是到了晚年，顾炎武的经世致用思想还有一个突出的内容，即强烈的民族意识。这就是他在《日知录》中所反复阐述的"夷夏之防"。他说："君臣之分，所关者在一身，夷夏之防，所系者在天下。故夫子之于管仲，略其不死子纠之罪，而取其一匡九合之功。盖权衡于大小之间，而以天下为心也。夫以君臣之分，而犹不敌夷夏之防，而《春秋》之志可知矣。"[①] "严夷夏之防"，这是儒家思想中的糟粕，我们没有理由去肯定它。但是应当看到，在清初民族压迫异常酷烈的情况下，顾炎武以之去反抗清廷的统治，这自有其立论的依据。而且在反抗清廷民族高压的斗争中，这一类主张也确实产生过积极的影响。强烈的民族意识，这并非顾炎武一人所特有，在清初其他进步思想家的思想中，也都程度不等地得到反映。这正是清初的特定历史环境给那个时代的理论思维留下的烙印。

顾炎武暮年经世致用思想的深化，还可从他这一时期所写的大量文论书札中看得很清楚。这些文论书札的一个共同特点在于，不仅如同先前一样，有对社会历史的深刻考察，而且更有对社会现实的强烈关注。

康熙初年，顾炎武把游踪扩至山陕之后，曾有《钱粮论》之作，论及赋税强征银两，"火耗"殊求的为虐病民。他痛斥"火耗"为虐是"穷民之根，匮财之源，启盗之门"，认为"生民之困，未有甚于此时者"。文中写道："今来关中，自鄠以西至于岐下，则岁甚登，谷甚多，而民且相率卖其妻子。至征粮之日，则村民毕出，谓之人市。问其长吏，则曰，一县之鬻于军营而请印者，岁近千人，其逃亡或自尽者，又不知凡几也。何以故？则有谷无银也。"[②] 针对这样的现实，顾炎武主张进行更革："度土地之宜，权岁入之数，酌转般之法，而通融乎其间。凡州县之不通商者，令尽纳本色，不得已，以其什之三征钱。"他认为

---

① 顾炎武：《日知录》卷七《管仲不死子纠》，文中"夷夏之防"原作"华裔之防"，据黄侃《日知录校记》改。

② 顾炎武：《亭林文集》卷一《钱粮论》上。

只有这样做，才能取得"活民之实"。[①] 当他客居山西汾州时，曾经对当地米价做过调查，在致友人李因笃的书札中，他写道："汾州米价，每石二两八钱，大同至五两外，人多相食。"[②] 与之前后，他还致书其外甥徐元文，陈述了经历三藩之乱的"一方之隐忧"。他说："关辅荒凉，非复十年以前风景。而鸡肋蚕丛，尚烦戎略，飞刍挽粟，岂顾民生。至有六旬老妇，七岁孤儿，挈米八升，赴营千里。于是强者鹿铤，弱者雉经，阖门而聚哭投河，并村而张旗抗令。此一方之隐忧，而庙堂之上或未之深悉也。"[③] 就在逝世前夕的康熙二十年（1681）八月，他在病中仍念念不忘民生疾苦。十月，病势稍减，即致书朝中友人，提出"请举秦民之夏麦秋米及豆草，一切征其本色，贮之官仓，至来年青黄不接之时而卖之"的建议。他认为："救民水火，莫先于此。"[④]

顾炎武一生，始终以"国家治乱之源，生民根本之计"[⑤] 为怀，早年奔走国事，中年图谋匡复，暮年独居北国，依旧念念不忘"东土饥荒""江南水旱"。直到逝世前夕，病魔缠身，仍然以"救民水火"为己任。他主张："天生豪杰，必有所任。……今日者，拯斯人于涂炭，为万世开太平，此吾辈之任也。仁以为己任，死而后已。"[⑥] 这样的忧国忧民襟怀，固然有其特定的阶级内容，但是对一个地主阶级思想家和学者来说，实在是难能可贵的。面对明清更迭的现实，顾炎武从历史反思中得出结论："有亡国，有亡天下，亡国与亡天下奚辨？曰易姓改号谓之亡国；仁义充塞而至于率兽食人，人将相食，谓之亡天下。……是故知保天下，然后知保其国。保国者，其君其臣肉食者谋之；保天下

① 顾炎武：《亭林文集》卷一《钱粮论》上。
② 顾炎武：《蒋山佣残稿》卷一《与李子德》。
③ 顾炎武：《亭林文集》卷六《答徐甥公肃书》。
④ 顾炎武：《亭林文集》卷三《病起与蓟门当事书》。
⑤ 顾炎武：《亭林佚文辑补》不分卷，《与黄太冲书》。
⑥ 顾炎武：《亭林文集》卷三《病起与蓟门当事书》。

者，匹夫之贱与有责焉耳矣。"^① 这样的亡国与亡天下之辨，尽管有其时代和阶级的局限，其中的封建正统意识和大民族主义观念，无疑应予以批判。但是，一个旧时代的学者和思想家，能如此地关注国家和民族的前途、命运，为之奔走呼号，则是应当历史地予以实事求是评价的。后世学者将他的这一思想归纳为"天下兴亡，匹夫有责"，而成为我们中华民族爱国主义传统的一个组成部分，是颇有道理的。

三、经学思想

明末以来，王阳明心学乃至整个宋明理学的没落，客观地提出了建立新的学术形态的课题。所以在明清之际日趋高涨的实学思潮中，不仅出现了出于王学而非难王学，或由王学返归朱学的现象，而且也出现了对整个宋明理学进行批判的趋势。顾炎武顺应这一历史趋势，在对宋明理学的批判中，建立起他的以经学济理学之穷的思想。

顾炎武对宋明理学的批判，是以总结明亡的历史教训为出发点的，因而其锋芒所向，首先便是王阳明心学。在他看来，明末的"神州荡覆，宗社丘墟"，正是王学空谈误国的结果。他说："刘石乱华，本于清谈之流祸，人人知之，孰知今日之清谈有甚于前代者。昔之清谈谈老庄，今之清谈谈孔孟，未得其精而已遗其粗，未究其本而先辞其末。不习六艺之文，不考百王之典，不综当代之务，举夫子论学、论政之大端一切不问，而曰一贯，曰无言。以明心见性之空言，代修己治人之实学，股肱惰而万事荒，爪牙亡而四国乱，神州荡覆，宗社丘墟。"^② 固然把明朝的灭亡归咎于王学，与历史实际相去甚远，但是顾炎武在这里对王学末流的鞭挞，以及他所阐述的"空谈误国"的道理，却又无疑是正

---

① 顾炎武：《日知录》卷十三《正始》。
② 顾炎武：《日知录》卷七《夫子之言性与天道》。

确的。由于顾炎武对晚明心学的泛滥深恶痛绝，因此为了从根本上否定心学，他不仅从学术史角度，对这一学说追根寻源，而且把心学同魏晋清谈并提，认为其罪"深于桀纣"。①

既然心学之罪深于桀纣，"不学则借一贯之言以文其陋，无行则逃之性命之乡以使人不可诘"②。所以顾炎武进而着力地去剥下它的神圣外衣，将其与禅学间的联系无情地揭剔出来。他指出心学是内释外儒之学，而"孔门未有专用心于内之说"。认为："古之圣人所以教人之说，其行在孝弟忠信，其职在洒扫、应对、进退，其文在《诗》《书》《礼》《易》《春秋》，其用之身在出处、去就、交际，其施之天下在政令、教化、刑罚。虽其和顺积中而英华发外，亦有体用之分，然并无用心于内之说。"③ 在他看来："今之所谓内学，则又不在图谶之书，而移之释氏矣。"④ 因此顾炎武引明人唐伯元（字仁卿）的《答人书》所述为同调，重申："古有好学，不闻好心，心学二字，《六经》、孔孟所不道。"⑤ 他尤其赞成宋末学者黄震对心学的指斥："近世喜言心学，舍全章本旨而独论人心、道心，甚者单摭道心二字，而直谓即心是道。盖陷于禅学而不自知，其去尧、舜、禹授受天下之本旨远矣。"⑥ 这就说明，心学并非儒学正统，它不符合孔孟之论，实际上就是老庄之学，是禅学。既然如此，心学当然就应予摒弃。

顾炎武否定了心学，那么以什么去取而代之呢？以程朱之学吗？不是的。在顾炎武看来，不唯心学是内向的禅学，而且以"性与天道"为论究对象的整个宋明理学，也不免流于禅释。他指出："窃叹夫百余年以来之为学者，往往言心言性，而茫乎不得其解也。命与仁，夫子之所

---

① 顾炎武：《日知录》卷十八《朱子晚年定论》。
② 顾炎武：《日知录》卷十八《朱子晚年定论》。
③ 顾炎武：《日知录》卷十八《内典》。
④ 顾炎武：《日知录》卷十八《内典》。
⑤ 顾炎武：《日知录》卷十八《心学》。
⑥ 顾炎武：《日知录》卷十八《心学》。

罕言也；性与天道，子贡之所未得闻也。……今之君子则不然，聚宾客门人之学者数十百人，譬诸草木，区以别矣，而一皆与之言心言性。舍多学而识，以求一贯之方，置四海之困穷不言，而终日讲危微精一之说。是必其道之高于夫子，而其门弟子之贤于子贡，桃东鲁而直接二帝之心传者也，我弗敢知也。"[1] 这就是说，不顾国家安危，不讲出处、去就、辞受、取与之辨，而津津乐道于"性与天道"，同样不是儒学正统。顾炎武认为，这样的学说实际上已经堕入禅学泥淖。所以他说："樊迟问仁，子曰：'居处恭，执事敬，与人忠。'司马牛问仁，子曰：'仁者，其言也讱。'由是而充之，一日克己复礼有异道乎？今之君子，学未及乎樊迟、司马牛，而欲其说之高于颜曾二子，是以终日言性与天道，而不自知其堕于禅学也。"[2] 这当然不仅是对陆王心学的否定，同样也是对程朱理学的批评。在这种批评中，尽管没有明显的指责朱学的倾向，而且往往还是推扬程朱以排击陆王，但透过表面之词，则可以看出，顾炎武所追求的学术，并不是以"性与天道"为论究对象的理学。

宇宙的本体是什么？程朱学派认为是理，陆王心学归结为心。程颐说："道则自然生万物。"[3] 朱熹说得更直截了当："未有天地之先，毕竟是先有此理。"[4] 陆九渊主张："宇宙便是吾心，吾心即是宇宙。"[5] 王守仁承袭陆九渊的观点，认为："心外无物，心外无事，心外无理，心外无义，心外无善。"[6] 在这个问题上，顾炎武与程朱陆王皆异其旨趣，他站在张载一边，服膺气本论的主张。他说："张子《正蒙》有云，太虚不能无气，气不能不聚而为万物，万物不能不散而为太虚。循是出入，是

---

① 顾炎武：《亭林文集》卷三《与友人论学书》。
② 顾炎武：《日知录》卷七《夫子之言性与天道》。
③ 程颐：《河南二程遗书》卷十五。
④ 朱熹：《朱子语类》卷一。
⑤ 陆九渊：《陆九渊集》卷二十二《杂著·杂说》。
⑥ 王守仁：《阳明全书》卷四《与王纯甫书二》。

皆不得已而然也。"①而且顾炎武还引述明人邵宝《简端录》之说，以彰明自己对宇宙本原的见解。他写道："邵氏《简端录》曰，聚而有体谓之物，散而无形谓之变。唯物也，故散必于其所聚；唯变也，故聚不必于其所散。是故气以气聚，散以气散。昧于散者，其说也佛；荒于聚者，其说也仙。"从而得出了他的"盈天地之间者气也"②的结论。

宋明数百年间，理学家把封建的仁义礼智、纲常伦理本体化为"天理"，并据以提出"存天理，灭人欲"的教条，成为束缚人们思想的桎梏。顾炎武于此，虽未进行正面驳议，但他认为"自天下为家，各亲其亲，各子其子，而人之有私，固情之所不能免矣。故先王弗为之禁，非为弗禁，且从而恤之，建国亲侯，胙土命氏，画井分田。合天下之私以成天下之公，此所以为王政也"。③类似的主张，还见于他的《郡县论》。顾炎武认为："天下之人，各怀其家，各私其子，其常情也。"他说："天下之私，天子之公也。""用天下之私以成一人之公，而天下治。"④这里，顾炎武虽然是在为封建统治者说法，但是他能论证人的私情存在的合理性，甚至把它作为"天子之公"的前提，这显然是与理学传统背道而驰的。

格物穷理，这是程朱派理学家的不二法门。顾炎武也讲"格物致知"，然而他却在旧的躯壳之中，充实进新的时代内容。他说："以格物为多识于鸟兽草木之名，则末矣。知者无不知也，当务之为急。"⑤何谓"当务之急"？根据他的一贯主张，既不是"鸟兽草木"，也不是"性与天道"，而是"国家治乱之源，生民根本之计"，是"保天下者，匹夫之贱与有责焉"。这样的格物观表明，它既不同于王守仁的"致良

---

① 顾炎武：《日知录》卷一《游魂为变》。
② 顾炎武：《日知录》卷一《游魂为变》。
③ 顾炎武：《日知录》卷三《言私其豵》。文末"天下之公"，"下"字疑误，合《郡县论》考之，似当作"子"字。
④ 顾炎武：《亭林文集》卷一《郡县论》五。
⑤ 顾炎武：《日知录》卷六《致知》。

知"，也不同于朱熹的"穷理"，顾炎武实已冲破理学藩篱，将视野扩展到广阔的社会现实中去了。

面临以什么学术形态去取代心学的抉择，顾炎武虽然没有走向朱学复归的老路，但是，历史的局限，却又使他无法找到比理学更为高级的思维形式。于是他只好回到传统的儒家学说中去，选择了复兴经学的途径。

作为心性空谈的对立物，在晚明的学术界，已经出现了"通经学古"的经学倡导。此风由嘉靖、隆庆间学者归有光开其端，中经焦竑、陈第诸人畅其流，至崇祯间钱谦益、张溥、张采辈张大其说，"兴复古学"遂成日趋强劲的学术潮流，从而为顾炎武的复兴经学开启了先路。

顾炎武正是沿着明季先行者的足迹，去为复兴经学而努力的。在致友人施闰章的书札中，他鲜明地提出了"理学，经学也"的主张，指出："理学之名，自宋人始有之。古之所谓理学，经学也，非数十年不能通也。故曰，君子之于《春秋》，没身而已矣。今之所谓理学，禅学也。不取之《五经》，而但资之语录，较诸帖括之文而尤易也。又曰，《论语》，圣人之语录也。舍圣人之语录，而从事于后儒，此之谓不知本矣。"① 顾炎武把经学视为儒学正统，在他看来，不去钻研儒家经典，而沉溺于理学家的语录，就叫作学不知本。因此他呼吁"鄙俗学而求《六经》"，号召人们去"务本原之学"②。如同钱谦益一样，顾炎武也主张"治经复汉"，他说："经学自有源流，自汉而六朝，而唐而宋，必一一考究，而后及于近儒之所著，然后可以知其异同离合之指。如论字者必本于《说文》，未有据隶楷而论古文者也。"③

顾炎武的这些主张，其立意甚为清楚，无非是要说明，古代理学的本来面目，其实就是朴实的经学，也就是尔后雍乾间学者全祖望所归纳

---

①　顾炎武：《亭林文集》卷三《与施愚山书》。

②　顾炎武：《亭林文集》卷四《与周籀书书》。

③　顾炎武：《亭林文集》卷四《与人书四》。

的"经学即理学"①，只是后来让释道诸学渗入而禅学化了。所以，顾炎武认为应当张扬经学，在经学中去谈义理，这才叫"务本原之学"。于是乎心学也罢，理学也罢，统统作为"不知本"的"后儒"之学而被摒弃了。

在具体的经学研究中，顾炎武提出了"信古而阙疑"的治经原则。他说："《五经》得于秦火之余，其中故不能无错误，学者不幸而生乎二千余载之后，信古而阙疑，乃其分也。"②根据这一原则，他的经学实践不盲从，不依傍。信其所当信，疑其所当疑，体现了为学的务实风格。譬如他的《周易》研究，既肯定程颐《易传》和朱熹《周易本义》，主张"复程朱之书以存《易》"，又强调"当各自为本"，不可"专用《本义》"，而于《程传》"弃去不读"。③同时对宋明《易》说的比附穿凿，顾炎武则多所驳斥。他直斥陈抟、邵雍的《易》说为"方术之书""道家之易"④，是"强孔子之书以就己之说"。⑤对于聚讼纷纭的《尚书》，顾炎武判定"《泰誓》之文出于魏晋间人之伪撰"，他指出："今之《尚书》，其今文、古文皆有之三十三篇，固杂取伏生、安国之文，而二十五篇之出于梅赜，《舜典》二十八字之出于姚方兴，又合而一之。孟子曰，尽信书不如无书，于今日而益验之矣。"⑥诸经之中，顾炎武于《春秋》研究最深。他博稽载籍，除将其研究成果收入《日知录》之外，还专门写了一部《左传杜解补正》。按照经今古文学的分野，《左传》是古文家的路数，而《公羊传》则属今文，《穀梁传》虽其说不一，然亦多归之于今文经学之类。顾炎武治《春秋》，却破除今古文壁垒，博采三家之长，兼取后儒所得。他说："若经文大义，左氏不

①　全祖望：《鲒埼亭集》卷十二《亭林先生神道表》。
②　顾炎武：《日知录》卷二《丰熙伪尚书》。
③　顾炎武：《日知录》卷一《朱子周易本义》。
④　顾炎武：《日知录》卷一《孔子论易》。
⑤　顾炎武：《日知录》卷一《易逆数也》。
⑥　顾炎武：《日知录》卷二《古文尚书》。

能尽得，而公、穀得之，公、穀不能尽得，而啖、赵及宋儒得之，则别记之于书。"① 对于宋明以来多所讥刺的唐人啖助的《春秋》研究，顾炎武独加称许。他不同意所谓啖助"不本所承，自用名学"，"谓后生诡辩为助所阶"之说，认为："啖助之于《春秋》，卓越三家，多有独得。"② 所以，他的《春秋》研究深为后人重视，被评为"扫除门户，能持是非之平"。③

宋明以来，理学家轻视训诂声音之学，古音学不绝如缕，若断若续。由于古音学的不讲，故而后世往往有率臆改经之病。顾炎武认为，治经学而不通音韵文字，则无以入门，于是他提出了"读九经自考文始，考文自知音始"④ 的经学方法论。由此出发，潜心于古音学研究，经过三十余年的努力，终于写成《音学五书》这样一部中国音韵学史上继往开来的著作。顾炎武的古音学研究，尽管师承有自，从宋人吴棫、郑庠，尤其是明人陈第等的著述中，均获致不少有益启示。但是由于他能实事求是地进行独立研究，因而在音学演变源流的审订、古韵部类的离析诸方面，皆能光大陈第之所得，是正吴棫之谬误，从而取得创获性的成果。南宋以来，于《诗经》随意叶读的积习，至此一一廓清。顾炎武亦以此书赢得一代音韵学开派宗师的地位。

顾炎武复兴经学的努力，"读九经自考文始，考文自知音始"的为学方法论的倡导，以及"治经复汉"的主张，登高一呼，回声四起，迅速激起共鸣。康熙中叶以后，治经"信古"而"求是"，遂成一时学术界共识。江苏吴江经学家朱鹤龄指出："经学之荒也，荒于执一先生之言而不求其是，苟求其是，必自信古始。"⑤ 常熟学者冯班也说："经学盛于汉，至宋而疾汉如仇。玄学盛于晋，至宋而诋为异端。注疏仅存，

① 顾炎武：《左传杜解补正》卷首，自序。
② 顾炎武：《日知录》卷二《丰熙伪尚书》。
③ 《四库全书总目》经部，《春秋》类四，《左传杜解补正》。
④ 顾炎武：《亭林文集》卷四《答李子德书》。
⑤ 朱鹤龄：《愚庵小集·毛诗稽古篇序》。

讹缺淆乱，今之学者，至不能举其首题。"[1] 流寓扬州的四川新繁学者费密，则以表彰"古经定旨"为帜志，主张："学者必根源圣门，专守古经，从实志道。"[2] 经过顾炎武与其他学者的共同倡导，清初学术在为学方法上，逐渐向博稽经史一路走去，形成有别于宋明理学的朴实考经证史的历史特征。

四、史学思想

顾炎武治史，贯通古今，具有引古筹今的鲜明特色。他在《答徐甥公肃书》中说："夫史书之作，鉴往所以训今。"[3] 作史者对历史事件和历史人物的评论，要"于序事中寓论断"[4]，而非凭空而发。因此，他称赞《史记》叙事论断相得益彰，成为中国古代史书的楷模。

对于史书的体例，顾炎武极其强调表、志的作用。在《日知录》中，他引述友人朱鹤龄的主张道："《史记》帝纪之后，即有十表、八书。表以纪治乱兴亡之大略，书以纪制度沿革之大端。班固改书为志，而年表视《史记》加详焉。"[5] 炎武认为，陈寿《三国志》、范晔《后汉书》，不立表、志是一大缺憾。"不知作史无表，则立传不得不多，传愈多，文愈繁，而事迹或反遗漏而不举。"[6] 顾炎武自己读史籍时，也常用列表的方法来理顺纷繁的历史事件。他说："比日偶阅四史，因自混一之年，以迄厓山之岁，编成年表，较渔仲尤为简略。"[7]

顾炎武认为，史籍的编纂，要能堪称信史而取信于后世，一个根

① 冯班：《钝吟文稿·经典释文跋》。
② 费密：《弘道书》卷上《古经旨论》。
③ 顾炎武：《亭林文集》卷六《答徐甥公肃书》。
④ 顾炎武：《日知录》卷二十六《史记·于序事中寓论断》。
⑤ 顾炎武：《日知录》卷二十六《作史不立表志》。
⑥ 顾炎武：《日知录》卷二十六《作史不立表志》。
⑦ 顾炎武：《菰中随笔》。

本点就在于征实去伪。他把"据事直书"视为"万世作史之准绳"。在《日知录》中论及明末《三朝要典》，于此有过集中阐述。他说："门户之人，其立言之指，各有所借，章奏之文，互有是非。作史者两收而并存之，则后之君子，如执镜以照物，无所逃其形矣。偏心之辈，谬加笔削，于此之党，则存其是者，去其非者；于彼之党，则存其非者，去其是者。于是言者之情隐，而单辞得以胜之。且如《要典》一书，其言未必尽非，而其意别有所为。继此之为书者犹是也。此国论之所以未平，而百世之下难乎其信史也。崇祯帝批讲官李明睿之疏曰：'纂修《实录》之法，惟在据事直书，则是非互见。'大哉王言，其万世作史之准绳乎！"① 因此，顾炎武在治史过程中，极为重视史料的可靠性。即以他对于明史的研究而论，他就十分注意《实录》和《邸报》的史料价值。《日知录》曾大量地征引明历朝实录，与友朋论究史事曲直，也多以实录为据。作为明廷档案文献的《邸报》，顾炎武就更加重视了。他长期究心明代史事，早年曾对万历四十八年（1620）至崇祯元年（1628）间的《邸报》，作过认真研究。因为《崇祯实录》之未及修纂，加以明清更迭所带来的若干避忌，顾炎武主张，撰写明末史事，尤其是崇祯朝的历史，"止可以《邸报》为本"②。对于《日知录》中所涉及明季史事，他也表示："所谭兴革之故，须俟阅完《实录》，并崇祯《邸报》一看，然后古今之事，始大备而无憾也。"③ 同强调史料的真实可靠性相一致，顾炎武高度评价了孔子治史的"多闻阙疑"精神。他说："孔子曰：'吾犹及史之阙文也。'史之阙文，圣人不敢益也。……子不云乎：'多闻阙疑，慎言其余'。岂特告子张乎？修《春秋》之法，亦不过此。"④ 由此出发，对明清之际改窜历史的恶劣行径，他严词予以斥责，指出：

---

① 顾炎武：《日知录》卷十八《三朝要典》。
② 顾炎武：《亭林文集》卷三《与公肃甥书》。
③ 顾炎武：《蒋山佣残稿》卷一《答公肃甥》。
④ 顾炎武：《日知录》卷四《春秋阙疑之书》。

"予尝亲见大臣之子，追改其父疏草，而刻之以欺其人者。欲使盖棺之后，重为奋笔之文，逭遗议于后人，侈先见于前事。其为诬罔，甚于唐时。故志之于书，俾作史之君子，详察而严斥之也。"[①] 因而他一再主张，撰修《明史》，应当"惟是奏章是非、同异之论，两造并存，而自外所闻，别用传疑之例"。[②] "一切存之，无轻删抹，而微其论断之辞，以待后人之自定。"[③]

顾炎武在治史过程中，十分注意证据与调查研究。他的弟子潘耒总结其治史业绩时说："足迹半天下，所至交其贤豪长者，考其山川风俗疾苦利病，如指诸掌。"[④] 又说："有一独见，援古证今。"[⑤] 顾氏善于采用类比的归纳法，通过排比同类史料，从而得出结论。例如《日知录》的《名以同事而晦》条云："《吕氏春秋》言：'秦穆公兴师以袭郑，过周而东。郑贾人弦高、奚施将西市于周，遽使奚施归告，及矫郑伯之命，以十二牛劳师，是奚施为弦高之友'，而《左氏传》不载。《淮南子》言：'荆轲西刺秦王，高渐离、宋意为击筑而歌于易水之上。'宋玉《笛赋》，亦以荆卿、宋意并称。是宋意为高渐离之侣，而《战国策》《史记》不载。"[⑥] 这种归纳研究的方法，为尔后学者普遍采用，如崔述的《考信录》、俞樾的《古书疑义举例》等皆是。

五、文学思想

顾炎武是一个治学领域博大的学者，他虽耻为"文人"，一生也不轻易作诗，但是在文学上却很有造诣。尤其是他立足现实的文学思想，

① 顾炎武：《日知录》卷十八《密疏》。
② 顾炎武：《亭林文集》卷三《与公肃甥书》。
③ 顾炎武：《亭林文集》卷四《与次耕书》。
④ 潘耒：《遂初堂集》卷六《日知录序》。
⑤ 潘耒：《遂初堂集》卷六《日知录序》。
⑥ 顾炎武：《日知录》卷二十五《名以同事而晦》。

更多具探讨价值。只是这方面的心得，为他在经学、史学、音韵学等方面的成就所掩，以至于往往为论者所忽略。

顾炎武是从科举制度桎梏中挣脱出来的人。他在青少年时代，角逐科场，也曾经置身于文士之列，"注虫鱼，吟风月"①，"为雕虫篆刻之技"②。然而，身历明清更迭的社会大动荡，当他弃绝科举帖括之学后，便断然一改旧习，以"能文不为文人，能讲不为讲师"③自誓，力倡："君子之为学，以明道也，以救世也。徒以诗文而已，所谓雕虫篆刻，亦何益哉"④，树立了文以经世的文学观。

顾炎武的文学观，体现在他的文章写作上，便是"文须有益于天下"主张的提出。他说："文之不可绝于天地间者，曰明道也，纪政事也，察民隐也，乐道人之善也。若此者，有益于天下，有益于将来，多一篇，多一篇之益矣。若夫怪力乱神之事，无稽之言，剿袭之说，谀佞之文，若此者，有损于己，无益于人，多一篇，多一篇之损矣。"⑤这一主张，正是顾炎武经世致用思想在文学领域的集中反映，也是他中年以后从事文学活动的立足点。由此出发，顾炎武服膺唐代著名文学家白居易关于"文章合为时而著，歌诗合为事而作"的主张，把文章的写作视为一种救世的手段。他指出："救民以事，此达而在上位者之责也；救民以言，此亦穷而在下位者之责也。"⑥因而顾炎武对自己的文章要求极高，"凡文之不关于《六经》之指、当世之务者，一切不为"。⑦

顾炎武力倡"文不贵多而在精"的观点，反对追逐浮名虚誉、急功近利的做法，主张为文严谨，精益求精。他说："二汉文人所著绝少，

---

① 顾炎武：《亭林佚文辑补》，《与黄太冲书》。
② 顾炎武：《亭林余集》，《与陆桴亭札》。
③ 顾炎武：《亭林文集》卷四《与人书二十三》。
④ 顾炎武：《亭林文集》卷四《与人书二十五》。
⑤ 顾炎武：《日知录》卷十九《文须有益于天下》。
⑥ 顾炎武：《日知录》卷十九《直言》。
⑦ 顾炎武：《亭林文集》卷四《与人书三》。

史于其传末每云，所著凡若干篇。惟董仲舒至百三十篇，而其余不过五六十篇，或十数篇，或三四篇。史之录其数，盖称之，非少之也。乃今人著作，则以多为富。夫多则必不能工，即工亦必不皆有用于世，其不传宜矣。"[1]

顾炎武认为，"速于成书，躁于求名"，是学者的大忌。他就此总结说："宋人书，如司马温公《资治通鉴》、马贵与《文献通考》，皆以一生精力成之，遂为后世不可无之书。而其中小有舛漏，尚亦不免。若后人之书，愈多而愈舛漏，愈速而愈不传。所以然者，其视成书太易，而急于求名故也。"[2]

难能可贵的是，顾炎武既是如此说，也是如此去做的。在他留存的文集中，不惟"乙酉四论"以及《郡县论》《生员论》《钱粮论》等，都是切中时弊，早有定评的优秀篇章。而且诸如《吴同初行状》《书吴潘二子事》等叙事文章，乃至《病起与蓟门当事书》等短篇书札，也都从不同的角度，反映了历史的真实。他的这些文章，文字淳朴，不事雕琢，于知人论世大有裨益，完全可以作为史料来运用。读顾炎武的文集，我们还可以发现一个很有个性的特点。同当时的许多学者不一样，他极少去写那些为死者称颂功德的应酬文字。他曾经说过："《宋史》言，刘忠肃每戒子弟曰：'士当以器识为先，一命为文人，无足观矣。'仆自一读此言，便绝应酬文字。所以养器识而不堕于文人也。"[3] 陕西周至学者李颙，是顾炎武北游以后结识的友人，他们一见如故，砥砺气节，同样以操志高洁名著于世。可是，就连李颙请顾炎武为其母写一篇祠记，也为他所婉言谢绝。后来，顾炎武在谈及此事时解释道："中孚为其先妣求传再三，终已辞之。盖止为一人一家之事，而无关经术政理

---

[1] 顾炎武：《日知录》卷十九《文不贵多》。
[2] 顾炎武：《日知录》卷十九《著书之难》。
[3] 顾炎武：《亭林文集》卷四《与人书十八》。

之大，则不作也。"① 在中国文学史上，韩愈是所谓"文起八代之衰"的卓然大家，但是顾炎武也因为韩愈做了"无关于经术政理"的应酬文章，而对之持保留态度。他说："韩文公文起八代之衰，若但作《原道》《原毁》《争臣论》《平淮西碑》《张中丞传后序》诸篇，而一切铭状概为谢绝，则诚近代之泰山北斗矣。今犹未敢许也。"②

顾炎武不仅拒绝作应酬文章，而且针对长期以来文学中存在的拟古弊病，进行了有力地抨击。他指出："近代文章之病，全在摹仿，即使逼肖古人，已非极诣，况遗其神理而得其皮毛者乎。"③ 因此他断言："效《楚辞》者必不如《楚辞》，效《七发》者必不如《七发》。盖其意中先有一人在前，既恐失之，而其笔力复不能自遂。此寿陵余子学步邯郸之说也。"④ 为了挽救毫无生气的拟古之风，顾炎武还从文学史的角度，通过梳理文学形式变迁的源流，论证拟古是没有出路的。他说："《三百篇》之不能不降而《楚辞》，《楚辞》之不能不降而汉魏，汉魏之不能不降而六朝，六朝之不能不降而唐也，势也。用一代之体，则必似一代之文，而后为合格。"⑤ 这就是说，每一个时代的文学，都有各自的风格，文学形式必然随着时代的演进而变迁。这样的文学主张，无疑是符合文学史发展实际的。有鉴于此，顾炎武把"文人求古"视为文学中的病态。他指出："今之不能为二汉，尤二汉不能为《尚书》《左氏》。乃剿取《史》《汉》中文法以为古，甚者猎其一二字句用之于文，殊为不称。"⑥ 在与友人讨论诗文的一篇书札中，顾炎武对收信人的一味模仿古人，作了尖锐的批评。他说："君诗之病在于有杜，君文之病在于有韩、欧。有此蹊径于胸中，便终身不脱依傍二字，断不能登峰

① 顾炎武：《亭林文集》卷四《与人书十八》。
② 顾炎武：《亭林文集》卷四《与人书十八》。
③ 顾炎武：《日知录》卷十九《文人摹仿之病》。
④ 顾炎武：《日知录》卷十九《文人摹仿之病》。
⑤ 顾炎武：《日知录》卷二十一《诗体代降》。
⑥ 顾炎武：《日知录》卷十九《文人求古之病》。

造极。"①

　　顾炎武立足现实的文学观，反映在他的诗歌创作上，则是"诗主性情，不贵奇巧"②。同拒绝做应酬文章一样，顾炎武也不愿意去写那些无病呻吟的赋闲诗。他十分赞成葛洪在《抱朴子》中对诗的看法，即"古诗刺过失，故有益而贵；今诗纯虚誉，故有损而贱"③。因而对当时文化人以诗歌标榜的习气，顾炎武至为鄙夷。他说："若每作一诗，辄相推重，是昔人标榜之习，而大雅君子所弗为也。"④对诗歌创作中的拟古之风，他也作了坚决的否定，指出："诗文之所以代变，有不得不变者，一代之文沿袭已久，不容人人皆道此语。今且千数百年矣，而犹取古人之陈言，一一而摹仿之，以是为诗可乎？故不似则失其所以为诗，似则失其所以为我。李、杜之诗，所以独高于唐人者，以其未尝不似而未尝似也。知此者，可与言诗也已矣。"⑤

　　由于顾炎武在诗歌创作上的现实主义精神，因而他在不同时期所写的诗，尽管激发诗人感情的客观环境各异，然而感时抚事，直抒胸臆，无一不是他真实性情的抒发。唯其真实，所以当明清易代之际，他所写的《感事》《京口即事》《千里》《秋山》等诗，既有对明末腐败政治的揭露，又有对抗清将帅的讴歌，还有对清军铁蹄蹂躏的控诉。沉雄悲壮，朴实感人。北游之后，迄于逝世，他"生无一锥土，常有四海心"⑥。在这一时期，他的诗歌创作，则多是眷恋故国、关怀民生心境的真实写照。苍劲沉郁，颇得杜甫遗风。在顾炎武的笔下，寄寓着对人民的深切同情。他的《夏日》诗写道："未省答天心，且望除民患。

---

① 顾炎武：《亭林文集》卷四《与人书十七》。
② 顾炎武：《日知录》卷二十一《古人用韵不过十字》。
③ 顾炎武：《日知录》卷二十一《作诗之旨》。
④ 顾炎武：《亭林文集》卷四《答李子德书》。
⑤ 顾炎武：《日知录》卷二十一《诗体代降》。
⑥ 顾炎武：《亭林诗集》卷三《秋雨》。

《黍苗》不作歌，《硕鼠》徒兴叹。"[1] 他憧憬着"四海皆农桑，弦歌遍井间"[2] 的太平盛世，表示："愿作劝农官，巡行比陈靖。畎浍遍中原，粒食诒百姓。"[3]

顾炎武的诗歌创作，始终牢牢地立足于社会现实。同他的文章一样，他的诗既可证史，同时也是其经世致用实学思想的反映。晚清，徐嘉为顾炎武诗作笺注，指出："其诗沉郁淡雅，副贰史乘"，"实为一代诗史，踵美少陵"。[4] 这样的评价，还是比较中肯的。

六、务实学风

十七世纪以来，在日趋高涨的经世思潮中，扭转空疏学风是当时学术界所面临的一个迫切课题。在明亡前的三四十年间，经过学术界有识之士的共同努力，一时学风已开始向健实方向转化。顾炎武继起，以"博学于文""行己有耻"的为学主张和锲而不舍的学术实践，为转变明季空疏学风，开启清初实学先路，做出了积极贡献，使他成为清初务实学风的倡导者。

顾炎武学风的形成，经历了一个不断学习、努力实践、锲而不舍的长期探索过程。其学风概言之，就是崇实致用。所谓崇实，就是摒弃"明心见性之空言"，代之以"修己治人之实学"，"鄙俗学而求《六经》"，"以务本原之学"。所谓致用，就是不唯学以修身，而且更要以之经世济民，探索"国家治乱之源，生民根本之计"。顾炎武以一生的学术实践表明，崇实不以致用为依归，难免流于迂阔；致用不以崇实为根据，更会堕入空疏。用他的话来讲，这就叫作"博学于文""行己有

---

① 顾炎武：《亭林诗集》卷四《夏日》。
② 顾炎武：《亭林诗集》卷五《岁暮》。
③ 顾炎武：《亭林诗集》卷一《常熟县耿橘水利书》。
④ 徐嘉：《顾亭林诗先生笺注》卷首，序、凡例。

耻"的"圣人之道"。

"博学于文""行己有耻"都是传统的儒家观点，是孔子在不同的场合答复门人问难时，所提出的为学为人主张，分别见于《论语·颜渊篇》和《子路篇》。然而，把这两个主张合而为一，则是顾炎武的创造，它从一个侧面反映了明清更迭的时代内容。针对王学末流"言心言性，舍多学而识，以求一贯之方，置四海之困穷不言，而终日讲危微精一之说"的空疏学风，顾炎武重申了"博学于文"的为学主张。他说："君子博学于文，自身而至于家国天下，制之为度数，发之为音容，莫非文也。"①这里所说的文，绝不仅仅限于文字、文章之文，而是人文，是包含着广泛内容的社会知识。鉴于晚明士大夫寡廉鲜耻、趋炎附势，当明清易代之时，"反颜事仇"②，顾炎武又把"博学于文"与"行己有耻"并提，以之为"圣人之道"来大力提倡。他说："愚所谓圣人之道如之何？曰'博学于文'，曰'行己有耻'。自一身以至于天下国家，皆学之事也；自子臣弟友以至出入、往来、辞受、取与之间，皆有耻之事也。耻之于人大矣！不耻恶衣恶食，而耻匹夫匹妇之不被其泽。故曰'万物皆备于我，反身而诚'。呜呼！士而不先言耻，则为无本之人；非好古而多闻，则为空虚之学。以无本之人而讲空虚之学，吾见其日从事于圣人而去之弥远也。"③强调做讲求廉耻的有本之人，治好古多闻的务实之学，这正是顾炎武学风的出发点。

顾炎武一生为学，反对内向的主观学问，主张外向的务实学问。他说："自宋以下，一二贤智之徒，病汉人训诂之学，得其粗迹，务矫之以归于内，而'达道''达德''九经''三重'之事，置之不论。此真所谓'告子未尝知义'者也。"④又说："仁与礼，未有不学问而能明者

---

① 顾炎武：《日知录》卷七《博学于文》。
② 顾炎武：《日知录》卷十三《降臣》。
③ 顾炎武：《亭林文集》卷三《与友人论学书》。
④ 顾炎武：《日知录》卷七《行吾敬故谓之内也》。

也。"① 顾炎武不唯主张读书，而且还提倡走出门户，到实践中去。他说："人之为学，不日进则日退。独学无友，则孤陋而难成；久处一方，则习染而不自觉。不幸而在穷僻之域，无车马之资，犹当博学审问，古人与稽，以求是非之所在，庶几可得十之五六。若既不出户，又不读书，则是面墙之士，虽子羔、原宪之贤，终无济于天下。"② 崇尚实际，提倡向外的务实学问，成为顾炎武为学的一个突出特色。道光间，唐鉴著《清学案小识》，将顾炎武归入程朱理学的"翼道学案"，说："先生之为通儒，人人能言之，而不知先生之所以通，不在外而在内，不在制度典礼，而在学问思辨也。"③ 这样的论断，与顾炎武的为学风尚南辕北辙，实在是强人就我的门户之见。事实上，顾炎武的崇实致用之学，断非汉学、宋学所可拘囿。同强他入汉学藩蓠一样，把他强入宋学门墙也是不妥当的。

与崇尚实际、提倡外向的务实学问相一致，顾炎武的学术实践充满了求实的精神。这种求实的独立风格，在顾炎武的经学研究中，得到了集中的反映。

"信古而阙疑"，这是顾炎武经学研究的根本态度。他说："五经得于秦火之余，其中固不能无错误，学者不幸而生乎二千余载之后，信古而阙疑，乃其分也。"④ 由此出发，顾炎武对宋明以来轻疑经文，甚至妄意删改的风气作了批评。他说："近代之人，其于诸经卤莽灭裂，不及昔人远甚。又无先儒为据依，而师心妄作，刊传记未已也，进而议圣经矣；更章句未已也，进而改文字矣。此陆游所致慨于宋人，而今且弥甚。徐枋有言：'今不依章句，妄生穿凿，以遵师为非义，意说为得理，轻侮道术，寝以成俗。'呜呼，此学者所宜深戒。"⑤ 但是信古并不是泥

---

① 顾炎武：《日知录》卷七《求其放心》。
② 顾炎武：《亭林文集》卷四《与人书一》。
③ 唐鉴：《国朝学案小识》卷三《翼道学案》。
④ 顾炎武：《日知录》卷二《丰熙伪尚书》。
⑤ 顾炎武：《日知录》卷二《丰熙伪尚书》。

古。在顾炎武看来，经学是很平实的学问，六经实在就是古代的史籍。他说："《诗》之次序犹《春秋》之年月，夫子因其旧文，述而不作也。颂者，美盛德之形容，以告宗庙。鲁之颂，颂其君而已。而列之周颂之后者，鲁人谓之颂也。世儒谓夫子尊鲁而进之为颂，是不然。鲁人谓之颂，夫子安得不谓之颂乎，为下不倍也。《春秋》书公、书郊禘亦同此义。孟子曰：'其文则史'，不独《春秋》也，虽六经皆然。今人以为圣人作书，必有惊世绝俗之见，此是以私心待圣人。"① 能拨去罩在六经之上的"惊世绝俗"外衣，还其以平实史籍的本来面目，顾炎武这样的见解确实是卓越的。后世乾嘉学者章学诚的"六经皆史"说，显然是从顾炎武的主张中获取了有益的启示。

顾炎武把"古人之所未及就，后世之所不可无而后为之"作为治学座右铭。他说："子书自孟、荀之外，如老、庄、管、商、申、韩，皆自成一家言。至《吕氏春秋》《淮南子》，则不能自成，故取诸子之言汇而为书，此子书之一变也。今人书集一一尽出其手，必不能多，大抵如《吕览》《淮南》之类耳。其必古人之所未及就，后世之所不可无而后为之，庶乎其传也与。"② 因此，他极端鄙弃剽窃他人成果的龌龊行径，他说："汉人好以自作之书而托为古人，张霸《百二尚书》、卫宏《诗序》之类是也。晋以下人，则有以他人之书而窃为己作，郭象《庄子注》、何法盛《晋中兴书》之类是也。若有明一代之人，其所著书无非窃盗而已。"③ 顾炎武萃一生心力所结撰的《日知录》，便是这一严谨学风的极好说明。关于这一点，他自己写道："愚自少读书，有所得辄记之，其有不合，时复改定，或古人先我而有者，则遂削之。"④ 所以，一部三十二卷的《日知录》，尽管征引他人论述占至全书十之七八，自

① 顾炎武：《日知录》卷三《鲁颂商颂》。
② 顾炎武：《日知录》卷十九《著书之难》。
③ 顾炎武：《日知录》卷十八《窃书》。
④ 黄汝诚：《日知录集释》卷首，顾炎武：《〈日知录〉自记》。

我见解不过十之二三，然而，却不但绝无丝毫掠美之嫌，而且处处显出作者求实创新的学风来。无怪乎《四库提要》要赞许《日知录》"网罗四部，镕铸群言"①，"炎武学有本原，博赡而能通贯，每一事必详其始末，参以证佐，而后笔之于书，故引据浩繁而抵牾者少"。②

顾炎武的务实学风，其落脚之点就是要经世致用。他一生广泛地涉足于经学、史学、音韵小学、金石考古和舆地诗文之学，其目的甚为明显，就是为了对自己的国家和民族，对自己所生活的社会能有所作为。这就是他在致其门人潘耒的书札中所说的"志"。他说："凡今之所以为学者，为利而已，科举是也。其进于此，而为文辞著书一切可传之事者，为名而已，有明三百年之文人是也。君子之为学也，非利己而已也，有明道淑人之心，有拨乱反正之事，知天下之势之何以流极而至于此，则思起而有以救之。……故先告之志以立其本。"③正是有这种经世致用之志于胸中，所以顾炎武一生为学能与日俱进，对当代及后世产生了深远的影响。

顾炎武一生拳拳于《日知录》的写作，只是为了"明学术、正人心，拨乱世以兴太平之事"④。他之所以历时三十余年，潜心研治古音学，是因为他认为，"目击世趋，方知治乱之关必在人心风俗"⑤，而音韵之学又正是"一道德而同风俗者又不敢略"⑥的大事。他的究心经史，是因为在他看来，"孔子之删述六经，即伊尹、太公救民于水火之心"，而儒家经典乃是平实的史籍，无非"天下后世用以治人之书"⑦。

清朝入关 260 余年间，学风曾几经变化。其间尽管有汉宋学术的纷

---

① 《四库全书总目提要》卷一百二十九，《子部》三十九，《杂家类存目》六，《杂说下》，《蒿庵闲话》。

② 《四库全书总目提要》卷一百二十九，《子部》二十九，《杂家类》三，《日知录》。

③ 顾炎武：《亭林余集》，《与潘次耕札》。

④ 顾炎武：《亭林文集》卷二《初刻日知录自序》。

⑤ 顾炎武：《亭林文集》卷四《与人书九》。

⑥ 顾炎武：《亭林文集》卷二《音学五书序》。

⑦ 顾炎武：《亭林文集》卷四《与人书三》。

争，有经今古文学的颉颃，然而顾炎武务实学风的影响，却是始终有辙迹可寻的。清朝初年，是以顾炎武、黄宗羲、王夫之诸大师为代表的经世致用的健实学风。清初诸儒之学，以博大为其特色，一代学术门径，皆于此时奠定根基。然而就为学风尚的影响而言，还是当推顾炎武为最。王夫之的晚年僻居穷乡，潜心编纂，其著述在他去世百余年后才得大行于世，这就极大地限制了他对清初学术界的影响。黄宗羲虽名重朝野，但其晚年也是局处故土，不敢渡江，这同样限制了他予当时学术界以更深刻的影响。顾炎武则不同，他自 45 岁即弃家北游，迄于 70 岁逝世，一直辗转于中原大地。同现实生活的密切结合，使他的著述体现出强烈的时代感，《日知录》尚在结撰过程中，即"因友人多欲钞写，患不能给"。[①] 其影响可见一斑。北游二十余年间，与其交往者，除昔日南方学术界好友归庄、张弨、王锡阐等人外，还有名儒孙奇逢、傅山、李颙、朱彝尊、屈大均，以及阎若璩、张尔岐、吴任臣、李因笃、王弘撰、马骕等。与南北学者的广泛交游，不但加速了顾炎武学问的成熟过程，而且对他学风的传播，也是不无益处的。阎若璩虽号称"博极群书，睥睨一代"，而对顾炎武则依然有"读书种子"之称。在悼念黄宗羲的《南雷黄氏哀辞》中，阎若璩说："当发未躁时，即爱从海内读书者游。博而能精，上下五百年，纵横一万里，仅仅得三人焉：曰钱牧斋宗伯也，曰顾亭林处士也，及先生而三之。先生之亡，上距牧斋薨已三十有二年，即亭林殁亦且十四五年。盖至是而海内读书种子尽矣。"[②]如此肯定顾、黄二人在清初学术界的地位，无疑是实事求是的。

顾炎武暮年的经历，使他的学术风尚得以较黄、王二人要深刻地影响于当世。他严谨健实的学风，经世治用的治学宗旨，朴实归纳的为学方法，诸多学术门径的开拓，以及对明季空疏学风斩钉截铁般的抨

①　顾炎武：《亭林文集》卷二《初刻日知录自序》。
②　阎若璩：《潜丘札记》卷四《南雷黄氏哀辞》。

击，与其傲岸的人格相辉映，同样使他对后世学风的影响要较黄、王二人深刻、广泛。而且清初政治局势的演变，也为此提供了客观的依据。康熙中叶以后，明末的空疏不学之风，经过清初诸儒的荡涤，已为历史的陈迹。健实的学风形成了，治学的门径辟启了，为学的方法开创了。与顾、黄、王同时而稍后的阎若璩、胡渭、毛奇龄等人，其为学汲汲于名物的考究、文字的训诂、典章制度的钩稽，依然走的是朴实的路子。可是，随着清廷封建文化专制的日益加剧，他们却也渐渐地把经世致用的思想撇开了。此时的学风，随着社会环境的变迁，已经在酝酿一个实质性的转变。雍乾两朝，封建文化专制尤为酷烈，文字狱遍于国中，社会的现实问题，成为知识界不得问津的禁地。清廷给他们提供的，就是埋头故纸、远离世事的唯一选择。乾嘉汉学家，无论是以汉《易》为家学的惠氏祖孙，还是继之以起的戴震、段玉裁、王念孙、王引之，他们皆继承了顾炎武"读九经自考文始，考文自知音始"的治经方法论，沿着他所开启的学术路径，做出了超迈前代的成就。然而，顾炎武为学的崇实致用之风，却被他们割裂为二，取其小而舍其大，把一时学风导向了纯考据的狭路。顾炎武经世致用的实学思想，至此烟消云散，继响无人，徒然留下了朴实考据的躯壳。是为清代学风之一变。

嘉道之世，汉学偏枯。为学问而学问，为考据而考据，烦琐恒仃，咕哦吟哗，实已濒临末路。在日益加剧的社会危机之中，文网无形松弛，今文经学若异军突起，代考据学而兴。庄存与、孔广森首倡于前，刘逢禄出为之一振，及至龚自珍、魏源而大盛。清代学风至此再变。同光两朝，《春秋》公羊学日渐深入朝野，康有为、梁启超大张其帜，倡变法以图强，将其推向了高峰。在自清中叶崛起，直到戊戌变法失败而渐趋沉寂的清代今文经学盛衰史中，今文经学诸大师的为学风尚，虽然与顾炎武不尽相同，然而为学以经世这一精神却后先相承。正如身历其境的梁启超先生所论："最近数十年以经术而影响于政体，亦远绍炎武之精神。"① 清末，汉学于山穷水尽之中，得俞樾、孙诒让两大师坚守壁垒，居然又做出了值得称道的成就。尤其是章炳麟，重倡顾炎武经世致用之学，用以服务于反抗清廷的政治斗争，使炎武学风在晚清放出异样光彩。当然，如同顾炎武的思想和学风一样，章太炎先生的思想和学风也远非汉学所能拘囿。正当晚清学风再变之际，清廷的统治也在辛亥革命的硝烟之中寿终正寝了。

顾炎武的学风及其所体现的实学思想，同他的社会政治思想及经学、史学、文学等思想，皆有着明显的"法古"倾向。所以，他津津乐道其先祖遗训："著书不如钞书。凡今人之学，必不及古人也，今人所见之书之博，必不及古人也。"② 事实上，这与其说是顾炎武的家训，倒不如说就是自己的主张。因为他一生的为学，从某种意义上说，也就是这种主张的实践。尽管这种主张是针对明末的空疏不学，有所为而发，自有其立论的依据，也有其补偏救弊的积极一面。然而唯古唯是的倾向，却是不值得肯定的。后世乾嘉汉学的偏枯，也无论如何不能排除这一主张的消极影响。譬如，顾炎武著《音学五书》，试图"举今日之音而还之淳古"③，显然就是一种不切实际的泥古之见。乾隆初，古学复兴，惠栋著《易汉学》《九经古义》，唯汉是尊，唯古是信，无疑正是这种泥古倾向的膨胀。再如顾炎武晚年的"笃志经史"，固然是为了"引古筹今"，"鉴往所以训今"，与乾嘉学派的自考古始迄考古终大异其趣，然而也无可掩饰地含有保持晚节、全身远祸之意。乾嘉汉学家的远离世事，唯以经史为务，从顾炎武晚年的为学中，还是接受了消极影响的。

顾炎武的务实学风，尽管存在若干消极因素，有其明显的时代和阶级的局限性，但是其基本方面是值得肯定的，在整个清代是起了积极作用的。后世学者或是继承了他的为学方法，或是发扬了他的治学精神，

① 梁启超：《清代学术概论》，中华书局 1954 年版，第 22—23 页。
② 顾炎武：《亭林文集》卷二《钞书自序》。
③ 顾炎武：《音学五书》卷首，自序。

沿着他所开辟的路径走去，不仅演成乾嘉学术的鼎盛局面，而且也取得了清代学术文化多方面的成果。作为一个开风气者，如同黄宗羲、王夫之诸大师一样，顾炎武的创辟之功是确然不拔的。

七、《日知录集释》的纂辑

清代道光间问世的《日知录集释》（简称《集释》），是研究清初学者顾炎武所著《日知录》的一部集大成的著作。然而，关于该书的纂辑者，则执说不一，迄无定论。以下，拟就此做一些考察。

（一）问题的提出

《日知录集释》原署嘉定黄汝成辑。自本书行世，历咸、同两朝，并无异议。光绪间，吴县藏书家朱记荣率先提出异说，断言《集释》并非黄汝成所辑，纂辑者应当是李兆洛[①]。宣统初，学者李详与之唱和，认为《集释》系李兆洛与吴育、毛岳生等人共撰，"借刻于黄氏"。[②] 对于朱、李二先生之说，尔后的《日知录》研究者虽多不以为然，但它毕竟以一家之言而存在于学术界，且未予以否定。尤其是迄今评价清代文献的一些有影响的论著，诸如已故张舜徽先生著《清人文集别录》、来新夏先生著《近三百年人物年谱知见录》等，都还给他留存一个席位。因此，把历史真相考察清楚，不仅有助于给《日知录集释》纂辑者所付出的艰辛劳作以公正的评价，而且也可以澄清历史文献研究中的一些错误认识。

实事求是地说，朱、李二先生之于历史文献学，都是曾经做出过贡献的人。对《日知录集释》的纂辑者，他们所提出的上述判断，也并非凭空杜撰。问题在于他们所据以做出判断的资料是否可靠，判断方法是

---

① 朱记荣：《国朝未刊遗书志略跋》。
② 李详：《媿生丛录》卷二《李申耆先生年谱》。

否科学。关于资料来源问题，朱先生未予展开，而李先生所著《媿生丛录》中，则陈述得很清楚。好在文字不算太长，为便于讨论，谨全文引述如后：

> 《李申耆先生年谱》三卷，附《小德录》一卷，排印本，阳湖弟子蒋彤编。中有二事，录以备考，是昔所未闻者。
>
> 一云："道光癸巳（十三年——引者）夏五月，始校刊顾氏《日知录》。先是嘉定钱大昕评释《日知录》百数十则，生甫（谱主友人毛岳生，字生甫——引者）录以示先生，乃谋推其义例，通为笺注，有资实学。嘉定黄潜夫汝成（原作诚，误——引者），肯任剞劂之费。既又得杨南屏（误，当作武屏——引者）诸家，皆尝用功于是书者，有可采录悉收之。山子（谱主友人兼姻亲吴育，字山子——引者）、生甫分司之，彤亦与校雠焉。"案今传《日知录集释》，题嘉定黄汝成名。
>
> 谱又云："十四年四月，刊《日知录》成。生甫又为刊误。"今黄氏《集释》亦附有《刊误》。是先生此书，与吴、毛诸君共撰，借刻于黄氏，此不可不知也。①

乍一看去，李详之说持之有据、言之成理，似乎《日知录集释》应为李兆洛主持纂辑，参与其事者为吴育、毛岳生、蒋彤，而黄汝成只不过提供了刻书经费而已。事实果真如此吗？不然。只要我们稍事搜寻，比照相关史料，即可看到，无论是蒋彤之所记，还是李详据以做出的判断，要用来否定黄汝成的纂辑地位，都是经受不住历史真实检验的。

（二）李兆洛与《日知录集释》

朱记荣、李详诸先生既然认定《日知录集释》的纂辑者为李兆洛，

① 李详：《媿生丛录》卷二《李申耆先生年谱》。

那么我们就先来考察一下李兆洛与《集释》的关系。

李兆洛，字绅琦，后更申耆，号养一，江苏阳湖（今常州市）人。生于乾隆三十四年（1769），卒于道光二十一年（1841），终年73岁。早年从卢文弨问学于龙城书院，颇识考据门径。后受常州今文经学影响，超然汉宋门户，留意经世实学。他一生虽不以著述表见于世，但却以表彰先贤遗著，致力纂辑而著称。但是李兆洛之于《日知录》，似未做过专题研究。按其文集所载，凡由兆洛纂辑，或经他表彰的前哲著述，诸如《皇朝文典》《骈体文抄》及《邹道乡集》《瞿忠宣集》《绎志》《易论》等，他皆撰有序跋、题记一类文字，唯独就不见表彰《日知录》的记载。尤其不应忽视者，在其身后由他的弟子所辑二十六卷的《养一斋文集》及《续编》中，竟然没有一篇专门探讨顾炎武学行或《日知录》的文字。仅在《文集》卷四《顾君（广圻——引者）墓志铭》中，偶一提及"亭林先生罗列改书之弊"寥寥数字而已。这恐怕同《日知录集释》纂辑者的地位是不相称的。据查，李兆洛纂辑诸书，也并无《日知录集释》。相反，当他谈及《集释》时，则明确无误地将自己排除在外，称其纂辑者为黄汝成。据云："潜夫（黄汝成之号——引者）……所著书，惟成《日知录集释》三十二卷、《刊误》二卷、《袖海楼文稿》若干首。"①

还应当指出的是，在李、黄二人的生平友好中，凡论及《日知录集释》的纂辑，并无一人归诸李兆洛名下，众口一词，皆肯定为黄汝成之作。毛岳生为李、黄知交，据李兆洛称，他之所以了解黄汝成学行，便是由岳生首先介绍的。毛岳生所撰《黄潜夫墓志铭》，于死者著述情况有如下记录："潜夫著书，成者《日知录集释》《刊误》《古今岁朔实考校补》《文录》，凡四十四卷。未成者，《春秋外传正义》若干卷。"②

---

① 李兆洛：《养一斋文集续编》卷五《黄潜夫家传》。
② 毛岳生：《休复居文集》卷五《黄潜夫墓志铭》。

宋景昌是李兆洛的高足，以精于天文历算名世，黄汝成去世后，《古今岁朔实考校补》遗稿，便是经他审定刊行的。景昌在该书跋语中也说："潜夫笃志好古，博学明识如此。始潜夫既成《日知录集释》与此书，复欲撰《春秋外传正义》，未卒业遂殁。"① 在诸多例证中，最有说服力者，大概莫过于《李申耆先生年谱》的编者蒋彤之所记。蒋彤于黄汝成生前，曾经与之三次会晤。汝成去世后，他又为其文集撰序。序中述及《日知录集释》，谈得十分清楚："宝山毛先生数数为予言黄君潜夫之为人，……迨后，得观其所著顾氏《日知录集释》，叹其志古人之学而能先其大者。继得其《日知录刊误》及《续刊误》，尤服其大而能精，非徒闳博炫富而漫无黑白者。"②

事实上，蒋彤《李申耆先生年谱》所记校刊《日知录》一事，并不是指谱主主持纂辑《日知录集释》，而是应黄汝成之请，对汝成辑《集释》稿进行审订。关于这一点，黄汝成的《显考损之府君行状》谈得很明白，他说："汝成素喜穷究顾氏《日知录》一书，后得钱少詹辛楣、沈鸿博果堂、杨大令简在三先生校本及顾氏原写本，条加注补，命就正于武进李申耆先生、毛君生甫。寻又得陈都宪宋斋先生校本，成《刊误》二卷。府君览之色喜。孰意校勘甫毕，而府君已弃养矣。"③ 这是黄汝成于道光十五年四月十七日，其嗣父故世不久撰写的文字。同样的记载，还见于他当年二月所成《日知录刊误序》。序中写道："曩为定本纂成《集释》，曾就正于武进李申耆、吴江吴山子、宝山毛生甫三先生。"④

至此，足见《日知录集释》的纂辑者并不是李兆洛，显然非黄汝成莫属了。

---

① 宋景昌：《古今岁朔实考校补跋》，载《袖海楼杂著》。

② 蒋彤：《丹棱文抄》卷二《袖海楼文集序》。

③ 黄汝成：《袖海楼文录》卷五《显考损之府君行状》。

④ 黄汝成：《袖海楼文录》卷二《日知录刊误序》。

（三）黄汝成与《日知录集释》

较之于李兆洛的声望，黄汝成简直可以说是无法比拟的。因为一个是名噪四方的文坛巨擘，一个则是阒然无闻的晚生后学。但是，《日知录集释》恰恰就出自这位勤奋的年轻人之手。

黄汝成，字庸玉，号潜夫，江苏嘉定（今属上海市）人。生于嘉庆四年（1799），卒于道光十七年（1837），得年不及四十岁。他生在乾嘉著名考据大师钱大昕故里，其嗣父黄钟，即为大昕弟子。生父黄铉，亦以善诗文而著称一方。汝成少承家学，又兄事大昕再传弟子毛岳生，颇得乡里前辈为学端绪。自十三四岁起，即已"熟习文史"，"博涉能文"。二十岁以后，成为县学廪膳生。后因久困场屋，不得入仕，遂肆力经史，博及天文历法、田赋河漕、职官选举、盐务钱法等，"综贯浩博，达于精邃"。① 其所最为服膺者，则是顾炎武的《日知录》。正如他在给李兆洛的信中所述："自少至今，尤好顾氏《日知录》一书。"②

《日知录》之所以令黄汝成倾倒，并不在于文辞的博辨、考据的精详，乃是因为"其书于经术文史、渊微治忽，以及兵刑、赋税、田亩、职官、选举、钱币、盐铁、权量、河渠、漕运，与他事物繁赜者，皆具体要"③，是一部寄寓经世之志的"资治之书"。④ 因此，在毛岳生的辅导下，他长期致力于《日知录》研究。以阎若璩、沈彤、钱大昕、杨宁四家校本为主要依据，博采诸家疏说，对康熙三十四年潘耒刻本逐卷校释，终成《日知录集释》三十二卷，于道光十四年五月刊行。书成之后，他又觅得《日知录》原写本，经与潘刻本详加比勘，辨其异同，正其疑似，共得七百条，成《日知录刊误》二卷，于道光十五年二月刊行。之后，汝成再得嘉兴陆筠精校本，取与先前所纂《集释》校雠，成

---

① 李兆洛：《养一斋文集续编》卷五《黄潜夫家传》。
② 黄汝成：《袖海楼文录》卷三《答李先生申耆书》。
③ 黄汝成：《袖海楼文录》卷三《答李先生申耆书》。
④ 黄汝成：《袖海楼文录》卷二《日知录集释序》。

《日知录续刊误》二卷，于道光十六年九月刊行。

黄汝成家素富厚，不唯刻书经费率由己出，而且还捐赀选授安徽泗州训导，只因其生母、嗣父相继去世，因而居丧在家，未能赴任。他秉性旷达，乐于周济友朋困乏，远近学者欣然结交。无奈身体过于肥胖，久为哮喘所苦，后竟因此而遽然去世，卒年仅三十九岁。他的生前友好至为悲恸，毛岳生、李兆洛、蒋彤、葛其仁等，纷纷撰文纪念。其生父哀其赍志而殁，遂委托毛岳生主持，对其遗文杂著加以收集整理，题为《袖海楼杂著》，于道光十八年九月结集刊行。其中《袖海楼文录》六卷、《古今岁实考校补》一卷、《古今朔实考校补》一卷、《日知录刊误合刻》四卷。汝成生前，在完成《日知录集释》并《刊误》之后，原拟续纂《春秋外传正义》，终因猝然病殁而成未竟之业，仅于《文录》中留下数篇札记而已。

作为《日知录集释》的纂辑者，黄汝成于《袖海楼文录》中不仅再三重申对该书的纂辑地位，而且多载与友朋讨论《日知录》及顾炎武学行的文字，诸如《与吴淳伯书》《答李先生申耆书》《与毛生翁书》等。正是在与李兆洛的书札往复中，保存了兆洛对《集释》的倾心推许："评骘考核，删削繁颣，使此书得成巨观，有益世道人心，真学者之幸也。"[1] 黄汝成学风笃实，凡四方友朋在《集释》成书过程中所给予的帮助，诸如亲朋故旧的提供庋藏资料，李兆洛、吴育、毛岳生对书稿的审订，毛岳生对《刊误》《续刊误》的校核，同邑友好王浩自始至终的"勤佐探索"[2] 等，感铭不忘，屡见表彰。所有这些记载，确然有据，诚笃可信，显然非剽窃作伪者之所能为。当初，倘若朱记荣、李详诸先生能不失之交臂，将《袖海楼文录》检阅一过，恐怕就不会仅据《李申耆先生年谱》中的含糊孤证而致误。

---

① 黄汝成：《袖海楼文录》卷三《答李先生申耆书》。
② 黄汝成：《袖海楼文录》卷二《日知录刊误序》。

综上所考，我们可以得到如下认识：

第一，《日知录集释》的纂辑者本来就是黄汝成，并不是李兆洛。李兆洛于《集释》，仅有"校雠之劳"①，而无纂辑之功。

第二，《李申耆先生年谱》所述校刊《日知录》一事，只是《日知录集释》纂辑过程中的一个局部阶段，远非全过程的实录。因此，李详诸先生据此不完整的孤证而否定黄汝成的纂辑地位，显然是不能成立的。

第三，对历史文献的研究，应当详尽地占有材料，进行实事求是地科学论证，信其所当信，疑其所当疑。

① 蒋彤：《丹稜文抄》卷三《养一子述》。

第十四章　顾炎武礼学思想的历史地位

明清更迭，"天崩地解"的残酷局面，于旧有的思想体系产生极大冲击。理学尤其是阳明心学趋于衰微，已无法满足社会和知识界的需要。以一种什么样的学术形态来取代心学，成为思想家注目所在。然囿于当时社会发展水平和学术局限，思想家们又不可能萌生超越时代的，较之理学更为高级的思维形式。依学术发展的内在逻辑，"以经学济理学之穷"的为学之路向应时而起，知识界将研究重心转向经学文献的整理。在此为学路向引导之下，经学家开始舍理言礼，"以礼代理"思想渐趋萌芽。至清中叶以后，汇成潮流，遂有"以礼代理"之说风行于世。此一学术路向的转换，被奉为清代学术"不祧之祖"的大儒顾炎武，实有开风气之功。其"经学即理学"[①]及"礼者，本于人心之节文，以为自治治人之具"[②]的论断，乃为其后"礼学即理学"思想之滥觞。

一、明道救世的礼学思想

顾炎武治学，一以"六经之指""当世之务"[③]为鹄的，意在"明学术，正人心，拨乱世，以兴太平之事"。[④]用他的话来说，就叫作"以明道也，以救世也"[⑤]，并据以达到"拨乱涤污，法古用夏，启多闻于来

---

① 全祖望：《鲒埼亭集》卷十二《亭林先生神道表》。
② 顾炎武：《亭林文集》卷二《仪礼郑注句读序》。
③ 顾炎武：《亭林文集》卷四《与人书三》。
④ 顾炎武：《亭林文集》卷二《初刻日知录自序》。
⑤ 顾炎武：《亭林文集》卷四《与人书二十五》。

学，待一治于后王"①之目的。顾炎武此一为学致思路径，是建立在其"知类通达，以几《大学》之道"②的认识前提下的，亦即潘耒所概括的"通儒之学"。何谓"通儒之学"？潘耒说："学者将以明体适用也，综贯百家，上下千载，详考其得失之故，而断之于心，笔之于书，朝章、国典、民风、土俗，元元本本，无不洞悉。其术足以匡时，其言足以救世，是谓通儒之学。"③潘氏此论，实足代表顾炎武之为学精神。

顾炎武既然以"匡时""救世"作为其治经研学之目的，那么，他对礼制的重视就不难理解了。因为礼制中既有中国古代社会的礼乐、刑政、典章制度，礼本身又是五经之一。因之可以说，对礼的研究是顾炎武治学宗旨的归宿和落脚点。细绎顾炎武之意，他对礼制的关注，是有感于"目击世趋，方知治乱之关，必在人心风俗，而所以转移人心，整顿风俗，则教化纪纲为不可阙矣。百年必世养之而不足，一朝一夕败之而有余"④的状况而出发的。所谓"教化纪纲"，亦即礼之重心所在。基于这一认识，顾炎武认为："礼者，本于人心之节文，以为自治治人之具。"⑤他进而阐发先哲"礼时为大"的礼学思想，指出："先王之制礼也，不可多也，不可寡也，惟其称也。"⑥顾炎武的这一思想，为有清一代礼学研究开辟了风气，定下了基调。

综观顾炎武对礼的研究，有如下诸大端：

其一，礼义与廉耻。明清更迭，不仅造成易代之痛，士风人心亦成一大问题。明末，文士"聚宾客门人之学者数十百人，……而一皆与之言心言性，舍多学而识，以求一贯之方，置四海之困穷不言，而

---

①　顾炎武：《亭林文集》卷六《与杨雪臣》。

②　顾炎武：《日知录》卷一《童观》。

③　潘耒：《遂初堂集》卷六《日知录序》。

④　顾炎武：《亭林文集》卷四《与人书九》。

⑤　顾炎武：《亭林文集》卷二《仪礼郑注句读序》。

⑥　顾炎武：《日知录》卷六《君子而时中》。

终日讲危微精一之说"①。而"万历以后，士大夫交际多用白金，乃犹封诸书册之间，进自阍人之手。今则亲呈坐上，径出怀中，交收不假他人，茶话无非此物。衣冠而为囊橐之寄，朝列而有市井之容"。②不仅如此，明清易代之时，晚明士大夫多"反颜事雠"③。他们的这种恶劣行径及寡廉鲜耻、趋炎附势之丑态，为顾炎武深恶痛绝。反观当代，顾炎武指出，今之学者"生于草野之中，当礼坏乐崩之后，于古人之遗文一切不为之讨究，而曰：'礼吾知其敬而已，丧吾知其哀而已。'以空学而议朝章，以清谈而干王政，是尚不足以窥汉儒之里，而何以升孔子之堂哉！"④这些人不仅"并注疏而不观，殆于本末俱丧"⑤。其病痛在于"好异，以其说之异于人而不足以取信，于是舍本经之训诂，而求之诸子百家之书；犹未足也，则舍近代之文，而求之远古；又不足，则舍中国之文，而求之四海之外"⑥。总起来看，"'饱食终日，无所用心'，难矣哉！今日北方之学者是也。'群居终日，言不及义，好行小慧'，难矣哉！今日南方之学者是也"⑦。有惩于此，顾炎武高呼："今日所以变化人心，荡涤污俗者，莫急于劝学、奖廉二事。"⑧其"劝学"之方在反之于"古之圣人所以教人之说"，亦即："其行在孝、弟、忠、信，其职在洒扫、应对、进退，其文在《诗》《书》《礼》《易》《春秋》，其用之身在出处、去就、交际，其施之天下在政令、教化、刑罚。"⑨而为"奖廉"，顾炎武不仅以史为鉴，倡为"贵廉"⑩之说，且引《五代史·冯道传论》曰："'礼义廉耻，国之四维；四维不张，国乃灭亡。……礼义，

---

① 顾炎武：《亭林文集》卷三《与友人论学书》。
② 顾炎武：《日知录》卷三《承筐是将》。
③ 顾炎武：《日知录》卷十三《降臣》。
④ 顾炎武：《日知录》卷六《檀弓》。
⑤ 顾炎武：《日知录》卷十六《明经》。
⑥ 顾炎武：《日知录》卷二《丰熙伪尚书》。
⑦ 顾炎武：《日知录》卷十三《南北学者之病》。
⑧ 顾炎武：《日知录》卷十三《名教》。
⑨ 顾炎武：《日知录》卷十八《内典》。
⑩ 顾炎武：《日知录》卷十三《贵廉》。

治人之大法；廉耻，立人之大节。盖不廉则无所不取，不耻则无所不为。人而如此，则祸败乱亡亦无所不至。……'然而四者之中，耻尤为要。"之所以如此，是因为"人之不廉而至于悖礼犯义，其原皆生于无耻也。故士大夫之无耻，是谓国耻"。①

　　基于如上认识，顾炎武遂将"博学于文"与"行己有耻"合而为一，使之上升到"圣人之道"的高度，并为之大声疾呼。他指出："愚所谓圣人之道者如之何？曰'博学于文'，曰'行己有耻'。自一身以至于天下国家，皆学之事也；自子臣弟友以至出处、往来、辞受、取与之间，皆有耻之事也。耻之于人大矣！不耻恶衣恶食，而耻匹夫匹妇之不被其泽。"因而，他发出慨叹："呜呼！士而不先言耻．则为无本之人；非好古而多闻，则为空虚之学。以无本之人而讲空虚之学，吾见其日从事于圣人而去之弥远也。"②而"博学于文"与"行己有耻"合而为一的关键在于"求其放心"，其言曰："他日又曰：'君子以仁存心，以礼存心。'是所存者非空虚之心也。夫仁与礼，未有不学问而能明者也。"③

　　由上所论，我们可以看出，顾炎武"以礼存心"的思想，正是在目睹了晚明清初世风人心之浇漓，为力矫其弊而提出的。其关节点在于"博学于文"与"行己有耻"合而为一，从而使人们归依于"圣人之道"，去其虚浮，反之《六经》，以期达到社会风气淳厚和国治民安。顾炎武曾引宋人罗从彦的话说："教化者，朝廷之先务；廉耻者，士人之美节；风俗者，天下之大事。朝廷有教化，则士人有廉耻；士人有廉耻，则天下有风俗。"④此一看法，正是顾炎武"教化纪纲"为礼之重心的具体阐发。诚然，国家的兴衰，社会的治乱，并非如顾炎武所说，只是一个人心、风俗问题，但在明清之际，当社会风气极度败坏之时，

---

① 顾炎武：《日知录》卷十三《廉耻》。
② 顾炎武：《亭林文集》卷三《与友人论学书》。
③ 顾炎武：《日知录》卷七《求其放心》。
④ 顾炎武：《日知录》卷十三《廉耻》。

致力于转移人心，救正风俗，礼义廉耻相结合，无疑又是切合社会需要的。

其次，礼之功用。顾炎武认为，礼之功用在于其为"自治治人之具"。其言曰："礼者，本于人心之节文，以为自治治人之具。……然则周公之所以为治，孔子之所以为教，舍礼其何以焉。"[1] 他引用晏子回答齐景公的话来畅发礼之精义，指出："君令、臣共、父慈、子孝、兄爱、弟敬、夫和、妻柔、姑慈、妇听，礼也。君令而不违，臣共而不贰，父慈而教，子孝而箴，兄爱而友，弟敬而顺，夫和而义，妻柔而正，姑慈而从，妇听而婉，礼之善物也。"[2] 这是就积极方面而言的。但若失去礼，则"人君无礼，无以临其邦；大夫无礼，官吏不恭；父子无礼，其家必凶；兄弟无礼，不能久同"[3]。从这一角度来说，礼是不可须臾离开的。由此，顾炎武得出一种认识，"古之明王所以禁邪于未形，使民日迁善远罪，而不自知者，是必有道矣"[4]。此"道"便是孔子所说的"坊"，亦即："君子之道，辟则坊与？坊民之所不足者也。大为之坊，民犹逾之。故君子礼以坊德，刑以坊淫，命以坊欲。"[5] 也只有真正做到以礼坊民，才能达到"贵贱有等，衣服有别，朝廷有位，则民有所让"。[6] 而若不讲究礼，则"非礼无以节事天地之神也，非礼无以辨君臣、上下、长幼之位也，非礼无以别男女、父子、兄弟之亲，婚姻疏数之交也"[7]。由此可见，礼之兴废，所关者大矣！故孔子有言："礼之所兴，众之所治也。礼之所废，众之所乱也。"[8]

顾炎武认为："三代之礼，其存于后世而无疵者，独有《仪礼》一

---

[1]　顾炎武：《亭林文集》卷二《仪礼郑注句读序》。
[2]　顾炎武：《日知录》卷七《未有义而后其君者也》。
[3]　《晏子春秋·外篇》卷七。
[4]　顾炎武：《日知录》卷七《未有义而后其君者也》。
[5]　顾炎武：《日知录》卷七《未有义而后其君者也》，又见《礼记·坊记》。
[6]　《礼记·坊记》。
[7]　《礼记·哀公问》。
[8]　《礼记·仲尼燕居》。

经。"① 然 "自春秋之并为七国，七国之并为秦，而大变先王之礼"。变则变矣，但 "其所以辨上下，别亲疏，决嫌疑，定是非，则固未尝有异乎三王也"②。不过，"自此道不明，而二氏空虚之教至于搋提仁义，绝灭礼乐，从此起矣。自宋以下，一二贤智之徒，病汉人训诂之学，得其粗迹，务矫之以归于内，而达道达德、九经三重之事置之不论。此真所谓'告子未尝知义'者也，其不流于异端而害吾道者几希"③。因此，顾炎武不但倡为 "以礼存心" 之说，且于释道二教深恶痛绝。他在《日知录》中，通过对魏晋至元代有关禁释道言论的钩稽④，彰显出其取舍所在。

顾炎武对礼之功用的认识，还体现在其 "严夷夏之防" 思想中。早在先秦时期，许多人便将有无礼义视作华夷之别的标志。虽有人对此提出批评，如祭公谋父就肯定犬戎 "树惇"⑤，但此观点未能被多数人接受。孔子在对管仲的评价中，曾指出："微管仲，吾其被发左衽矣。"⑥对此，顾炎武认为："君臣之分所关者在一身，华裔之防所系者在天下。故夫子之于管仲，略其不死子纠之罪，而取其一匡九合之功，盖权衡于大小之间，而以天下为心也。夫以君臣之分犹不敌华裔之防，而《春秋》之志可知矣。"⑦ 因而，顾炎武主张 "素夷狄行乎夷狄"，即 "处夷狄之邦，而不失吾中国之道"。这也就是孔子所说的 "'居处恭，执事敬，与人忠，虽之夷狄，不可弃也。'夫是之谓素夷狄行乎夷狄也。若乃相率而臣事之，奉其令，行其俗；甚者导之以为虐于中国，而藉口于素夷狄之文，则子思之罪人也已"⑧。由此可见，顾炎武面对满洲贵族

---

① 顾炎武：《亭林文集》卷二《仪礼郑注句读序》。
② 顾炎武：《日知录》卷七《子张问十世》。
③ 顾炎武：《日知录》卷七《行吾敬故谓之内也》。
④ 《日知录之余》卷三《废释道二教》《禁僧》。
⑤ 《国语·周语上》。
⑥ 《论语·宪问》。
⑦ 顾炎武：《日知录》卷七《管仲不死子纠》。
⑧ 顾炎武：《原抄本日知录》卷九《素夷狄行乎夷狄》，台湾明伦出版社1970年版，徐文珊先生点校本。又见黄侃《日知录校记》卷六。

的入主中原，是抱有强烈的民族意识的。诚然，"严夷夏之防"是儒家思想中的糟粕，我们没有理由去肯定它。但也应看到，顾炎武在清初民族压迫异常酷烈的情况下，以之去反抗清廷的统治，这自有其立论的依据。而且，在反抗清廷民族高压的斗争中，此类主张亦确实产生过积极影响。强烈的民族意识，并非顾炎武一人所特有，在清初其他进步思想家的思想中，亦有程度不同的反映。这正是清初的特定历史环境给那个时代的理论思维留下的烙印。

其三，礼与法。在中国古代，礼与法两位一体，相辅而行，直接关涉统治机器的有效运转、国家的治乱安危。夏商周三代之迹向为后人所乐道，其原因乃在于先王能敬德保民，不尚刑罚。降至春秋战国，诸侯国陷于纷争角斗之中，他们恶礼害己，皆灭裂其籍，"礼崩乐坏"已成为严酷的事实。儒家"仁义"之说，面对血腥的兼并屠杀，已显得软弱无力。相反，投时代所好的法家，却一时有了用武之地。及至秦始皇以武力吞并六国，一统天下，任刑废礼，虽有"悉内六国礼仪，采择其善，虽不合圣制，其尊君抑臣，朝廷济济，依古以来"①之举，终因法家思想占据主导地位，其作用微乎其微。因此，秦朝的短祚而亡，重又激起人们对礼与法的思考。贾谊在《过秦论》中分析秦亡原因时，发出了"仁义不施而攻守之势异也"的感叹！汉代秦而起，虽有叔孙通的草创朝仪，使汉高祖发为"吾乃今日知为皇帝之贵也"的不胜感慨，但其时对礼的重视并不够。所以，终西汉之世，礼仪建设的成功并不大。个中缘由，汉宣帝的一段话颇耐人寻味，其言曰："汉家自有制度，本以霸王道杂之，奈何纯任德教，用周政乎！且俗儒不达时宜，好是古非今，使人眩于名实，不知所守，何足委任！"②事实上，不管后代思想家做何解释，统治者大都循此思想而行。

---

① 《史记》卷二十三《礼书》。
② 《汉书》卷九《元帝纪》。

当然，不少思想家对礼与法的关系亦曾做过有益的探讨。最为典型的就是司马迁所说的："夫礼禁未然之前，法施已然之后；法之所为用者易见，而礼之所为禁者难知。"① 司马迁的这一思想是有其渊源的。早在战国时，荀子便已援法入礼，在大力提倡礼治的前提下，亦注意到法对礼的补充作用。汉代的贾谊对礼治与法治的关系有所思索，他说："夫礼者，禁于将然之前；而法者，禁于已然之后。……以礼义治之者积礼义，以刑罚治之者积刑罚。刑罚积而民怨背，礼义积而民和亲。"② 可见，司马迁的礼法思想，乃直承贾谊而来。

顾炎武对礼与法的关系亦有论究。有鉴于历代法制，尤其是明代后期法制的败坏，他探本寻源，认为："法制禁令，王者之所不废，而非所以为治也。其本在正人心、厚风俗而已。"顾炎武就历代法制之弊指出："前人立法之初，不能详究事势，豫为变通之地。后人承其已弊，拘于旧章，不能更革，而复立一法以救之。于是法愈繁而弊愈多，天下之事日至于丛脞，其究也眊而不行。"③ 有鉴于此，顾炎武憧憬着那种"变鲁至于道"的治世。他说："变鲁而至于道者，道之以德，齐之以礼。变齐而至于鲁者，道之以政，齐之以刑。"④ 由此可见，在礼与法关系上，顾炎武从明亡清兴的社会实际出发，更加重视礼制的建设，从而构成他礼学思想的特色。

其四，对礼学的研究。顾炎武虽然没有礼学方面的专著问世，但是丝毫不妨碍他的礼学主张对当时及后世的影响。顾炎武曾说："至于悯礼教之废坏，而望之斟酌今古，以成一书，返百王之季俗，而跻之三代，此仁人君子之用心也。"⑤ 其所希望的"后之君子，因句读以辨其

---

① 《史记》卷一百三十《太史公自序》。
② 《汉书》卷四十八《贾谊传》。
③ 顾炎武：《日知录》卷八《法制》。
④ 顾炎武：《日知录》卷七《变齐变鲁》。
⑤ 顾炎武：《亭林文集》卷三《答汪苕文书》。

文，因文以识其义，因其义以通制作之原"①的研经治礼方法，不啻为后人开一治学门径。

顾炎武之所以未成礼学专著，在与汪琬的书信中，透露出个中消息。他说："然斯事之难，朱子尝欲为之而未就矣，况又在四五百年之后乎？弟少习举业，多用力于四经，而三礼未之考究。年过五十，乃知'不学礼无以立'之旨。方欲讨论，而多历忧患，又迫衰晚，兼以北方难购书籍，遂于此经未有所得。"②即使如此，其对《仪礼》脱误的考辨，还是非常精到的。在顾炎武看来，"十三经中，《仪礼》脱误尤多"。经过考证，他指出："《士昏礼》脱'婿授绥，姆辞曰，未教，不足与为礼也'一节十四字；（原注：赖有长安石经，据以补此一节，而其注疏遂亡。）《乡射礼》脱'士鹿中翻旌以获'七字；《士虞礼》脱'哭止，告事毕，宾出'七字；《特牲馈食礼》脱'举觯者祭，卒觯拜，长者答拜'十一字；《少牢馈食礼》脱'以授尸，坐取箪，兴'七字。此则秦火之所未亡，而亡于监刻矣。"③言之凿凿，实非疏于礼学者所能言。

顾炎武治礼，颇服膺郑康成，对之推崇有加。他的《述古》一诗赞道："六经之所传，训诂为之祖。仲尼贵多闻，汉人犹近古。礼器与声容，习之疑可睹。大哉郑康成，探赜靡不举。六艺既该通，百家亦兼取。至今三礼存，其学非小补。后代尚清谈，土苴斥邹鲁，哆口论性道，扪籥同蒙瞽。"④此就其大者而言。具体到三礼之研究，顾炎武认为郑康成特色在于"或改其音而未尝变其字"⑤，"其于二礼之经及子夏之传，往往驳正"⑥。可见，顾炎武对郑康成的推崇，并非出于回护汉人及康成之意。观两者对礼之考辨，实有其渊源所在。所以，顾炎武指出：

① 顾炎武：《亭林文集》卷二《仪礼郑注句读序》。
② 顾炎武：《亭林文集》卷三《答汪苕文书》。
③ 顾炎武：《日知录》卷十八《监本二十一史》。
④ 顾炎武：《亭林诗集》卷四《述古》。
⑤ 顾炎武：《亭林文集》卷四《答李子德书》。
⑥ 顾炎武：《日知录》卷二十七《汉人注经》。

"此其所驳虽不尽当，视杜氏之专阿传文则不同矣。经注之中，可谓卓然者乎！"[1] 此论颇得郑氏之义。

此外，顾炎武对丧礼亦多有探讨。《日知录》卷五之《凶礼》《三年之丧》，卷六之《父不祭子夫不祭妻》《为父母妻长子禫》《十五月而禫》，卷十四之《君丧》《丧礼主人不得升堂》《祭礼》，卷十五之《停丧》《奔丧守制》《国恤宴饮》等条目，皆进行了详尽的论述。如论"三年之丧"，顾炎武通过对"今人三年之丧，有过于古人者三事"的详细梳理考辨，得出结论："夫实之无所不隆者，仁之至；文之有所或杀者，义之精。古人制礼之意盖如此。后世父在母为三年，妇为舅姑从夫斩齐并三年，为嫂有服，为弟妇亦有服，意欲加厚于古，而不知古者子之为母、妇之为舅姑、叔之于嫂，未尝薄也。愚故曰：此皆溺乎其文，昧乎其实，而不究古人制礼之意者也。古人所勉者，丧之实也，自尽于己者也；后世所加者，丧之文也，表暴于人者也。诚伪之相去何如哉。"[2] 其他所论，类多如此，皆属通达之见。

综上所论，我们可以看出，顾炎武的礼学思想是有着时代意义和深远影响的。其对礼义与廉耻、礼与法、礼之功能诸多问题的探讨，目的即在于拯世风人心之坏，寻求维系社会人心之法。他对礼学的梳理考辨，更为后人树立起治学门径。风气既开，后之学者踵继而起，对礼制的研究日臻精熟深入。无怪乎其弟子潘耒如此评论道："凡经义史学、官方吏治、财赋典礼、舆地艺文之属，一一疏通其源流，考正其谬误。至于叹礼教之衰迟，伤风俗之颓败，则古称先，规切时弊，尤为深切著明，学博而识精，理到而辞达。"[3] 黄汝成亦说："其言经史之微文大义，良法善政，务推礼乐德刑之本，以达质文否泰之迁嬗，错综其理，会通

---

① 顾炎武：《日知录》卷二十七《汉人注经》。
② 顾炎武：《日知录》卷五《三年之丧》。又见《亭林文集》卷三《与友人论服制书》。
③ 潘耒：《遂初堂集》卷六《日知录序》。

其旨。"① 这些评论是颇得顾氏之精诣的，至为中肯。

而值得一提的是，顾炎武对礼学的探讨，并非只局限于思想层面，他还曾将其礼学主张运用于社会实践之中。在致毛锦衔的信中，顾炎武曾说："比在关中，略仿横渠、蓝田之意，以礼为教。"② 他之所以要这么做，一是有感于此地曾有礼教传统，二是"今之讲学者甚多，而平居雅言无及之者。值此人心陷溺之秋，苟不以礼，其何以拨乱而返之正？"③ 这也正是他"自今以往，以著书传后学，以勤俭率子弟，以礼俗化乡人，数年之后，叔度、彦方之名，翕然于关右，岂玉堂诸子之所敢望哉"④ 思想的实践。而令人关注的是，顾炎武何以单单选择关中作为其实现理想之地呢？我们认为其因有二：一是关中风俗淳厚，二是地理位置独特。关中虽然正值人心陷溺之秋，但"秦人慕经学，重处士，持清议，实与他省不同"⑤。而且，在顾炎武流寓关、华两年多时间里，他认为"此中一二绅韦颇知重道"⑥，还是有志趣相投之人可引为同调的。另外，顾炎武从关中士大夫行三年之丧的风习中，亦看到推行礼教的可能性。他指出："增三年之丧为三十六月，起于唐弘文馆直学士王元感，已为张柬之所驳，而今关中士大夫皆行之。……虽然，吾见今之人略不以丧纪为意，而此邦犹以相沿之旧，不敢遽变，是风俗之厚也。若乃致其情而去其文，则君子为教于乡者之事也。"⑦ 至于关中地理位置之独特，顾炎武曾指出："华阴绾毂关、河之口，虽足不出户，而能见天下之人，闻天下之事。一旦有警，入山守险，不过十里之遥；若志在四方，则一出关门，亦有建瓴之便。"⑧ 不仅如此，关中还有他省所

---

① 黄汝成：《日知录集释·序》。
② 顾炎武：《亭林文集》卷六《与毛锦衔》。
③ 顾炎武：《蒋山佣残稿》卷二《答汪苕文》。
④ 顾炎武：《蒋山佣残稿》卷二《与王山史》。
⑤ 顾炎武：《亭林文集》卷四《与三侄书》。
⑥ 顾炎武：《亭林文集》卷四《与王虹友书》。
⑦ 顾炎武：《亭林文集》卷三《与友人论服制书》。
⑧ 顾炎武：《亭林文集》卷四《与三侄书》。

无的屏障，顾炎武指出："愚谓与汉羌烽火但隔一山，彼谓三十年来在在筑堡，一县之境，多至千余，人自为守，敌难遍攻。此他省之所无，即天下有变而秦独完矣。"[①] 由上述所论，我们不难看出，顾炎武之选择关中，是有其苦心所在的。虽然客观效果并非如顾炎武预想的那样，但他勇于实践的精神，还是颇值得称道的。

总之，顾炎武不仅于礼学深有研究，其思想走在同时代之前列，开一代之风气，而且，还把其思想运用于现实中去，以保天下为念，尽其"匹夫之贱与有责焉"的历史责任。

二、顾炎武礼学思想在当世的反响

顾炎武一生不尚讲学．所收门徒亦只潘耒等少数几人。然其往来南北，足迹所至，却颇多良朋挚友。

北游之初，顾炎武频繁往来于直、鲁、江、浙间。自康熙元年（1662）起，其游踪扩至河南、山西、陕西。虽一度为黄培诗案所困，但此案一结，他仍一如既往，以友人所赠二马二骡驮书出游。正是得益于足迹半天下，顾炎武得以交接"钜人长德，虚怀若谷，广益集思。其学究天人如王锡阐，熟精《三礼》如张尔岐，旁参互证如阎若璩，博闻强记如吴任臣，读尽有字之书如朱彝尊，专精六书之业如张弨，能包他人之所有，并能拓他人之所无。又与傅山、李颙、归庄、王弘撰诸君子，或辨析道义，或切劘名理，往复商榷，取法者精，是以所诣愈峻。敛华就实，经世淑身，而不为虚侨诡异之说，是足多已"[②]。此外，顾炎武在《广师》篇中，还盛称杨瑀、路泽浓两人。当然，思想的交流是双向的，顾炎武不仅从上述诸人身上获益，亦会对他们产生影响。就其礼

---

① 顾炎武：《亭林文集》卷三《与李星来书》。
② 邹福保：《日知录之余序》，载《日知录集释》（外七种）下（上海古籍出版社）。

学主张而言，他与张尔岐、汪琬的往来切磋乃其显然者。

如所周知，《仪礼》一书，多涉先秦名物度数，文古义奥，素称难读。郑注、贾疏，考证训诂，用力极勤，惜郑文古质，贾说蔓衍，终非尽善。北宋熙宁中，崇《周礼》而黜《仪礼》，传习乏人，其学浸微。朱熹承亡继绝，加意《仪礼》，以《仪礼》为经，《礼记》为传，结撰《仪礼经传通解》。但因割裂旧文、取舍未精，不免遭后世訾议。元敖继公崛起，其《仪礼集说》不落朱书窠臼，逐字研求，务畅厥旨。虽立异郑玄，好胜前人，但确不失为善本。有明一代，礼学不振，《仪礼》几成绝学。入清，"以经学济理学之穷"学术潮流波澜壮阔，张尔岐之《仪礼郑注句读》唱先声于北，姚际恒则以《仪礼通论》而异军突起于南，北呼南应，后先而鸣，揭开了一代《仪礼》学复兴的序幕。

从学术发展的内在逻辑及其影响而言，张尔岐《仪礼郑注句读》一书，确系开风气之作。顾炎武对之曾评价道："独精《三礼》，卓然经师，吾不如张稷若。"[1] 又说："而所见有济阳张君稷若名尔岐者，作《仪礼郑注句读》一书，根本先儒，立言简当。"[2] 还说："如稷若者，其不为后世太平之先倡乎？"[3] 顾氏之所以对张尔岐推重如此，一则出于两人类似的痛苦经历，二则两人对《仪礼》的看法所见略同。顾炎武认为："三代之礼，其存于后世而无疵者，独有《仪礼》一经。"[4] 而张尔岐指出："《仪礼》则周公之所定，孔子之所述，当时圣君贤相士君子之所遵行，可断然不疑者，而以难读废，可乎？"[5] 可见，对《仪礼》的推崇，是两人沟通的一个重要思想基础。

张尔岐之于《仪礼》，仰慕已久，用功实多。但因无师友可以讨论，未睹朱子《仪礼经传通解》传本，坊刻《考注》《解诂》又颇多谬

---

① 顾炎武：《亭林文集》卷六《广师》。
② 顾炎武：《亭林文集》卷三《答汪苕文书》。
③ 顾炎武：《亭林文集》卷二《仪礼郑注句读序》。
④ 顾炎武：《亭林文集》卷二《仪礼郑注句读序》。
⑤ 张尔岐：《蒿庵集》卷二《仪礼郑注句读序》。

误，加之郑注古质、贾疏蔓衍，令人难以遽解，所以直到五十九岁，方完成《仪礼郑注句读》的结撰。他"取经与注，章分之，定其句读。疏则节录其要，取足明注而止。或偶有一得，亦附于末，以便省览"[1]。经此一番努力，张尔岐对《仪礼》颇有神会，不无感叹地说："方愚之初读之也，遥望光气，以为非周孔莫能为已耳，莫测其所言者何等也。及其矻矻读之，读已又默存而心历之，而后其俯仰揖逊之容，如可睹也，忠厚恻侧之情，如将遇也。……虽不可施之行事，时一神往焉，仿佛戴弁垂绅，从事乎其间，忘其身之乔野鄙僿，无所肖似也。"[2] 因而，他希望读《仪礼》的世人，不要畏其难读而退却。

就其取舍而言，张尔岐虽以郑注为主，但并不拘泥于此。顾炎武曾指出："又参定监本脱误凡二百余字，并考石经之误五十余字，作《正误》二篇，附于其后。"[3] 由此，我们再反观一下顾炎武对石经和监本《仪礼》的刊正，其致力方向与治经方法之类似，就不难理解他何以推重张尔岐了。虽然，因张尔岐不应科名，闭户著书，加之交游不过顾炎武、刘孔怀、李象先、李颙、王弘撰等人而已，是以世人对他寥无知者，故无当世之名。而其《仪礼郑注句读》一书，除顾炎武手录一本，藏山西祁县所立书堂；长山刘孔怀取别本藏其家，世人罕有睹之者。若非顾炎武加以表彰，恐将久湮无闻。无怪乎张尔岐故世，顾炎武忧伤地哭道："从此山东问《三礼》，康成家法竟谁传？"[4] 顾炎武虽无《仪礼》专著，然其于张尔岐《仪礼郑注句读》，多所褒扬，其"因句读以辨其文，因文以识其义，因其义以通制作之原"[5] 的治礼方法，不仅大畅张氏之旨，且开启了此后研经治礼之新气象。

顾炎武除与张尔岐切磋外，汪琬是他的另一谈礼之友。汪琬为文，

---

① 张尔岐：《蒿庵集》卷二《仪礼郑注句读序》。
② 张尔岐：《蒿庵集》卷二《仪礼郑注句读序》。
③ 顾炎武：《亭林文集》卷二《仪礼郑注句读序》。
④ 顾炎武：《亭林集外诗补》不分卷，《哭张尔岐》。
⑤ 顾炎武：《亭林文集》卷二《仪礼郑注句读序》。

根柢六经，出入庐陵、震川间，于三礼等咸有发明。生平淡于荣利，难进易退，于人少所推许。然在其刻集中，汪琬却盛推顾炎武经学修明，乃可师之人。而顾炎武亦颇看重汪琬，他说："伏读大集，谬荷推奖，自惟谫劣，非所克当。至与甫草一书，深得圣人言学之指；而五服异同之录，当与天壤并存，斯道之传，将赖之而不坠矣。"①喜得同志之意，溢于言表。

顾炎武、汪琬之交，于礼多所探讨。顾炎武至关中，致信汪琬，叹此地人心陷溺，欲以礼来拨乱世而返之正，征求汪氏意见。于此，汪琬虽没明确表态，但于回函中，亦叹"礼教废坏久矣"，并期以"倘蒙先生斟酌今古，原本礼经，而又上不倍国家之制，下不失风俗之宜，用以扶翼人伦，开示后学。甚善甚善！"②虽不无保留，其意实有所许。且于顾炎武"别纸所论康王之诰，辨冕服为逾年即位之礼"③，叹为"依据最明，援引最悉"。并引《春秋》之说，证成先生之论，指出："今读先生此辨，亦可以息后儒之喙矣！"④顾炎武对汪琬的建议，表示赞同。然由于各种原因所限，似一时卒难实现。虽然如此，顾炎武依然指出："窃意出处升沉，自有定见，如得殚数年之精力，以三礼为经，而取古今之变附于其下，为之论断，以待后王，以惠来学，岂非今日之大幸乎？"⑤顾氏此见，立意可谓精矣，气象亦可谓大矣！然遗憾的是，顾炎武生前一直未能实现此愿。但其所指点的门径，终为乾嘉后学大畅厥旨。

张、汪二氏而外，徐乾学、徐秉义、徐元文兄弟受顾炎武礼学思想影响更为直接。徐氏兄弟是顾炎武的外甥，先后仕进，历任要官，厕身显贵。清廷修书，徐乾学、徐元文多主其事，"登高而呼，衡文者类无

---

① 顾炎武：《蒋山佣残稿》卷二《答汪苕文》。
② 汪琬：《尧峰文钞》卷三十三《答顾宁人先生书》。
③ 见顾炎武：《日知录》卷二《顾命》。
④ 汪琬：《尧峰文钞》卷三十三《答顾宁人先生书》。
⑤ 顾炎武：《亭林文集》卷三《答汪苕文书》。

不从而附之"①，俨然一时士林之主盟。

徐氏兄弟虽广事招徕，但其舅顾炎武不但不入其流，且对之颇有微词。在致潘耒的信中，顾炎武指出："然而世风日下，人情日谄，而彼（指徐乾学——引者注）之官弥贵，客弥多，便佞者留，刚方者去。今且欲延一二学问之士以盖其群丑，不知薰莸不同器而藏也。"并告诫潘耒："吾以六十四之舅氏，主于其家，见彼蝇营蚁附之流，骇人耳目，至于征色发声而拒之，乃仅得自安而已。况次耕以少年而事公卿，以贫士而依庑下者乎？"②顾炎武此番谆谆告诫，一则出于爱护弟子，担心其将"与之俱黑"；再则表达了他对徐氏门客的厌恶。当然，正因徐氏门下人众，依草附木、鱼目混珠者，亦属难免。加之徐乾学陷于党争之中，他先依附明珠以对抗索额图派；后自成一派，抗衡明珠；及索额图失势，他又连结索额图、熊赐履对抗明珠。置身这一政治旋涡，徐氏门下自然会聚有一些政治投机者。但这部分人并非主流，更多的还是于学问颇有造诣者。徐氏兄弟之所以受重于时，实导因于这些人的学术文化贡献。

徐乾学虽不能笼络自己的母舅，但在思想上还是颇受顾炎武影响的。《昆新两县续修合志》卷二十四称：徐乾学"得舅氏顾炎武指授，柢根益深"。俞樾指出："健庵徐公，先生之甥也。其所学一出于先生。"③而徐乾学亦自称："舅氏亭林先生，学博而识精，于天文、河渠、礼乐、兵农、钱谷之故，上下古今，洞悉原委。……间有所作《钱粮论》二篇，至为痛切。……某昨岁对策，……盖实本于先生之论。"④不唯如此，徐氏主编的《读礼通考》，亦当有其母舅之影响。

《读礼通考》以专究丧礼为特色。徐乾学认为，礼目有五，吉凶宾

---

①　赵翼：《檐曝杂记》卷二。

②　顾炎武：《亭林余集》不分卷，《与潘次耕札五首·其二》。

③　俞樾：《重刻憺园集序》，光绪九年重刻板。

④　徐乾学：《憺园集》卷三十六《题舅氏亭林先生〈钱粮论〉后》。

军嘉是也。汉代曲台之记、石渠之论，尤详于丧礼。晋人虽尚清谈，宗主老庄，然于丧礼变除、假宁之同异，独所究心。降及唐代，徙五礼之名，置凶礼第五。许敬宗、李义府上《显庆新礼》，以臣子不宜言凶礼，倡言去《国恤》一篇，天子凶礼因是而阙。迨宋，理学日昌，虽有朱子《仪礼经传通解》，然言礼者寡，于《国恤》不复措意，而凶事亦少专书。《通典》《通考》虽稍可稽考，究非重心所在。据此来看，徐乾学所主持的《读礼通考》的面世，亦有深意焉。徐乾学曾指出："先王之礼，至后世而废失殆尽。其犹存什一于千百者，丧礼而已。即古儒先之论说，亦于丧礼颇详。盖送死人之大事，为人子者自有同心也。"[1]朱彝尊亦说："呜呼！慎终追远之义，辍而不讲，斯民德之日归于薄矣！"[2]可见，凶礼所关，不仅人子之同心、民德之厚薄，要在存先王之礼、先儒之说。有鉴于此，《读礼通考》对丧期、丧服、丧仪节、葬考、葬具、变礼、丧制、庙制等作了详细梳理考辨。此书"于二礼（指《仪礼》《礼记》——引者注）之传注、凡诸家说有可采者，莫不收入"，"匪独先王之巨典不敢少遗，即末俗之陋习亦不敢或漏"，"凡简籍中所载，有及于丧礼者，无不采入"。[3]其"摭采之博，而择之也精；考据之详，而执之有要"。[4]虽缺吉军宾嘉四礼，甚而凶礼如荒吊襘恤之目亦未备，然筚路蓝缕，实有功后学。秦惠田之结撰《五礼通考》，即肇端于此。无怪乎朱彝尊称《读礼通考》为"天壤间必不可少之书也"[5]。

　　但需指出的是，《读礼通考》虽署名徐乾学所著，朱彝尊亦称"刑部尚书昆山徐公，居母忧，读丧礼，撰《通考》一书，再期而成。寻于休沐之暇，览载籍又增益之，凡一百二十卷"[6]。徐树谷称："先大夫

①　徐乾学：《读礼通考·凡例》。
②　朱彝尊：《读礼通考·序》，载《读礼通考》卷首。
③　徐乾学：《读礼通考·凡例》。
④　朱彝尊：《读礼通考·序》，载《读礼通考》卷首。
⑤　朱彝尊：《读礼通考·序》，载《读礼通考》卷首。
⑥　朱彝尊：《读礼通考·序》，载《读礼通考》卷首。

《读礼通考》。"① 而后儒俞樾、金吾澜亦承其说，声称："所著《读礼通考》一书，宏纲细目，条理秩然，为秦氏《五礼通考》所自出。"② 又说："所自著《读礼通考》，至今为学者所尊。"③ 揆诸史事，并非完全如此。全祖望曾指出："及昆山徐侍郎乾学居忧，先生（指万斯同 —— 引者注）与之语丧礼，侍郎因请先生纂《读礼通考》一书。上自《国邮》，以讫《家礼》，十四经之笺疏，廿一史之志传，汉唐宋诸儒之文集、说部，无或遗者。又以其余为《丧礼辨疑》四卷、《庙制折衷》二卷，乃知先生之深于经。侍郎因请先生遍成五礼之书二百余卷。"④ 蒋学镛亦说："尚书（指徐乾学 —— 引者注）又请遍撰五礼，遂节略前书，复补其四，共二百余卷，未及缮写，先生卒，稿本留京师一故家。"⑤ 梁启超先生甚而认为："徐乾学的《读礼通考》，全部由季野捉刀。"⑥ 全、蒋、梁三氏所论，足以说明，《读礼通考》之作，万斯同实有功焉。据《万氏宗谱》、刘坊《行状》、蒋学镛《传》，《读礼通考》为九十卷，而全祖望《传》谓一百六十卷，《读礼通考》康熙三十五年（1696）刊本（冠山堂藏板）及《四库全书总目提要》均作一百二十卷。其间差距，虽未能即定其真伪，然翻检万斯同所著《群书疑辨》《石园文集》等有关礼论，核之《读礼通考》，踪迹俱在，徐乾学自著之说，实当修正。

虽然，若说徐乾学于《读礼通考》纯属掠美，亦非笃论。徐乾学能中一甲三名进士，自非不学无术者。清廷纂修书籍，他若无一定的学术造诣，实难获康熙信任，屡领其事。至若徐家传是楼藏书之富，"几与《四库》《崇文》相埒"⑦。黄宗羲曾作记称道："新朝开创，天府之藏

① 徐树谷：《读礼通考·敬识》，载《读礼通考》卷首。
② 俞樾：《重刻憺园集·序》，载《憺园集》卷首。
③ 金吾澜：《重刊憺园集·序》，载《憺园集》卷首。
④ 全祖望：《鲒埼亭集》卷二十八《万贞文先生传》。
⑤ 蒋学镛：《鄞志稿》卷十二《儒林传下·万斯同》。
⑥ 梁启超：《中国近三百年学术史》八《清初史学之建设》。
⑦ 宋荦：《憺园集序》，载《憺园集》卷首。

未备，朝章典故，制度文为，历代因革，皆于先生乎取之。是先生之藏书，非但藏于家也。……风声所播，山心松友之士，莫不推琴而起，共集门墙。"[①]难怪万斯同要发出"恍如上林看春卉"[②]的慨叹！而就徐乾学自身来看，他不仅"笃嗜学，少壮迨老，无一日释卷。自六艺子史百家之书，靡不贯穿"，[③]且对传是楼藏书"晨夕雠校。尤笃志经学，凡唐宋来先儒经解，世所不常见者，靡不搜览参考，雕版以行"。[④]凡此种种，足见徐乾学于学问并非粗疏，实有一定的造诣。

如所周知，《通志堂经解》虽署名纳兰性德，实出徐乾学之手。徐乾学有志于《经解》之作，肇端于其友朱彝尊的建议。于是，徐乾学深叹："经者，圣人之心精，义理之奥府，历纪相循，治世典则。"因而他"悉予兄弟家所藏本，复加校勘；更假秀水曹秋岳、无锡秦对岩、常熟钱遵王、毛斧季、温陵黄俞邰及竹垞家藏旧版书若钞本，厘择是正，总若干种，谋雕版行世"。[⑤]出于政治目的及其门人纳兰性德的捐金之助，徐乾学才不惜以此托名于纳兰性德。但不管署不署名，徐乾学的学术功底于此可见一斑。寻检徐乾学所著《憺园集》，我们不难发现，徐乾学于礼尤其是丧礼，如卷十三《祖父母在妻丧用杖议》《庶子不得为长子三年议》《立孙议》，卷十四《北郊配位议》《祀地配位议》《郊祀分合议》《郊祀斋戒会议》，卷十五《郑夹漈尊信周礼辨》《祀大地皆服大裘辨》《反哭不于庙辨》，卷十六《神主谒庙廷说》《布总箭髻衰三年说》《夏商周三祝说》，卷十七《地坛配位或问二首》《北海祀典或问》《北岳祀典或问》，卷十八《历代社稷坛考》《郊祀考》《祀地方位考》《古人不合葬考》等篇，多所考辨。虽非所考皆当，然"如论北郊之古无配

①　黄宗羲：《南雷文定三集》卷一《传是楼藏书记》。
②　万斯同：《石园文集》卷一《传是楼藏书歌》。
③　宋荦：《憺园集序》，载《憺园集》卷首。
④　支伟成：《清代朴学大师列传·提倡朴学诸显达列传第二十五》。
⑤　徐乾学：《憺园集》卷二十一《新刊经解序》。

位、论文庙从祀诸贤当以时代为次，皆卓然悬日月而不刊"①。至于徐乾学丁外艰，与两弟日居丧次，酌古礼行之；孝庄太皇太后崩时，"自初丧及启殡，礼无纤巨，天子惟公是咨。公斟酌古今之宜，附中使入奏，悉中条理"②。因而，宋荦指出："凡朝章国故之巨，郊庙礼乐制度之沿革，廷议纷挐，必折衷于公。而公随事讨论，援古据今，上下千百年，了如指掌。"③ 凡此种种，无不彰显出徐乾学对礼深有所契。因此，《读礼通考》虽非徐乾学独著，万斯同实襄赞其功；而徐乾学亦非纯属掠美，其礼学造诣，当足主持其事。

总而言之，顾炎武的"礼者，本于人心之节文，以为自治治人之具"的礼学宗旨，及"因句读以辨其文，因文以识其义，因其义以通制作之原"的研经治礼方法，在与同时诸儒交往切磋中，上至朝廷臣工，下至一般学者，无不产生一定影响。风气既开，接踵者遂相继以起。

三、清廷与儒臣的回应

满洲贵族入主中原，其所面临的最大难题，在于如何有效地稳定混乱的社会局势，巩固其业已取得的政权。但因满汉风俗各异，文化传统不同，彼此间的隔阂对清政权产生很大冲击。高压统治固可取得一时成效，却非久系人心之策。有鉴于此，清统治者改换思路，向中原文化认同，并及时调整文化统治政策，从而确立了数千年中国传统文化当然继承者的历史地位。

顺治一朝，戎马倥偬，未遑文治，有关文化政策基本沿袭明代旧制。康熙亲政之后，随着经济的逐渐恢复，文化建设亦相应加强，各种基本国策，如科举取士制度、崇儒重道、开"博学鸿儒"特科、图

---

① 俞樾：《重刻憺园集序》，载《憺园集》卷首。
② 朱彝尊：《读礼通考序》，载《读礼通考》卷首。
③ 宋荦：《憺园集序》，载《憺园集》卷首。

书的访求与编纂、由尊孔到尊朱等，随之确定下来。至康熙二十三年
（1684）以后，三藩乱平，台湾回归，清初历史进入一段相对稳定的发
展时期。由于受儒学思想的影响，康熙接受"道学即在经学中"的观
点，申明"帝王立政之要，必本经学"，并提出"以经学为治法"[①]的主
张，进而断言："治天下以人心风俗为本，欲正人心、厚风俗，必崇尚
经学。"[②]康熙的此种认识，是其以"文教是先"为核心的十六条治国纲
领的延续。在所谓的"圣谕十六条"之中，"敦孝弟以重人伦"，"隆学
校以端士习，黜异端以崇正学"，"明礼让以厚风俗"[③]等条，体现了康
熙重礼教的思想。乾隆年间，虽然专制统治异常强化，文网苛酷，但其
对礼治的重视，则丝毫不减。宽严相济，软硬兼施，其用心可谓良苦。

　　清廷对礼的高度重视，以开三礼馆、纂修《三礼义疏》、编订《大
清通礼》，为其标志。这是清初以来，统治者对思想界倡礼之风的积极
回应。他们不仅允许并提倡经学家以礼来维系社会人心的思想主张，且
在政治运作中有实际举措。早在顺治元年，朱鼎藩便提出"礼仪为朝廷
之纲，而冠履侍从，揖让进退，其纪也"[④]的主张。康熙元年（1662），
熊赐履倡为礼治之说，他认为："礼者，圣王所以节性防淫，而维系人
心者也。臣观今日风俗，奢侈凌越，不可殚述，一裘而费中人之产，一
宴而靡终岁之需，舆隶披贵介之衣，倡优拟命妇之饰。此饥之本，寒之
源，而盗贼狱讼所由以起也。"因而他希望康熙帝能"躬行节俭，为天
下先。自王公以及士庶，凡宫室车马衣服仆从，一切器用之属，俱立定
经制，限以成数，颁示天下，俾恪为遵守，不许少有僭越"。以此期于
"民俗醇而人心厚，几于淳庞之治"。[⑤]熊氏此论，虽未得实现，但对康
熙来说，或多或少会有些影响。康熙所御定的《日讲礼记解义》，即可

①《清圣祖实录》卷一百一十三，康熙二十二年十二月乙卯条。
②《清圣祖实录》卷二百五十八，康熙五十三年四月乙亥条。
③《清圣祖实录》卷三十四，康熙九年十月癸巳条。
④《清世祖实录》卷十，顺治元年十月丙寅条。
⑤《清圣祖实录》卷二十二，康熙元年六月甲戌条。

体现其对礼的认识。《四库全书总目》中称："礼为治世之大经，《周礼》具其政典，《仪礼》陈其节文。……盖《仪礼》皆古经，《礼记》则多志其变；《仪礼》皆大纲，《礼记》则多谨于细；《仪礼》皆度数，《礼记》则多明其义。故圣贤之微言精意，杂见其中。敛之可以正心修身，推之可以齐家治国平天下。自天子以至庶人，莫不于是取裁焉。"[①] 这一认识，是如实地反映了康熙认识的。雍正亦对礼有所折中，他在上谕中说道："国家欲安黎民，莫先于厚风俗；厚风俗莫要于崇节俭。《周礼》一书，上下有等，财用有度，所以防僭越，禁奢侈也。"[②] 凡此种种，足见礼在康熙、雍正心中的位置。乾隆帝亦然，乾隆十三年《钦定三礼义疏》的告竣，即体现了这一点。

乾隆元年（1736）六月，鉴于其祖已有四经义疏，独三礼未就，乾隆因命儒臣修纂《三礼义疏》。乾隆之所以下此谕旨，因为在他看来，"五经乃政教之源，而礼经更切于人伦日用"[③]。又说："夫礼之所为，本于天，殽于地，达之人伦日用，行于君臣、父子、兄弟、夫妇、朋友之间，斯须不可去者。……故言礼者，惟求其修道设教之由，以得夫礼之意而已。顾其教之不泯，道之所由传，未尝不赖于经。"[④] 有鉴于此，故乾隆力主修纂《三礼义疏》。圣意已定，大臣依命遵行。因而，于乾隆元年即开"三礼馆"，任命鄂尔泰、张廷玉、朱轼、甘汝来充任总裁；杨名时、徐元梦、方苞、王兰生充任副总裁。后汪由敦、尹继善、陈大受、彭维新、李清植、李绂、任启运补副总裁。一时专精礼学之名儒，如诸锦、惠士奇、杭世骏、蔡德晋、吴廷华、姜兆锡等，均赞纂修之职。自乾隆元年经始此事，至乾隆十一年冬初成，其成果便是《钦定三礼义疏》的刊行。

---

① 《四库全书总目》卷二十一《经部·礼类三》。
② 《清世宗实录》卷十，雍正六年己未条。
③ 《高宗纯皇帝实录》卷二十一，乾隆元年丙辰六月己卯条。
④ 乾隆《御纂七经·御制三礼义疏序》。

　　《钦定三礼义疏》指《周官义疏》四十八卷、《仪礼义疏》四十八卷、《礼记义疏》八十二卷。三书均冠以《纲领》，总论三礼之有关问题。其采掇群言，则分为正义、辨正、通论、余论、存疑、存异、总论七例。较之鄂尔泰等奏《拟定纂修三礼条例》，[①] 只增一"总论"而已。三礼馆中人认为，就《周官》六典而言，其源确出周公，然流传既久，不免有所窜乱。因而，既不必以为疑，亦不必以为讳。本于此一原则，四库馆臣认为："是书（指《周官义疏》——引者注）博征约取，持论至平。于《考工记》注，奥涩不可解者，不强为之词，尤合圣人阙疑之义也。"[②] 而《仪礼义疏》"大旨以（敖）继公所说为宗，而参核诸家以补正其舛漏。至于今文、古文之同异，则全采郑注，而移附音切之下。经文、记文之次第，则一从古本而不用割附之说。所分章段，则多从朱子《仪礼经传通解》，而以杨复、敖继公之说互相参校。《释宫》则用朱子点定李如圭本，《礼器》则用聂崇义《三礼图》本，《礼节》用杨复《仪礼图》本。而一一刊其讹缪，拾其疏脱"，以致"数百年庋阁之尘编，搜剔疏爬，使疑义奥词涣然冰释；先王旧典，可沿溯以得其津涯"。四库馆臣因而赞道："考证之功，实较他经为倍蓰。"[③] 至若《礼记义疏》，则"广摭群言，于郊社、乐舞、裘冕、车旗、尊彝、圭鬯、燕饮、飨食，以及《月令》《内则》诸名物，皆一一辨订。即诸子轶闻、百家杂说，可以参考古制者，亦详征博引、曲证旁通，而辩说则颇采宋儒，以补郑注所未备。其《中庸》《大学》二篇，陈澔《集说》以朱子编入四书，遂删除不载，殊为妄削古经。今仍录全文，以存旧本。惟章句改从朱子，不立异同，以消门户之争"[④]。由上可见，《三礼义疏》之成书，实使礼学研究步入一新阶段。但此书之成，亦非易事。与修《三礼》，

---

① 《高宗纯皇帝实录》卷三十二，乾隆元年丙辰十一月条。
② 《四库全书总目》卷十九《经部·礼类一》。
③ 《四库全书总目》卷二十《经部·礼类二》。
④ 《四库全书总目》卷二十一《经部·礼类三》。

分任《礼记》中《学记》《乐记》《丧大记》《玉藻》诸篇的杭世骏，不免发出"京师经学之书绝少"①的慨叹。于此一端，亦可窥众学者成书之艰难；其所取得的成果，实足珍贵。

继《三礼义疏》后，清廷又于乾隆二十一年（1756）六月修毕《大清通礼》五十卷。此书之撰作，肇因于乾隆元年所下修礼书谕旨。乾隆在颁发纂修《三礼义疏》谕旨后第七天，再下纂修礼书谕旨。他称："朕闻三代圣王，缘人情而制礼，依人性而作仪，所以总一海内，整齐万民，而防其淫侈，救其凋敝也。"②古圣先王良法美意如此，但现实情况又如何呢？乾隆于谕旨中指出："前代儒者，虽有《书仪》《家礼》等书，而仪节繁委，时异制殊，士大夫或可遵循，而难施于黎庶。本朝《会典》所载，卷帙繁重，民间亦未易购藏。"③而且"三代以下，汉称近古，观叔孙通之《朝仪》、公玉带之《明堂》，不过椎轮粗具。后此如唐《开元礼》、宋《太常因革礼》、元《通礼》、明《集礼》，取足征一朝掌故。迨承用日久，俗尚骎寻，精意远而敝迤随之。既苟简慢易，而无以称其情，甚且改错倾规，敢于侈汰而冒其上"④。古礼之难通也如彼，民众之难知也又如此。有鉴于此，乾隆认为实有"萃集历代礼书，并本朝《会典》，将冠婚丧祭，一切仪制，斟酌损益，汇成一书"⑤之必要。因而，官府组织人马，投入此项工作中去。

《大清通礼》一秉乾隆"法古准今"之意，依吉、嘉、军、宾、凶之次，进行排纂，并于每篇之首，弁以数言，括其大旨。于"五礼之序，悉准《周官》，而体例则依仿《仪礼》"⑥。但因"《通礼》所重在行

---

① 杭世骏：《道古堂文集》卷四《续礼记集说序》。
② 《高宗纯皇帝实录》卷二十一，乾隆元年丙辰六月丙戌条。
③ 《高宗纯皇帝实录》卷二十一，乾隆元年丙辰六月丙戌条。
④ 乾隆《大清通礼·御制大清通礼序》。
⑤ 《高宗纯皇帝实录》卷二十一，乾隆元年丙辰六月丙戌条。
⑥ 《四库全书总目》卷八十二《史部·政书类二》。

礼仪节，详悉纪载，以便于遵循”①，所以此书“惟载贵贱之等差、节目之先后，而不及沿革；惟载器物之名数、陈设之方隅，而不及其形制。盖沿革具于《会典则例》，形制具于《礼器图式》，各有明文，足资考证，故不复述也”②。另有鉴于“辨上下，定民志，纲纪四方，必自朝廷始”，《大清通礼》因而“首纪朝庙大典，次及钦颁仪制”，至于“通行直省郡邑”，则“各依类分附于后”③。体例大要如此。而观此书内容之取舍，则秉“礼时为大，今古异尚，从其仪也”之意，故“皆取见行仪注辑定，其非皇朝成式，虽有古制，概不摭拾。至合于今制者，存之”④。以上所论，即乾隆所自许的“淑世牖民之意”，亦即：“是编也，约而赅，详而不缛，圭臬群经，羽翼《会典》，使家诵而户习之，于以达之人伦日用之间，兴孝悌而正风俗”⑤。

兹编既成，悬为令甲，“自朝廷以迄于士庶，鸿纲细目，具有规程。事求其合宜，不拘泥于成迹；法求其可守，不夸饰以浮文。与前代礼书铺陈掌故，不切实用者迥殊”。于此，四库馆臣誉之为：“信乎酌于古今而达于上下，为亿万年治世之范矣！”⑥话虽如此，但揆诸史实，“武英殿刊刻（指《大清通礼》——引者注）后，板藏内府，直省士民鲜得见”⑦。虽到嘉庆二十四年（1819）续为五十四卷，并通行各省，然时移势异，较之乾隆当时，已不可同日而语矣。

事实上，若说《三礼义疏》对礼学研究、学术导向有促进作用的话，而《大清通礼》的价值，则相去甚远矣。乾隆之于《大清通礼》，用意不可谓不精，用心亦不可谓不苦。但在专制王权空前强化，文网日

---

① 《大清通礼·凡例》。
② 《四库全书总目》卷八十二《史部·政书类二》。
③ 《大清通礼·凡例》。
④ 《大清通礼·凡例》。
⑤ 乾隆《大清通礼·御制大清通礼序》。
⑥ 《四库全书总目》卷八十二《史部·政书类二》。
⑦ 《大清通礼·潜庚老人识》，载《大清通礼》卷首。

密之时，欲以礼来维系人心社会，虽是时代思潮趋势所然，有其一定的积极意义；但欲上下一准于此，又是何其艰难！正所谓"刑不上大夫，礼不下庶人"，诚哉斯言！无怪乎板藏内府，难行于外间也。

然上有所好，下必效焉。清廷既致力于礼之纂述，又当礼学渐兴之时，一般学者姑且不论，身为儒臣者自当有所回应。前揭徐乾学《读礼通考》即其一例。此外，如李光地、方苞之于《三礼》，亦颇有所辨析著述。风气既开，踵继者有之。金匮秦蕙田即其中佼佼者。其所著《五礼通考》，历时三十八年，岁六十始成。用力之勤，倾心其间，成书尤非易事。

秦蕙田此作，肇端于雍正二年（1724）的"读经之会"。当时，秦蕙田与同邑蔡宸锡、吴大年、吴尊彝兄弟有感于"三礼自秦汉诸儒，抱残守阙，注疏杂入谶纬，缪辏纷纭"，而朱子《仪礼经传通解》虽经黄干、杨复修述，究未为完书，"三礼疑义至今犹蔀"。因而，他们"于礼经之文，如郊祀……等，先之以经文互见错出足相印证者，继之以注疏诸儒之牴牾訾议者，又益以唐宋以来专门名家之考证发明者。……回旋反复，务期慊诸己、信诸人，而后乃笔之笺释，存之考辨"①。半月一会，持之十有余年，方衮然渐有成帙。及秦蕙田通籍后，简佐秩宗，因赞校阅礼书之任，故致力于礼之源流沿革的考究。后于治丧期间，杜门读礼，得见徐乾学《读礼通考》，因叹其于吉、嘉、宾、军四礼尚付阙如。故重发旧箧，同吴尊彝一起发凡起例，欲成完书。服阕后再任容台，益有所获。后在方苞之侄方宜田承观，及卢抱孙、宋宗元的大力支持下，又得钱大昕之参校，经与时人商讨往复，终于乾隆二十六年（1761），告蒇其事。

《五礼通考》因徐氏体例，网罗众说，以成一书。凡为类七十有五，以乐律附于《吉礼》宗庙制度之后；以天文推步，句股割圆，立《观

---

① 秦蕙田：《五礼通考·自序》。

象授时》一题统之，以古今州国都邑，山川地名，立《体国经野》一
题统之，并载入《嘉礼》。四库馆臣对之虽有"不免有炫博之意"之微
词，但亦指出："其他考证经史，元元本本，具有经纬。非剽窃饾饤、
挂一漏万者可比。较陈祥道等所作，有过之无不及矣。"[①] 蒋汾功亦评价
道："人以为善于其职云，予谓是惟能宿其业耳。积数十年博观宏览之
资，用以搜择融洽，折诸儒之异同，而求其是，将使后之考礼者，恍
然如日再中，不至若扣槃扪烛也。"[②] 方承观说："是书体大物博，先生
积数十年搜讨参伍，乃能较若画一。"[③] 卢文弨亦指出："其书包络天地，
括囊人事，缕析物情，探制作之本旨，究变迁之得失。义未安，虽昔贤
之论不轻徇；理苟当，即豪末之善亦必录。"文弨从而赞道："穷经者得
以息纷纭之讼，处事者得以定画一之准。大矣哉！古今之菁英，尽萃于
此矣。洵悬诸日月不刊之书也。"[④] 卢氏之论，未免过誉其师。虽然，由
蒋、方、卢氏所论，亦足见秦蕙田于五礼之用功深矣。

　　当然，《五礼通考》的成书，非仅秦蕙田一人之力。前所提及的吴
尊彝、卢抱孙、宋宗元、钱大昕，皆有襄助之功。另据凌廷堪言，"无
锡秦尚书蕙田纂《五礼通考》，先生（指戴震——引者注）实任其
事"[⑤]。为避免其中或有参错不及细检处，《五礼通考》虽已刊刻，但并
未当即行世。秦蕙田曾致书卢文弨就正，文弨受其师委托，亦就己见提
出了一些看法。[⑥] 秦蕙田之谨严如此。而"其家多藏书，凡礼经疏义外
间绝少刊本，而庋贮缄题者数十笥"[⑦]。由此可见，秦蕙田有着深厚的礼
学功底。《五礼通考》之能得以取得成功，不唯得力于以上因素，更为

---

① 《四库全书总目》卷二十二《经部·礼类四》。
② 蒋汾功：《五礼通考·序》。
③ 方承观：《五礼通考·序》，载《清儒学案》卷六十七。
④ 卢文弨：《抱经堂文集》卷八《五礼通考跋》。
⑤ 凌廷堪：《校礼堂文集》卷三十五《戴东原先生事略状》。
⑥ 卢文弨：《抱经堂文集》卷十三《复秦味经先生校勘〈五礼通考〉各条书》。
⑦ 蒋汾功：《五礼通考·序》，载《五礼通考》卷首。

关键的还是前论秦蕙田对研礼的执着。

综观上论，清廷和儒臣对清初以来倡礼之风的回应，不仅在礼学研究方面取得一定成绩，对学术导向亦产生很大影响。从礼学承传的意义上来说，《三礼义疏》《大清通礼》《五礼通考》三部煌煌巨帙，无异为《五经正义》以后礼学研究的又一里程碑。它们不仅引发了知识界对三礼研究的更大关注，还对"以礼代理"学术潮流的形成起了促进作用。

四、"礼学即理学"思想的定型

凭借顺、康两朝所奠定的雄厚国基，经历雍正十三年间的励精图治，迄于乾隆初叶，清朝国力遂呈极盛之势。植根于其上的封建文化，以对传统文化的总结和整理为其基本特征，蓬勃发展，超迈前代，取得了诸多足以光耀史册的成就。就学术路径而言，清代学术以经学为中坚。而乾嘉学派之于经学，潜心董理，尤称专精。其中，乾嘉学派于经学最有贡献者，当为对三礼的疏解。

乾嘉学派对三礼的研究，是沿着清初顾炎武所开门径，在清初诸大儒复兴礼学，清廷儒臣对倡礼之说的积极回应影响下，衍其风而兴盛起来的。其重要标志，便是"以礼代理"说的揭出。乾嘉学者之于礼学，诚如章学诚所言："近人致功于三礼，约有五端：溯源流也，明类例也，综名数也，考同异也，搜遗逸也。"[1] 钱基博先生对此论述得更为详细，其言曰："间尝究其得失，明其指归，有考订字句，正其讹脱者；有辨章注疏，校其音读者；有离经辨志，明其章句者；有发凡起例，观其会通者；有删正旧注，订其阙失者；有驳纠前人，庶乎不刊者；有明发经疑，以俟论定者；有偶疏小笺，自抒所见者；有折衷至当，重造新疏者；有依物取类，绘为礼图者；有疏证名物，究明古制者；有心知其

---

① 章学诚：《文史通义·礼教》。

意，创通大义者；有网罗众说，博采前贤者；有旁采古记，而补礼经之阙佚者；有囊括大典，而考礼制之沿革者；有兼综三礼，而明礼学之源委者。"[①] 至此，关于三礼之研究，基调已定，规模亦具。经此酝酿，"以礼代理"思想至清中叶以后，由萌芽形成潮流。其间，凌廷堪、阮元等乃其杰出倡导者。

凌廷堪，字次仲，安徽歙县人，乾隆五十五年（1790）进士。为学博览强记，识力精卓，贯通群经，而尤深于《礼经》。其自述为学次第云："廷堪幼而孤露，学贾不成，贫困无聊，漫为古今体诗洎宋元人词曲以自怡。未几弃去，治古文辞。年二十余，负米出游，经史尚未之全睹。由是发愤手录诸经文，伏而读之，复取汉唐宋人说经者比勘之，入乎其中，茫无畔岸。所深好者虽在《士礼》一经，而性喜旁骛，不自揆度，兼及六书九数之等。……癸卯入京师，……则又见异而迁，专意于时文。成进士后，乞一毡以养母，始得重理旧业。"[②] 一波三折，其学之艰苦卓绝如此，无怪乎终以礼学著名于时。江藩誉之为"学贯天人，博综丘索，继本朝大儒顾、胡之后，集惠、戴之成"[③]，是有一定道理的。

凌廷堪之于《礼经》，其所著《礼经释例》，乃卓然成家之大著作。此书之作，基于凌廷堪对《礼经》的认识。在他看来，"其间同异之文与夫详略隆杀之故，盖悉体夫天命民彝之极而出之，信非大圣人不能作也。学者舍是奚以为节性修身之本哉！"[④] 但是，"《仪礼》一经，在汉与《易》《书》《诗》《春秋》并列为五。《史记·儒林传》《汉书·艺文志》皆以此为《礼经》。后人不曰《礼经》而曰《仪礼》者，犹之《易》曰《周易》、《书》曰《尚书》也。若《周官》则另为一书，《汉志》附于礼家者，……非礼之本经也。至于二戴氏之记，乃章句之余，

---

① 钱基博：《经学通志》，台湾中华书局 1978 年版，第 156 页。
② 凌廷堪：《校礼堂文集》卷二十四《与王兰泉侍郎书》。
③ 江藩：《校礼堂文集序》，载《校礼堂文集》卷首。
④ 凌廷堪：《校礼堂文集》卷二十六《礼经释例序》。

杂记说礼之言，互相引证，不但非礼之经，且与传注有间。……故郑氏既注《礼经》，又注《戴记》，……此其例也。自范蔚宗有'三礼'之称，而经传不分，后儒贲陋，束之不观，六籍遂阙其二"①。有感于此，凌廷堪主张《仪礼》才是礼之本经之说。

《仪礼》一经，向称难读，其节文威仪，委曲繁重，令人读之眩目。但在凌廷堪看来，苟得其"经纬途径"，便不至如治丝而棼、入山而迷，中材亦可勉而赴也。其所谓的"经纬途径"，便是"例而已矣"。②为此，凌廷堪先于乾隆五十二年（1787），仿《尔雅》撰为《礼经释名》十二篇。"如是者有年，渐觉非他经可比，其宏纲细目必以例为主，有非诂训名物所能赅者。"故五年之后，他"删芜就简，仿杜氏之于《春秋》，定为《礼经释例》"③。其例有八，曰通例、饮食之例、宾客之例、射例、变例、祭例、器服之例、杂例，共十三卷。悉以《礼经》为主，间有旁通他经者，则又各为之考，附于所释之后。故卢文弨称："君此书出，而天下始无有畏其难读者矣。"④钱大昕亦说："《礼经》十七篇，以朴学人不能读，故郑君之学独尊。然自敖继公以来，异说渐滋。尊制一出，学者得指南车矣。"⑤由此可见，《礼经释例》之成书，于学界之功大矣。

不过，在凌廷堪《礼经释例》之前，江永、杭世骏已致力于此。江永《仪礼释例》虽"标曰《释例》，实止释服一类，寥寥数页，盖未成之书"⑥。但其"辨注家冕广八寸、长尺六寸，绩麻三十升布为之之误"，"其说验诸实事，最为细析"；而辨"冕有前旒无后旒"，"其说与郑注互异，亦可相参"。只是其"宗陈祥道之说，谓《周礼》之韦弁

---

①　凌廷堪：《校礼堂文集》卷二十二《与阮伯元孝廉书》。
②　凌廷堪：《校礼堂文集》卷二十六《礼经释例序》。
③　凌廷堪：《校礼堂文集》卷二十六《礼经释例序》。
④　卢文弨：《校礼堂初稿序》，《校礼堂文集》卷首。
⑤　凌廷堪：《校礼堂文集》卷首，《钱辛楣先生书》。
⑥　《四库全书总目》卷二十三《经部·礼类存目一》。

即爵弁"，"其说过新，不可信"。① 即使如此，江永研礼重"例"之思想，对后人还是有积极影响的。杭世骏沿波而起，明确提出"《春秋》可以无例，而礼则非例不能贯也"的主张。他进而阐释道："例何所取？吾于孔贾二疏中刺取之。例立于此，凡郑之注《士礼》，与郑之注《周礼》者，可参观而得也。例彰于彼，凡《士礼》之所不注，与《周礼》之所不注者，孔与贾自默会而明也。"因此他不无感叹地说："深于礼者，病礼之断烂，而思补其阙。承学之士，又病礼之繁富，而不得其门。余特以例为之阶梯，而有志者即以津逮。礼无不归之例，而天下亦无难治之经。"② 凌廷堪虽病其："又似欲合《周礼》《仪礼》而为之者，且以《大射》为天子礼，《公食大夫》为大夫礼，则于《礼经》尚疏。"③ 但平心而论，凌廷堪以"例"为治礼之"经纬途径"，恐怕是受杭世骏以"例"为治礼之"阶梯"的启发而来。江、杭二氏之作虽属草创，且有志未逮，但他们在这方面的努力，开创之功应予肯定。

凌廷堪不仅"邃于《士礼》，披文摘句，寻例析辞"，使"闻者冰释"④，且于儒家制礼思想、礼理之辨亦多所阐发。他认为，"圣人之道，至平且易也。《论语》记孔子之言备矣，但恒言礼，未尝一言及理也。……彼释氏者流，言心言性，……圣人之道不如是也。其所以节心者，礼焉尔，不远寻夫天地之先也；其所以节性者，亦礼焉尔，不侈谈夫理气之辨也"⑤。其根据乃在于："夫圣人之制礼也，本于君臣、父子、夫妇、昆弟、朋友，五者皆为斯人所共由，故曰道者所由，适于治之路也，天下之达道是也。若舍礼而别求所谓道者，则杳渺而不可凭矣。……若舍礼而别求所谓德者，则虚悬而无所薄矣。盖道无迹也，必缘礼而著见，而制礼者以之；德无象也，必藉礼为依归，而行礼者

① 《四库全书总目》卷二十三《经部·礼类存目一》。
② 杭世骏：《道古堂文集》卷四《礼例序》。
③ 凌廷堪：《校礼堂文集》卷二十六《礼经释例序》。
④ 江藩：《国朝汉学师承记》卷七《凌廷堪》。
⑤ 凌廷堪：《校礼堂文集》卷四《复礼下》。

以之。"① 所以说："圣人之道，一礼而已矣。……礼之外，别无所谓学也。……盖至天下无一人不囿于礼，无一事不依于礼，循循焉日以复其性于礼而不自知也。"② 基于此，凌廷堪指出："孔子之论仁，曰'克己复礼'，又曰：'非礼勿视，非礼勿听，非礼勿言，非礼勿动。'颜渊曰：'夫子循循然善诱人，博我以文，约之以礼。'然则荀氏之学，其不戾于圣人可知也。后人尊孟而抑荀，无乃自放于礼法之外乎！"他明确表示："夫舍礼而言道，则空无所附；舍礼而复性，则茫无所从。"③ 观凌氏以上所论，其特拈一"礼"字作为复性、修身、平天下之本，并弃理而不言，持论虽不免有过激之处，但其"以礼代理"思想的形成，却如一石激起千层浪，使前此的潜流喷薄而出，一时汇为潮流。难怪江藩誉之为"《复礼》三篇，则由礼而推之于德性，辟蹈空之蔽，探天命之原，岂非一代之礼宗乎！"④

从学术发展的内在逻辑而言，凌廷堪"以礼代理"说是清初以来批判理学、"以经学济理学之穷"学术潮流的畅发，且受惠栋、戴震两大师影响。惠栋、戴震曾指出，义理不可舍经而空凭胸臆，其要在于存乎典章制度。戴震有言曰："夫所谓理义，苟可以舍经而空凭胸臆，将人人凿空而得之，奚有于经学之云乎哉？惟空凭胸臆之卒无当于贤人圣人之理义，然后求之古经。"⑤ 在他看来，所谓"理"，只不过是就天地、人物、事为求其不易之则，是事物之条理，而非"'理无不在'，以与气分本末，视之如一物"⑥。戴氏此解，无疑是对宋儒之"理"的挑战。私淑戴震的凌廷堪，汲戴震这一思想而起，易之以言"礼"。于是乎凌廷堪"以礼代理"说一起，其交游刘端临、汪容甫、宋守端、秦敦夫、

① 凌廷堪：《校礼堂文集》卷四《复礼中》。
② 凌廷堪：《校礼堂文集》卷四《复礼上》。
③ 凌廷堪：《校礼堂文集》卷十《荀卿颂并序》。
④ 江藩：《校礼堂文集序》，《校礼堂文集》卷首。
⑤ 段玉裁：《戴东原集序》，载《戴震集》卷首。
⑥ 戴震：《绪言》卷上。

焦里堂、阮伯元、杨贞吉、黄春谷等无不歔然而动。其中，尤以身为"清代经学名臣最后一重镇""汉学护法神"的阮元倡之最力。

阮元一生，扬历中外，孜孜以提倡学术、奖掖后进为务。虽不以专学名家，然主持风会，倡导扶助，其学术组织之功，实可睥睨一代。一如凌廷堪，阮元亦颇推尊戴震。观其论学，阮元守以古训发明义理之义，其于诂训之推衍，由两汉推至孔门，进而推至《诗》《书》、造字之圣人、说话之圣人。因其颇主求义理，故渐成汉宋兼采之风。他既肯定："圣人之道，譬若宫墙，文字训诂，其门径也。门径苟误，跬步皆歧，安能升堂入室乎？"又指出："但求名物，不论圣道，又若终年寝馈于门庑之间，无复知有堂室矣。"[1] 在治学态度上，阮元以"修学好古，实事求是"为帜志，其言曰："余幼学以经为近也。余之说经，推明古训，实事求是而已，非敢立异也。"[2] 对于长久以来形成的"疏不破注"痼疾，阮元指出，其弊与不从传注、凭臆空说相等。因而，他提出："儒者之于经，但求其是而已矣。是之所在，从注可，违注亦可，不必定如孔、贾义疏之例也。"[3] 旗帜之鲜明，实具极大之魄力。

阮元之于礼，《周礼》《仪礼》《礼记》皆曾致力。其所主持的《十三经注疏校勘记》，于《三礼》之考究，虽得力于臧庸、徐养原、洪震煊之助，然其成果皆是在他旧有校本的基础上完成的。此外，其于《仪礼》，曾奉命校勘《仪礼石经》，考订《仪礼·丧服大功章》传注之舛误。于张惠言之《仪礼图》、任大椿之《弁服释例》，阮氏推挹有加，谓之"予尝以为读礼者当先为颂。……然则编修之书，非即徐生之颂乎！"[4] 又说："综览经疏史志，发微订讹，灿然经纬毕著矣。"[5] 就《仪礼石经校勘记》而言，阮元鉴于前此石经之残、乱、讹，因而"总汉石经

① 阮元：《研经室集》卷二《拟国史儒林传序》。
② 阮元：《研经室集·自序》。
③ 阮元：《研经室集》卷十一《焦里堂循〈群经宫室图〉序》。
④ 阮元：《研经室集》卷十一《张皋文〈仪礼图〉序》。
⑤ 阮元：《研经室集》卷十一《任子田侍御〈弁服释例〉序》。

残字、陆德明《释文》、唐石经、杜佑《通典》、朱熹《经传通解》、李
如圭《集解》、张淳《识误》、杨复《图》、敖继公《集说》、明监本、
钦定《义疏》、武英殿《注疏》诸本以及内廷天禄琳琅所收诸宋本、元
本、曲阜孔氏宋本，综而核之经文字体，择善而从，录成四卷，用付经
馆，以待总裁加勘"①。其用力之勤，识见之广，于此可睹一斑。于《周
礼》，阮元不仅赞惠士奇《礼说》、段玉裁《周礼汉读考》之功，且于
《周礼》有意为之重做义疏，以补贾公彦所未及。阮元虽未能卒其夙
志，但却寄厚望于后学，并为之指出了一致力门径。其言曰："如有好
学深思之士，据贾氏为本，去其谬误及伪纬书，择唐、宋人说礼之可从
者，加以惠氏此说，兼引近时惠定宇、江慎修、程易田、金辅之、段
若膺、任子田诸君子之说，勿拘疏不破注之例，博考而详辨之，则此
书之成，似可胜于贾氏，是所望于起而任之者。"②阮氏此望，终为后儒
孙诒让《周礼正义》所实现。于《大戴礼记》，阮元亦曾用心，有注有
释。清儒于《大戴礼》自戴震、卢文弨相继校订，渐辟蹊径。其后诸
儒，颇有据他书径改经文者。因而，当阮元看到王聘珍之《大戴礼记解
诂》、孔广森之《大戴礼记补注》，虽所见与之间有同异，仍大加赞誉。
他认为王、孔二人"能使三千年孔壁古文无隐滞之义，无虚造之文"③，
"使二千余年古经传复明于世"，真足称"用力勤而为功巨"也。④足见，
阮元之于三礼，实有所独造。

　　阮元既深契于三礼，所以当凌廷堪倡为"以礼代理"说时，他便
引作同调之鸣。对凌廷堪《复礼》三篇，阮元曾称道："其尤卓然可传
者，则有《复礼》三篇，唐、宋以来儒者所未有也。"⑤阮元之所以发此
感叹，与其论学宗旨大有干系。观阮氏论学，立异理学。其论性，一反

---

① 阮元：《研经室集》卷二《仪礼石经校勘记序》。
② 阮元：《研经室集》卷十一《惠半农先生〈礼说〉序》。
③ 阮元：《研经室集》卷十一《王实斋〈大戴礼记解诂〉序》。
④ 阮元：《研经室集》卷十一《孔检讨广森〈大戴礼记补注〉序》。
⑤ 阮元：《研经室二集》卷四《次仲凌君传》。

宋儒鄙气质之性的态度，转以血气心知为重；而论"一贯"，则抛弃理
学家所遵奉的豁然贯通之"通贯"，解作"壹是皆以行事为教"。[①] 尤其
对"仁"的解释，通过追根溯源，阮元申明："仁字之训为人也，乃周
秦以来相传未失之故训，东汉之末，犹人人皆知，并无异说。康成氏所
举相人偶之言，亦是秦汉以来民间恒言，人人在口，是以举以为训。"[②]
以此为基点，他从"己欲立而立人，己欲达而达人"；"克己复礼为仁"；
"无求生以害仁，有杀身以成仁"三个方面，对孔子仁学加以把握，进
而将仁落实在"为"上，倡言："仁必须为，非端坐静观即可曰仁。"他
断言："若一人闭户斋居，瞑目静坐，虽有德理在心，绝不得指为圣门
所谓之仁矣。"[③] 至此，阮元将理学得以立论的基础一扫而空，代之而起
的便是其崇礼的主张。在《书东莞陈氏〈学蔀通辨〉后》中，阮元指
出："朱子中年讲理，固已精实，晚年讲礼，尤耐繁难。诚有见乎理必
出于礼也。古今所以治天下者，礼也。五伦皆礼，故宜忠宜孝，即理
也。"姑且不论其对朱子的论定是否准确，就后半段话来说，则表达了
他思想的取舍和导向。这一观念，可说是对凌廷堪"以礼代理"主张的
阐扬。有鉴于此，江藩曾指出："凌君乃一代之礼宗也。如阮公则真所
谓知己矣。"[④] 实为知言。

　如果说凌廷堪倡"以礼代理"，其影响尚有一定限制的话，而身为
封疆大吏，对礼学心有所契的阮元，登高一呼，其影响则甚大。此说一
出，一时之间，礼学披靡天下，学界几几乎以言理为禁忌，后学者群弃
理学而归之。方东树曾指出："此论（指阮元"理必出于礼"论 —— 引
者注）出之最后、最巧、最近实，几于最后转法华。新学小生，信之弥
笃，惑之弥众，争之弥力，主之弥坚。"[⑤] 虽心存忌恨，方东树亦不得不

---

① 阮元：《研经室集》卷二《论语一贯说》。
② 阮元：《研经室集》卷八《论语论仁论》。
③ 阮元：《研经室集》卷八《论语论仁论》。
④ 张其锦：《校礼堂文集跋》，载《校礼堂文集》卷首。
⑤ 方东树：《汉学商兑》卷中之上。

承认此说影响之普遍性。然而，正如任何新学说所固有的通病那样，为使自己的学说得以树立，不免有过激之处，其后学更易产生流弊。凌廷堪、阮元所倡"以礼代理"之说，亦不免此病。方东树指出："今汉学家，厉禁'穷理'，第以礼为教。又所以称礼者，惟在后儒注疏名物、制度之际，益失其本矣。……夫谓'理'附于礼而行，是也；谓但当读《礼》，不当'穷理'，非也。……夫言礼而'理'在，是就礼言'理'。言'理'不尽于礼，礼外尚有众'理'也。……然而新学小生，必执是说以为至当不易者，学未知本，耳食新奇，承窍附和，逐臭趋名，而其中实莫之能省也。"[①] 方氏虽戴着有色镜看问题，且本身于礼亦无深究，但其对"以礼代理"学术潮流的批评，还是切中其中的一些弊端的。

若说方东树囿于汉宋门户，持论尚存偏见的话，钱穆先生对"以礼代理"思想的看法，实较公允。钱先生指出："夫而后东原之深斥宋儒以言理者，次仲乃易之以言礼。同时学者里堂、芸台以下，皆承其说，一若以理、礼之别，为汉、宋之鸿沟焉。夫徽歙之学，原于江氏，胎息本在器数、名物、律历、步算，以之治礼而独精。然江氏之治礼，特以补紫阳之未备。一传为东原，乃大詈朱子，而目其师为婺源之老儒焉。再传为次仲，则分树理、礼，为汉、宋之门户焉。至曰格物即格礼之器数仪节，是宋儒以格物为穷理者，次仲以格物为考礼，寻之故训，其果若是乎？次仲十年治礼，考核之精，固所擅场，然必装点门户，以复礼为说，笼天下万世之学术，必使出于我之一途，夫岂可得？此皆当时汉学家意气门户之见驱之使然，亦不必独病次仲也。"[②] 诚然，"以礼代理"思想有其偏颇之处，勿庸讳言。然就学术思想发展的内在逻辑而言，"以礼代理"思想汇为潮流，不仅是清初"以经学济理学之穷"学术潮

---

①　方东树：《汉学商兑》卷中之上。
②　钱穆：《中国近三百年学术史》第十章，"焦里堂阮芸台凌次仲"。

流的延伸发展，而且为此后"礼学即理学"思想的定型扫清了道路。从这一意义上来说，"以礼代理"思想的提出，其在学术思想史上的意义又是不容忽视的。

在学术史上，某种学术思想的成熟定型，总有一发展演进过程。"礼学即理学"思想亦不例外。继顾炎武"经学即理学"命题的提出，中经"以礼代理"思想的推阐，至黄以周遂以"礼学即理学"而定型。在清初"以经学济理学之穷"学术潮流下孕育出的礼学思想，作为一种学术形态，至晚清而完成其历史使命。黄以周作为这一学术形态的完成者，实是一关键人物。

就学术渊源而论，黄以周"礼学即理学"思想远承顾炎武"经学即理学"思想，近受其父黄式三礼学思想的影响。但细考起来，这一思想的形成，渊源远矣。孔子曾说："礼也者，理也。"[1]《礼记·乐记》亦说："礼也者，理之不可易者也。"这一对礼、理关系的认识，实是"礼学即理学"思想的胚胎。唐代孔颖达承继了这一思想，他指出："礼者，体也，履也。人之所生，礼为大也。非礼无以事天地之神，辨君臣长幼之位，是礼之时义大矣哉。礼者，理也。其用以治，则与天地俱兴。"[2]及至宋初，周敦颐仍主此说，其言曰："礼，理也；乐，和也。阴阳理然后和，君君臣臣，父父子子，兄兄弟弟，夫夫妇妇，万物各得其理而后和。故礼先而乐后。"[3]此后，宋明思想领域受理学主宰，"天理"被提升到无以复加的地位。其间虽有朱子致力于礼之研究，但终未成为主流。更遑论明中叶后心学对礼的冲击。明清之际，"以经学济理学之穷"渐成潮流，开始了回归经学典籍的努力，重礼思想又为学人所注目。清初大儒孙奇逢在《颜渊问仁章》中首揭其旨，其言曰："此章全重礼字，大中至正，万物各得其理之谓。"又说："乾坤浑是一个礼，盖舍了天

---

① 《礼记·仲尼燕居》。
② 《钦定礼记义疏》卷首，《纲领一》。
③ 《钦定礼记义疏》卷首，《纲领一》。

下，即无处寄我之仁。"[1] 他进而阐发道："礼所该甚广，一切法则制度皆礼也。其所以可知者，揆理准数，因时制宜之故。"[2] 虽然孙奇逢一时还不可能为理学找出新出路，"但他是一位有作为的思想家，他欲合朱王于一堂，以礼代理，合顿渐为一。在当变的时候他在变，虽然他没有走出唯心的理学范围，但他为后来的学者开辟了道路"[3]。若从重礼致思方向而言，孙奇逢所论同顾炎武倡礼思想有近似之处。门径既辟，清廷与知识界颇有响应者。及至凌廷堪"以礼代理"说的风行于世，重礼之风蔚为大观。礼学家将"理"还原为条理，宋明理学所倡之玄"理"，几被不齿。此一思想演进过程，为黄以周"礼学即理学"思想的提出开了先路。水到渠成，亦是时势使然。

　　黄以周"礼学即理学"思想，一秉顾炎武"经学即理学"之说，其言曰："经以载道，经学即是理学，经学外之理学为禅学，读《日知录》可会之。考据间有未明，义理因之而晦。"[4] 其间渊源，不言自明。而就为学主张而言，黄以周主以通经以求义理。他认为："经者，圣贤所以传道也。经之有故训，所以明经而造乎道也。"[5] 进而指出："古圣既往，道载于文，六经之外，无所谓道，六经之外，无所谓文。"所以他主张："欲谭道者先通经，欲通经者先识字。"[6] 此一识字而通经而谈道的路径，关节点在于如何处理礼与理之间的关系。对此，黄以周指出："圣门之学者，重约礼。礼者，理也。……古人论学，详言礼而略言理，礼即天理之秩然者也。……故考礼之学，即穷理之学也。"[7] 黄以周的这一认识，显承其父黄式三"礼者，理也。故所谓穷理者，即治礼之学也"[8]

---

① 孙奇逢：《四书近指》卷八。
② 孙奇逢：《四书近指》卷三《十世可知章》。
③ 杨向奎：《清儒学案新编》（一），《孙奇逢〈夏峰学案〉》，第10页。
④ 黄以周：《儆季杂著》之五，《文钞六·南菁书院立主议》。
⑤ 黄以周：《儆季杂著》之五，《文钞二·经训比义叙》。
⑥ 黄以周：《儆季杂著》之五，《文钞二·说文解字补说叙》。
⑦ 黄以周：《儆季杂著》之五，《文钞一·曾子论礼说》。
⑧ 黄家岱：《嬾艺轩杂著·礼记笺正叙》，《儆季杂著》附。

思想而来。黄以周之所以把"考礼"与"穷理"等同起来，是与他对礼的认识分不开的。在他看来，"古人言学，近之以治其身心，远之以治其国家，不越乎礼。礼也者，诚正之极则，治平之要道也"①。礼既具如此功能，那么，对它的忽视不仅是自放于礼法之外，且会导致社会混乱。黄以周指出："自后儒小礼学，而天秩斁、人心蹷。或曰：'礼为忠信之薄'，是言一出而周衰；或曰：'礼非为我辈设'，是言一出而晋乱。学术不明，治术因之亦斁！"②由上述可见，黄以周虽标明"经学即是理学"，但细究起来，其经学即指礼学。缪荃孙于此揭示道："是先生以经学为理学，即以礼学为理学。顾氏之训，至先生而始阐。"③缪氏此论，实得黄以周思想之精蕴。

黄以周既揭"礼学即理学"之旨，落实在实际行动中，便是其《礼书通故》的结撰和《礼说》的继续阐发。黄以周"七岁读《小戴记》，谨承庭训，略识小节，三十而后潜研诸礼"④，"读《礼经》《戴记》二十有余年矣，于《周官》时旁及之"⑤。当他读秦蕙田《五礼通考》时，因"病其《吉礼》之好难郑，《军礼》之太阿郑"，故"每一卷毕，辄有作"⑥。以之为基础，而有《礼书通故》的结撰。关于这部书，黄以周说："礼学难言，由来久矣。战国去籍，暴秦焚书，先王典章尽为湮没。抱残守阙，汉博士之功也；分门别户，又汉博士之陋也。……唐宋以来，礼学日微，好深思者，或逞肊说；好述古者，又少心得。究其通弊，不出两轨。"⑦有鉴于此，他为"发明经意"⑧，"于经十七篇外，搜辑大小戴两《记》及《周官》《春秋传》，分门编次，厘定先后。注疏

---

①　黄以周：《儆季杂著》之五，《文钞四·答〈周官〉问》。
②　黄以周：《儆季杂著》之五，《文钞一·颜子见大说》。
③　缪荃孙：《续碑传集》卷七十五《中书衔处州府学教授黄先生墓志铭》。
④　黄以周：《儆季杂著》之五，《文钞二·礼书通故序》。
⑤　黄以周：《儆季杂著》之五，《文钞四·答〈周官〉问》。
⑥　黄以周：《儆季杂著》之一，《礼说一》。
⑦　黄以周：《礼书通故·叙目·礼书第五十》。
⑧　黄以周：《儆季杂著》之五，《文钞四·示诸生书》。

家言有裨经传，亦附录之"①。从咸丰十年（1860）至光绪四年（1878），历时十九年撰成《礼书通故》四十九卷。俞樾曾评价此书说："惟礼家聚讼，自古难之。君为此书，……实事求是，惟善是从。……洵足究天人之奥，通古今之宜，视秦氏《五礼通考》，博或不及，精则过之。"②俞氏此论，已道出此书的价值。

继《礼书通故》之后，黄以周更著《礼说》，对前此思想作了进一步的阐发。其自叙《礼说》曰："今复重定，删五篇，入四篇，增卅四篇，皆补《礼书通故》所未备，凡七十六篇。"③精益求精，黄以周于礼之深契，亦可谓至矣。

总而言之，自清初顾炎武"经学即理学"肇端于前，清中叶"以礼代理"思想扬波于后，至晚清黄以周"礼学即理学"主张出，清儒的崇礼思想终得一成功总结，因之而迎来孙诒让《周礼正义》的问世。回顾一代礼学源流，顾炎武的创辟之功，其影响实至为深远。

---

① 黄以周：《礼书通故·叙目·礼书第五十》。
② 俞樾：《礼书通故·序》，载《礼书通故》卷首。
③ 黄以周：《儆季杂著》之一，《礼说一》。

附录一

《中国历史小丛书·顾炎武》

一、从"天下兴亡，匹夫有责"谈起

我们中华民族是一个具有深厚的爱国主义传统的伟大民族。我们回溯往史，缅怀那些忠于自己祖国的优秀的历史人物时，常常会想起"天下兴亡，匹夫有责"这句话。这句话是谁说的呢？这得回溯到十七世纪的中叶。当时，极端腐朽的明王朝覆灭了，继之而起的清王朝在入关之初，又推行高压政策和民族压迫政策，人民仍处于水深火热之中。面对着社会大动荡，明末清初一些思想家沉痛地总结历史，特别是明亡的历史，得出了若干具有重要意义的论断。卓越的思想家黄宗羲，尖锐地抨击封建君主专制制度的罪恶，指出"为天下之大害者，君而已矣"。"天下兴亡，匹夫有责"这一光辉的论点，则是另一个杰出学者顾炎武提出来的。

顾炎武曾经写了一部很有名的书，叫作《日知录》。他在这部书的第十三卷的"正始"条中，谈到"亡国"与"亡天下"的区别。他说的"亡国"，是指改朝换代，一个王朝的灭亡；"亡天下"，是指整个国家民族的沦亡。他说："保国者，其君其臣，肉食者谋之"；意思是说，维护一个王朝的政权，是它的君臣等上层统治者的事。紧接着又说："保天

顾炎武像

下者，匹夫之贱与有责焉耳矣"；意思是说，保卫整个国家民族，则是全国人民都有责任的事情。后来，在人们传习和引用过程中，后一句话被概括成为"天下兴亡，匹夫有责"。顾炎武为什么会产生这样的思想？这就得从他的成长和他所处的时代谈起了。

二、抛弃科举，研讨实学

顾炎武诞生于1613年（明万历四十一年）。那个时候，由朱元璋所建立的明封建王朝，经过了二百多年，换了十来个皇帝，已经气息奄奄，日薄西山。当时，封建统治集团日益反动腐败，朝政昏乱。从中央到地方，大小官吏贪赃枉法，结党营私，各地的土豪劣绅则肆无忌惮地掠夺农民。就在顾炎武的家乡江苏昆山县一带，百分之九十以上的农民都失去了土地，沦为佃户，沉重的赋役把他们压得抬不起头来。由于王朝衰败，国力削弱，东北满族领袖努尔哈赤乘机而起，不再接受明朝中央政府的统辖，于1616年（万历四十四年）建立地方性政权，国号大金，史称"后金"。1636年（崇祯九年）努尔哈赤之子皇太极将"金"改称为"清"。明王朝为了同实力不断扩大的后金作战，把庞大的军事费用全部加到人民头上。结果，广大劳动人民被逼得走投无路，只有揭竿而起。

顾炎武的童年时代，所面临的就是这样一个严峻的社会现实。他所出身的官僚地主家庭，也在统治阶级内部大鱼吃小鱼的吞并之中，衰败下去了。顾炎武的曾祖父章志，官至兵部侍郎，是个大臣；祖父绍芳，则是个从六品的普通官员；叔祖父绍芾才是个监生（曾在当时最高学府国子监入学的生员）；父亲同应只在乡试中得了个副榜（正式取中的为举人，另取若干名为副榜）。绍芾子同吉早死，其聘妻王氏未婚守节。同应的次子炎武出世后，过继为同吉的嗣子；因此，炎武称王氏为嗣母，绍芾为嗣祖父。王氏是一个有文化、有道德的妇女，从顾炎武六岁起，便教他读书，给他讲历史上有作为、有气节的人的故事。顾绍芾更是一个很有学问而又关注社会现实的人。在他的严格要求下，顾炎武从九岁起，便不间断地读我国古代的历史名著如《史记》《左传》《战国策》《国语》《资治通鉴》等，还认真地读了像《孙子》《吴子》一类古人谈军事的书。顾绍芾教诲顾炎武要讲求有关国计民生的实学，在学术著作中不可抄袭古人。顾绍芾还十分关心时事，曾长期阅读邸报（刊载有关政事的文书和消息的一种官报），加以摘录。这样的言传身教，对于顾炎武成长后注重经国济世的实学，学术上孜孜于进行新的探索，关心国家大事和民族命运，都有明显的影响。

在明末那样的封建时代，读书人要想对社会有所作为，不是一桩容易的事情。首先，科举制度就把他们紧紧地束缚住了。顾炎武也不例外。1626年（天启六年），顾炎武已经是十四岁的少年，他进了昆山县的官学，取得了秀才的资格。科举考试促使读书人成天埋头在故纸堆中，去死记硬背儒家经典中的教条，不能发挥自己的聪明才智。这样与社会现实毫不相干的学习内容，丝毫激发不起顾炎武的学习兴趣。不过，在许多同学少年中，顾炎武却交上了一个名叫归庄的好朋友。他们互以名节相砥砺，性情都耿直狷介，不肯随俗浮沉，以致被人称为"归奇顾怪"。对此，顾炎武在晚年时回顾说："归奇顾怪，一时之选。"的确，当时这两个年青人称得上是优秀之才。他们对社会现状有着同样的看法，对当时败坏的社会风气都深恶痛绝，真可说是志同道合。他们还参加了当时江南一带知识分子的进步组织——复社，同各地来的读书人一道，既论文，又议政，抨击朝廷中的贪官污吏，议论国家大事。

从成为秀才以后，科举制度把顾炎武足足桎梏了十三年。在这十三年当中，社会危机又空前地加剧了。1627年（天启七年），农民起义的火炬首先在陕西点燃。星星之火，迅成燎原之势，以李自成、张献忠为领袖的两支起义军，更像铁钳一般，紧紧地夹住了明王朝的咽喉。关外的后金，也乘虚而入，占据了整个东北。明王朝的末日已经临近了。

　　1639 年（崇祯十二年），二十七岁的顾炎武又一次参加了为取得举人资格而进行的考试，仍遭到了失败。十三年的亲身经历，使他深刻地认识到科举制度的危害性。他后来在题为《生员论》的文章中指出，科举制度、八股时文，使读书人"以有用之岁月，消磨于场屋之中"，这是"败坏天下之人材"，所以，只有"废天下之生员，而用世之材出也"。顾炎武通过对沉痛教训的总结，意识到不能再在这条死胡同中走下去了。严峻的社会现实，更促使他做出了同科举制度决裂的抉择。

　　顾炎武在乡试失败后，"感四国之多虞，耻经生之寡术"（国家多难，读经的儒生提不出什么解决的办法），断然摆脱了科举制度的束缚。此后，他便把全副精力用到挽救社会危机的探索中去。他既重视对社会现实情况的了解，又充分利用了自己所能见到的书籍，打算从这些书中取得借鉴，以有助于寻找造成明末社会积弊的根源以及解决这些积弊的途径。

　　顾炎武的家中收藏有很多图书，不仅有我国历代的重要史书，而且有大量的地方志，有明历朝实录（记录皇帝在位时重要政事的官方史册），还有许多文人的文集、笔记。他日以继夜地从这些书籍中去搜集有关农业、水利、赋税、矿产、交通等方面的材料，打算编成一部分量很大的书。这部书虽然因为天下大乱没有能够编写成功，但是，基本材料都完整地保存下来了。后来，顾炎武把这些重要资料一分为二，其中有关经济资料的汇编就叫作《天下郡国利病书》，有关地理资料的汇编就叫作《肇域志》。这两部资料汇编性质的书，内容丰富，史料翔实，直到今天，对于我们研究中国古代尤其是明代的经济史和历史地理学，都还具有重要的参考价值。

　　正当顾炎武的探索日益深入的时候，腐败的明王朝无可挽回地灭亡了。1644 年（明崇祯十七年，清顺治元年）三月十九日，[①] 李自成率领农民起义军攻进了北京城，明朝末代皇帝朱由检上吊自杀。与此同时，

---

　　① 本书所记月日均为旧历。

十余万清军逼近山海关。驻守当地的明总兵官吴三桂，可耻地投降了清军，并带领清兵越过山海关，对李自成农民军建立的"大顺"农民政权进行疯狂反扑。农民军未能击退清军进攻，被迫撤离北京。五月二日，清军进占北京，建立了我国历史上最后一个封建王朝——清朝。

三、为抗清而奔走

明亡清兴，改朝换代，一时天下大乱，人心惶惶。在顾炎武的家乡，社会秩序也极不安宁。这里应该补叙一下：1641年，顾炎武的叔祖父去世了，这使他悲痛万分。为了一家人的生活和把他正在从事的著述工作继续下去，他把祖上遗留下来的几百亩田地典押给昆山县富豪叶方恒家。叶家仗势欺人，图谋将这些田地霸为己有，从此两家结下了怨仇。明亡后时局动乱，叶方恒乘机唆引暴徒抢劫了顾家，还趁着黑夜，纵火焚烧了顾家的住宅。家乡已经无法居住下去，顾炎武陪着嗣母，迁居于与昆山县邻近的常熟县乡下。在那里，他一面继续从事著述，一面密切地注视着时局的发展。

当时，南方的一些明朝官僚，拥立福王朱由崧，在南京建立了新的朝廷，历史上称做南明。1645年（清顺治二年）春天，由于昆山县县令杨永言的推荐，福王政权任命顾炎武为兵部司务（兵部的下级官员）。为了准备到南京去任职，顾炎武把《天下郡国利病书》和《肇域志》的写作停了下来，集中精力撰写了《军制论》《形势论》《田功论》《钱法论》等文章。在上述文章中，他猛烈地抨击了明末社会中的弊病，认为此时的社会已处于非变革不可的时候了。因此，他大声疾呼："法不变，不可以救今。"如何去进行变革呢？这时候迫在眉睫的问题是，南明政权能否稳定地存在下去，足以同清廷对抗。顾炎武紧紧抓住这样一个核心问题，就军队的改造、军事战略的规划、财政的整顿以及务农积谷等方面，提出了一系列切实的主张。四月间，他离开常熟乡下到南京去，希望自己的主张能够得到福王朝廷的采纳。

顾炎武路过镇江（古称京口）时，福王朝廷中坚决抗清的史可法正督师扬州。顾炎武在当时作的《京口即事》诗中写道："河上三军合，神京一战收。祖生多意气，击楫正中流。"西晋沦亡之际，志士祖逖誓复中原，渡江北伐。顾炎武把史可法比作祖逖，并对他寄予厚望，所以诗中又说："大将临江日，中原望捷时。"诗的末句是："从军无限乐，早赋仲宣诗"（东汉末著名文学家王粲，字仲宣，曾写过《从军诗》），则表达了顾炎武自己决心为收复中原而贡献力量的意愿。

但是，残酷的事实却使他大失所望。在福王朝廷中执掌大权的马士英、阮大铖等人，都是臭名昭著的贪官污吏。他们不仅与荒淫无耻的福王朱由崧狼狈为奸，苟且偷安，而且竟然置国家和民族的安危于不顾，排挤和打击爱国将领史可法等人。对顾炎武的主张，他们又哪里能够听得进去呢？没有知音，政治抱负得不到舒展，顾炎武只好愤愤而归。

1645 年春天，清军在西北歼灭了农民军的有生力量，李自成被迫率领余部经河南退到湖北，后来在湖北通山县九宫山壮烈牺牲。这时，清政府将西北战场的精锐部队调集南下，向南明发起了猛烈的攻势。四月底，扬州保卫战失败，史可法等将领英勇就义。扬州失陷后，清军在那里进行了野蛮的屠杀。

福王朝廷虽然腐败，但是它毕竟在形式上还是维系江南人心的一个政权，顾炎武总还希望它在抗击清军中多少能起点作用。于是，在五月初，顾炎武再次离开常熟乡下，取道镇江，前赴南京。可是，福王政权兵败如山倒，顾炎武还来不及进南京城，清军便于五月十五日击灭了福王朝廷。清军的屠杀，激起了顾炎武强烈的义愤；史可法等人的壮烈牺牲，坚定了顾炎武誓不屈服的意志。于是，他家也顾不得回，便毅然投笔从戎，在苏州参加了抗清武装斗争。

当时，江南各地人民不甘忍受清军的残酷杀掠，纷起进行武装反抗。原福王朝廷的一些将领，也带兵同清军对抗。顾炎武过去在复社中的许多朋友，如陈子龙、夏允彝、徐孚远等人，都投入了斗争。他们联络松江、太仓、宜兴等地的抗清明军，商定由总兵吴志葵先率军攻打苏州，一旦苏州攻克，各路义军便同时响应，会师南京。顾炎武在苏州参加的，就是吴志葵这支部队。他当时激动地写下了题为"千里"的五律一首，诗的前四句是这样写的："千里吴封大，三州震泽（太湖）通。戈矛连海外，文檄动江东。"寥寥数语，活画出当时江南抗清斗争的声势。

在进攻苏州的战斗中，吴志葵的部将鲁之屿异常英勇，他率领三百名士兵攻破苏州西城门胥门，登城而入；但是孤军深入，后援不继，被清军预先设下的伏兵击溃。吴志葵全军遭到惨重失败，仅仅一个月的时间，部队便被打散了。由于没有形成一支有力的领导力量，江南的抗清斗争犹如一盘散沙，被清军各个击破。顾炎武只好回到常熟乡下去。

清朝击灭福王政权之后，于这年的闰六月发布命令，强迫各地所有的男人都必须像满族一样，把头发剃掉，否则就要杀头。这种高压政策，更加激起了各地人民的强烈反抗。在顾炎武的家乡昆山县，当时清朝派来了一个叫阎茂才的新县令，于闰六月十三日发布告示，下令剃发。整个昆山县城顿时群情激愤，犹如火山爆发，怒不可遏。人们冲进县衙门，杀了阎茂才，连他的官府也烧了。逃亡在外的原县令杨永言听到这个消息，立即招募了几百名士兵，迅速赶回昆山；他在百姓们的推戴下，领导全城的抗清斗争。

七月二日，清军向昆山进攻。昆山全城同仇敌忾，顾炎武的好友归庄、吴其沆等人都直接参加了保卫昆山的战斗。顾炎武此时同嗣母一道住在常熟乡下，日日夜夜都与村中父老关注着家乡的战斗。七月五日，清军攻破昆山城，城内百姓遇难者甚众，吴其沆英勇牺牲，顾炎武的两个弟弟也遭杀害，他的亲生母亲被清军砍断了臂膀。

紧接着，清军于七月十三日打下常熟县城。第二天，消息传到顾炎武住的乡下，他的嗣母决心绝食而死，来抗议清军的暴行。临终前，她告诫顾炎武，不要忘记眼前的这一切事情，更不要去做清朝的官。这时，在福州建立的南明第二个朝廷——唐王政权，根据顾炎武的朋友推荐，任命他为兵部职方司主事。后来因为战乱频仍，交通阻隔，加以唐王朝廷内部矛盾重重，明争暗斗，所以顾炎武没有去就职。但是，他暗下决心，誓不对清朝屈服，要为抗清而奔走四方。顾炎武料理完嗣母的丧事，于这年九月间离开了常熟乡下，从此开始了数十年的流亡生活。也正是从这一年起，他将自己的名字顾绛（一度更名继绅），改成了顾炎武，字宁人。

从这一年，即 1645 年，到 1654 年的十年间，顾炎武一直流亡在大江南北。太湖中的洞庭山，地势险要，他的好朋友路泽溥、路泽浓兄弟就寄居在那里。路氏兄弟都是坚持秘密反清的人士。顾炎武就以洞庭山为主要活动据点，装扮成商人，南来北往，秘密地结交抗清志士。东边，他曾经到过沿海，试图同张名振、张煌言率领的浙东抗清义军进行联络。南边，曾经到达嘉兴、芜湖等地。北边，则一直到达淮河以北的清江浦、王家营。当他获悉郑成功起兵海上时，曾咏句云："长看白日下芜城（指扬州），又见孤云海上生"，对郑成功抗清寄予很大的希望。顾炎武在苏州，还同归庄、潘力田、吴炎等人参加了惊隐诗社。他们经常在一起吟诗寄兴，抒发家国遭变的隐痛，商讨与国家和民族的前途有关的大事。这就是后来归庄逝世时，顾炎武在怀念他的《哭归高士》诗中所追述的："悲深宗社墟，勇画澄清计。"

四、弃家北游

1654 年（清顺治十一年）春天，顾炎武风尘仆仆地赶到南京，在钟山脚下寄居下来。正好在这个时候，张名振、张煌言的抗清部队进入长江，一直打到了镇江，使南京城受到了威胁。后来，由于内地接应的人没有如期到达，才被迫退出长江。顾炎武是否与这次战斗行动有某种联系，因史料不足，不得其详。但是，已经有人在注意他同沿海抗清队伍的关系；第二年，他就被人以"通海"罪告发了。

1655 年春天，从昆山县传来了使顾炎武震惊的消息，有人要告发他"通海"，也就是同海上抗清的武装力量有联系。这样的罪名在当时是要杀头的。扬言要告发他的人，是他们顾家原来的仆人陆恩。这个人势利得很，他见到顾炎武家境衰败，就投靠了富豪叶方恒，并在叶方恒的怂恿下，要告发顾炎武。顾炎武得知这一情况后，急急忙忙由南京赶回昆山，径自处死了陆恩。叶方恒抓住这个把柄，一定要把顾炎武置于死地。他绑架了顾炎武，私自加以拷打刑讯；后又买通昆山县官府，阴谋判处顾炎武重刑。顾炎武的处境十分危险，他的好友归庄和路泽溥、路泽浓兄弟千方百计进行营救。归庄曾经请当时的社会名流钱谦益出面说情。钱谦益原来在福王政权中当过礼部尚书，南京失守后，却又带头向清军投降，所以顾炎武很鄙视他，坚决拒绝了他的帮助。幸亏路氏兄弟认识松江府（府治在今上海松江县）一个官员，靠这个人出力，把这件案子由昆山县移交松江府去处理，才得化险为夷。

1656 年春天，顾炎武由松江出狱，回到昆山。在家乡住了不久，又赴南京。叶方恒见顾炎武出狱，不肯甘心，竟派遣刺客尾追而来。刺客在南京太平门外追上了顾炎武，动手行凶。顾炎武头部受伤，要不是有朋友闻讯及时赶来搭救，他早就没命了。

这个时候，江南的抗清斗争已经转入低潮，南明的唐王、鲁王政权早就垮台，继之而起的桂王政权又远离江南，退到了西南的广西、贵州、云南一带。在这样的情况下，为了更广泛地结识各地的志士和学者，增进自己的学问，继续对国家和民族做出贡献，顾炎武下决心摆脱一再要谋害他的叶方恒，远离家乡到北方去。在此以前，他在《秀州》一诗中表示，"将从马伏波，田牧边郡北"。东汉王朝的伏波将军马援，早年处于艰难的环境之下，曾在北方边地经营农田和畜牧。马援当时说："丈夫为志，穷当益坚，老当益壮"，这正是顾炎武要效法马援的志趣所在。

　　1657 年春天，四十五岁的顾炎武从南京返回昆山。他将家产全部变卖，同好友归庄等人依依惜别，踏上了到北方去的旅途；经过长途跋涉，来到山东莱州府（府治在今山东掖县），住了下来。在这以后的三四年间，他逐渐把自己的活动范围扩大到了整个山东、河北、北京，结交不愿为清王朝做官的学者，同他们互励气节，研讨学问。

　　1658 年至 1659 年之际，顾炎武来到古称燕、代的今河北北部地区，历抵北京、蓟州、山海关、十三陵等地。他在居庸关考察了历代派兵戍守的下口（今南口），东望明帝十三陵所在的天寿山，不禁感慨系之地写了七律《居庸关》二首，第一首云：

> 居庸突兀倚青天，一涧泉流鸟道悬。
> 终古戍兵烦下口，本朝陵寝托雄边。
> 车穿褊峡鸣禽里，烽点重冈落雁前。
> 燕代经过多感慨，不关游子思风烟。

　　顾炎武不是一个漫无目的的旅行家，他是一个以天下为己任的学者。这种襟怀在他同时所写的另一首五言《秋雨》中，反映得十分清楚；诗中写道："生无一锥土，常有四海心。"顾炎武正是要通过在"四海"的实际考察，去探求历史兴亡变迁的原因。所以，凡是同历史，尤其是眼前的社会大变动有关的地方，他总是力求进行考察。山海关，北依角山，南临渤海，为我国东北与华北交通的重要关隘。明代以来，这里更是一个军事要塞，明清的兴亡，就是从这里揭开战幕的。顾炎武登临山海雄关，凭栏远望，往事历历在目。然而，昨日的战场，今天已是死一般的沉寂。抚今追昔，他不由得要对开关降清的吴三桂进行鞭挞。顾炎武在此时所写的五言排律《山海关》中，有这样几句："神京既颠陨，国势靡所托。启关元帅降，歃血名王诺。自此来域中，土崩无斗格。海燕春乳楼，塞鹰晓飞泊。七庙竟为灰，六州难铸错。"[1]

1659年夏天，顾炎武在山东听说郑成功、张煌言率军打到了江南，立即兴冲冲地启程南下。但是，郑成功在打到南京城下后，屡胜轻敌，没有抓住战机全力进攻，反遭清军突袭，终于仓促撤退，从长江退回海上去了。顾炎武《江上》诗中说的"不知兵用奇""顿甲守城下"，正是指的此事。郑成功兵败以后，顾炎武只在扬州停留了很短的时间，又回到了北方。此后直到他逝世，除了四十九岁那年又一次回江南以外，就再也没有回过家乡了。

五、莱州入狱

1662年（清康熙元年），顾炎武已经五十岁了。他决定把自己的活动范围扩大到西北去，以便更广泛地求友访学，同时实际地了解那里的国计民生状况。这一年春天，他先由山东到北京。在昌平的明朝皇帝陵墓前，追思往事，免不了有些黯然神伤。但顾炎武毕竟没有为一姓的兴亡所束缚，尽管明王朝覆灭了，而他依然执着地从事于他认为是有益于整个国家民族的事。他在此时所作的《五十初度时在昌平》一诗中，写了这么两句话："远路不须愁日暮，老年终自望河清。"对国家和民族前途的强烈关注，并为之而孜孜不倦地去追求、奋斗，真可说是"烈士暮年，壮心未已"！

初夏，顾炎武离开昌平，登上了去西北的旅途。茫茫西北高原，岭谷交错，黄土遍野，在崇山峻岭之间，须发花白的顾炎武，用二马二骡装驮着书卷，挥鞭向前。这一年，顾炎武在山西全面整理了他从二十七岁起所辛勤编写的文稿。有关经济和地理方面的史料，他以"天下郡国

---

① 诗中，"神京"指北京。"启关"两句，指吴三桂降清，求得清摄政王多尔衮允诺出兵镇压农民军。"七庙"指明帝祖庙。末句指铸成不可挽回的大错。

利病书"和"肇域志"为书名，分别归类，一共编成四十多册。二十多年来，他刻苦研究古代音韵学的专著《音学五书》，经过历年来反复认真的修改，也已接近完成。从此，他开始了生平最主要的著作《日知录》的撰写。

这个时候，随着南明政权的最终灭亡，以及各地抗清斗争陆续被镇压下去，清王朝的统治逐渐稳定下来。为了巩固统治秩序，清朝政府加强了思想上的控制。1663 年（康熙二年），清王朝制造了骇人听闻的文字冤狱 —— 明史案。官府借口浙江一个叫庄廷鑨的人主持刊印的明代史书中，有诋毁清王朝的内容，便杀害了很多无辜的知识分子。不仅参加编写的人惨遭杀害，而且买卖这本书的人都死于非命，就连已死的庄廷鑨，也被开棺戮尸。顾炎武在江南的好朋友潘力田、吴炎都惨死于这次文字冤狱之中。这次惨案，使当时正在山西汾州（治所在今山西汾阳县）的顾炎武义愤填膺。他立即写了一首《汾州祭吴炎、潘柽章二节士》的诗，和一篇题为"书吴潘二子事"的文章，以寄托自己对遇害者的哀思和对清王朝的愤恨。

1664 年初，顾炎武结束在山西、陕西的考察，经由北京绕道河南，回到了山东。在山东章丘县大桑家庄，他购置了一份田产，寄居下来。几年来，在山西、陕西的游历中，顾炎武陆续结交了那里的著名学者李因笃、傅山、李颙、王弘撰等人。这几个学者与顾炎武志同道合，都成了他晚年最要好的朋友。

明史案的余痛还记忆犹新，岂料文字狱的横祸竟临到了顾炎武的头上。这就是 1668 年（康熙七年）山东莱州的黄培诗狱。黄培是莱州一个有影响的人，明朝末年曾在朝廷中做过官，明亡以后，一直在家中隐居不出。这时，一个叫姜元衡的人向官府告发，说他家中收藏有攻击清王朝的诗文。于是，官府就当作一件要案，大做起文章来了。恰好这个时候，顾炎武与山东章丘的地主谢长吉为了一笔房产债务发生纠纷，谢长吉就唆使姜元衡诬告顾炎武。据姜元衡告发，黄培家中收藏的一部叫作《忠节录》的诗集，是由顾炎武编写成的。这年二月，顾炎武正在北京，消息传到他下榻的慈仁寺，使他感到十分吃惊。为了不致让事态扩大，顾炎武立即动身南下山东，于三月初到达济南。他本来满以为把事情真相澄清以后，就可以脱身，殊不知官府却揪住不放，要穷追究竟。顾炎武在狱中被折磨了半年多，以致弄到一天就靠几个烧饼度日的地步。后来还是经过他的朋友李因笃、朱彝尊等人的帮助，总算弄清他与《忠节录》毫不相干，这才于当年十月获释出狱。

顾炎武经过此番无中生有的迫害，痛定思痛，更加憎恨制造文字冤狱的清王朝。他在为感激友人营救他出狱而赠给李因笃的一首诗中，把清王朝残酷地压迫人民的政策比作"秦坑"，即秦始皇的焚书坑儒。在同时写的《赴东六首》诗中，他指出，在清廷高压政策下，他所面临的是一种"所遇多亲知，摇手不敢言"的恶劣环境；但他又坚定地表示了永不向清朝统治者屈服的决心："禀性特刚方，临难讵可改"，"永言矢一心，不变同山河"。

六、三藩之乱前后

莱州冤狱对年近花甲的顾炎武的沉重打击，并没有使他因而消沉下去。在以后的几年间，他不仅像过去一样，用友人所赠送的二马二骡装驮着书卷，依旧频繁地往来于山东、山西、河北、河南各地，而且更勤奋地从事于著述。他要用著述来阐发自己一生所追求的理想，这就是他自己所说的"明学术，正人心，拨乱世以兴太平之事"。到1670年（康熙九年），继《音学五书》之后，顾炎武又将已写成的八卷《日知录》送到江苏淮安，请他的好朋友张弨刊刻印行。

1671年，顾炎武再次到达北京。当时主持编修《明史》的大学士（内阁长官）熊赐履，因为与顾炎武的外甥徐元文在朝中共事，打算推荐顾炎武参加编写《明史》的工作。顾炎武不愿做清朝的官，断然予以回绝。他当面向熊赐履声明，你如果真要我去做这样的事，我就"非死则逃"。熊赐履见顾炎武志向坚定，只好打消了这个主意。此后，顾炎武一直往来于山东、山西、北京之间。在太原时，他主持校勘了晋阳刻本荀悦《汉纪》，结识了学者阎若璩，并请阎若璩为他的《日知录》初稿提意见。在山东德州，顾炎武校订了《德州志》。后来，又在济南通志局参与删订《山东通志》中的山川古迹部分。他早年所辑录的《肇域志》山东部分，也在此时进行了一次全面的修订，以定稿的形态保存下来。

1673 年十月，六十一岁的顾炎武在山东章丘获悉好友归庄去世的噩耗，老泪纵横，泣不成声。他设奠遥祭，痛悼自己的挚友"不获骋良图，斯人竟云逝"。

同年十一月，当顾炎武抵达北京时，从西南边疆传来了吴三桂起兵反抗清廷的消息。吴三桂的起兵，得到了广东、福建方面的响应，迅速地演成了清初历史上的又一次重大军事对抗。这就是史书上说的"三藩之乱"。所谓三藩，是指的清朝三个藩王：一个是驻守云南、贵州的平西王吴三桂，另一个是驻守广东的平南王尚可喜（他的儿子尚之信参与叛乱），还有一个是驻守福建的靖南王耿精忠（其祖父耿仲明与尚可喜同时降清，入关后封靖南王，仲明死，其子继茂袭爵，继茂死，精忠袭爵）。三藩起兵以后，清廷的大臣们经过一番激烈争辩，康熙帝决定派兵平叛。当时北京地区，军队在频繁地调动，一批一批往南开发，气氛十分紧张。顾炎武的心境很不平静，他面临着这样的问题：局势会出现一个什么样的变化呢？吴三桂这样的民族败类虽然可耻，但是此番起兵，会不会有推翻清王朝的一线希望呢？第二年春天，顾炎武怀着前途难以预料的心情，在风雪之中离京南下。

初春的华北，白雪皑皑，寒风凛冽。年已垂暮的顾炎武，匹马单人，在冰雪之中缓缓地行进。经过一番认真的权衡，他决定不把自己同吴三桂这样的丑类连在一起。他的这一思想状况，在此时所写的《广昌道中》（厂昌，今河北涞源一带）一诗里有所反映。诗中写道："三楚正干戈，沅湘弥浩浩。世乏刘荆州，托身焉所保。纵有登楼篇，何能荡怀抱。"顾炎武的诗，因为要躲避清廷的迫害，好用典故，往往显得含蓄有余，明快不足，甚至晦涩难读。这几句诗如果用现代的文字来表达，就是：湖北正在干戈扰攘，湖南更是马乱兵荒。东汉末年的著名文人王粲在《登楼赋》中，描写过当时天下大乱、人民受苦的情景。王粲本人为了避难，曾投奔统辖荆州的刘表。可是刘荆州这样的人现在到哪里去寻找啊，我又可以依托谁呢？纵然我胸中有万千谋略，又怎能如愿以偿？意思是说，吴三桂这样的人成不了气候，是不可以信赖的，自己的政治抱负决不能依靠这样的人去实现。主意既定，顾炎武终于采取了不介入态度，而且后来还对三藩之乱给一些地区带来的祸患，进行了揭露和抨击。从对此事的态度可以看出，顾炎武虽然始终不对清王朝屈服，但在权衡利害得失上，他还是以整个国家的利益为重的。

1675 年八月，顾炎武来到了山西祁县，当地一个叫戴廷栻的人仰慕他的节操和学问，为他在祁县南山盖了一幢书屋。从此，顾炎武便把他近二十年来在各地游历时所随身携带的书卷，都收藏在这幢书屋之中。第二年，他在北京读到当时江南著名学者黄宗羲的《明夷待访录》，书中对若干社会问题的见解，同他自己的看法是一致或比较接近的。欣喜之余，顾炎武提笔给黄宗羲写了一封信，信中高度地评价《明夷待访录》，认为只要实行书中所提出的主张，"百王之敝可以复起，而三代之盛可以徐还也"。同时告诉黄宗羲："炎武以管见为《日知录》一书，窃自幸其中所论，同于先生者十之六七。"他还把《日知录》的初刻八卷本和《钱粮论》二篇寄给了黄宗羲。

正当顾炎武倾注全部心力去继续完成《日知录》的写作之时，清廷于康熙十七年（1678）发布了一个特别诏令，宣布要在正常的科举考试之外，由在京及各地的官员推荐著名学者来京应试。这叫作"博学鸿儒"科，旨在笼络知识分子，主要是有名望、有影响的学者，以抑制他们的反清思想。当时，主持编修明史的大臣叶方蔼、韩菼等人，都竭力主张推荐顾炎武去参加这次考试。顾炎武如同当年拒绝熊赐履的推荐一样，坚决表示："七十老翁何所求？正欠一死！若必相逼，则以身殉之矣。"他以准备一死来对抗这次推荐，使清廷大失所望。自这一年起，顾炎武索性到西北的陕西华阴定居下来，从此不再进入北京了。

七、以天下为己任，死而后已

顾炎武定居西北，已届垂暮之年。这个时候，他的外甥徐乾学、徐元文都先后在朝中做了高官，几次写信给他，准备买田置宅，接他回家乡养老。但是，顾炎武都婉言谢绝，执意要在西北安身。他之所以要这么做，并不是由于华山脚下的华阴县可以逃避现实，养尊处优，不然他何必不回乡去颐养天年呢？恰恰相反，他虽然不愿当清朝的官，但对自己的国家民族始终抱有高度的责任感。在他看来，西北地区正便于他继续探求经国济民之道，因为这里"慕经学，重处士，持清议"，也就是说，这个地方的学者做学问都很踏实，没有那种空泛疏漏的习气，志节高尚的人在这里受到人们的尊敬，社会舆论也比较公正。

这样，顾炎武晚年居住西北，决心在这里探讨"国家治乱之源，生民根本之计"。他对人民生活的疾苦予以深切的同情，表示自己虽是"望七之龄，客居斯土"，但却"不忘百姓"。在顾炎武的笔下，可以看到当时西北地区人民生活的真实写照：为了缴纳官府的赋税，"六旬老妇，七岁孤儿，挈米八升，赴营千里"，不少人家卖儿鬻女，甚至被逼得"阖门而聚哭投河"；加以天灾人祸，米价暴涨，还出现了"人相食"的惨景。顾炎武一针见血地指出，官府滥征赋税，是"穷民之根，匮财之源"。十分可贵的是，他并没有停留在对社会问题的暴露上，而是还进一步提出了许多积极的改革主张。

顾炎武首先把立足点放在发展生产上，这就是他一再强调的"厚民生"。他从西北地区的实际状况出发，主张在这里开垦荒地，而且还亲自经营过垦荒事业。他认为应当在这里发展纺织业，主张"每州县发纺织之具一副，令有司依式造成，散给里下"，同时从外地招聘纺织工匠前来传艺。顾炎武从多年的实际调查中，了解到西北是发展矿业和畜牧生产的好地方，他在给自己的学生潘耒的信中，曾经这么写道："大抵北方开山之利，过于垦荒；畜牧之获，饶于耕耨。使我有泽中千牛羊，则江南不足怀也。"我们可以说，这不就是顾炎武要在西北建设塞上江南的蓝图吗？这种从实际出发的经济思想，无疑是很可宝贵的。顾炎武还认为，要在西北地区发展生产，迫在眉睫的问题就是必须进行赋税征银制的改革，以便减轻西北以及类似的一些落后地区人民的经济负担。他反对赋税不加区别地一律征收白银，主张"凡州县之不通商者，令尽纳本色（即粮食），不得已，以其十之三征钱"。

顾炎武渊博的历史知识和一生在各地的实际考察，使他对造成当时社会弊病的根源，有比较深刻的认识。他把这些病根归结为封建专制制度下的郡县制、赋税制、生员制、科举制以及法律制度等。顾炎武不仅把他的看法写进了《日知录》，而且还专门写了《郡县论》《钱粮论》《生员论》等著名政论文章。例如秦始皇创始的封建专制的中央集权的郡县制，在历史上起过进步作用，但这种郡县制又是维护封建剥削的工具。各级地方封建官府残酷地压榨人民，一再激起起义反抗。所以顾炎武认为，"方今郡县之弊已极"，是"民生之所以日贫，中国之所以日弱而益趋于乱"的根本性原因。因此，他主张对现行的郡县制度进行改革；他反对"独治"，提倡"众治"，并据此提出了以增强地方权力为中心的一整套社会改革方案。尽管顾炎武所提出的方案还存在很大的局限性，但是对社会弊病进行积极改革的思想，在中国政治思想史上是很值得重视的。

定居西北以后，顾炎武已经是将近七十岁的老人了，长期流亡不定的生活，使他的身体日渐衰弱下去。1681 年八月，六十九岁的顾炎武由华阴来到山西曲沃（今山西闻喜县东北一带），不幸就在这里病倒了。在病中，他依然念念不忘国计民生。十月间，病势稍有好转，他便给在朝中做官的一位友人写了一封信，如实地介绍了当地人民的生活疾苦，建议对陕西一带的赋税，应从实际出发，改征收银钱为实物，并将征收的粮食存入官仓，待来年青黄不接之时粜给缺粮的人民。他在信中还写了这么一段很感动人的话："天生豪杰，必有所任。……今日者，拯斯人（指人民）于涂炭，为万世开太平，此吾辈之任也。仁以为己任，死而后已。"这里所说的"豪杰""仁"，当然还不能突破地主阶级士大夫的思想界限，但是，距今三百多年前的一个封建时代的知识分子，能够以解除人民痛苦，致国家于太平为己任，身体力行，"死而后已"，这样的崇高志趣和博大胸怀，是完全值得后世颂扬和敬仰的。

病了一冬，年迈的顾炎武越发衰弱了。1682年（康熙二十一年）一月八日清晨，他似乎觉得身体好了一些，准备出门去看望几个朋友。但是，他没有想到，自己竟连上马的力气也没有了，一失足栽倒在地上，从此便永远起不来了。九日凌晨，我国历史上的一位杰出的学者和卓越的思想家，悄悄地离开了人世。

顾炎武在一首题为"精卫"的诗中，把自己比作衔木填海的精卫鸟。这既表达了他坚持气节，不向清王朝屈服的决心，也宣示了他执着地为谋求经国济世而努力的志向。《精卫》诗是这么写的：

> 万事有不平，尔何空自苦，长将一寸身，衔木到终古。我愿平东海，身沉心不改，大海无平期，我心无绝时。呜呼！君不见，西山衔木众鸟多，鹊来燕去自成窠。

的确，就像精卫鸟衔木填海直至于死一样，顾炎武为了探索经国济民之道，孜孜以求，直至"死而后已"。

八、开创一代学术的文化巨人

顾炎武是清代学术史上一个继往开来的大学问家，也是中国古代思想史上一位卓越的思想家。他的学风严谨健实，他的思想紧扣时代的脉搏，他的成就卓著宏富，对当时和后世都产生了深远的影响。近代学者梁启超称颂顾炎武为"清学开山之祖"，这不是没有道理的。

顾炎武是以治学范围广阔，"博赡而能通贯"著称的。他自己说过，"自少至老，未尝一日废书"。他从童年时代起，就认真地研读我国古代一部分重要的文献典籍，在青年时期已经打下了坚实的学问基础。后来，眼看社会危机日益加剧，他极不满于当时存在于许多知识分子中间的空疏学风，这些人要么成天舞文弄墨，空谈心性，要么整日里寻章摘句，恪守经典教条，对国家的前途和命运却并不关心。于是，顾炎武毅然以天下为己任，为此而集中精力去探讨与国计民生关系密切的实学，特别是历史学和地理学。中国古代儒家的经典《诗》《书》《礼》《易》《春秋》，经过历代封建统治者的表彰，逐渐成为一门叫作经学的专门学问。从孔子开始的儒家，从来是强调"治国平天下"的，顾炎武也认为，孔子删述六经，就是为了"救民于水火"，因此，他对经学也作了认真的研究。要研究经学，首先碰到的一个问题，就是经籍中的若干文字的读音和解释，解决这个问题的学问，就叫文字学、训诂学、音韵学。对这些学问，顾炎武都作了深入细致的研究。

顾炎武一生，在上述领域内写了大量的著作，今天我们还可以见到的，就不下三四十种之多。其中最有价值的代表作品是：《日知录》《音学五书》《天下郡国利病书》《肇域志》以及后人编辑的《顾亭林诗文集》。这些著述中所体现出来的学术和思想成就，主要有如下几个方面：

（1）历史学的研究。顾炎武把毕生的大部分精力都献给了历史学的研究。他的历史研究具有一个鲜明的特征，就是把历史和现实紧密地结合起来，这体现了他胸怀祖国、志在经世致用的伟大抱负。古为今用，是贯穿顾炎武史学思想的一根主线。他认为研究历史，编纂史书，其目的就在于"鉴往所以训今"；又说，"引古筹今，亦吾儒经世之用"。这样的史学主张，早在西汉时期的著名史学家司马迁就提出来了。但是，顾炎武在明末清初的社会大动荡之中，学术界充斥着空泛疏陋习气的时候，他继承和发扬古代优良的史学传统，强调古为今用的史学思想，这是具有历史进步意义的。顾炎武萃平生心力精心结撰的《日知录》，集中地体现了这一进步史学思想。

《日知录》全书三十二卷，内容十分丰富，用顾炎武的话来说，叫作"上篇经术，中篇治道，下篇博闻"。这部书荟萃了顾炎武将近三十年的心血，直到逝世前夕才把笔停下来。顾炎武为什么要写《日知录》？对这个问题他曾经一再地强调，就是为了"明学术，正人心，拨乱世以兴太平之事"。因此，无论谈"经术"也好，谈"博闻"也好，归宿仍在"治道"。《日知录》实际是一部以古为今用为指导思想，来探讨治国平天下道理的著作。对此，顾炎武也说得很直率，他的著述，就是要让"有王者起，将以见诸行事，以跻斯世于治古之隆"。后来，清代的考据学家，只看到《日知录》中考证经史的内容，并把这些内容夸大为该书的精粹所在，以致把《日知录》评价为一部考据札记，把顾炎武仅仅视为一个考据学家。这显然大大低估了《日知录》的价值，也歪曲了顾炎武史学思想的实质。

至于在《日知录》中所反映的政治思想、经济思想，我们在前边已经作过一定的介绍，这里就不再重复了。

顾炎武在具体的治史过程中，强调征实去伪。他用朴实的归纳的考据方法，辨明了古代史籍中的许多讹误。譬如《庄子》中记载的介之推割股焚山一说，他就以《左传》为依据，罗列了大量证据，考订为不可信。又如杞梁妻哭崩长城的传说，他也以《左传》《孟子》为依据，作了澄清。顾炎武用朴实考据的治史方法去辨明古史传说中的真伪，为后来的史学家提供了可以借鉴的方法。乾隆、嘉庆时代的史学家钱大昕、王鸣盛、赵翼等人，正是沿着顾炎武开辟的路径走下去，取得了考证古史的卓著成就，写成了《廿二史考异》《十七史商榷》《廿二史札记》等著作。

把研治地理沿革和金石刻辞作为历史研究的一个有机组成部分，这是顾炎武在治史过程中所取得的创造性成就。他早年为了纂辑《肇域志》和《天下郡国利病书》，曾经翻遍二十一史、《明一统志》以及各省、府、州、县志，"凡阅志书一千余部"。这两部书不仅保存了大量的历史地理资料，而且也保存了丰富的明代经济史料。后来的清代史学家所以能够在地理学上取得大量成就，解决北魏郦道元《水经注》中经、注混杂的问题，以及为《汉书》等史籍中的《地理志》做出精当的注释等，都是同顾炎武的提倡分不开的。在金石考古领域中，顾炎武所撰写的《金石文字记》《山东考古录》《京东考古录》等著作，都广为后世学者所称道。尤其是他所阐明的金石刻辞"多与史书相证明，可以阐幽表微，补阙正误，不但词翰之工而已"的思想，为清代的金石学发展开辟了一条健实的路子。后来的史学家，往往兼治金石学，清中叶以后，出现了不少有成就的金石学家。

顾炎武在历史编纂学上也做出了贡献。他赞成宋代史学家郑樵的"作史莫先于表"的主张，十分重视"表"和"志"在史书编纂中的地位，认为"不先作表，则史未易读也"。也正因此，所以他不满意陈寿的《三国志》和范晔的《后汉书》不立"表""志"的做法，而肯定沈约的《宋书》和魏征等的《隋书》中设"志"的体例。经过顾炎武的提倡，到清代乾隆、嘉庆时期，许多学者为历代史籍、尤其是宋、辽、金、元四史补作"表""志"，留下了一批有价值的著作。

（2）经学的研究。顾炎武的经学研究同史学研究一样，旨在经世致用。因此，他同两汉以及后来乾嘉时期皓首穷经的那些经师截然不同，他是把经学作为一个历史发展过程来研究的。顾炎武认为："经学自有源流，自汉而六朝、而唐、而宋，必一一考究，而后及于近儒之所著，然后可以知其异同离合之指。"而且对经籍本身，顾炎武也只是视为一些平实的史籍。他认为，不但《春秋》是史书，而且"六经皆然"，从而否定了儒家经典的神圣不可侵犯性。这种思想为清代中叶的著名史学家章学诚所继承，章氏鲜明地提出了"六经皆史"的主张。

顾炎武在经学研究中，充分发挥自己的史学专长，经常引史证经，联系史事以阐明经义。譬如关于《尚书》的《西伯戡黎》篇，《日知录》中有一段议论，开宗明义说："以关中（潼关以西地区）并天下者，必先于得河东（相当于今山西省）。"接着指出了几桩史实：秦国先取得三晋（指位于河东等地区的韩魏赵三国），而后才灭掉燕和齐；东晋时符氏的前秦，先取晋阳（今太原），而后灭了前燕；北朝末年，宇文氏建立的北周，也是先克晋阳，后灭北齐。同样，西伯（即周文王）灭了诸侯国黎（在今山西长治一带），殷王朝就害怕了（"故西伯戡黎，而殷人恐矣"）。这段议论，讲河东所处地位的重要性，而其着眼点显然在于"并天下"即统一全国的问题。把经、史研究结合起来，重在经世致用，这样的治经方法是后来的乾嘉学派所望尘莫及的。

在治经的过程中，顾炎武既反对"强孔子之说，以就己之说"那种穿凿附会的做法，也不拘泥于一家、一师之说，而走的是一条融会贯通的路子。无论是对《尚书》的今古文之争，对《春秋》三传即《公羊》《穀梁》《左传》的评价，还是对《诗经》的编次等问题，他都能排除门户之见，进行实事求是的考察。譬如《尚书》，这是六经中争议最多的典籍。南宋以后，不断有学者对通行的《古文尚书》的真伪提出怀疑。顾炎武根据大量的史实，对这个问题进行了考察，从而得出结论："今之《尚书》，其今文、古文皆有之三十三篇，固杂取（西汉时）伏生、（孔）安国之文，而二十五篇之出于（东晋时）梅赜，《舜典》二十八字之出于（南齐时）姚方兴，又合而一之。"这样的论断，同当时以考证《古文尚书》为伪作的阎若璩不谋而合，同样为后来惠栋、王鸣盛、孙星衍等学者对这个问题的深入研究开辟了先路。

顾炎武在清初从事并提倡经学研究，他的目的还在于，用朴实的经学去反对空谈心性的理学、心学。① "性与天道"，这是理学家往复辩难的中心问题，而顾炎武却大不以为然。他说："命与仁，夫子之所罕言也，性与天道，子贡之所未得闻也。"夫子就是孔子，子贡是孔子的著名弟子；既然"性与天道"并不是孔子传授的内容，那么理学家们标榜为儒学而讨论的这些东西就从根本上值得怀疑了。宇宙的本体是什么？用中国古代哲学史上的范畴来说，即是理，还是气？是道，还是器？也就是说，是精神，还是物质？对这个问题的回答，正是中国古典唯物主义与唯心主义分野之所在。在唯心主义理学家看来，宇宙的本体是理，是道，或者说是心。而顾炎武则不这样看，他针锋相对地提出了"盈天地之间者气也""非器则道无所寓"的唯物主义命题。

宋以后的理学，还掺入了唯心主义的佛学。所以顾炎武说，"古之所谓理学，经学也"，"今之所谓理学，禅学（指佛学）也"。他主张"鄙俗学而求六经"，"务本原之学"。也就是说：俗学化的理学应该鄙弃，而要真正研讨六经，必须着眼于本原之学。在他看来，考究历代制度，重视当代政务，关心修身治国，这才是为学之本。顾炎武这些主张，促进了明末以来的反理学斗争，对清代的经学发展产生了很大的影响。

（3）音韵学的研究。音韵学源远流长，清代的音韵学研究，远远超过前代，成就卓著。在清代，顾炎武是系统地研究上古音韵的第一个人。他主张"读九经自考文始，考文自知音始"。他潜心于古音学研究，历时三十年，撰成《音学五书》三十八卷；这部书具有很高的学术价值，是清代第一部音韵学杰作。

《音学五书》由《音论》《诗本音》《易本音》《唐韵正》《古音表》等五个部分组成。《音论》阐述了音韵学的发展源流，是全书的总纲。

---

① 理学：北宋以后逐渐形成的儒家哲学，也称道学，其主要代表人物为北宋的程颐和南宋的朱熹。心学为理学的一个分支，其代表人物为南宋的陆九渊和明中叶的王守仁。

明代音韵学家陈第曾经说过:"《诗经》三百篇,诗之祖,亦韵之祖也。"顾炎武继承和发展了陈第的这一论点,认为《诗经》"三百五篇,古人之音书也"。他通过考察《诗经》中的用韵,从而找出上古音韵的规律来。继而,他又进一步对《易经》中的用韵也作了考察,并且据以订正唐以来用韵的讹误。《古音表》则集中了顾炎武对古韵分部的研究成果。

在我国音韵学史上,对古韵分部的研究,是从宋代开始的。因为当时编纂的韵书《广韵》,所分的二百零六部,反映的只是六朝和唐以来的用韵部类,而周秦时代的古韵部类,靠这部书是解决不了问题的。于是,学者们就必须到周秦时代保存下来的古籍中去探寻,去总结出规律性的认识来。宋代学者吴棫作《韵补》,开了古韵研究的先河。此后,另一个著名的音韵学家郑庠撰成《古音辨》,第一次把上古韵类分为六部。顾炎武正是以吴棫、郑庠的研究为起点而加以发展,分析古韵类为十部。他的研究所得,不仅是比郑庠的分部更加细密,因而也更接近古韵的真实面貌,而且,其价值还在于,这一成果为清代的音韵学研究开辟了路径。顾炎武不拘守前人成说的创新精神,更是给了后来的古韵研究者以有益的启示。继顾炎武之后,整个清代的音韵学研究人才辈出,古韵分部也越来越细密,一直发展到近代章炳麟、黄侃师生提出的二十三部和二十八部。虽然学如积薪,后来居上,顾炎武的成就同后世音韵学家相比未免略逊一筹,但是作为一个开创者,他的功绩是不朽的。

在明末清初的社会大动荡之中,顾炎武以其崇实致用的学风和锲而不舍的学术实践,宣告了明末空疏学风的终结,开启了一代朴实学风的先路。他一生不屈服于权势的反抗精神,强烈地关注国家、民族的前途和命运的积极思想,卓越的、多方面的学术和思想成就,使他无可争辩地受到当时及后世的称赞和纪念。清代学者都不约而同地尊称他为亭林先生。直到今天,我们依然可以通过这样一个历史人物的有分析的评价,获得许多有益的启示。

顾炎武在明亡之后写的一些诗文中，表露着眷怀故君之情，这是可以理解的，因为他毕竟是封建时代的知识分子。不过，他通过研究和总结以往历史和明末政治，终于明确地把仅仅忠于一个王朝的"保国"和忠于整个国家民族的"保天下"区别开来，提出了"保天下者，匹夫之贱与有责焉"的重大论断。这一具有民主性的进步思想，是同封建专制主义的"朕即国家"的观念截然对立的。正因为突破了狭隘的封建忠君思想，对整个国家民族怀着高度的爱，所以顾炎武在明亡之后，始终不倦地研讨经国济民的实学，从而在学术上取得了多方面的巨大成就。他反对空疏之学，力主崇实致用；既努力研读古代的文献典籍，又重视实际的考察和实践；既尊重前人的研究成果，也反对泥古不化；既力求独创和有新的见解，又反对门户之见，能采众家之见。他强调"文须有益于天下"，切忌作"有损于己，无益于人"的文章。他认为为学和为人是不可分割的，并把"博学于文"和"行己有耻"作为士者学行的准则。显然，他的优良学风是同为经世济民而学的目的相一致的。顾炎武作为开创一代学术的文化巨人，他的大量著作是留给后人的一份珍贵的文化遗产，他的以天下为己任的爱国主义精神将永远激励着中国人民。

附录二

《新编清儒学案·亭林学案》

  顾炎武（生于明万历四十一年，公元 1613 年，卒于清康熙二十一年，公元 1682 年），江苏昆山人，原名绛，明亡，改名炎武，字宁人，亦自署蒋山佣，学者尊为亭林先生。炎武十四岁为诸生，与挚友归庄共入复社，耿介不混俗，有"归奇顾怪"之目。自 1639 年十六岁至二十七岁，科场角逐，累试不第。崇祯十二年（1639）秋闱被黜，遂弃绝科举帖括，退而读书，开始撰辑《天下郡国利病书》《肇域志》。1644 年明亡后，翌年南明弘光政权亦即灭亡。炎武曾出入戎行，参与抗清。顺治十四年（1657）秋，弃家北游。尔后二十余年间，频繁往来于河北、河南、山东、山西、陕西各地，饱经忧患，至死不仕清廷。康熙二十一年病逝，终年七十岁。

  炎武一生，著述甚富，"卷帙之积，几于等身"[①]。其主要著述有：《日知录》三十二卷、《音学五书》三十八卷、《天下郡国利病书》一百二十卷、《左传杜解补正》三卷、《九经误字》一卷、《石经考》一卷、《历代帝王宅京记》二十卷、《营平二州地名记》一卷、《昌平山水记》二卷、《山东考古录》一卷、《京东考古录》一卷、《金石文字记》六卷、《谲觚十事》一卷、《求古录》一卷、《菰中随笔》三卷（并有别本不分卷者）、《韵补正》一卷、《亭林文集》六卷、《亭林诗集》五卷、《亭林余集》一卷、《亭林佚诗》一卷、《亭林佚文辑补》一卷、《蒋山佣残稿》三卷、《明季实录》不分卷。亭林的主要著述之一《肇域志》，

---

  ① 王弘撰：《山志》卷三《顾亭林》。

迄未刊行，仅存抄本。

亭林之学，博大通达，而归于崇实致用，他以一生的学术实践，为转变明季空疏学风，开启清代汉学先路，拓展一代学术门径，成为一个有深远影响的大师。

当有明季世，学术思想界已经酝酿起反理学的思潮。入清，顾炎武、王夫之、傅山、颜元、戴震诸大师继起，把反理学的声势推向了高峰。

顾炎武对宋明唯心主义理学的批判，其锋芒首先指向陆王心学。他对晚明心学的泛滥，深恶痛绝。亭林将心学比之于魏晋玄学，认为其罪"深于桀纣"。他说：

> 盖自弘治、正德之际，天下之士厌常喜新，风气之变已有所自来，而文成以绝世之资，倡其新说，鼓动海内。嘉靖以后，从王氏而诋朱子者，始接踵于人间，而王尚书（原注世贞）发策谓，今之学者偶有所窥，则欲尽发先儒之说而出其上。不学则借一贯之言，以文其陋。无行则逃之性命之乡，以便人不可诘。此三言者尽当日之情事矣。故王门高弟为泰州、龙溪二人。泰州之学，一传而为颜山农，再传而为罗近溪、赵大洲；龙溪之学，一传而为何心隐，再传而为李卓吾、陶石篑。昔范武子论王弼、何晏二人之罪深于桀纣，以为一世之患轻，历代之害重。自丧之恶小，迷众之罪大。而苏子瞻谓李斯乱天下，至于焚书坑儒，皆出于其师荀卿高谈异论而不顾者也。[1]

为了推倒心学，顾炎武着力地去剥下它的伪装外衣，还其以禅学的本来面目。他认为，心学是"内释而外吾儒之学"，而"孔门未有专用心于内之说"。他又说：

---

[1] 《日知录》卷十八《朱子晚年定论》。

古之圣人所以教人之说，其行在孝弟忠信，其职在洒扫、应对、进退，其文在《诗》《书》《礼》《易》《春秋》，其用之身在出处、去就、交际，其施之天下在政令、教化、刑罚。虽其和顺积中而英华发外，亦有体用之分，然并无用心于内之说。……今之所谓内学，则又不在图谶之书而移之释氏矣。①

他在《日知录》卷一《艮其限》条中，又引述宋人黄震的议论道：

心者吾身之主宰，所以治事而非治于事。惟随事谨省则心自存，不待治之而后齐一也。孔子之教人曰："居处恭，执事敬，与人忠。"曾子曰："吾日三省吾身，为人谋而不忠乎？与朋友交而不信乎？传不习乎？"不待言心而自贯通于动静之间者也。孟子不幸当人欲横流之时，始单出而为求放心之说，然其言曰"君子以仁存心，以礼存心"。则心有所主，非虚空以治之也。至于斋心服形之老庄，一变而为坐脱立忘之禅学，乃始瞑目静坐，日夜仇视其心而禁治之。及治之愈急而心愈乱，则曰，易伏猛兽，难降寸心。呜呼，人之有心，犹家之有主也，反禁切之，使不得有为，其不能无扰者，势也，而患心之难降欤？又曰，夫心之说有二，古人之所谓存心者，存此心于当用之地也；后世之所谓存心者，摄此心于空寂之境也。造化流行，无一息不运，人得之以为心，亦不容一息不运。心岂空虚无用之物战？

在《日知录》卷十八《心学》条中，顾炎武又称引黄震的论述道：

近世喜言心学，舍全章本旨而独论人心、道心，甚者单撴道心二字，而直谓即心是道。盖陷于禅学而不自知，其去尧舜禹授受天下之本旨远矣。

---

① 《日知录》卷十八《内典》。

他还于同条中，引述明人唐仁卿的《答人书》所云：

> 古有好学，不闻好心。心学二字，六经孔孟所不道。

顾炎武以为心学本非儒学正统，它不符合于孔子、孟子之论，实际就是老庄之学，是禅学。他以"二氏"说心学，以为是偏离了孔孟之道。

顾炎武否定了心学，那么以什么去取代它呢？他高高地扬起了经学的大旗。他尽管没有明显的批判程朱理学，而且往往还是推扬程朱以排击陆王。但是，那种对程朱之学隐晦曲折的批判，仍然是不少的。理，这是程朱学派哲学范畴。顾炎武也谈理，但是，他对理的诠释，与程朱理学家却迥然异趣。他引述宋人黄震的话道：

> 心不待传也，流行天地间，贯彻古今而无不同者，理也。理具于吾心而验于事物，心者所以统宗此理而别白其是非。人之贤否，事之得失，天下之治乱，皆于此乎判。此圣人所以致察于危微精一之间，而相传以执中之道，使无一事之不合于理，而无有过不及之偏者也。禅学以理为障，而独指其心曰"不立文字，单传心印"。圣贤之学，自一心而达之天下国家之用，无非至理之流行，明白洞达，人人所同，历千载而无间者，何传之云。[1]

顾炎武如同黄震一样，把"理具于吾心"同"验于事物"结合起来，重申了"理具于吾心而验于事物"的见解，这是一个理在事物之中的曲折说法。与此相关联，他还提出了"盈天地之间者气也"[2]、"非器则道无所寓"[3]的一系列唯物主义命题。这样，顾炎武不唯阐明了他对儒学正统的看法，而且也申述了自己对理的诠释，理不是一个不可捉摸

---

① 《日知录》卷十八《心学》。
② 《日知录》卷一《游魂为变》。
③ 《日知录》卷一《形而下者谓之器》。

的精神实体，也不是道德学范畴所能概括。其中，纵然有伦理道德的内涵，但更是治国、平天下的法则、标准。这不仅同标榜"心即理"的陆王心学迥然不同，而且与鼓吹"性即理"的程朱之学亦泾渭判然。

"性与天道"。这是宋明理学家往复辩难的中心问题，而顾炎武却说：

> 命与仁，夫子之所罕言也，性与天道，子贡之所未得闻也。……是故，性也、命也、天也，夫子之所罕言，而今之君子之所恒言也，出处、去就、辞受、取与之辨，孔子、孟子之所恒言，而今之君子之所罕言也。[1]

这就是说，不去讲出处、去就、辞受、取与之辨，而终日陷于"性与天道"的辩难之中，断非孔孟的儒家正统，实际上已经堕入了禅学。顾炎武说：

> 樊迟问仁，子曰："居处恭，执事敬，与人忠。"司马牛问仁，子曰："仁者其言也讱。由是而充之，一日克己复礼，有异道乎？"今之君子，学未及乎樊迟、司马牛，而欲其说之高于颜曾二子，是以终日言性与天道，而不自知其堕于禅学也。[2]

宋明理学家，大都讲"格物致知"，虽然解释不尽相同，但是视之为一种修养方法，却是一致的。顾炎武尽管也讲"格物致知"，然而，他的见解却不同于理学家。他将"致知在格物"径直解为"致知者，知止也"。何谓知止？他说：

> 为人君止于仁，为人臣止于敬，为人子止于孝，为人父止于慈，与国

---

① 《亭林文集》卷三《与友人论学书》。
② 《日知录》卷七《夫子之言性与天道》。

人交止于信，是之谓止。知止然后谓之知至。[1]

他还说：

> 以格物为多识于鸟兽草木之名，则末矣。知者无不知也，当务之为急。[2]

什么是当务之急？在顾炎武看来，不外乎就是"国家治乱之源，生民根本之计"[3]。顾炎武对"致知在格物"的诠释，纵然还有宋明理学家道德践履的痕迹，但是毕竟与之不同。它表明，顾炎武所探索的，是更深刻得多的治国平天下的道理。

在顾炎武看来，不唯陆王心学是内向的禅学，而且程朱之学亦不免流于禅释。他引述宋人黄震的话说：

> 夫子述六经，后来者溺于训诂，未害也。濂洛言道学，后来者借以谈禅，则其害深矣。[4]

这显然是对濂洛后学的不满。他又说：

> 今之言学者，必求诸《语录》，《语录》之书始于二程，前此未有也。今之《语录》几于充栋矣，而淫于禅学者实多，然其说盖出于程门。[5]

这还是对洛学的批判。程门后学谢良佐解释《论语》"吾日三省吾身"说，"曾子之学，专用心于内，故传之无弊"。顾炎武颇不以为然，

---

① 《日知录》卷六《致知》。
② 《日知录》卷六《致知》。
③ 《亭林佚文辑补·与黄太冲书》。
④ 《日知录》卷七《夫子之言性与天道》。
⑤ 《亭林文集》卷六《下学指南序》。

他引述黄震的话批评道：

> 孔门未有专用心于内之说也，用心于内，近世禅学之说耳。象山陆氏因谓曾子之学是里面出来，其学不传；诸子是外面入去，今传于世者，皆外入之学，非孔子之真。遂于《论语》之外，自谓得不传之学。凡皆源于谢氏之说也。[①]

顾炎武尽管没有直接使用抨击程朱之学的激烈言辞，但是，面临以什么取代心学的抉择，他选取了经学，提出了"经学，理学也"的命题。在其致友人施愚山的书札中写道：

> 理学之传，自是君家弓冶。然愚独以为，理学之名，自宋人始有之。古之所谓理学，经学也，非数十年不能通也。故曰："君子之于《春秋》，没身而已矣。"今之所谓理学，禅学也，不取之五经而但资之《语录》，校诸帖括之文而尤易也。又曰："《论语》，圣人之语录也。"舍圣人之《语录》，而从事于后儒，此之谓不知本矣。[②]

什么是本源之学呢？在顾炎武看来，就是经学。他说：

> 至于鄙俗学而求六经，舍春华而食秋实，则为山覆篑，当加进往之功；祭海先河，尤务本原之学。[③]

他主张：

---

① 《日知录》卷十八《内典》。
② 《亭林文集》卷三《与施愚山书》。
③ 《亭林文集》卷四《与周籀书书》。

经学自有源流，自汉而六朝而唐而宋，必一一考究，而后及于近儒之所著，然后可以知其异同离言之指。如论字者必本于《说文》，未有据隶楷而论古文者也。[1]

顾炎武的这些见解，其立意甚为明晰，他无非是要说明，理学的本来面目，其实就是朴实的经学，只是后来让释道二家渗入而偏离。所以，他认为应当张扬经学，在经学中去寻义理，这才叫"务本原之学"。于是乎，心学也罢，理学也罢，统统作为"不知本"的"后儒"之学而被摒弃了。在理学高踞庙堂之时，顾炎武却独能高扬经学的大旗，以复兴经学为帜志，这应当是另一种"以复古作维新"。

明清之际，扭转空疏不学之风，这是时代提出的要求。顾炎武作为一个积极的思想家和杰出的学者，他深刻地意识到这一点。其一生为学，一扫晚明的空谈疏漏习气，力主经世致用的实学。他说：

刘、石乱华，本于清谈之流祸，人人知之。孰知今日之清谈有甚于前代者？昔之清谈谈老庄，今之清谈谈孔孟。未得其精而已遗其粗，未究其本而先辞其末。不习六艺之文，不考百王之典，不综当代之务，举夫子论学、论政之大端一切不问，而曰一贯，曰无言。以明心见性之空言，代修己治人之实学。股肱惰而万事荒，爪牙亡而四国乱。神州荡复，宗社丘墟！昔王衍妙善玄言，自比子贡，及为石勒所杀，将死，顾而言曰："呜呼！吾曹虽不如古人，向若不祖尚浮虚，戮力以匡天下，犹可不至今日。"今之君子，得不有愧乎其言？[2]

顾炎武反对载之空言而不能见诸行事的空虚之学，他说：

---

[1] 《亭林文集》卷四《与人书四》。
[2] 《日知录》卷七《夫子之言性与天道》。

孔子之删述六经，即伊尹、太公救民于水火之心，而今之注虫鱼、命草本者，皆不足以语此也。故曰："载之空言，不如见诸行事。"夫《春秋》之作，言焉而已，而谓之行事者，天下后世用以治人之书，将欲谓之空言，而不可也。愚不揣有见于此，故凡文之不关于六经之旨，当世之务者，一切不为。①

顾炎武提出了"博学于文""行己有耻"的为学宗旨。他在《日知录》卷七《博学于文》条中，这么写道：

君子博学于文，自身而至于家国天下，制之为度数，发之为音容，莫非文也。

可见，他所说的文当然绝不仅仅局限于文字、文章之文，是文化，是包涵了广泛内容的社会知识。顾炎武对明末文士"聚宾客门人之学者数十百人，……而一皆与之言心言性，舍多学而识，以求一贯之方，置四海之困穷不言，而终日讲危微精一之说"②的恶劣习气至为鄙弃。晚明士大夫寡廉鲜耻，趋炎附势，当明清易代之时，"反颜事仇"③，更是为其所深恶痛绝。于是，他把"博学于文"与"行己有耻"合而为一，提到了"圣人之道"的高度，而大声疾呼。他说：

愚所谓圣人之道者如之何？曰"博学于文"。曰"行己有耻"。自一身以至于天下国家，皆学之事也；自子臣弟友以至出处、往来、辞受、取与之间，皆有耻之事也。耻之于人大矣！不耻恶衣恶食，而耻匹夫匹妇之不被其泽。故曰："万物皆备于我，反身而诚。"呜呼！士而不先言耻，则为

① 《亭林文集》卷四《与人书四》。
② 《亭林文集》卷三《与友人论学书》。
③ 《日知录》卷十三《降臣》。

无本之人；非好古而多闻，则为空虚之学。以无本之人而讲空虚之学，吾见其日从事于圣人而去之弥远也。"①

顾炎武反对内向的主观心学，主张外向的有用实学，他说：

自宋以下，一二贤智之徒病汉人训诂之学，得其粗迹，务矫之以归于内，而"达道""达德""九经""三重"之事，置之不论。此真所谓"告子未尝知义"者。②

他又说：

（孟子曰）"学问之道无他，求其放心而已矣。"然则但求放心可不必于学问乎？与孔子之言"吾尝终日不食，终夜不寝，以思，无益不如学也"者，何其不同邪？他日又曰"君子以仁存心，以礼存心"。是所存者非空虚之心也。夫仁与礼，未有不学问而能明者也。孟子之意盖曰，能求放心，然后可以学问。③

顾炎武不唯主张读书，而且同样提倡走出门户，到实践中去。他说：

人之为学，不日进则日退。独学无友，则孤陋而难成，久处一方，则习染而不自觉。不幸而在穷僻之域，无车马之资，犹当博学审问，古人与稽，以求是非之所在，庶几可得十之五六。若既不出户，又不读书，则是面墙之士，虽子羔、原宪之贤，终无济于天下。④

---

① 《亭林文集》卷三《与友人论学书》。
② 《日知录》卷七《行吾敬故谓之内也》。
③ 《日知录》卷七《求其放心》。
④ 《亭林文集》卷四《与人书一》。

崇尚实际，提倡外向的务实学问，成为顾炎武为学的一个突出特色。道光年间，唐鉴著《清学案小识》，将顾炎武归入程朱理学的"翼道学案"，他写道："夫先生之为通儒，人人能言之，而不知先生之所以通，不在外而在内，不在制度典礼，而在学问思辨也。"① 这样的论断，与顾炎武的为学风尚南辕而北辙，实在是强人就我的门户之见。

同崇尚实际、提倡外向的务实学问相一致，顾炎武的学术实践，充满了求实创新的精神。他对前人的成说，不盲从，不依傍；对古代的典籍，信其所当信，疑其所当疑，形成了自己的一家之言，体现了为学的独立风格。他说：

> 近代文章之病，全在摹仿。即使逼肖古人，已非极诣，况遗其神理而得其皮毛者乎。……效楚辞者必不如楚辞，效七发者必不如七发。盖其意中先有一人在前，既恐失之，而其笔力复不能自遂。此寿陵余子学步邯郸之说也。毋剿袭，毋雷同，此古人立言之本。……②

他极端鄙弃剽窃他人成果的恶劣行径，他说：

> 汉人好以自作之书而托为古人，张霸《百二尚书》、卫宏《诗序》之类是也。晋以下之人，则有以他人之书而窃为己作，郭象《庄子注》、何法盛《晋中兴书》之类是也。若有明一代之人，其所著书，无非窃盗而已。③

顾炎武的著述态度极为严谨，他在《日知录》卷十九《著书之难》条中写道：

---

① 《清学案小识》卷三《翼道学案》。
② 《日知录》卷十九《文人摹仿之病》。
③ 《日知录》卷十八《窃书》。

子书自孟、荀之外，如老、庄、管、商、申、韩，皆自成一家言，至《吕氏春秋》《淮南子》，则不能自成。故取诸子之言汇而为书，此子书之一变也。今人书集一一尽出其手，必不能多，大抵如《吕览》《淮南》之类耳。其必古人之所未及就，后世之所不可无而后为之，庶乎其传也与。

"必古人之所未及就，后世之所不可无而后为之"[①]，这样的著述旨趣，确实是极可贵的。顾炎武萃一生心力所结撰的《日知录》，正是这一旨趣的集中体现。关于这一点，正如他在《日知录》的《自记》中所述："愚自少读书，有所得辄记之，其有不合，时复改定，或古人先我而有者，则遂削之。"[②] 所以，一部三十二卷的《日知录》，尽管称引他人论述占至全书十之七八，自我见解不过十之二三，然而，由于别择严谨，断制精审，不唯绝无丝毫掠美之嫌，而且处处显出作者求实创新的学风来。《四库提要》对该书曾经作过这样的评价："（《日知录》）网罗四部，镕铸群言。"[③] 又说："炎武学有本原，博赡而能通贯，每一事必详其始末，参以证佐，而后笔之于书，故引据浩繁而抵牾者少。"[④] 这样的评价并非过誉，应当说是公正的。

顾炎武在一生锲而不舍的学术实践中，练就了严密而娴熟的属辞比事、以类行札的功夫，或者说考据训诂的方法，并将它与其渊博的历史素养和深邃的经学造诣相结合，用以服务于"经世致用"的目的。故而，一切当世之务，他都能自古代史籍、典章中寻出依据来。（当然，是否恰当，又当别论。）这就是他所说的："引古筹今，亦吾儒经世之用。"[⑤] 亭林之学是经世之学，归根结底，就是要"经世致用"。顾炎武主张"文须有益于天下"，他说：

---

① 《日知录》卷十九《著书之难》。
② 见黄汝成：《日知录集释》卷首。
③ 《四库提要·子部·杂家类存目六·菡庵闲话》。
④ 《四库提要·子部·杂家类三·日知录》。
⑤ 《亭林文集》卷四《与人书八》。

　　文之不可绝于天地间者，曰明道也，纪政事也，察民隐也，乐道人之
善也。若此者，有益于天下，有益于将来，多一篇，多一篇之益矣。若夫
怪力乱神之事，无稽之言，剿袭之说，谀佞之文，若此者，有损于己，无
益于人，多一篇，多一篇之损矣。①

　　顾炎武一生广泛地涉足于经学、音韵小学、历史、金石之学和舆
地、诗文诸学，其目的甚为明显，就是为了对自己的国家和民族，对自
己所生活的社会有所作为。当然，不可否认，他的这一目的是带着浓厚
的阶级和时代局限的。顾炎武在致其门人潘耒的书札中，曾经这么说过：

　　凡今之所以为学者，为利而已，科举是也。其进于此，而为文辞著书
一切可传之事者，为名而已，有明三百年之文人是也。君子之为学也，非
利己而已也，有明道淑人之心，有拨乱反正之事，知天下之势之何以流极
而至于此，则思起而有以救之。……故先告之志以立其本。②

　　顾炎武一生拳拳于《日知录》的写作，只是为了"明学术，正人
心，拨乱世以兴太平之事"③。他之所以历时三十余年潜心研治古音学，
是因为他认为："目击世趋，方知治乱之关必在人心风俗。"④而在他看
来，音韵之学又正是"一道德而同风俗者又不敢略"⑤的大事。所以他
主张"读九经自考文始，考文自知音始"⑥。他的究心经史，也还是因为
他认为"孔子之删述六经，即伊尹、太公救民于水火之心"，儒家的经

---

　　①《日知录》卷十九《文须有益与天下》。
　　②《亭林余集·与潘次耕札》。
　　③《亭林文集》卷二《初刻日知录自序》。
　　④《亭林文集》卷四《与人书九》。
　　⑤《亭林文集》卷二《音学五书序》。
　　⑥《亭林文集》卷四《答李子德书》。

典，乃是"天下后世用以治人之书，将欲谓之空言而不可也"①。唯其如此，顾炎武主张。"夫史书之作，鉴往所以训今。"②所以我们说，亭林之学是经世之学。

顾炎武的门人潘耒于康熙三十四年（1695），将《日知录》在闽中建阳付梓时，曾在序文中写道：

> 先生非一世之人，此书非一世之书也。魏司马朗复井田之议，至易代而后行；元虞集京东水利之策，至异世而见用。立言不为一时，录中固已言之矣。异日有整顿民物之责者，读是书而憬然觉悟，采用其说，见诸施行，于世道人心实非小补。如第以考据之精详，文辞之博辨，叹服而称述焉，则非先生所以著此书之意也。③

这是一段颇见亭林之学实质的议论。至于《四库提要》所云："潘耒作是书序，乃盛称其经济，而以考据精详为末务，殆非笃论。"④实在是汉学家的门户之见，无怪乎后世学者朱一新予之以"叶公之好龙，郑人之买椟"⑤的讥刺了。

亭林之学，方面极广，成就宏富。归纳起来，亭林为清代汉学开创了几条治学的门径：

一、音韵学的研究。亭林最有价值的学术著作，是他的《音学五书》。《音学五书》中对于后来影响最大的是《古音表》，亭林分古音为十部，确为他的卓识。中国古音学的研究不始于亭林，但亭林的研究为此学奠定了坚实的基础。后来的音韵学家之走上比较健康的路子而达到近代科学的水平，《音学五书》是有贡献的。

---

① 《亭林文集》卷四《与人书三》。
② 《亭林文集》卷六《答徐甥公肃书》。
③ 《遂初堂集》卷六《日知录序》。
④ 《四库提要·子部·杂家类三·日知录》。
⑤ 《无邪堂答问》卷五。

二、经学的研究。因为亭林提倡"法古用夏""通经致用"，所以他致力于经学的研究，在这方面他提出了新的问题，后来汉学家的研究，许多是从这些问题出发而有所发展。比如关于《尚书》中的今古文问题，虽然争论了许久，但问题层出不穷。《日知录》中《古文尚书》条，于此曾有系统地叙述，对于后来《尚书》学的发展及《伪古文尚书》的发覆，都产生了应有的作用。

三、礼制的研究。亭林注重礼制的研究，因为礼制中包括中国古代社会中的礼乐、刑政、典章制度。清代汉学家在这方面的研究有比较突出的成就，他们从亭林的《日知录》中得到了若干有益启示的。

四、历史地理学的研究。《天下郡国利病书》和《肇域志》是两部长编性质的书，虽然主要出于钞录，但有断制，是很有价值的著作，研究历史地理学、古代经济史，尤其是明代经济史是不可缺少的。亭林在经义中求治国平天下的道理，结果是"法古用夏"。但在日常生活中，在民生疾苦中求治国平天下的道理，乃是现实的。比如在《天下郡国利病书》中，他曾经研究了各地实行一条鞭法的利弊。同是一条鞭法，因为地域不同，人们的身份不同，而有不同的利害关系。当然他这种结合现实的精神并没有为后来汉学家所接受，但清代历史地理学的发展，亭林也是有贡献的。

顾炎武在明清之际的学术界，不唯是旧传统的破坏者，也是新风气的开创者。他一生以崇实致用的学风和锲而不舍的学术实践，宣告了晚明空疏学风的终结，开启了一代汉学的先路。一个开路的人，虽然他走的路子还不够远，后人会走到他的前面，但是他毕竟是开路的人，是奠基的人。把亭林奉为清代汉学的"不祧祖先"，可谓当之无愧，虽然他的本意并不如此。顾炎武严谨健实的学风、宏富的学术成就，与其傲岸的人格相辉映，使其在清代学术史上占据了一席重要的地位。他不愧为清初学术界一位继往开来的大师。

附录三

《清代人物传稿·顾炎武》

顾炎武，原名绛，字忠清，明亡后，改名炎武，字宁人，曾自署蒋山佣，一署顾圭年[①]，学者尊为亭林先生，苏州府昆山（今江苏昆山）人。他生于明万历四十一年五月二十八日（1613年7月15日），于清康熙二十一年正月初八日（1682年2月14日）病逝。他一生"身涉万里，名满天下"[②]，以"行奇学博，负海内重望"[③]，继往开来，有"清学开山"之誉[④]。

顾炎武的祖上曾世代为官，但是到了明末，伴随着日益加剧的社会危机，这个家族也不可避免地衰败下来。他的曾祖父章志官至南京兵部右侍郎，而祖父绍芳仅任左春坊左赞善，父亲同应更未得进入官场，不过是国子监的荫生而已。[⑤]在国运和家道的江河日下中，顾炎武度过了自己的青少年时代。他还在襁褓之中，就因叔父同吉未婚早逝，而由前来顾家守节的叔母王氏抱抚为子。天启二年（1622），他年仅十岁，嗣祖绍芾就曾经指着院子中的草根告诉他："尔他日得食此幸矣。"[⑥]从此，悉心督导他阅读古代兵家的著述和《左传》《国语》《战国策》《资治通鉴》等史书，指示他以讲求实学的为学路径。嗣母王氏也时常给他讲述明初刘基、方孝孺、于谦等人的报国事迹。十四岁那年，他的嗣祖援

---

① 顾衍生：《顾亭林先生年谱》，一岁条。
② 归庄：《归庄集》卷五《与顾宁人书》，中华书局1962年版，第339页。
③ 钮琇：《觚賸》卷六《蒋山佣》。
④ 梁启超：《中国近三百年学术史》，上海民志书店1929年版，第83页。
⑤ 张穆：《顾亭林先生年谱》，一岁条。
⑥ 顾炎武：《亭林余集》（不分卷），《三朝纪事阙文序》。中华书局辑《顾亭林诗文集》，第155页。

"纳谷寄学"的成例，使他得以入学为秀才。在县学中，顾炎武结识了与自己年龄相当的同窗归庄。顾、归二人都翩翩年少，才情相当，志气相投，终于结成了终身的莫逆之交。

当时，大江南北科举士子结社的风气很为流行，应社、几社、闻社、读书社……鳞次栉比，密若繁星。崇祯二年（1629），太仓人张溥、吴江人吴翩、贵池人吴应箕等，会集远近士子于吴江，创立复社。① 次年（1630），张溥等人又利用南京乡试的机会，广为招徕，复社队伍更形壮大。这一年顾炎武、归庄也赴南京应乡试，就在秋天加入了复社。② 但是，复社成员来自各方，门户之见颇深，顾、归二人"砥行立节，落落不苟于世"③，而被讥为"归奇顾怪"④。他们在复社中因之始终默然无闻。

连年的科场角逐，耗去了顾炎武十四年宝贵的光阴。崇被十二年（1639）秋，二十七岁的顾炎武在乡试中再度败北。这个时候，农民起义已成燎原之势，辽东战事又复败报迭传。清兵的几度破关，长驱而入，更使江南人心震栗。国事的艰危，最终把沉溺于科场的顾炎武震醒。他"感四国之多虞，耻经生之寡术"⑤，毅然挣脱了科举制度的桎梏。从这一年起，开始自历代史书、方志中辑录有关农田、水利、矿产、交通及地理沿革等材料，倾注全力于《天下郡国利病书》和《肇域志》的纂辑。年轻的顾炎武试图从中去探寻国贫民弱的根源所在，从而揭开了自己一生为学的新篇章。

---

①　复社成立时间，有崇祯二年、三年说，此从吴伟业《复社纪事》、杜登春《社事始末》、陆世仪《复社纪略》、朱彝尊《静志居诗话》之说，"起于戊辰（崇祯元年），成于己巳（崇祯二年）"。

②　顾炎武入复社的时间，顾衍生及吴映奎所辑《顾亭林先生年谱》均失载。张穆所辑《顾亭林先生年谱》系于天启六年（1626）十四岁，当时复社尚未成立，应属误记。赵经达：《归玄恭先生年谱》系于崇祯二年，理由不充分。似以崇祯三年为妥。

③　顾炎武：《亭林文集》卷五《吴同初行状》。

④　朱彝尊：《静志居诗话》卷二十二《顾绛》。

⑤　顾炎武：《亭林文集》卷六《天下郡国利病书序》。

两年后，嗣祖病故。家族中的长辈们撕下了大家子弟的虚伪面纱，为争夺祖上遗产，骨肉相残，四分五裂。已经衰败的家境，从此一蹶不振。迫于生计，顾炎武将祖上遗田八百亩典押给同郡富豪叶方恒。叶方恒乘人之危，图谋仗势侵吞。这笔田产纠纷，旷日持久，一直闹到明清更迭。

崇祯十七年（1644）四月，明朝被农民起义军推翻的消息传到江南。"闻京师之报，人心凶惧。"① 正在苏州的顾炎武急忙赶回昆山，把家疏散到较昆山偏僻的常熟唐市去。后见唐市仍不安宁，又迁往语濂泾。五月，南明弘光政权在南京建立。经原昆山知县杨永言举荐，弘光政权给了他一个兵部司务的官职。顾炎武把希望寄托于新起的南明朝廷，期待着"缟素称先帝，春秋大复仇"，"须知六军出，一扫定神州"。② 为准备应弘光政权征召，他撰成了著名的"乙酉四论"，即《军制论》《形势论》《田功论》《钱法论》。他从弘光政权据南京立国的实际出发，针对明末在农田、钱法、军制等方面的积弊，提出了一系列解救危难的应急措施。他指出，召民垦田为"今日之急务"③，主张行《周礼》"寓兵于农"之法，认为只有这样，才可望"成克复之勋"，否则，"尽驱民为兵，而国事将不忍言矣"。于是他大声疾呼："法不变，不可以救今。已居不得不变之势，而犹讳其变之实，而姑守其不变之名，必至于大弊。"④ 在《钱法论》中，顾炎武提出了"钱自上下，自下上，流而不穷者，钱之为道也"⑤ 的卓越见解。他的《形势论》则主张，北守徐、泗，西控荆、襄，接通巴、蜀，"联天下之半以为一"，以使"我之战守有余地，而国势可振"。⑥

① 顾炎武：《亭林余集》，《常熟陈君墓志铭》。
② 顾炎武：《亭林诗集》卷一《感事》。
③ 顾炎武：《亭林文集》卷六《田功论》。
④ 顾炎武：《亭林文集》卷六《军制论》。
⑤ 顾炎武：《亭林文集》卷六《钱法论》。
⑥ 顾炎武：《亭林文集》卷六《形势论》。

　　事态的进程同顾炎武的愿望截然相反。腐败的弘光政权为马士英、阮大铖所把持，文官同室操戈，武将拥兵自重。复仇既成空谈，出师更是无期。当他于顺治二年（1645）五月初，取道镇江，前往南京赴任时，清军已挥师南下，连克徐、泗，血洗扬州，兵临江北。还未等他到职，弘光政权便被清军攻灭。目睹清军的野蛮屠戮，顾炎武愤然投笔从戎，在苏州参加了抗清斗争。苏州兵败，仓皇潜回语濂泾。六月，清廷再度颁布剃发令："各处文武军民，尽令剃发，倘有不从，以军法从事。"[①] 铁蹄所至，义旗四举。闰六月十五日，昆山人民不堪民族屈辱，揭竿而起。顾炎武的挚友归庄、吴其沆都投入了这场可歌可泣的反剃发斗争。而顾炎武"以母在，独屏居水乡不出。自六月至于闰月，无夜不与"常熟人陈梅"露坐水边树下，仰视月食，遥闻火炮"[②]，关注着昆山存亡。七月初六日，昆山城破。在清军屠城中，吴其沆惨死血泊，归庄虎口余生，顾炎武的两个弟弟死于非命，生母何氏虽幸免一死，但已成终身残废。十四日，常熟失守，他的嗣母绝食十余日后去世，临终留下遗训："勿为异国臣子。"[③] 后来，南明隆武政权遥授顾炎武以兵部职方司主事的职务，因为要料理嗣母安葬事，他也未能前去赴任。

　　山河破碎，家难频仍。面对着东南沿海南明几个政权的相继瓦解，身历清军铁蹄蹂躏的剧痛，顾炎武寄心事于笔端，写下了许多充满爱国激情的诗篇。他以衔木填海的精卫自况，发出了"我愿平东海，身沉心不改"[④] 的呐喊。在这以后的五年间，为了实践自己的誓言，他蓄发明志，一直潜踪息影，辗转于太湖沿岸，与各地坚持抗清的志士秘密往来。顺治四年（1647），震惊江南的吴胜兆反正一案，其中就留下了顾

───────────────

① 《清世祖实录》卷十七，顺治二年六月丙辰条。
② 顾炎武：《亭林余集》，《常熟陈君墓志铭》。关于顾炎武这一时期的经历，有两度抗清的说法，即除在苏州从军外，也参加了昆山守城。据考，昆山战事，顾并未参与，两度抗清说似难成立。
③ 顾炎武：《亭林余集》，《先妣王硕人行状》。
④ 顾炎武：《亭林诗集》卷一《精卫》。

炎武的踪影。这一年，清松江总兵吴胜兆与海上抗清武装联络，图谋反正。四月事泄，抗清志士陈子龙、杨廷枢、顾咸正及其二子天遴、天逵等四十余人相继死难。在事泄之初，他就曾与顾咸正进行过出亡的策划。顺治七年，豪绅叶方恒重修旧怨，企图加害顾炎武。为了免遭陷害，他只好剃去头发，装扮成行商，继续往来于大江南北及太湖洞庭山一带。就在这一期间，他同归庄一道加入了吴江人叶继武、吴宗潜所创立的惊隐诗社，纵论古今，砥砺气节，"悲深宗社墟，勇画澄清计" [1]。顺治十年、十一年间，张名振、张煌言率海上抗清武装两入长江。他为之欢欣雀跃，在诗中写道："忽闻王旅来，先声动燕幽。阖闾用子胥，鄢郢不足收。祖生奋击楫，肯效南冠囚。愿言告同袍，乘时莫淹留。" [2]

连年来，虽然顾炎武离乡在外，但是豪绅叶方恒却始终耿耿于怀。顺治十二年（1655），又与原在顾家做过仆人的陆恩狼狈为奸，策划以勾结海上抗清武装的罪名告发他。顾炎武闻讯，于当年五月潜回昆山，秘密处死陆恩。于是，叶方恒借机将顾炎武绑架，必欲置于死地。后来，幸亏归庄等人及时营救，将这一案件交由松江府审理，才算脱离虎口。顾炎武出狱后，叶方恒派遣刺客尾随不舍，于第二年五月在南京太平门外将他杀伤。同时，并派人洗劫他在昆山的故宅，"尽其累世之传以去" [3]。时局的险恶，豪绅的陷害，迫使顾炎武决意远离故土，到他久已系念的中原大地去。[4]

顺治十四年（1657）秋，四十五岁的顾炎武将家产尽行变卖，只身弃家北去，开始了以后二十多年转徙不定的游历生涯。北游之后，他选

---

① 顾炎武：《亭林诗集》卷四《哭归高士》。
② 顾炎武：《亭林诗集》卷二《金山》。
③ 归庄：《归庄集》卷三《送顾宁人北游序》。
④ 关于顾炎武北游的原因，"谋求抗清根据地"与"消极避祸"二说，若针锋相对，还可进一步商量。这个问题，并非简单地用个人恩怨所能解释，如果将它置于清初的具体历史环境，并结合顾炎武晚年的经历来考察，就会看到，他的北游是以游为隐，寄寓故国之思，用至死不合作的态度，来同清廷相抗争。

择山东作为第一个侨居点，在章丘县桑家庄购置了田产，并以此为中转地，频繁往来于直、鲁、江、浙间。北抵山海关，南至会稽山，名山大川无不留下他的足迹。顺治十六年，顾炎武来到山海关，在海燕、塞鹰相伴之下，极目远望，十余年前旧战场的痕迹，尚依稀可辨。他触景生情，吟得《山海关》诗一首，回顾明代辽东边事，对吴三桂的屈膝降清进行了猛烈鞭挞。这一年夏秋之交，郑成功、张煌言率师挺进长江，直逼南京。他闻讯南下，但是刚到扬州，郑、张所部已经失败，只好怅然北去。顺治十八年，郑成功率部退往台湾，僻处西南一隅的永历政权寿终正寝。眼看复明大势已去，顾炎武断然拔足西走，决心"笃志经史"①，把自己的晚年贡献给著述事业。

在北游前夕及北游初的这一段时间，顾炎武先后在淮北和山东结识了当地学者张弨、张尔岐、马骕等人。张弨精于文字音韵，日后成为顾炎武所撰《音学五书》的刻写者。张尔岐卓然经师，在《仪礼》的研究中，后来居上，功力极深。马骕长期致力于《左传》研究，著成卷帙浩繁的《绎史》一部，时有"马三代"之称。同这些学者的交游，开阔了他的学术视野，使他在经学、史学、文字音韵学等方面都得益匪浅。他在这一期间，不仅写下了大量的短篇诗文，而且也纂辑了如《营平二州史事》等成卷帙的著述。早年辛勤编写的《天下郡国利病书》《肇域志》，经过历年实地所见进行增补，于这时辑为初稿。他长期以来研究上古音韵学的专著《音学五书》，也加快了撰写的进度。

康熙元年（1662）起，顾炎武把北游的踪迹扩展到河南、山西、陕西各地。这以后，他除陆续撰写大量的诗文杂著外，全部精力几乎都用于他一生最重要的代表作品《日知录》的写作。但是，顾炎武的著述道路却是极不平坦的。康熙二年（1663），清廷制造了震惊朝野、影响深远的庄氏明史案。这场冤狱牵连很广，被害七十余人。私辑《明史》的

---

① 顾炎武：《亭林文集》卷四《与人书二十五》。

庄廷鑨，生前曾派人延请顾炎武参加编书，由于鄙薄庄氏不学无术，他拒绝了聘请，因此才幸免于难。而他早年的好友潘柽章、吴炎，却在这一案件中惨遭杀害。噩耗传来，他万分悲痛，于是在山西汾州旅途遥为祭奠，以歌当哭，高唱："一代文章亡左马，千秋仁义在吴潘。"[①] 同时，又以"书吴潘二子事"为题撰文一篇，详记该案始末，表彰吴、潘二人学行节操。顾炎武憎恶明末讲学之风，终身不登讲坛，也不轻易接收门徒。为了表示对潘柽章的纪念，他破例将柽章弟潘耒收为弟子。他故世后，潘耒颇能传其学。他的诗文集、《日知录》等，都是经过潘耒校订删削，才得到刊行的。

明史案的余痛犹在，新的文字冤狱竟又从天而降。康熙五年（1666），山东莱州人姜元衡告发黄培收藏"逆诗"，指控署名陈济生的《忠节录》诗集，为顾炎武到黄培家搜辑刻印。七年二月，顾炎武在北京获悉自己在这一案件中受到牵连，为澄清真相，他毅然南下济南投案。当局不由分说，将他关进监狱，结果被弄得每日的饭钱也无力支付，只好靠吃几个烧饼充饥。后来，还是在他北游后结识的友人李因笃等的大力搭救下，才于当年十月取保出狱。

莱州诗案了结后，顾炎武一如既往，潜心于自己的著述事业。为此，他频繁地奔忙于鲁、晋、直、京之间，以友人所赠二马二骡装驮书卷，攀山越岭，不辞辛劳，进行了大量的、艰苦细致的实地考察。在康熙元年以后的这一时期中，顾炎武又陆续与南北名儒孙奇逢、傅山、李颙、李因笃、王弘撰、朱彝尊、屈大均、施闰章、阎若璩等人结识，他的著述事业也取得了长足的进展。在完成《音学五书》并送交友人张弨刊刻的同时，他还撰成了《郡县论》《生员论》《钱粮论》等一系列具有历史价值的文论杂著。尤其是正在精心撰写的《日知录》，更引起了许多学者的重视，纷纷向他提出转抄的要求。于是，他于康熙九年

---

① 顾炎武：《亭林诗集》卷四《汾州祭吴炎、潘柽章二节士》。

（1670）将已写好的《日知录》初稿八卷公开刊行。这部书经过以后历年增补，直到他逝世前夕，才最后脱稿，共成三十二卷。使顾炎武感到振奋的是，他在《日知录》中所提出的若干见解，竟与浙江余姚的著名学者黄宗羲所著《明夷待访录》不谋而合。他就此专门给黄宗羲写了一封信，信中说道："炎武以管见为《日知录》一书，窃自幸其中所论，同于先生者十之六七。"[1]

康熙十二年（1673）冬，顾炎武由山东抵达北京。这时因吴三桂乱起，京中又发生杨起隆策动起义的事件，清军频繁调动。"出车日辚辚，戈矛接江裔"，京城内一片鼎沸。他放眼江南，"三楚正干戈，沅湘弥浩浩"。在干戈扰攘之中，于翌年春，冒雪离京南下，径往山西。尽管吴三桂曾一度以复明相号召，笼络遗民，但是在顾炎武看来，"世乏刘荆州，托身焉所保"[2]，吴三桂并非可以成就大事的人。在以后的几年中，他对三藩之乱，始终采取超然局外的态度。康熙十四年八月，顾炎武来到山西祁县，当地学者戴廷栻为他构筑书屋一幢。这样，北游以来随身携带的十三经、二十一史，以及明历朝实录，便有了收藏之处。朱彝尊还为这处书屋题写对联一副："入则孝，出则弟，守先王之道以待后学；诵其诗，读其书，友天下之士尚论古人。"[3] 后来，陕西学者王弘撰又为他在华阴置书屋一处，他故世后，便称作"顾庐"来纪念他。

晚年的顾炎武，行万里路，读万卷书，以深湛的学术造诣而名著朝野。但是，清廷几度征聘，他都始终如一地采取了拒绝的态度。康熙十年（1671），大学士熊赐履为撰写《明史》一事，特意邀请他作客。席间，顾炎武断然拒绝了参与编修《明史》的聘请，坚决表示："果有此举，不为介推之逃，则为屈原之死。"[4] 康熙十七年（1678），清

---

① 顾炎武：《致黄太冲书》。这封信《亭林文集》未录，见于黄宗羲：《思旧录》，顾炎武条。

② 顾炎武：《亭林诗集》卷五《广昌道中》。

③ 朱彝尊：《静志居诗话》卷二十二《顾绛》。

④ 顾炎武：《蒋山佣残稿》卷二《记与孝感熊先生语》。

廷在平定三藩之乱取得重大成功后，把撰修《明史》重新提上议事日程。为此，特开博学鸿儒科，以征召海内名儒。翰林院掌院学士叶方蔼、翰林院侍讲韩菼都一致推荐顾炎武应试。这次推荐，同样为他所抵制。第二年，叶方蔼又以《明史》馆总裁身份向他发出修书聘请。他誓死不从，在答复叶方蔼的信中，郑重声明："人人可出，而炎武必不可出。""七十老翁何所求？正欠一死！若必相逼，则以身殉之矣！"① 为了表明自己的决心，顾炎武从此不再进入北京。他认为："秦人慕经学，重处士，持清议，实与他省不同。"而且"华阴绾毂关、河之口，虽足不出户，而能见天下之人，闻天下之事。一旦有警，入山守险，不过十里之遥；若志在四方，则一出关门，亦有建瓴之便"②。于是，便选定陕西华阴作为他晚年的最后客居地。这时，他已年近古稀，老而无子，仅有一养子顾衍生作伴。他的外甥徐乾学、徐秉义、徐元文兄弟早已贵显一时，几次写信表示愿意在昆山买园置宅，请他返乡养老，都被回绝。

顾炎武于明亡之后，故国之思，至死未泯。康熙十九年（1680），适逢明神宗、光宗逝世六十年，他特意题楹联一副："六十年前二圣升遐之岁，三千里外孤忠未死之人。"③ 虽然他孤忠耿耿，终身不仕清廷，但是他并没有把自己的目光仅仅局限在皇朝兴替的狭小圈子里，更没有颓丧而走进逃避现实的死胡同。他主张："知保天下，然后知保其国。保国者，其君其臣肉食者谋之；保天下者，匹夫之贱与有责焉耳。"④ "国家治乱之源，生民根本之计"⑤，成为他一生探讨的中心课题。无论是他早年纂辑的《天下郡国利病书》，还是入清以后陆续撰成的《日知录》《郡县论》《生员论》《钱粮论》等著述，目的都在于探寻"民生之所以

---

① 顾炎武：《亭林文集》卷三《与叶讱庵书》。
② 顾炎武：《亭林文集》卷四《与三侄书》。
③ 张穆：《顾亭林先生年谱》，六十八岁条。
④ 顾炎武：《日知录》卷十三《正始》。
⑤ 顾炎武：《致黄太冲书》。这封信《亭林文集》未录，见于黄宗羲：《思旧录》，顾炎武条。

日贫，中国之所以日弱而益趋于乱"①的缘由。在他的著述中，不仅明代，尤其是明中叶以后，土地兼并、赋役繁苛的积弊得到了详尽的反映，而且清初的社会病痛，他也作了揭露和针砭。针对愈益强化的封建君主专制，他提出了"分天子之权"的"众治"思想。他说："人君之于天下，不能以独治也。"②呼吁："以天下之权寄之天下之人。"③在二十多年的北游历程中，他系念着"东土饥荒""江南水旱"，指出清初沿明代之弊，"火耗"殊求，是"穷民之根，匮财之源，启盗之门"。④三藩之乱给陕西、山西人民带来的苦痛，激起了他的深切同情。他在致友人李因笃的书札中，反映了"汾州米价，每石二两八钱，大同至五两外，人多相食"⑤的惨景。在给外甥徐元文的信中，还写道："关辅荒凉，非复十年以前风景，而鸡肋蚕丛，尚烦戎略，飞刍挽粟，岂顾民生。至有六旬老妇、七岁孤儿，挈米八升，赴营千里。于是强者鹿铤，弱者雉经，阖门而聚哭投河，并村而张旗抗令。"⑥

　　顾炎武憧憬上古的三代之治，在《日知录》及《郡县》《生员》《钱粮》诸论中，他所描绘的社会蓝图，确实多属迂阔不切实际。但是，他对国家、民族的前途和命运的强烈关注，却是老而弥笃，至死不渝的。康熙二十年（1681）八月，他由华阴抵达山西曲沃，不幸染上不治之症。病中，他依然牵挂着关中民生疾苦。病势稍减，便抱病执笔，在《病起与蓟门当事书》中，提出"请举秦民之夏麦、秋米及豆草一切征其本色"的建议。他慷慨陈词："天生豪杰，必有所任。……今日者，拯斯人于涂炭，为万世开太平，此吾辈之任也。仁以为己任，死而后已。"⑦康熙

---

① 顾炎武：《亭林文集》卷一《郡县论》一。
② 顾炎武：《日知录》卷六《爱百姓故刑罚中》。
③ 顾炎武：《日知录》卷九《守令》。
④ 顾炎武：《亭林文集》卷一《钱粮论》下。
⑤ 顾炎武：《蒋山佣残稿》卷一《与李子德》。
⑥ 顾炎武：《亭林文集》卷六《答徐甥公肃书》。
⑦ 顾炎武：《亭林文集》卷三《病起与蓟门当事书》。

二十一年（1682）正月初八日，顾炎武为病魔夺去了生命，默默无声地倒在远离故乡数千里之外的山西高原上，享年七十岁。

顾炎武是一个杰出的学者。在宋明理学极敝之后，他深得晚明实学思潮熏陶的裨益。一生为学，始终抱定经世致用宗旨，主张："君子之为学也，非利己而已也。有明道淑人之心，有拨乱反正之事，知天下之势之何以流极而至于此，则思起而有以救之。"[1] 他把自己的著述事业视为转移人心风俗的百年大计，认为："目击世趋，方知治乱之关必在人心风俗。"[2] 因此，他鄙弃理学家的空谈心性，对明末理学界"言心言性，舍多学而识，以求一贯之方，置四海之困穷不言，而终日讲危微精一之说"[3] 的空疏学风，进行了揭露和抨击。他把造成这种积重难返局面的根源，归咎于王阳明的"倡其新说，鼓动海内"，"高谈异论而不顾"。[4] 面对理学的瓦解和士大夫的寡廉鲜耻，顾炎武力倡"博学于文""行己有耻"的为学之道。他高高地扬起经学的旗帜，提出了"古之所谓理学，经学也"，"今之所谓理学，禅学也"[5] 的见解。他一反宋明理学家的思辨玄谈，以严谨精勤的学风和朴实的经验归纳方法，一生广泛涉足于经学、史学、方志地理、音韵文字、金石考古以及诗文等学，在众多的学术领域，取得了宏富的成就，留下了五十余种的宝贵著述。顾炎武崇实致用的治学精神，严谨绵密的考证方法，以及他对广阔的学术门径的开拓，对整个清代学术文化的发展，都产生了极为深远的影响。清代二百七十余年间，音韵文字学之所以能够从经学的附庸而蔚为大国，顾炎武有着不可磨灭的开创之功。中国封建社会晚期，在学术思潮从宋明理学向清代汉学的转化过程中，作为一个开风气者，顾炎武占有十分重要的地位。

---

[1] 顾炎武：《亭林余集》，《与潘次耕札》。
[2] 顾炎武：《亭林文集》卷四《与人书九》。
[3] 顾炎武：《亭林文集》卷三《与友人论学书》。
[4] 顾炎武：《日知录》卷十八《朱子晚年定论》。
[5] 顾炎武：《亭林文集》卷三《与施愚山书》。

附录四

顾炎武年表

明万历四十一年　1613 年　一岁

五月二十八日（7 月 15 日），生于江苏昆山千墩浦。

明万历四十六年　1618 年　六岁

在家随母读《大学》。

明万历四十七年　1619 年　七岁

入塾读书。

明天启元年　1621 年　九岁

始读《周易》。

明天启二年　1622 年　十岁

始读《孙子》《吴子》诸兵家书，及《左传》《国语》《战国策》《史记》。

明天启三年　1623 年　十一岁

始读《资治通鉴》。

明天启六年　1626 年　十四岁

入昆山县学。《资治通鉴》读毕，接读《诗经》《尚书》《春秋》。

明天启七年　1627 年　十五岁

始读朝廷邸报。

明崇祯二年　1629 年　十七岁

入复社。

明崇祯三年　1630 年　十八岁

初应乡试，不第。

明崇祯十二年　1639 年　二十七岁

乡试落第，退而读书，开始结撰《肇域志》《天下郡国利病书》。

明崇祯十四年　1641 年　二十九岁

嗣祖绍芾病故，家难始作。

明崇祯十六年　1643 年　三十一岁

始撰《诗本音》。

明崇祯十七年　清顺治元年　1644 年　三十二岁

明亡清兴，福王即位南京，炎武被荐为兵部司务。

清顺治二年　1645 年　三十三岁

春，撰《军制论》《形势论》《田功论》《钱法论》。清军南下，五月破南京，炎武在苏州投笔从戎。七月，昆山城破，嗣母绝食而卒。隆武政权遥授兵部职方司主事，投身抗清斗争。

清顺治三年　1646 年　三十四岁

在昆山、常熟及沿海一带从事秘密反清活动。

清顺治四年　1647 年　三十五岁

吴胜兆反正案发，炎武友人多有死难，避祸昆山庐墓。

清顺治五年　1648 年　三十六岁

潜踪息影，往返于太湖沿岸。

清顺治六年　1649 年　三十七岁

居常熟语濂泾。

清顺治七年　1650 年　三十八岁

剪发改容，以行商流转江浙一带。在吴江入惊隐诗社。

清顺治八年　1651 年　三十九岁

春至南京，初谒孝陵。秋抵淮安。

清顺治九年　1652 年　四十岁

频繁往来于江淮一带。时《天下郡国利病书》初成，意欲北游，友人杨彝、万寿祺、归庄等联名撰《为顾宁人征天下书籍启》。

清顺治十年　1653 年　四十一岁

往来太湖洞庭山，再谒、三谒孝陵。

清顺治十一年　1654 年　四十二岁

移居南京神烈山下，自号蒋山佣。

清顺治十二年　1655 年　四十三岁

春，四谒孝陵。五月，返昆山，擒杀叛投豪绅叶方恒的家仆陆恩，因之被逮入狱。先拘苏州，后移松江，九月得释。

清顺治十三年　1656 年　四十四岁

松江案结，仍返南京，被叶氏所遣刺客杀伤于太平门。五谒孝陵。夏秋之际南游，欲有所为，未果而返南京。

清顺治十四年　1657 年　四十五岁

春，六谒孝陵。旋返昆山，定议北游，初抵齐鲁。

清顺治十五年　1658 年　四十六岁

登泰山，游曲阜。秋抵北京，旅游京东。

清顺治十六年　1659 年　四十七岁

纂成《营平二州史事》。抵昌平，初谒十三陵。时值郑成功、张煌言率师北伐，炎武于秋后南抵扬州。后复北上。

清顺治十七年　1660 年　四十八岁

春，再谒十三陵。秋，返南京，七谒孝陵。冬归吴门。

清顺治十八年　1661 年　四十九岁

南游杭州、绍兴，谒禹陵，吊宋六陵。后返山东，撰《山东考古录》成。

清康熙元年　1662 年　五十岁

春抵昌平，三谒十三陵。至曲阳，谒北岳。冬渡汾河，谒尧庙。

清康熙二年　1663 年　五十一岁

游山西、陕西，与傅山、李因笃、王弘撰、李颙等定交。庄廷鑨《明史》案发，友人吴炎、潘柽章死难，炎武遥为祭奠，撰《书吴潘二子事》，述史狱始末。

清康熙三年　1664 年　五十二岁

正月出潼关，取道山西汾州、大同，抵北京。七月至昌平，四谒十三陵。南游保定容城，晤孙奇逢。旋游山东，在泰安度岁。

清康熙四年　1665 年　五十三岁

至济南，置田地屋宇于章丘大桑家庄。秋，再至曲阜，游阙里，交颜光敏。

清康熙五年　1666 年　五十四岁

离山东，取道河北，抵山西太原，与朱彝尊定交。至代州，晤李因笃、屈大均，与诸友集资垦荒雁北。秋，入京。旋南下山东，度岁兖州。著《韵补正》成。

清康熙六年　1667 年　五十五岁

南下淮安，始刻《音学五书》。北上京城，居慈仁寺。作《钞书自序》。

清康熙七年　1668 年　五十六岁

在京闻济南《忠节录》一案牵连，南下投案。三月入狱，十月始得保释。

清康熙八年　1669 年　五十七岁

正月入都，五谒十三陵。岁末，潘耒入都受学。

清康熙九年　1670 年　五十八岁

往返北京、山东，度岁章丘大桑家庄。《日知录》八卷本初刻。

清康熙十年　1671 年　五十九岁

力辞熊赐履纂修《明史》之请。游山东、山西。

清康熙十一年　1672 年　六十岁

往返山东、山西、北京。在太原晤阎若璩，商订《日知录》。

清康熙十二年　1673 年　六十一岁

往返山西、山东、北京。在济南助修《山东通志》。冬，返京，闻吴三桂起兵云南。寄书潘耒，令族子衍生北上。

清康熙十三年　1674 年　六十二岁

正月出都，来往山西、山东，度岁章丘大桑家庄。

清康熙十四年　1675 年　六十三岁

赴济南，访张尔岐。后经河北抵山西，置书堂于祁县，所藏经史皆插签于架。

清康熙十五年　1676 年　六十四岁

频繁往返山西、山东、北京，度岁京城。补撰《初刻日知录自序》。

清康熙十六年　1677 年　六十五岁

二月，六谒十三陵。四月，南抵德州，见嗣子衍生及其师李云沾，旋偕往河北，只身游山西、陕西。度岁山西祁县。

清康熙十七年　1678 年　六十六岁

正月，清廷诏举博学鸿儒。炎武避居山陕，力辞荐局，至以死拒。自此不复入都。

清康熙十八年　1679 年　六十七岁

移居华阴。旋游河南、河北、山西，度岁华阴。

清康熙十九年　1680 年　六十八岁

卜居华阴。游山西，度岁汾州。《音学五书》刊定，成《后序》一篇。谋建朱子祠堂于华阴。

清康熙二十年　1681 年　六十九岁

卜居华阴。游山西。八月，卧病曲沃，度岁下坡韩氏宜园。

清康熙二十一年　1682 年　七十岁

正月九日，病逝于曲沃。

衰世风雷

龚自珍与魏源

补　白

　　《衰世风雷》系三十年前旧稿，旨在梳理龚自珍、魏源二家学行，窥知道咸间之历史巨变。承万卷楼出版公司错爱，早先有幸在台北刊行。此番结集，大致区分类聚，与讨论顾亭林学行的相关文字共编一册。耑此禀报，敬请鉴宥。

陈祖武　谨识

二〇二三年五月十八日

自　序

　　在清代历史上，自乾隆末叶起，中经嘉庆、道光二朝，迄于咸丰当政，满洲贵族所建立的这个王朝，始而衰象毕露，继之动荡四起，终至趋于大乱，成为中国数千年历史中又一个急剧动荡的时代。外有西方殖民者的欺凌，内有诸多社会弊病的困扰，中国社会已经走到非变革不可的时候了。当此历史转折的关头，龚自珍、魏源二人挺生其间，他们抨击时弊，呼唤变革，给沉闷的中国知识界和社会带来了新鲜的生机。其影响所及，终清之世而不衰，因而作为杰出的开风气者，龚自珍、魏源既是社会史上的伟人，同时也是学术史上的大师。

　　龚自珍与魏源，一个出身于官宦门第，一个则养成于清贫人家，是时代的演进把他们召唤到一起。共同的立身旨趣，共同的学术好尚，共同的社会憧憬，乃至意气风发、不可一世的共同禀性，使之犹如双璧辉映，以并世奇才活跃在历史舞台上。然而他们空怀壮志，积郁难抒，龚自珍的佯狂玩世、辞官还乡，魏源的绝意仕宦、遁迹空门，这一历史悲剧的演成，个中缘由实是发人深省。在本书中，笔者试图对他们的一生做一个鸟瞰似的勾勒，同读者诸君一道去思索、去回答历史提出的问题。

　　龚、魏才气横溢，旷达倜傥，非绳墨之所能羁囿。以笔者之呆滞寡陋，实难状写其万一，恳请诸位批评。

一、官宦门第育骄子

家住钱塘四百春，

匪将门阀傲江滨。

一州典故闲征遍，

撰杖观涛得几人？

这首七言绝句，见于龚自珍的《己亥杂诗》第一百五十六首，为道光十九年（1839）作，诗人时年四十八岁。据他于诗末自注所云，该诗系八月十八日随其父观钱塘江海潮而作。钱塘海潮，为大自然之伟观。每年八月十六日至十八日，杭州万人空巷，倾城而出，齐集于沿江十里堤岸。潮汛初起，远处海天相连，微见如白带一条，迤逦而来。潮势渐近，则前推后涌，势不可挡。顷刻之间，波涛翻滚，满江沸腾，浪峰可达数丈之高，令人叹为观止。诗人搀扶老父观潮，由水势而联想人世，抚今追昔，独发门第矜贵之遐思。家门鼎盛，睥睨一方，四句诗文写之已尽。

西子湖畔，钱塘江滨，古城杭州若鬼斧神工，浑然天成。得此耀眼明珠的镶嵌，物产富庶的杭嘉湖平原熠熠生辉，素为人文渊薮。清代乾隆五十七年（1792）七月初五日（公历 8 月 22 日），杭州东城马坡巷，龚氏家族阖门喜庆，沉浸于长孙龚自珍诞生的欢乐之中。

龚自珍，乳名阿珍，初名自逻，后名自珍，一度更名巩祚，字璱人，号定盦，晚号羽琌山民。

杭州龚氏，为一方望族，至龚自珍之时，已定居于此达四百年之久。由龚自珍上溯，定居之始，当在明英宗正统年间。而显赫一方，则是从他的祖父辈开始的。

龚自珍的嗣祖敬身，字屺怀，号匏伯，乾隆三十四年进士。由内阁中书累官宗人府主事、礼部精膳司郎中，兼祠祭司事，记名御史，后外任云南楚雄知府，擢升迤南兵备道。晚年居丧返家，归老乡里。他的生祖视身，字深甫，号吟耀，乾隆二十七年举人。乾隆三十四年，以会试中正榜举人选用，官至内阁中书、军机处行走。其父丽正，字旸谷，又字赐泉，号闇斋，嘉庆元年（1796）进士，官至江南苏松太兵备道，署江苏按察使。晚年辞官还乡，主持杭州紫阳书院讲席，课徒终老。其叔父守正最为通显，嘉庆七年进士，道光间官至礼部尚书。其母段驯，字淑斋，为乾嘉间著名学者段玉裁女。龚自珍的父母，早年皆从其外祖父受文字训诂之学，而以经学教自珍。其母善吟咏，著有《绿华吟榭诗草》。自珍一生以工诗名世，就得益于他母亲自幼的熏陶。

嘉庆元年，自珍父丽正以二甲第十八名进士授官内阁中书。二年，他随母移居京城，时年六岁，迄于嘉庆六年八月，他即在京中从父母问学。先是由其母教诗文，吴伟业、宋大樽的诗，方舟的古文，皆是此时课读的内容。随后，其父又以朝事余暇，教自珍读《文选》。五年九月，嗣祖去世，自珍父奔丧南归。翌年八月，他亦随母离京回杭。

嘉庆八年，服丧届满，龚丽正回京复任，举家北上。途经苏州，自珍曾在其外祖父处稍事逗留，初识《说文解字》之学。他的外祖父段玉裁，字若膺，号懋堂，江苏人。生于雍正十三年（1735），卒于嘉庆二十年（1815），享年八十一岁。段玉裁于乾隆二十五年举乡试，后选经会试不第，以教习诠选知县，长年任职于贵州、四川。乾隆四十五年，以父老告病辞官，时年四十六岁。此后，卜居苏州之枫桥三十余年，闭户不出，潜心文字训诂之学。段玉裁早年师从戴震，究心音韵训诂，著有《六书音韵表》。晚年以所著《说文解字注》名噪一时，成为一代经学大师。其他著述尚有《汉读考》《毛诗故训传》《古文尚书撰异》《春秋左氏古经》《经韵楼集》等。

抵京后，龚丽正见自珍已经十二岁，且略通诗文，便替他请了一位家庭教师。塾师姓宋名璠，字鲁珍，浙江严州府建德县人。嘉庆七年，以拔贡生入京，就读于国子监。学习之余，则替人做塾师，先是在刑部员外郎戴敦元家中任教，后经戴敦元介绍来教自珍。宋璠年纪虽轻，但勤奋好学，素以孝闻。来到龚家后，除始终以敬顺父母教自珍外，亦随时命题为文，启发自珍思考。嘉庆九年，宋璠举顺天府乡试，由于宾主融洽，仍留龚家执教。当年，自珍遵其师命，写了一篇《水仙花赋》。赋中，他以水仙花自喻，赞美水仙"姿既婷乎美人，品又齐乎高士"，寄寓着自己少年时代的追求。赋成，宋璠又向自珍发问："伊尹曰：'先知知后知，先觉觉后觉。'知与觉何所辩也？"自珍即以此为题撰为《辩知觉》一篇。文中，他把知、觉一分为二，指出："夫可知者，圣人之知也；不可知者，圣人之觉也。"文章虽短，但笔触犀利，意气风发，预示着自珍为文不拘一格的发展方向。宋璠阅罢此文，批了四个字：行间酸辣。寥寥四字，活画出有为少年的勃勃英气。

随后的数年间，龚自珍在宋璠的指导之下，先是考证古今官制，致力于《汉官损益》和《百王易从论》二文的撰写。接着读《四库全书提要》，攻治目录学。岁月在悄悄流逝，而龚自珍的学业根基亦日渐加厚。然而当时的龚自珍毕竟年少，加上优裕的家庭环境对性格的影响，有时候他也会背着老师做出些傻事来。嘉庆十二年秋，又是京中天高气爽的黄金时节。龚自珍虽身在家塾，但心却早已飞出户外。于是趁老师不注意，他竟几次逃逸而去。龚家附近是京中有名的法源寺，修竹丛生，古刹肃然。龚自珍每每离家至此，专心聆听僧人读经。兴之所至，他也挟书一册，倚寺门而放声朗读。老师四处觅不到他，只好禀报主人。好在外叔祖父段玉立极了解他，径奔古寺寻来。自珍远远见外叔祖父身影，故意与之捉迷藏，遁入修竹丛中。白发老翁与活泼如猴的少年追逐于古刹内外，未免在宁静的僧人中激起波澜。寺僧既有几分嗔怪，又颇带难抑欣喜地戏称为"一猿一鹤"。

宋璠不久作别，龚自珍因离开启蒙业师而沉陷孤独。然而师友之情的空白，并没有如同宋璠一类的学者去填补，龚自珍却结识了"狂士"王昙。王昙，又名良士，字仲瞿，号瓶山，浙江秀水人。乾隆五十九年举人。好游侠，兼通兵家言，善弓矢，上马如飞，慷慨悲歌，不可一世。嘉庆六年，清仁宗曾谕军机处官员："若王昙来京会试，朕欲亲见其人。"后终因轻狂失意科场，屡遭排斥，遂放纵不拘。生平于学，无所不窥，诗文汪洋恣肆，悲愤激越。尤工骈体文，所作《西楚霸王庙碑》，一时许为两千年来无此手笔。著有《烟霞万古楼文集》六卷、《诗选》二卷、《仲瞿诗录》一卷。当时的京城内外，盛传"王举人"逸事，令人不无谈虎色变之感。据说他颇知法术，每逢文士聚会，则大声狂呼，犹如风雨雷电交加，百千鬼神、奇禽怪兽奔腾，座中人纷纷惧而趋避。由于同辈不解其故，相继与之绝交，于是王昙专与少年为友。嘉庆十四年春，一日，京中大风，尘沙四起，王昙大概是因同为浙江人的缘故，到龚寓叩门。龚自珍惊其狂放豁达，王昙亦喜自珍才高性傲，竟一见如故，结为忘年之交。日后龚自珍的旷达不拘，愤世嫉俗，原因固然是多方面的，但是王昙予他的深刻影响，无论如何是不可排除的。后来，王昙于嘉庆二十二年去世，龚自珍不仅出资助葬，而且还为之撰墓铭一篇。文中有云："其一切奇怪不可迹之状，皆贫病怨恨，不得已诈而遁焉者也。"不可谓不深知王昙。

龚自珍的少年时代倏尔过去。嘉庆十五年，他首次参加顺天府乡试，考中副榜第二十八名，时年十九岁。令人惋惜的是，曾经与之朝夕相处的老师宋璠，回乡未久，也在这一年病故，得年仅三十三岁。噩耗传来，已是第二年夏天了。龚自珍于悲痛之中，当即填词二阕以寄托哀思。其一云："更说风流小宋，凄绝白杨荒草，谁哭墓门田？游侣半生死，想见涕潺湲。"其二云："风雨飒然至，竟日作清寒。我思芳草不见，忽忽感华年。忆昔追随日久，镇把心魂相守，灯火四更天。高唱夜乌起，当作古人看。一枝榻，一炉茗，宛当前。几声草草休送，万古遂茫然。仙字蟫饥不食，故纸蝇钻不出，陈迹太辛酸。一掬大招泪，洒向暮云间。"五年之后，自珍再撰《宋先生述》，以资纪念。

嘉庆十七年春，龚自珍以副榜贡生参加武英殿纂修官考试，被录取为校录。这对于一个二十一岁的年轻人来说，无疑是很有益处的工作，因为它可以借此机会多读书，扩大知识面。可惜做校录的日子太短暂了。这年三月，龚丽正升了官，出任安徽徽州知府，举家南迁，龚自珍亦随侍而行。临行，友人汪琨前来送别，赠《水龙吟》词一阕。此时的龚自珍，极喜填词，南下途中，填了一阕《行香子》以答汪琨。词云："跨上征鞍，红豆抛残，有何人来问春寒？昨宵梦里，犹在长安。在凤城西，垂杨畔，落花间。红楼隔雾，珠帘卷月，负欢场词笔阑珊。别来几日，且劝加餐。恐万言书，千金剑，一身难。"独立无友的孤高，壮志难酬的怅惘，充溢于字里行间。当时的龚自珍毕竟太年轻，涉世未深，看不到往后的路该如何走，陷入茫然之中。"负华年谁更怜卿？惟有填词情思好，无恙也，此花身。"这样的词语，自然是此时心境的如实抒发。"一朵孤花，墙角明如许！莫怨无人来折取，花开不合阳春暮。"怀才不遇、生非其时之怨恨，更是绽然欲出。

四月，龚家一行进入江南地界。随后，龚丽正赴任，自珍则陪同母亲往苏州省亲，并与表妹段美贞完婚。早年，龚自珍来苏州，不过十二岁的少年，十年过去，如今已是风华正茂的青年。其外祖段玉裁见他已长大成人，所业诗文经史，风发云涌，大有不可一世之概，七十八岁的老翁不禁为之大喜，欣然命笔为文，给自珍词作《怀人馆词》撰序。文中，段玉裁一方面盛赞自珍的"绝异之才"，以之与唐代著名学者韩愈、李翱的文章相媲美。另一方面却委婉地劝导他去治经史之学，假述先人之语告诫说："是有害于治经史之性情，为之愈工，去道且愈远。"又表示："余之爱自珍之词也，不如其爱自珍也；余之爱自珍也，不如其自爱也。"翌年，段玉裁又致书徽州，主张龚自珍师从当地名儒程瑶田"锐意读书"。勉励他道："博闻强记，多识蓄德，努力为名儒，为名臣，勿愿为名士。"

嘉庆十八年四月，龚自珍离徽州北上，进京参加顺天府乡试。初秋榜发，失败而归。科场受挫，使龚自珍开始怀疑终日角逐其间是否有价值。南旋途中，一阕《金缕曲》道出了心中的疑问："我又南行矣！笑今年鸳飘凤泊，情怀何似？纵使文章惊海内，纸上苍生而已，似春水干卿何事？"既不愿作"纸上苍生"，意欲何往？龚自珍述其情怀道："愿得黄金三百万，交尽美人名士，更结尽燕、邯侠子。"回到徽州，天不遂人愿，他新婚一年的妻子已先于七月病逝。这时，龚自珍的心境简直坏到了极点。翌年春，他护送妻柩回杭州安葬。流连于一年前新婚之时，西子湖畔垂杨系马之地，触景伤怀，悲从中来。一阕《湘月》词，诉尽词人对亡妻的忆念："平生沉俊如侬，前贤倘作，有臂和谁把？问取山灵浑不语，且自徘徊其下。"

个人心境是如此怅惘，而此时的国家命运也是一片衰朽的残败景象。龚自珍离京未久，天理教民众即在北方起事，京中之一部竟然攻入了紫禁城。置身于日趋加剧的社会危机之中，龚自珍痛感"日之将夕，悲风骤至"，敏锐地看到所谓太平盛世已成历史陈迹。尽管父祖辈的期许是那般的殷切，然而家庭的愿望毕竟是不能与社会的力量相抗衡的。江河日下的国运，志不得伸的际遇，驱使龚自珍既没有作名臣，也没有作名儒，而是"但开风气不为师"，选择了一条特立独行的学以救世的道路。

嘉庆十九年，以著名的《明良论》四篇的问世为标志，龚自珍以强烈的社会责任感，踏上了荆棘丛生的社会批判之途。

《明良论》共四篇，全文引古筹今，喊出了"更法"的时代呼声。龚自珍认为，面对日深一日的社会危机，清王朝业已回天乏术，犹如庸医之治患疥癣疾者，"乃卧之以独木，缚之以长绳，俾四肢不可以屈伸。则虽甚痒且甚痛，而亦冥心息虑以置之耳"。他呼吁冲破这种令人窒息的压抑，主张"仿古法以行之"，去"救今日束缚之病"。龚自珍的所谓古法，主要是如下四条。第一条叫作"国忘家，公忘私"。他认为由于国贫民穷，内外官吏欲究心国事而不能，每当聚首，话题不是"地之腴瘠若何"，便是"家具之赢不足若何"。而其中，又尤以京中官员为最，他说："崇文门以西，彰义门以东，一日不再食者甚众，安知其无一命再命之家也？"因此，龚自珍主张，为了使"朝廷高厚""宇宙清明"，必须首先确保各级官员的生活来源，使之一如上古，"无求富之事，无耻言富之事"。他认为唯有如此，方能实现"内外官吏皆忘其身家以相为谋"。第二条叫作"非礼无以劝节，非礼非节无以全耻"。龚自珍出身官宦之家，对官场积弊知之甚明，他指出："窃窥今政要之官，知车马、服饰、言词捷给而已，外此非所知也。清暇之官，知作书法、赓诗而已，外此非所问也。"针对这样的现状，龚自珍断言："封疆万万之一有缓急，则纷纷鸠燕逝而已，伏栋下求俱压焉者鲜矣。"因此，他主张应当以礼、节来培养士大夫的士气，大声疾呼："士皆知有耻，则国家永无耻矣；士不知耻，为国之大耻！"第三条叫作"破论资格用人"的积习。在龚自珍看来，封建官场以资格为用人的依据，其由来已久，陈陈相因，牢不可破，以致酿成当时士大夫之"尽奄然而无有生气"。他的结论是："当今之弊，亦或出于此。此不可不为变通者也。"第四条则是破除束缚，分权而治。龚自珍有感于皇权的高度集中所酿成的弊病，主张调整君臣关系。他指出，君主的职责无疑是"总其大端"，但绝非独裁，因而内外大臣之权不可不重。他认为："权不重则气不振，气不振则偷，偷则敝。权不重则民不畏，不畏则狎，狎则变。"龚自珍并非危言耸听地发出警告："待其敝且变，而急思所以救之，恐异日之破坏条例，将有甚焉者矣。"

作为一个倡导破除束缚的青年思想家，龚自珍已经感觉到一场历史大动荡的行将来临。于是在随后写成的《尊隐》一文中，他再度向封建统治者敲响警钟："山中之民，有大音声起，天地为之钟鼓，神人为之波涛矣。"当然，龚自珍并不是社会秩序的破坏者，恰恰相反，他是维持社会稳定的积极主张者。因此，他竭其深湛之思，试图去探索造成社会危机的根源。龚自珍把这一根源归结为贫富不均，主张"随其时而剂调之"。他以此为题，撰为《贫均篇》，文中，龚自珍依然发出救世高论，他说："至极不祥之气郁于天地之间，郁之久乃必发为兵燹，为疫疠，生民噍类，靡有孑遗。人畜悲痛，鬼神思变置，其始不过贫富不相齐之为之尔。小不相齐渐至大不相齐，大不相齐即至丧天下。"

在此后的数年间，龚自珍肆意著述，贯串百家，力图以之去谋求救世途径。本此宗旨，嘉庆二十一年前后，他完成了《乙丙之际著议》的撰写。

《乙丙之际著议》全文二十五篇，现存十一篇。文中，龚自珍深刻地描绘出一幅"将萎之华，惨于槁木"的"衰世"景象。他指出："衰世者，文类治世，名类治世，声音笑貌类治世"，实际状况则是"左无才相，右无才民，阃无才将，庠序无才士，陇无才民，廛无才工，衢无才商……"。而一旦"才士与才民出，则百不才督之缚之，以至于戮之"。这些庸碌不才之辈，其屠戮才士、才民的手段十分恶劣，"非刀，非锯，非水火。文亦戮之，名亦戮之，声音笑貌亦戮之"。进而"戮其心，戮其能忧心、能愤心、能思虑心、能作为心、能有廉耻心、能无渣滓心"。对这样一个是非颠倒、黑白混淆，欲使一世之人皆麻木不仁的衰世，龚自珍痛心疾首，他惊呼："起视其世，乱亦竟不远矣！"因此，龚自珍对现存统治秩序的合理性提出大胆质疑，他说："居廊庙而不讲揖让，不如卧穹庐；衣文绣而不闻德音，不如服橐鞬；居民上、正颜色而患不尊严，不如闭宫廷；有清庐闲馆而不进元儒，不如辟牧薮。"一如《明良论》之倡言"更法"，在《乙丙之际著议》中，龚自珍再次提出了"改革"的主张，他强调："一祖之法无不敝，千夫之议无不靡，与其赠来者以劲改革，孰若自改革！"

从《明良论》到《乙丙之际著议》，才气横溢，不可一世，充分显示了龚自珍救世济时的远大志向。他抨击时弊的激越言辞，倡导改革的惊世高调，引来众多亲朋好友的强烈反响。段玉裁读罢《明良论》，喜不自胜，欣然喟叹："髦矣，犹见此才而死，吾不恨矣。"而一些友朋则以锋芒太露而为之担忧，或主张他删削激越言辞，或规劝他收敛逼人锐气。其中，尤以王芑孙的规劝最为直率，也最能体现这种担忧心理。

王芑孙，字念丰，号惕甫，又号铁夫，江苏长洲（今苏州）人。乾隆五十三年举乡试，官华亭（今上海松江）教谕。嘉庆二十一年，龚丽正擢任苏松太兵备道，举家迁居上海。由于丽正好结纳贤才，一时东南能文之士多为之罗致幕府。华亭教谕王芑孙为丽正下属官员，亦多有往还。二十二年冬，龚自珍将所作诗文各一册送请王芑孙指教。王老于世故，尝尽人间辛酸，对龚自珍的勃勃生气颇不能接受。于是当即致书龚自珍，以不可"立异自高"相规劝。王芑孙认为，龚自珍诗中"伤时之语，骂坐之言，涉目皆是"，而文章中"上关朝廷，下及冠盖"处亦不少，"口不择言，动与世忤"，其后果不堪设想。他还以一时名士王昙、恽敬和自己的遭际为例，劝说龚自珍不可"跅弛自命"，尤不该当"怪魁"。信中说："海内高谈之士，如仲瞿、子居，皆颠沛以死。仆素卑近，未至如仲瞿、子居之惊世骇俗，已不为一世所取，坐老荒江老屋中。足下不可不鉴戒，而又纵其心以驾于仲瞿、子居之上乎！"王芑孙之言，虽出自忘年诤友的一片善意，但枘凿不合，隔靴搔痒，实未能明龚自珍的志向所在。所以，龚自珍不为所动，依然我行我素，在救世济时的路上义无反顾地走下去。

嘉庆二十三年，适逢清仁宗六十寿辰在即，清廷颁谕天下，来年特举额外恩科会试。于是当年秋，各地恩科乡试先期举行。龚自珍赶赴杭州，一举克捷。翌年春，入京会试，师从今文经师刘逢禄。龚自珍的经世思想与今文经学相结合，使他的为学为人皆步入了一个新的阶段。

二、清贫人家出英才

龚自珍崛起于钱塘的同时，魏源挺生在湘西山村。与宦门骄子的龚自珍相比，魏源虽家境清贫，但他好学深思，志趣高远，可谓名副其实的寒门英才。

魏源，初名远达，字良图，后改字默深，乾隆五十九年三月二十四日（公元1794年4月23日）生于湘西邵阳金滩（今属隆回县）的一个普通农家。

金滩魏氏，系元末明初自江西吉安西迁而来，到魏源一辈，已在当地定居十五代了。魏家世代业农，从魏源的曾祖父魏大公开始，兼营商贾。魏大公知书达理，还有个太学生的功名。在科举考试时代，尤其是明朝末叶以后，生员的资格是可以通过向官府缴纳钱粮来换取的。这无非是一种荣誉地位而已，至于是否真到国子监去念书，那是谁也不会去过问的。魏大公的这个功名，或许以此而得。魏源的祖父魏志顺继起，依然恪守父业，亦农亦商。后因天灾人祸，战乱迭起，一门四子又分家而居，家道遂告中落。魏源的父亲魏邦鲁排行老四，所分家产甚微，上有瘫痪的老母，下有嗷嗷待哺的四子一女，八口之家，自然是难得温饱。

魏源出世之后，在如此清贫的家境煎熬，童年的乐趣几乎无从谈起。因而养成了他沉默寡言、罕于嬉笑的个性。

在清代，不唯生员可以用钱粮去换，就连各级官吏也可以由此获得，史书上称之为"捐纳"。当然，中国古代的捐纳并不自清代始。据《史记·秦始皇本纪》载，四年十月，"天下疫，百姓纳粟千石，拜爵一级"。此为其渊源。不过，如同清中叶以后的滥而无归，吏治腐败，确是前无先例的。作为一种制度，捐纳无疑已经腐败到极点，但是对于那些贪鄙之辈，或者是心存幻想试图据以改变境遇之家，它又是一种诱人的机会。因此，人们竞相投身其中，弊端终难消除。魏源的家庭，就是那千万个企求摆脱窘境的家庭之一。在他祖父和诸伯父的支持下，他父亲省吃俭用，终于积攒起捐官的钱粮，得了个称作巡检的地方小官做，于嘉庆四年到江苏华亭赴任。

父亲离家之后，六岁的魏源交由二伯父魏辅邦教育。魏辅邦，字协昌，虽仅为生员，但好学不倦，课督子侄甚严。翌年，魏源开始入家塾读书，启蒙教师一位叫刘之纲，另一位就是他的二伯父。同龚自珍早年的逃学秋游不一样，入塾之后，魏源学习极为刻苦。他整天坐在屋里攻读，偶然外出，就连家犬也因不认识他而狂吠，可见其身影之罕至庭院。夜阑人静，他依然手持一册，于灯下琅琅而诵。每每要母亲再三催促，强行熄灯令他上床，魏源这才躺下。假寐片刻，待他母亲入睡，魏源又用被子挡住光线，重新翻开书本。久而久之，书是读了不少，但身体状况却越来越不好。一天，他母亲终于察觉，痛哭流涕，向他解释不可长夜攻读的道理，魏源这才渐渐改掉晚睡的习惯。

苍天不负有心人，嘉庆十二年，魏源进入邵阳爱莲书院学习。第二年又考入县学，补为弟子员，时年十五岁。进入县学之后，魏源一面攻读举业，一面开始学习宋明理学，尤喜读明儒王守仁著述，兼好读史。十五年，他为湖南学政李宗翰所识拔，以优秀成绩成为食饩生员。从此，他一方面既可定期获得官府的资助，不须再为生计发愁，另一方面亦可广收学童，以授徒收入改善家境。而此时的魏源，不过是十七岁的青年。十八年，魏源更上一层楼，来到省城长沙，考入岳麓书院。岳麓书院为当时全湘最高学府，肄业其中者皆为学政在各地经考试拔擢的生员。进入岳麓书院，在魏源早年的求学生涯中，写下了重要的一页。

岳麓书院创设于北宋开宝九年（976），后蓬勃发展，名满天下，与江西白鹿洞书院和河南嵩阳书院、睢阳书院并称全国四大书院。南宋间，岳麓书院得著名学者张栻、朱熹先后主持讲席，臻于鼎盛。以之为中心，形成了宋明理学史上著名的湖湘学派。元、明两代，迭经兴衰。至明朝中叶，官学衰而书院兴，岳麓书院崛起湖湘，振扬一时。正德二年（1507），王守仁贬谪贵州，讲学岳麓，一扫湘中重科举、轻儒术的颓风，湖湘学术为之一振。此后，王守仁之学大行于世，湖湘讲坛，王门弟子接踵而登，岳麓书院再呈兴旺之势。经历明清更迭的社会大动荡，南北书院皆遭不同程度的破坏。入清以后，书院渐次恢复，但始终置于官府严格管辖之下，趋向官学化、举业化。清廷为强化思想控制，于顺治九年（1652）颁诏天下，明令："不许别创书院，群聚徒党，及号召地方游食无行之徒，空谈废业。"尔后，随着清廷统治的趋于稳定，康熙七年（1668），岳麓书院修复。二十六年，以清圣祖颁赐御书"学达性天"及十三经、二十一史为标志，岳麓书院再告兴盛。乾隆九年（1744），清高宗特颁"道南正脉"手书匾额，岳麓书院更是荣耀一时。

在中国书院发展史上，书院教育总是同一时的学术风尚密切相关。岳麓书院所走过的历程亦复如此。北宋初创，适应赵宋王朝振兴文教的需要，岳麓书院在湖湘地区起了开风气的良好作用。南宋一代，是理学的集大成时期，岳麓书院亦成为一时究心理学的重要场所。此风迄于元、明诸朝而不衰。自明中叶以后，王守仁心学崛起，这里又是论究阳明心学的所在。明清更迭，经世思潮高涨，书院中人纷纷致力于经邦济世实学的探讨。入清以后，随着经学的复兴，至乾隆、嘉庆间，汉学考据风靡朝野，岳麓书院同样成为湖湘地区传播和研究汉学的中心。

魏源进入岳麓书院之时，正值汉学方兴未艾。岳麓书院的汉学研究之风，兴起甚早，而倡导之功最巨者，当首推王文清。王文清，字廷鉴，号九溪，湖南宁乡人。雍正二年（1724）进士，官至宗人府主事，后辞官回乡。他一生潜心经学，尤以《礼》学最为擅长，乾隆初，曾预修《三礼义疏》。乾隆十三、十四年和二十九年至三十七年，两度出任岳麓书院山长。在主持书院讲席的十余年间，王文清以群经教授生徒，成就弟子四百余人。乾隆十四年，他所制订的《岳麓书院学规》及二十九年所拟《岳麓书院学箴九首》，皆以经史为弟子学习重点，以期"通晓时务物理"。

继王文清之后，在岳麓书院出任山长时间最长，于传播汉学最有影响者，则是罗典。罗典，字徽五，号慎斋，湖南湘潭人。乾隆十六年进士，历官江南道监察御史，吏、工二科给事中，鸿胪寺少卿等。晚年归老乡里，于乾隆四十七年至嘉庆十三年间，主持书院达二十七年之久。他一生潜心经籍，本汉儒"字批而句疏"之法诂经，著有《读易管见》《读诗管见》《读书管见》《读春秋管见》等。在任书院山长期间，即以治经所得启诱后进。因其教学有方，曾多次得到清廷褒奖。魏源的二伯父辅邦，便是罗典门下高足。

魏源就读岳麓，时任山长为袁名曜，字道南，一字焘岚，号岘冈，湖南宁乡人。嘉庆六年进士，历官翰林院编修、侍讲、侍读。后因居丧回乡，从此不出。自嘉庆十五年起，应聘主持岳麓书院讲席。名曜承罗典遗风，经史、艺文并重，教授弟子，尤以器识为先，主张"士先器识而后文艺"。他早年邀游南北，足迹遍布四方。所至之地，留意舆图厄塞，河渠险隘，古今沿革。遇事议论风发，见诸文字，则"意格高浑，不落恒蹊，穿穴经史，自达其所见"。魏源在岳麓书院虽未及一年，但袁名曜的教导启迪，于他可谓得益匪浅。日后，他的关注时事，留意舆地，究心文史，以经邦济世为己任，皆与此时袁名曜的积极影响分不开。

魏源在岳麓书院学习期间，对他的学业乃至日后的人生道路产生重要影响的另一个人，则是当时任湖南学政的汤金钊。汤金钊，字敦甫，一字勋兹，浙江萧山人。嘉庆四年进士。十六年，以翰林院侍讲出任湖南学政。三年届满，十八年夏，视学岳麓书院，留有《癸酉夏日岳麓书院示诸生》诗一首。诗中，他与书院山长袁名曜作同调之鸣，吟咏道："此是朱、张讲学区，而今亦有古风乎？文章角胜犹余事，器识心期异俗儒。愧我无能端倡率，得师相与励廉隅。岳灵钟毓知多少，拭目英贤佐帝图。"

按照当时选官制度的规定，嘉庆十八年正是选拔天下贡生入京的年头。入选者称为拔贡生，或简称拔贡。来年则贡入京师，先赴会考，择其优者再赴朝考。一等任七品京官，二等任知县，三等任教职。更下者则罢归，谓之废贡。拔贡制度源于明代的选贡，意在选拔天下英才入国子监肄业。始行于弘治间，后时辍时行。入清，沿明旧制，取选拔英才之意改称拔贡。初无定制，雍正五年，清世宗始定为每隔六年举行一次。乾隆七年，清高宗又以六年过密，改为十二年一举，遂成一代定制。汤金钊离任前夕，会同湖南巡抚广厚主持了当年湖南的拔贡考试。魏源以品学兼优，为汤金钊所识拔，以一省英才而贡入京师。时年二十岁。

拔贡考试结束，魏源满怀胜利的喜悦返回家乡。旋即又是双喜临门，做了新郎。第二年春天，他英姿飒爽，随父北上，去迎接他人生途程中的一个新时期。

三、共向今文经师学

嘉庆、道光之际，国家多故，世变日亟，清王朝已经衰象毕露。时势在变，学风亦随之而变。汉学考据趋向偏枯，而今文经学则异军突起，为培养龚自珍、魏源这样的"绝世奇才"提供了必要的学术环境。

我国古代经学，自两汉肇始，即因文字与说解的不同，而有今、古文学派之分。东汉末，经学大师郑玄遵古文家说，兼采今文说遍注群经，郑学大行而今文说衰。魏晋以降，学分南北，玄学风起而经学破碎。唐初，撰定《五经正义》，经学归于一统，今文说若潜流于地下，几成绝学。宋明数百年，是理学时代，性理学盛而经学衰微。明清之际，有鉴于理学末流空言说经积弊，以经学济理学之穷的风气渐开。入清以后，治经复汉，南北共倡，迄于乾隆、嘉庆间，古文经学遂呈鼎盛之势。乾嘉学术以总结整理传统学术为特征，经学本有今古之分，古学独盛究非正常，于是伴随时势的变迁，自嘉庆、道光二朝起，一时经学家多究心今文经说，形成了今文经学复兴的局面。

清代今文经学的复兴，以江苏常州为中心。庄存与首倡于前，经其侄述祖传衍，至其外孙刘逢禄、宋翔凤而大张其帜，遂自成一独立学派。论学术史者，或因此一学派所治之《春秋》公羊家说而称之为公羊学派，或以其郡望命名而径呼常州学派。

（一）庄存与和《春秋正辞》

庄存与，字方耕，晚号养恬，江苏武进（今常州市）人。生于康熙五十八年（1719），卒于乾隆五十三年（1788），终年七十岁。乾隆十年一甲二名进士，由翰林院编修累官至内阁学士兼礼部侍郎。其间，曾供职于上书房十余年，授高宗十一子成亲王永瑆经史。又历任湖北、直隶、山东、河南诸省学政及乡会试正副考官，乾隆间著名学者邵晋涵、孔广森皆为其所识拔。五十一年，因其年老体衰，难以供职，获准以现任官品级告老还乡。

乾隆间，经学考据之风大盛。一时经学家莫不推尊东汉古文经师贾逵、马融、许慎、郑玄，以《说文解字》《尔雅》为治经门径，讲求章句训诂。庄存与虽亦治经学，且早年为学之始，即得益于阎若璩《古文尚书疏证》，但他却不沿此道进。他治经以"实用"为宗旨，穷源入微，独抒心得，既不分今古，亦不别汉宋，走的是荟萃《六经》、四子之书的独特路径。当时，阎若璩对通行《古文尚书》的辨伪，已成学术界共识。朝臣中也有人提议，重写《尚书》二十八篇，颁赐天下。庄存与于此独持异议，认为"古籍坠湮十之八，颇借伪书存者十之二"，因此对东晋晚出之《古文尚书》不可一概抹杀。由于他治经"不专为汉宋笺注之学，而独得先圣微言大义于语言文字之外"，学风颇与讲求文字训诂的时尚不合，所以他生前并不以经学自鸣。直到故世三十余年后，其经学论著始结集刊行。庄存与之学至此而显，不唯有"当代之儒宗，士林之师表"和"昭代大儒"一类赞誉，而且还被推为一代今文经学之祖。

庄存与学贯六艺，阐抉奥旨，于群经皆有论著。据民国间增修《毗陵庄氏族谱》卷十六《著述》一门载，庄存与所著计有《易说》《尚书既见》《尚书说》《毛诗说》《周官记》《周官说》《春秋正辞》《乐说》《算法约言》《味经斋文稿》等共七十七卷。其中，专论经学诸书于道光间汇编为《味经斋遗书》刊行。于一代今文经学复兴最有影响者，则为《春秋正辞》。

《春秋正辞》十一卷，系据元明间人赵汸所著《春秋属辞》删繁撮要而成。卷一为《奉天辞》，卷二为《天子辞》，卷三至卷五为《内辞》

上中下，卷六为《伯辞》，卷七为《诸夏辞》，卷八为《外辞》，卷九为《禁暴辞》，卷十为《诛乱辞》，卷十一为《传疑辞》。卷末附《春秋要指》《春秋举例》各一卷。全书本赵汸以《春秋》求"圣人经世之义"的思路，义例一宗《公羊》，兼采《左氏》《穀梁》二传之长，是一部旨在阐发《春秋》"微言大义"的著作。庄存与不赞成当时学术界视《春秋》为"记事之史"的看法，他认为："《春秋》非记事之史，不书多于书，以所不书知所书，以所书知所不书。"在他看来，《春秋》一书并无空文，而是自成义例，蕴涵着"至圣之法"。所以庄存与强调："《春秋》以辞成象，以象垂法，示天下后世以圣心之极。观其辞，必以圣人之心存之。史不能究，游、夏不能主。是故善说《春秋》者，止诸至圣之法而已矣。"

庄存与之治《春秋》，是他经学风格的一个缩影。一方面，他受宋元以来以儒家名教讲《春秋》风气的影响，在自己的著述中引入宋儒程颢、程颐的语录，认为："天理灭矣，天运乖矣，阴阳失序，岁功不成矣，故不具四时。"显然是在用理学思想解经。另一方面，在当时汉学鼎盛的氛围之中，庄存与亦不能超然其外。因而他并未步宋人摆落三传、别出新解的治《春秋》后尘，走的已是表彰汉儒经说的途径。只是他虽以今文《公羊》说解《春秋》，但为阐发其间的"微言大义"，却又逾越家法拘囿，引古文《周礼》以济《公羊》之穷，为此，他既撰有《周官说》《周官记》二书，又在《春秋正辞》中借《周礼》以证成其说。《周礼》尚法重农，庄存与引以解《春秋》说："王事惟农是务，无有求利于其官，以于农工，谷不可胜，由此道也。"

庄存与所处的时代，虽然尚是所谓"太平盛世"，但实已危机萌发，衰象渐显。乾隆中叶以后，农村民变的发生固是其表征，层见迭出的文字冤狱，亦折射出清廷的虚弱本质。于是庄存与揭橥《春秋》公羊说"大一统"义，假说经以议政。他说："周公欲天下之一乎周也，二之以晋制则不可，其不可于是始。君子谨而致之，欲天下之一乎周也。"

对于齐桓、晋文二公的"尊王攘夷"之功，他予以肯定评价，指出："诸侯无伯，亦《春秋》之所恶也。则其不主晋何？曰诸侯之无伯也。晋襄公始为之也，不主晋于是始，而王道行矣。桓、文作而《春秋》有伯辞，实与而文不与也。"

"大一统"，这是《春秋》公羊学的千古绝唱，"实与而文不与"，亦是其重要义法之一。在公羊学沉沦千年之后，庄存与重新发现了它。尽管还只是停留于"内诸夏而外夷狄"的阶段，未能与"张三世""通三统"诸理论相结合，因而难免粗疏。但是这种发现的创辟之功，则是十分巨大的。正如稍后龚自珍为庄存与撰《神道碑铭》所评："以学术自任，开天下知古今之故，百年一人而已矣。"

（二）几个承先启后的经学家

清中叶今文经学的复兴，当然不是庄存与个人登高一呼即可成就，它是当时学术界众多学者共同努力的结果。作为开风气者，孔广森、张惠言、庄述祖等人的承先启后之功，同样不可忽视。

1. 孔广森

孔广森，字众仲，号顨轩，又号撝约，山东曲阜人。生于乾隆十七年（1752），卒于乾隆五十一年（1786），得年仅三十五岁。他是孔子后裔，其祖传铎，袭封衍圣公，贵显一方。广森少年科第，乾隆三十六年成进士，不过二十岁翩翩学子。继之入翰林院为庶吉士，散馆授检讨。后辞官回乡，家难骤起，加之丁忧伤恸，竟郁郁早逝。

乾隆末，以治《春秋》公羊学名世者，独推孔广森。广森之治《公羊》，一则祖述家学，是为远源；再则受庄存与影响，可称近因。乾隆三十六年，孔广森成进士，庄存与即为当年会试副主考。后广森入庶吉士馆，存与亦在馆中任教习。所以，庄、孔二人之间不唯有座主、门生之谊，而且存在学术上的师承关系。关于这一点，孔广森的名著《春秋公羊通义》亦有辙迹可寻。

就总体而言，孔氏《公羊》说与庄氏同源，即皆推尊赵汸所著《春秋属辞》。孔广森于《春秋公羊通义》卷末《叙》中，在综论《公羊》学义例之后，明确断言："自唐迄今，知此者惟（赵）汸一人哉！"然而，同样推尊赵汸，孰为先行？前哲时贤于此则多语焉不详。其实，孔广森本人就有过交代。在《通义》卷五文公十年"麇子、蔡侯次于屈貉"条中，他大段征引了庄存与经说，指出："座主庄侍郎为广森说此经曰，屈貉之役，左氏以为陈侯、郑伯在焉，而又有宋公后至，麇子逃归。《春秋》一切不书主，书蔡侯者，甚恶蔡也。蔡同姓之长，而世役于楚，自绝诸夏。……若蔡庄侯者，所谓用夷变夏者也。"他表示："广森三复斯言，诚《春秋》之微旨。"足见，庄存与曾就《春秋》一经向孔广森作过讲授，孔广森亦服膺其所论之《春秋》微旨，庄存与为先行，孔广森乃后进，是确然可信的。

《春秋公羊通义》十一卷，并《叙》一卷。始撰于孔广森辞官后丁忧之时，所谓"杜门却扫，循陔著书"的自叙，即依此而言。乾隆四十八年冬书成。该书是著者毕生最为惬心的属意之作。正如他逝世前夕告其弟广廉语所道："余生平所述，讵逮古人？《公羊》一编，差堪自信。"全书以补释何休《春秋公羊解诂》为职志，先引何说，后以"谨案"申述己意。孔广森认为："《左氏》之事详，《公羊》之义长，《春秋》重义不重事。"故其书本《公羊》立论，兼采《左》《穀》，旁通诸家，择善而从，试图阐发《春秋》微言大义。嘉庆三年付梓时，阮元因之评为"醇会贯通"，"成一家之言"。

《春秋》公羊学，以倡大一统为要义。《公羊传》于隐公元年载之甚明。西汉初，董仲舒据以发挥，提出著名的《天人三策》，演为"罢黜百家，独尊儒术"的文化国策。《公羊》之学经两汉经师的发展，到东汉末何休出，著《春秋公羊经传解诂》，对其义例作了精彩的总结。其中首要的一条，亦即为大一统。孔广森的《公羊》学，虽然较庄存与前进了一步，注意到了何休的《解诂》，但是他以朴学解《公羊》，终未能明了何学的精义所在。所以他的《公羊通义》不讲大一统，却去谈什么"分土而守，分民而治"，且竟然就此讥何休"反传违例"，真可谓买椟还珠了。

何休著《春秋文谥例》，总结出《春秋》一经"三科九旨"的重要义例，指出："三科九旨者，新周故宋，以《春秋》当新王，此一科三旨也。所见异辞，所闻异辞，所传闻异辞，二科六旨也。内其国而外诸夏，内诸夏而外夷狄，是三科九旨也。"孔广森于此亦大不以为然，他说："治《公羊》者，旧有新周故宋之说。新周虽出此传，实非如注解。故宋传绝无文，惟《穀梁》有之，然意尤不相涉。是以晋儒王祖游讥何氏'黜周王鲁，大体乖硋，志通《公羊》，而往往还为《公羊》疾病者也'。"于是他对"三科九旨"别出新解："《春秋》之为书也，上本天道，中用王法，而下理人情。不奉天道，王法不正；不合人情，王法不行。天道者，一曰时，二曰月，三曰日。王法者，一曰讥，二曰贬，三曰绝。人情者，一曰尊，二曰亲，三曰贤。"以此为"三科九旨"而解《春秋》，自然是小题大作，不得要领。正如晚清今文经学家皮锡瑞所评，孔广森过尊赵汸《春秋属辞》，"深取其书，而亦不免有误"。孔广森是以朴学方法治《公羊》，而不本何休，实失《公羊》之宏伟思想内容！

2. 张惠言

张惠言，字皋文，号茗柯，江苏武进人。生于乾隆二十六年（1761），卒于嘉庆七年（1802），得年仅四十二岁。他于乾隆五十一年举乡试，后七试礼部不第，嘉庆四年始成进士，时已三十九岁。六年，庶吉士散馆，授官翰林院编修。正当有为之年，竟不幸遽然长逝。

张惠言之学，始从诗文词赋入。年近三十，退而治经，问学于歙县经学家金榜，潜心《周易》虞氏学和《仪礼》郑玄说。既有经学为根柢，又得桐城刘大櫆为文义法，故其文由桐城文派而演变，与同郡恽敬齐名，成为清代散文中阳湖文派的开派宗师。惠言治经，虽承苏州惠学考古遗风，但务守大义，不喜琐屑考订。他认为："近时考订之学，似兴古而实谬古。"又说："数十年间，天下争为汉学，而异说往往而倡。学者以小辨相高，不务守大义；或求之章句文字之末，人人自以为许、郑，不可胜数也。"对于惠栋复原汉儒《易》学的考古之功，张惠言虽作了肯定，但同时也指出："其所自述，大抵祖祢虞氏，而未能尽通。"他认为，《周易》一如《春秋》，亦有义例蕴涵其中。于是张惠言以传《春秋》之法治《周易》，对东汉末年今文《易》学家虞翻的学说进行了系统的整理和阐发。他先后撰为《周易虞氏义》《虞氏消息》《虞氏易礼》《虞氏易候》《虞氏易言》等《易》学著作，以对《周易》今文虞氏学的表彰和研究，成为一代《易》学大家。

梁启超论常州学派，曾经指出："常州派有两个源头，一是经学，二是文学，后来渐合为一。他们的经学是《公羊》家经说，用特别眼光去研究孔子的《春秋》，由庄方耕（存与）、刘申受（逢禄）开派。他们的文学是阳湖派古文，从桐城派转手而加以解放，由张皋文（惠言）、李申耆（兆洛）开派。"梁启超之所论，是很有见地的。稍后于张惠言的常州今文经学大师刘逢禄，在谈到清代今文经学的复兴时，就已经明确指出张惠言为开风气者之一。他说："皇清汉学昌明，通儒辈出，于是武进张氏治虞氏《易》，曲阜孔氏治公羊《春秋》，今文之学萌芽渐复。"

3. 庄述祖

庄述祖，字葆琛，号珍艺，晚号礐斋，学者称为珍艺先生，江苏武进人。生于乾隆十五年（1750），卒于嘉庆二十一年（1816），终年六十七岁。乾隆四十五年中进士，后归班谒选，直至五十六年始得任山东昌乐知县。翌年，调潍县。治潍五年，五十九年以卓异引见，擢授曹州府同知。嘉庆二年，奉母归养，从此不出，著述终老。

述祖之学，从究心《说文解字》入手。既与同时汉学诸家如王念孙、引之父子及孙星衍等唱为同调，又承其伯父庄存与所传《春秋》公羊学，并援以治《夏小正》而名家。《夏小正》本为《大戴礼记》中的一篇，按月记录古代物候，文句简奥，素称难读。书大致成于先秦时代，西汉初戴德为之作注，与《大戴礼记》并行。唐人修《隋书》，始别为一卷著录于《经籍志》。尔后，注与正文混淆，错讹难辨，治者日稀。北宋间，傅崧卿《夏小正戴氏传》四卷，始将经传厘正区分。宋明数百年，理学风行，《三礼》学微，《夏小正》几成绝学。入清，朴学渐起，张尔岐著《仪礼郑注句读》，合辑傅注为一篇，附以己说，开清人治《夏小正》之先河。徐世溥、黄叔琳、姜兆锡、诸锦等人后先而起，相继撰有《夏小正解》《夏小正注》《大戴礼删翼》《夏小正诂》诸书。乾隆中叶以后，治《大戴礼》并《夏小正》已成风气。卢文弨、戴震的精心校订本问世唱其先声，孔广森的《大戴礼记补注》，汪中的《大戴礼记正误》，孙星衍的《夏小正传校正》，毕沅的《夏小正考注》等后先而出，皆是其佼佼者。庄述祖沿波而起，独辟蹊径，先后撰写《夏时明堂阴阳经》《夏时说义》《夏小正等例文句音义》《夏小正等例》共十卷，合称《夏小正经传考释》，成为这一领域中的卓然大家。

述祖之治《夏小正》，一依庄存与治《春秋》公羊学之法，重在义例的阐发。他认为："《夏时》亦孔子所正，《夏时》之取夏四时之书，犹《春秋》之取鲁也。"在他看来，《春秋》一经，至何休作《解诂》，"悉欒括就绳墨，而后《春秋》'非常异义可怪之论'皆得其正"。因此，庄述祖主张："读《夏时》经传，必先条其等例，然后正其文字，离其句度，辨其音声，各以类从。"这一主张见诸《夏小正经传考释》，便是步趋何休，探求等例。述祖书出，颇得学者推重。经学家臧庸以之与董仲舒《春秋繁露》、程颐《易传》并称，致书述祖道："大著《夏时说义》，迩日读习，精确不刊之论，略有所窥。洵足与董子《春秋繁露》、程子《易传》二书相并，余子所道，概不能及。今后《夏时》得与六籍同传者，《说义》之功也。"尔后，庄述祖之学得其外甥刘逢禄、宋翔凤光大，常州庄学蔚为大观，遂为晚清今文经学的发皇奠基。

（三）刘逢禄的《春秋》公羊学

刘逢禄，字申受，一字申甫，号思误居士，江苏武进人。生于乾隆四十一年（1776），卒于道光九年（1829），终年五十四岁。逢禄为世家子弟，其祖父刘纶，乾隆间仕至文渊阁大学士，卒谥文定，入祀乡贤祠。其伯父刘跃云，嘉庆间官至工部左侍郎。独其父召扬无意仕宦，屡主湖南、陕西讲席，课徒授业，后卒于山东济南书院。逢禄于嘉庆十九年成进士，官至礼部仪制司主事，因病在京中寓庐逝世。

刘逢禄是庄存与的外孙，自幼禀其母"家学不可废"之教，于从塾师治举子业之余，随母讲求外祖经史大义。乾隆五十一年，庄存与告老还乡，询及逢禄学业，喜云："而子可教。"逢禄时年仅十一岁。在家学濡染之下，他自少年时代即究心于汉儒董仲舒、何休经说。嘉庆二年，其从舅庄述祖由山东奉母南归，他又跟随治经，尽传存与、述祖家学。刘逢禄认为："学者莫不求知圣人，圣人之道备乎五经，而《春秋》者，五经之管钥也。先汉师儒略皆亡阙，唯《诗》毛氏、《礼》郑氏、《易》虞氏，有义例可说，而拨乱反正，莫近《春秋》。董、何之言，受命如响。然则求观圣人之志，七十子之所传，舍是奚适焉！"于是他本之以遍治群经今文说，先后撰为《易言补》《易虞氏变动表》《书序述闻》《尚书今古文集解》《诗说》《诗声衍》《石渠礼议》《礼议决狱》等。

诸经之中，刘逢禄用力最久，最有心得，所谓"自发神悟"者，则是他的《春秋》公羊学。嘉庆十年，他承其父业，应聘主持山东兖州书院讲席。从这一年起，直到十七年，他潜心于何休《春秋公羊解诂》的研究。先"寻其条贯，正其统纪"，成《春秋公羊何氏释例》十卷三十篇。随后又"析其凝滞，强其守卫"，为《笺》一卷、《答难》二卷。与之同时，他还致力于孔广森《春秋公羊通义》的笺释，撰有《公羊通义条记》。

据《后汉书》卷七十九《何休传》载，何休笃信《公羊》家法，于《左传》《穀梁传》多所驳诘。他与其师博士羊弼，追述李育意以难二传，作《公羊墨守》《左氏膏肓》《穀梁废疾》。同时经师郑玄入室操戈，著《发墨守》《针膏肓》《起废疾》，专与何休立异。对于学术史上的这一场争议，刘逢禄站在何休一边，于《穀梁传》，他申何氏《废疾》之说，难郑玄之所起，相继撰成《穀梁申废疾》《穀梁广废疾》。于《左传》，他则认为该书乃史籍，并非解经之作，主张应与《春秋》别行，离之则双美，合之则两伤。至于通行本《左传》，刘逢禄断言已为刘歆窜乱，他说："歆以秘府古文书经为十二篇，曰《春秋古经》。不知公、穀、邹、夹皆十一篇，乃夫子亲授旧本。歆惟既造古经，故遂敢于续经。书至三家分晋，尤妄作之显证。"于是撰为《左氏申膏肓》《左氏春秋考证》，意欲以《春秋》还之《春秋》，《左传》还之《左传》。此外，针对钱大昕关于《春秋》据事直书，并无义例可循的意见，以及孔广森对《公羊传》三科九旨的误解，刘逢禄还撰有《春秋论》上下二篇。据其子承宽所撰《先府君行述》记，他尚著有《论语述何》《中庸崇礼论》《夏时经传笺》《汉纪述例》《纬略》《春秋赏罚格》等。

《春秋公羊何氏释例》稿成二十余年后，刘逢禄曾在道光八年重校。他故世后，遗稿交由魏源整理。《公羊解诂笺》改题《公羊申墨守》，《答难》及《公羊通义条记》合为《公羊广墨守》，《左氏春秋考证》改题《左氏广膏肓》，与《左氏申膏肓》《穀梁申废疾》《穀梁广废疾》一并辑为《春秋公羊释例后录》刊行。《春秋论》和诸通例笺释及诗文杂著，则以《刘礼部集》十一卷结集刊行。有必要指出的是，《刘礼部集》卷三所载《春秋论》上下二篇，本为刘逢禄作，而今本《魏源集》一字不易，全文过录，视为魏源文，显属误植。

　　刘逢禄的《春秋》公羊学既师承有自，由其外祖及从舅庄存与、述祖之学起步，又接受了孔广森《春秋公羊通义》的深刻影响。但他却能入乎其里而出乎其外，以"神悟"之思而取得了超越庄、孔诸家的成就。刘逢禄没有把自己局限在赵汸的《春秋属辞》起点之上，而是追根寻源，推本于董仲舒、何休，专意于何休《公羊》学的表彰。这正是他在乾嘉时代的《春秋》公羊学研究中后来居上的关键所在。《公羊传》产生于战国末叶，阐发"大一统"思想是其学说的核心。西汉初，董仲舒的《天人三策》《春秋繁露》于此有过正确发挥。东汉末，何休集两汉经师之所得，著《春秋公羊解诂》，以所总结的"三科九旨"掩董氏学而上，成为《春秋》公羊学的杰出传人。正如刘逢禄所说："无三科九旨则无《公羊》，无《公羊》则无《春秋》，尚奚微言之与有！"庄存与的《春秋》学，筚路蓝缕，虽肯定了"大一统"精义，但并未找到何休的总结。结果在拓荒的路上不可能走得更远，欲阐发其间的"微言大义"而不得要领。孔广森继之而起，他虽然发现了何休的《公羊解诂》，但却立异何说，对"三科九旨"作了曲解，最终于《公羊》精义亦无所发挥。所以，从庄存与到孔广森，严格说来，还不足以构成独立的《春秋》公羊学派。

　　刘逢禄出，局面豁然改观。他从正确阐发何休总结的"三科九旨"入手，对"张三世""通三统"诸《春秋》义例作了系统笺释，从而显示了《春秋》公羊学作为在应变中求发展的政治学说的历史价值。至此，始为一代《春秋》公羊学的复兴奠定坚实根基。刘逢禄表兄弟宋翔凤作同调之鸣，撰为《论语说义》《大学古义说》《过庭录》诸书，常州庄学为之大盛而有常州学派之谓。稍后，凌曙闻风而起，著《春秋繁露注》以明董仲舒之学。他的弟子陈立毕其未竟之志，著《公羊义疏》而总其成，乾隆时代的"孤家专学"，终在道光、咸丰间彰显于世。作为刘逢禄的弟子，龚自珍、魏源立足现实，接过其据经议政的经世思想，并大大加以发挥，从而成为晚清维新思潮的先导。

（四）龚自珍援《公羊》以经世

嘉庆二十四年春，龚自珍入京应会试，落第后，即留京师，问《春秋》公羊学于刘逢禄。之前一年，庄存与之子绥甲应聘执教于龚氏家馆，故自珍对常州庄学当多有了解。所以初识刘逢禄，他即谦然从之问学。龚自珍当年所写的一组杂诗，于服膺刘氏学说的心理有过真实抒写："昨日相逢刘礼部，高言大句快无加。从君烧尽虫鱼学，甘作东京卖饼家。"（自注："就刘申受问《公羊》家言。"）后来刘逢禄故世，龚自珍又在他著名的《己亥杂诗》中追忆道："端门受命有云礽，一脉微言我敬承。宿草敢祧刘礼部，东南绝学在毗陵。"（自注："年二十有八，始从武进刘申受受《公羊春秋》。近岁成《春秋决事比》六卷，刘先生卒十年矣。"）

在问学于刘逢禄的同时，龚自珍又结识了庄存与的另一外孙宋翔凤。这次晤面印象之深，在三年后他所写《投宋于庭》一诗中，欣喜之情犹跃然于字里行间。"万人丛中一握手，使我衣袖三年香。"这是何等的眷恋与推重啊！后来的《己亥杂诗》，也有专记与宋翔凤交往的诗章："玉立长身宋广文，长洲重到忽思君。遥怜屈贾英灵地，朴学奇才张一军。"（自注："奉怀宋于庭丈作。于庭投老得楚南一令。'奇才朴学'，二十年前目君语，今无以易也。"）

龚自珍之景仰常州今文经学，并非欲取法刘、宋之为今文经师，而是《公羊》学的"非常异义可怪之论"，就中强调"变"的倾向，恰与自珍的经世思想相吻合。所以，龚自珍在接受刘、宋之学影响后，虽然也写了一些经学著作，诸如《春秋决事比》《太誓答问》《五经大义终始论》等，但是他既不以经师自限，也不为今文家法绳墨所羁，走的依然是博大通达的为学道路。他的《春秋决事比自序》于此说得很清楚："自珍既治《春秋》，……独好刺取其微者，稍稍迂回赘词说者，大迂回者。凡建五始，张三世，存三统，异内外，当兴王，及别月日时，区名字氏，纯用公羊氏。求事实，间采左氏。求杂论断，间采穀梁氏，下采汉师。"治《春秋》如此，治《诗》亦复如此。他说："予说《诗》，以涵泳经文为主，于古文毛、今文三家，无所尊，无所废。"（《己亥杂诗》六十三首自注）其实，在龚自珍学术思想的发展过程中，既有常州庄学的影响，同时更有其乡先辈章学诚思想的启发。所以他治学反对泥乎经史，主张"通乎当世之务"。这才是龚自珍全部学术思想的出发点。早年，钱穆教授著《中国近三百年学术史》，在论及龚自珍的学术渊源时，曾经指出："定盦学问志趣，似不屑为经生，而颇有取于其乡人实斋章氏文史经世之意。"这是钱先生的卓识，实为不刊之论。

《春秋》公羊学的核心是讲"大一统"，而龚自珍治经则少有阐述，而是多援《公羊》"张三世""通三统"诸义以言变革。他把治经的立足点放到一个"变"字上，指出："弊何以救？废何以修？穷何以革？《易》曰'穷则变，变则通，通则久'，恃前古之礼乐道艺在也。"他著《五经大义终始论》初成，即有人发问："太平大一统，何谓也？"龚自珍答道："宋、明山林偏僻士，多言夷夏之防，比附《春秋》，不知《春秋》者也。《春秋》至所见世，吴、楚进矣。伐我不言鄙，我无外矣。《诗》曰：'无此疆尔界，陈常于时夏。'圣无外，天亦无外者也。"问者又云："然则何以三科之文，内外有异？"他则明确作答："据乱则然，升平则然，太平则不然。"可见龚自珍讲的"大一统"并非以往今文经师"诸夏辅京师，蛮夷辅诸夏"的历史成见，而主要是由据乱到升平、再到太平的"三世"变易说。这样的历史进化观尽管是幼稚的，但它却开了假《公羊》以言社会改革风气的先河。晚清，《公羊》学风起云涌，至康有为出，遂以"大同世界"最终取代了"大一统"。在这个问题上，作为开风气者，龚自珍的学术思想是具有划时代意义的。

（五）魏源的"以经术为治术"

魏源师从刘逢禄问《春秋》公羊学，要比龚自珍略早。嘉庆十九年，他首次以拔贡入京，朝考被黜，即留京求学。前后三年，先后问汉儒之学于胡承珙，问宋儒之学于姚学塽，《春秋》公羊学则求教于刘逢禄。后来，他融诸家之长为己有，高唱"以经术为治术"之论，走上了治经以救世的道路。

魏源的"以经术为治术"思想，集中反映在如下两个方面。

第一，对乾嘉学风的批评。

魏源之学，始自王阳明心学入。及至求学京城，视野大开，故于乾嘉汉宋诸学，渐知其病痛所在。与汉宋学壁垒中人异趣，魏源主张"以经术为治术"，倡导"通经致用"。他就此阐述道："能以《周易》决疑，以《洪范》占变，以《春秋》断事，以礼乐服制兴教化，以《周官》致太平，以《禹贡》行河，以三百五篇当谏书，以出使专对谓之以经术为治术。曾有以通经致用为诟厉者乎？"同将经术与治术、通经与致用合为一体相一致，魏源立足现实，厚今薄古，主张把古与今、"三代以上之心"与"三代以下之情势"相结合，进而提出了"变古愈尽，便民愈甚"的社会改革论。

由此出发，对于曾经风行一时的乾嘉汉学，魏源痛加抨击，斥之为"无用"之学。他说："自乾隆中叶后，海内士大夫兴汉学，而大江南北尤盛。苏州惠氏、江氏，常州臧氏、孙氏，嘉定钱氏，金坛段氏，高邮王氏，徽州戴氏、程氏，争治诂训音声，瓜剖釽析。视国初昆山、常熟二顾，及四明黄南雷、万季野、全谢山诸公，即皆摈为史学非经学，或谓宋学非汉学。锢天下聪明智慧，使尽出于无用之一途。"魏源的抨击汉学，形式上虽似乎与方东树等人的诋斥相类，但其目的则迥然有异。方东树著《汉学商兑》，虽亦能中汉学家病痛，但拘守宋学，门户之见太深。而魏源的批评汉学，则是对新学风的呼唤。所以他既否定汉学的"浮藻饾饤"，也鄙弃宋学的"心性迂谈"。在这个问题上，魏源的态度很明朗，他说："工骚墨之士，以农桑为俗务，而不知俗学之病人更甚于俗吏。托玄虚之理，以政事为粗才，而不知腐儒之无用亦同于异端。

彼钱谷簿书不可言学问矣，浮藻饾饤可为圣学乎？释、老不可治天下国家矣，心性迂谈可治天下乎？"

第二，《诗古微》与《书古微》的精心结撰。

在魏源的现存经学著作中，《诗古微》和《书古微》自成体系，是最能体现他"以经术为治术"思想的著述。

《诗古微》始撰于道光二年（1822）前后。初刻为二卷，后屡经增补，至道光二十年以二十卷付梓，是为定本。全书分上中下三编。卷首一卷，述齐、鲁、韩、毛四家《诗》学源流。上编六卷，通论全经大义；中编十卷，逐章答问疑难；下编三卷，其一辑古序，其二演《外传》。全书以阐发《诗经》微言大义为宗旨，发难释滞，议论弘辨，解说多出人意表。胡承珙称道该书"繁征博引，从横莫尚"，足以与前辈学者毛奇龄、全祖望"并驱争先"。刘逢禄为初刻本撰序，于魏源《诗》说多加赞许，认为《诗古微》"使遗文湮而复出，绝学幽而复明，其志大，其思深，其用力勤矣"。然而晚清今文经学家皮锡瑞则有所保留，一方面他既肯定魏源表彰今文三家《诗》学，"一扫俗儒之陋"；另一方面也严肃地批评了《诗古微》"用巧思""任臆说""凭臆武断"。而古文经学大师章太炎独作全盘否定，评魏源经说"杂糅瞀乱，直是不古不今，非汉非宋之学也"。

在经学史上，汉儒传《诗》，有齐、鲁、韩、毛四家之别。就经学今古文分野而言，《毛诗》属古文派，而齐、鲁、韩三家则属今文派。"以三百篇为谏书"，这是西汉今文经师治《诗》的传统。魏源继承并光大了这一传统，以说《诗》为经世之具。所以，从学以经世的需要出发，魏源的《诗古微》并不拘泥于师门家法，而是着重阐发深微的《诗》教。用他的话来说，就叫作："无声之礼乐志气塞乎天地，此所谓兴、观、群、怨可以起之《诗》，而非徒章句之《诗》也。"这是魏源揭示其《诗》学宗旨的重要表述，也是评价其《诗古微》的出发点。由于治学路数的不同，这样的表述自然是不能为皮锡瑞、章太炎所赞成的。

在致力于《诗古微》撰写的同时，魏源还完成了他的另一部重要经学著作《书古微》。该书凡十二卷，系据《尚书大传》残编，以及《史记》《汉书》载籍所征引，汇辑而成。经始于道光二年前后，历时三十余年，至咸丰五年得成完书。魏源认为："古乐之废兴，关乎世教之隆替。"全书以"发明西汉《尚书》今、古文之微言大谊，而辟东汉马、郑古文之凿空无师传"为职志，力图据以恢复西汉经师"以《洪范》匡世主"的传统，实现经术、政事、文章的合而为一。他说："今日复古之要，由诂训声音以进于东京典章制度，此齐一变至鲁也。由典章制度以进于西汉微言大义，贯经术、政事、文章于一，此鲁一变至道也。"这样的"以经术为治术"的精神，通贯《书古微》全书，充分体现了魏源"通经致用"的为学旨趣。因此，虽然一如《诗古微》的逞臆武断，《书古微》的牵强立说亦在所多有，但是学以经世的精神，在道咸时代的大动荡中，则又是很可贵的。

晚清今文运动，本为一政治运动。道咸之时，世变日亟，忧国之士，慨国事之日非，愤所学之无用，于是提倡经世之学。欲改变学术界风气，不得不对当时正统学派作猛烈的攻击，又不得不抬出西汉儒学，以明其所言之有本。当其攻击当时的正统学派时，不免偏激武断，粗犷狂悍。因为不如此就不能耸人听闻，引人注意。

四、同是仕途坎坷人

在中国古代，各个阶层的人们要想跻身官场，虽然途径不止一条，但是自隋唐以还，最重要的一条还是被目为"正途"的科举考试。龚自珍与魏源，为了成为仕宦中人，在科场中屡经颠踬。他们的仕进之途，坎坷不平，荆棘丛生。

嘉庆二十四年（1819），龚自珍与魏源双双出现在京城的科举场中。只不过一个是考进士，另一个则是考举人，其间存在一道不易逾越的门槛。这年春天，恩科会试在京举行。龚自珍以上年浙江乡试的举人身份，于二月进京参加会试。同年秋，魏源则以三年前的拔贡生资格，专程来京参加顺天府乡试。结果，双双败北。龚自珍名落孙山。魏源有幸登列副榜，虽与举人相隔就在咫尺，但毕竟名不正言不顺，三年之后，还须再作一番苦斗。龚自珍落第后，留居京城丞相胡同，师从今文经师刘逢禄问《春秋》公羊学，直到秋天方才南旋。龚、魏之间的初识，大概应在这个时候。以往论者记龚魏始识，多据魏源子耆所撰《邵阳魏府君事略》，或作嘉庆十九年，或作嘉庆二十年。然而，在魏源自嘉庆十九至二十一年求学京城的三年间，龚自珍一直在安徽、上海、浙江，足迹并未北越长江，所以他俩不可能相识。今人郭廷礼先生为龚自珍重订年谱，系龚魏初识于嘉庆二十四年，虽未揭出确凿依据，但较之十九、二十年之说，无疑是较可信的。

嘉庆二十五年，是正常的会试之期。正月，龚自珍又风尘仆仆，赶往京城。三月会试，依旧颓然落第。他求官心切，四月，以举人参加吏部铨选官员，得了个内阁中书的卑微官职。清代官制，多袭明代旧规再加演变而成。唯内阁建置，历经变迁，已失明代旧貌。明代初叶，太祖朱元璋为集中皇权，明令废丞相不设。其子朱棣任命翰林院词臣入阁执掌文书事宜，始设内阁。后阁权日重，不啻旧日宰相。清朝入主中原之后，于顺治十五年（1658）改早先的内三院（国史、秘书、弘文）为内阁，以辅佐政务。世祖去世，四大臣辅政，改内阁仍为内三院。圣祖亲政，复于康熙九年（1670）再设内阁。后世宗、高宗相沿不改，遂成一代定规。清代的内阁，虽在六部之上，品高位崇，但实无明代宰辅之重权。尤其是自雍正年间设立军机处之后，军国大政统辖于皇帝直接控制的军机大臣，内阁则形同虚设。而其中的中书一官，又属内阁最为低级之职，位仅七品，加以人员众多，计有满洲七十人，蒙古十六人，汉军八人，汉人三十人，就更是冷署闲曹了。龚自珍得此微官，总算登上仕途。五月，他离京南旋，准备来年就职。这年七月，清仁宗颙琰去世，其子旻宁继位，是为宣宗，并改明年为道光元年。

道光元年（1821），龚自珍与魏源二度聚首京城。这年春天，龚自珍抵京就任内阁中书，被安排在其下所设的《大清一统志》馆任校对官。从此，他即在这一冷署闲曹之中蹭蹬了十九个春秋。

为官之始，龚自珍颇欲有一番作为。当时，学术界研究西北地理的风气很盛。此风由徐松谪戍新疆，究心当地地理肇始。同时学者张穆作同调之鸣，专意于塞北蒙古诸部地理的研究，风气趋盛。受一时风气的影响，龚自珍亦喜究心西北地理。进入《大清一统志》馆之后，更给他提供了潜心于此的良好机会。他先是上书吐鲁番领队大臣觉罗宝兴，就西北的回民安置问题提出了系统的建议。龚自珍认为："回人皆内地人也，皆世仆也。"他引乾隆间领队大臣素诚的倒行逆施所酿成的恶劣后果为教训，希望宝兴"不以驼羊视回男，不以禽雀待回女"。主张："今日守回之大臣，惟当敬谨率属，以导回王回民，刻刻念念，知忠知孝。"鉴于当时西北问题的重要性，龚自珍还将上年所写《西域置行省议》，随信抄送宝兴。这篇文章从当时的国情出发，针对人口日多、经济拮据、游民充斥等现实，以及沙俄对我国西北领土的觊觎，提出了政治、经济、军事等全面整顿意见。龚自珍建议仿照内地行政区画，在西北设置准回省，而且还就府州县的具体划分谈了详尽的安排。他认为这是西北建设的长远之计，他说："现在所费极厚，所建极繁，所更张极大，所收之效在二十年以后，利且万倍。"龚自珍具有历史意义的建议，对于自顾不暇的清廷来说，早已失去了采纳它的魄力，只好搁置下来。直到晚清新疆始建行省，龚自珍建议的历史价值才得彰显。他痛感于清廷的腐败无能以及自己建议的不公正待遇，在其晚年所写的《己亥杂诗》中，愤愤不平地发出预言："文章合有老波澜，莫作鄱阳夹漈看。五十年中言定验，苍茫六合此微官。"

与上书宝兴同时，龚自珍不顾职位卑微，就《大清一统志》的续修问题，"越权"上书主事大臣。信中，他对康熙间始纂，迄于乾隆间成书的《一统志》的诸多疏漏，提出了切实可行的十八条修订意见。这封信体现了龚自珍在西北地理研究中的良好素养，所议诸条，言之成理，无可非议。然而一则因为他官卑职小，竟直接上书国史馆总裁，便被目为越权；再则于众多无所作为的同官中，他的锋芒显露又难免招来忌恨。所以这封长达五千字的信，后来被主事者横加删削，仅留下了两千字。龚自珍于此感触极深，他在《己亥杂诗》中写道："东华飞辩少年时，伐鼓撞钟海内知。牍尾但书臣向校，头衔不称籀其词。"

蒙古地理的研究，是龚自珍入《一统志》馆后用力最勤的一项工作。鉴于清代关于蒙古问题尚无专书，他在入京前即已发愿结撰《蒙古图志》。全书共三十篇，拟分二十八图、十八表、十二志。其十二志依次为：《天章志》《礼志》《乐志》《晷度志》《旗分志》《会盟志》《象教志》《译经志》《水地志》《台卡志》《职贡志》《马政志》。先后罗列的十八表为：《字类表》《声类表》《临莅表》《沿革表》《氏族表》《在旗氏族表》《世系表》《封爵表》《厘降表》《旗职表》《寄爵表》《喀尔喀总表》《赛音诺颜总表》《新迁之杜尔伯特表》《四卫拉特总表》《乌梁海表》《巴尔虎表》《青海蒙古表》。末附《哈萨克》《布鲁特》二表，则沿用徐松旧著。十一月，他还就上述构想草拟了一篇准备进呈清廷的表文，希望能如乾隆间《四库全书》著录先例，使自己的著述"附官书以传，得著录《四库》之末简"。后来，因为家中藏书楼失火，早先所收集的档册图志及已成之半部书稿皆付之一炬，这项工作遂告半途而废。

由于清宣宗即位伊始，清廷为表示庆贺，昭告天下于明年再开恩科会试。于是恩科乡试于这年秋天先期举行。此时，魏源全家已迁往江苏宜兴其父任所。获知这一消息，他即赶赴北京参加顺天府乡试。不料九月榜发，依然名列副贡。个中缘由，说来令人为之喟叹。这次顺天乡试的考官是三名，首席为内阁大学士戴均元，次席为刑部尚书、直隶总督那彦成，再次则是内阁学士顾皋。而同考官亦有二名，一是光聪谐，一是张曾霭。众考官批阅试卷时，张曾霭所分阅答卷中，有一考生所答《上长长而民兴弟》一题，卓荦奇肆，十分出色。张曾霭当即推荐给主考官戴均元，戴均元亦极为推赏。后来细推敲文字，发现其中有"尺布之谣"四字，竟把戴、张等人吓得哑然失色。当时，虽然清廷的文网已渐松弛，但是根深蒂固的满汉鸿沟则无从填平。众考官生怕由此四字惹出麻烦，为个人身家着想，只好忍痛割爱，将此卷考生抑置副榜。待到填名发榜，方才知道考生就是魏源，大家无不为之叹惜。

一如魏源的乡试受挫，龚自珍为谋求一时文士羡慕的军机章京一职，在当年夏天参加的军机处考试中也告失败。结果，依然还是落座于冷署闲曹之中。

道光二年，龚自珍、魏源又在京中相会，且从此成为挚友。这年春天，恩科会试如期举行，龚自珍再遭败北。而在同年秋天例行的顺天府乡试中，魏源则荣登榜首，以第二名举人传出捷报。据说由于他的试卷出类拔萃，清宣宗还亲笔批阅加以褒奖，因之而名噪一时。所谓"记不清，问默深；记不全，问魏源"的歌谣，在京中问学之士中盛传。乡试结束之后，应直隶提督杨芳之聘，魏源与友人邓传密结伴而行，赴古北口教授杨芳子承注。临行，龚自珍将魏、邓送至城外，依依惜别。

　　魏、邓离京后，龚自珍思念友人，怅然若失。一方面，他羡慕友人的能够作幕于长城古战场，一展胸中抱负；另一方面，则又痛惜自己的被困官署，不时还得分心去对付上司及同官的压抑和攻击。于是龚自珍"缄舌裹脚，杜绝诸缘"，终日以读佛经来排解忧烦，盼望着友人来年春天的早早回京。身在长城要塞的魏源，也时时怀念京中的龚自珍，曾经两次致书问候。在第二封信中，还就龚自珍的一些招人忌恨的个性直言规劝，指出："近闻兄酒席谭论，尚有未能择言者，有未能择人者。夫促膝之言，与广廷异；密友之争，与酬酢异。苟不择地而施，则于明哲保身之义，深恐有失，不但德性之疵而已。承吾兄教爱，不啻手足，故率而诤之。"如非挚友，谅不致出此肺腑之言，可见二人此时交谊之深。

　　这年九月二十八日，龚自珍上海家中不幸失火，损失惨重。十一月中，凶讯传至京城，他置个人功名前程于脑后，不顾他人劝阻，告假南旋。一路冒冰雪严寒，艰苦跋涉三十三日，踉跄而归。回到家中，所幸父母妻儿皆无大恙，然而五万卷藏书则已烧毁殆尽。由于来年春天的会试考期临近，他未敢在家多逗留，正月中旬以后又匆匆北上。

　　道光三年，对龚自珍、魏源来说，都是心情郁闷的一年。春天的会试，二人皆榜上无名。七月间，龚母病逝，自珍解职南归。在龚自珍居丧于家的两年多时间里，魏源先是应友人杨芳聘，作幕湖南常德，随后又往南京，入江苏布政使贺长龄幕，主持纂辑《皇朝经世文编》。直到道光六年春，他俩才又在京中重逢。

　　在我国古代学术史上，以《经世文编》命名的著述，始见于明末崇祯十一年（1638）的《皇明经世文编》。不过，若论究其渊源，唐宋以还诸名臣奏议的结集，实已开其先河。入清以后，乾隆中叶，陆燿辑清初经世文为《切问斋文钞》，此为清人辑《经世文编》之滥觞。唯当时文网严密，忌讳重重，故遗漏太多，但亦不失为开风气的先驱之作。道光五年，魏源应聘入江苏布政使贺长龄幕，即取陆燿《切问斋文钞》经世义，确定义例，着手辑录迄于道光初叶的清历朝"硕公庞儒、俊士畸民之言"。翌年冬，书成，凡分学术、治体、吏政、户政、礼政、兵政、刑政、工政等八纲六十四目，共一百二十卷。全书本"欲识济时之要务，须通当代之典章；欲通当代之典章，必考屡朝之方策"为宗旨，计著录近二百年间经世文两千余篇。其中，包括魏源文十七篇。《皇朝经世文编》的辑成，不仅反映了魏源经世思想的趋于成熟，而且也成为清中叶经世思潮崛起的重要标志。此编既出，同治、光绪诸朝，代有续辑，迄于民国，影响历久而不衰。

龚自珍在居丧守制的两年多时间里，治学兴趣甚广，除他先前所擅长的诗文外，一是潜心治佛学，二是精研金石学。龚自珍之于佛学，兴趣的生发甚早，至迟在嘉庆二十五年所写《驿鼓三首》一诗之中即已表露："书来恳款见君贤，我欲收狂渐向禅。早被家常磨慧骨，莫因心病损华年。花看天上祈庸福，月堕怀中听幻缘。一卷金经香一炷，忏君自忏法无边。"道光二年初冬，他致友人邓传密的信中亦直言："见在终日坐佛香缭绕中，翻经写字，以遣残年，亦无不乐也。"居丧无事，则为他专意治佛学提供了良好条件。道光四年，龚自珍以江沅为导师，研治佛学。江沅，字子兰，一字铁君，江苏元和（今苏州）人。其祖父江声，为乾隆间著名经学家惠栋的弟子，以传播惠学而名著一方。江沅承其家学，又与段玉裁过从甚密，受段氏影响而究心《说文解字》，撰有《说文音韵表》十八卷。江沅学佛，则师法同郡彭绍升。龚自珍从江沅治佛学，为明其师承所自，则推祖彭绍升。因绍升法号知归子，自珍亦一度自号怀归，声称："震旦之学于佛者，未有全于我知归子者也。"此后，自珍的同乡人钱林以及杭州僧人慈风都指导过他研治佛经。至于金石之学，龚自珍早年受家学濡染，素喜收集碑帖版片，发愿补王昶《金石萃编》之所未备著《金石通考》。可惜所收集的金石器物等，道光三年的一场大火，皆付之一炬。居丧期间，他与客居苏州的同乡前辈江凤彝订金石学之忘年交。龚自珍之治金石学，本其外祖父段玉裁之教，主张："金石不可不讲求古器款识，为谈经、谈小学之助，石刻为史家纪传之外编，可裨正史也。"以金石而证经史，这自然是一条金石学正道，与赏鉴家不可同日而语。

道光六年，是在当时的学术舞台上揭开龚、魏齐名第一页的一年。这年春天，正值会试之期，龚自珍服丧已满，于是他偕夫人何吉云入京复职，并准备参加会试。魏源亦于同时进京，决意与天下举人比一高低。何吉云，一作何撷云，浙江山阴（今绍兴）人。嘉庆十九年，自珍元配夫人段贞美病逝，翌年即与吉云成婚。吉云不仅诗作得工整，而且还写得一手好字，功力远在其夫之上。据说，由于龚自珍不喜小楷，他后来参加乡试主考官的选拔即因之而失败。对此，他的友人徐松曾经似谑似真地说过："定盦不能作小楷，断断不得差。如其夫人与考，则可望矣。"龚、何婚后，因自珍母健在，所以吉云一直随婆母而居。此时，婆母既逝，夫妻便双双离家北上。之后十余年，夫唱妇随，相依为命，在京中度过了他们的中年时代。

这一年的会试，恰好礼部主事刘逢禄是阅卷官。其中浙江试卷七百余份，逢禄分阅六十卷。在这六十份试卷中，他发现一份不可多得的杰作，文气奥博，立意高远，非绳墨可以拘囿，不禁为之"骨折心惊"。逢禄断定非龚自珍不能为，于是郑重向主考官推荐，并日夜探听诸考官的意向。湖南的试卷虽不是刘逢禄批阅，但因自己的学生魏源与试，所以他格外关心。通过阅湖南卷的友人打听到，其中的九十四卷，所拟策论，高妙绝伦。逢禄认为定出魏源之手，于是便鼓动阅卷友人向主考官推荐。结果，不唯湖南阅卷官的推荐未被接受，就连他鼎力举荐的试卷也被否定。榜发，龚、魏二人皆名落孙山。刘逢禄为之愤然不平，当即写下《题浙江湖南遗卷》诗一首，以抒发胸中积郁。诗中写道："之江人文甲天下，如山明媚兼嶙峋。盎盎春溪比西子，院花濯锦裁银云。神禹开山铸九鼎，罔两俯伏归洪钧。锋车昔走十一郡，奇祥异瑞罗缤纷。兹登新堂六十俊（浙卷七百余，独分得六十卷——自注），就中五丁神力尤轮困。红霞喷薄作星火，元气翁郁辉朝暾。骨惊心折且挥泪，练时良吉斋肃陈。经句不寐探消息，那知铩羽投边尘。文字辽海沙虫耳，司中司命何欢嗔？"以上诸句，写的是龚自珍试卷在诗人胸中激起的波澜，而魏源的试卷同样令诗人难以平静，他接下去写道："更有无双国士长沙子，孕育汉魏真经神。尤精《选》理跻鲍、谢，暗中剑气腾龙鳞。侍御披沙豁双眼，手持示我咨嗟频（湖南玖肆，五策冠场，文更高妙，予决其为魏君源——自注）。"龚、魏虽然落第，但是刘逢禄认为他俩终有崛起之日，犹如翩然双凤，必然要翱翔在万里碧空。所以，该诗结句诗人满怀信心地写道："翩然双凤冥空碧，会见应运翔丹宸。萍踪絮影亦偶尔，且看明日走马填城阘。"

会试结束，魏源南归，龚自珍与之怅然作别。此后的两年间，龚自珍留京仍供旧职，而魏源则辗转四方，在南北皆留下了身影。他先是回南京，作幕于江苏布政使贺长龄署。旋因贺氏北调山东，他又应左都御史汤金钊之聘，随使蜀中。途经陕西，得悉友人杨芳率军进剿新疆张格尔叛乱，遂改变初衷，自请随军从征。行至甘肃嘉峪关，前线传来捷报，张格尔俯首就擒，乱事平息。于是魏源掉头南旋，径往浙江。在杭州，他结识了龚自珍的佛学导师钱林，即师从钱氏问佛学。随后又赴僧舍听僧人慈风等讲经。在杭州的始治佛学，虽知之未深，但却为魏源晚年的再度南下，寄居僧舍，潜心佛典，打下了一个基础。

道光九年，又值会试之期，魏源如期北上应考，与龚自珍别后重逢。这一次的考试，龚、魏二人的遭际各异。龚自珍如愿以偿，而魏源虽再告落第，却沿惯例向朝廷捐了足够的钱，以此买了个内阁中书的官职。这样，继龚自珍之后，魏源也总算挤进了官场。这一年，龚自珍已经五十八岁，而魏源也已三十六岁了。

关于龚自珍的这次成功，京中官场颇多议论。这一年的会试，分阅浙江考生试卷的房考官是王植，字晓舲，河北清苑人，嘉庆二十二年进士。按照科举规制，会试分三场举行，首场试《四书》《五经》，二场试论、判、诏、诰、表，三场试经史时务策。王植在批阅头场试卷时，发现第三篇答卷行文怪异，很不以为然，因而以其中的不合程序处为笑料，向邻座阅卷官温平叔讥刺其纰缪。温接过试卷一看，见是浙江考生所答，便对王植说："这一定是龚定盦作的文章。他平素最爱骂人，你要是不推荐他，他必然会大骂你，不如就做个人情荐了他吧。"王植听罢，也觉得有理，就把龚自珍的这份试卷向主考官做了推荐，龚自珍就这样取得了成功。会试结果揭晓那一天，龚自珍以九十五名列入榜中。当有人向他祝贺，问起房师是谁时，龚自珍口出大言嗤笑道："事情实在稀奇，不是别人，就是那个无名小卒王植。"后来，这话传到王植耳里，一肚子委屈地抱怨温平叔道："我依照你的话把他推荐上去了，也考中了，可是仍然免不了他的咒骂，这是什么道理呢？"温当然也被弄得无言以对了。

　　会试是当年三月二十三日进行的，按照规定，通过会试录取的贡士，还须再参加一次殿试，又称廷试，始能成为进士。进士分作三等，称三甲，一甲三名，依次叫作状元、榜眼、探花，因系皇帝钦定，所以称为赐进士及第。二甲人数不限，称赐进士出身。三甲人数亦不限，称赐同进士出身。四月二十一日，龚自珍进入紫禁城参加殿试，题目是作一篇时事对策。龚自珍仰慕北宋名臣王安石，自少年时代即喜读王安石《上仁宗皇帝书》，九度手钞，烂熟于胸，早就据以为圭臬确立经世之志。他曾经说过："自珍读之二十年，每一读则浮一大白。"王安石于书中有云："窃惟在位之人才不足，而无以称朝廷任使之意。朝廷所以任使天下之士者，或非其理，而士不得尽其才。"于此，龚自珍认为乃王书要旨所在，所以他说："《万言书》实二言而已。"由于有平日的素养为根底，因此上得考场，从容不迫，游刃有余。未费多少时间，龚自珍的《对策》已成。文中，他就所问人才作育、治国要务、河工漕运、西北边防诸项，一一慷慨陈词，直抒己见。本来这篇文章做得很好，以此而摘取一个高第应是情理中事，可是经过清宣宗御笔一挥，龚自珍却只得了个同进士出身，列名三甲第十九。对这一不公正的待遇，他耿耿于怀，直到晚年还深感不平地写道："霜毫掷罢倚天寒，任作淋漓淡墨看。何敢自矜医国手，药方只贩古时丹。"

取得进士出身，在科举时代就算功成名就了。不过，在中国古代，学者之于文士，虽同属文化人，可是由于长期形成的重道轻艺倾向，所以学者又要比文士高尚一等。旧史书儒林、文苑二传的区分，即隐含轩轾之意。由此而来，文士心目中的最大愿望，莫过于科举场中一举克捷，跻身于翰林院中。翰林院是国家的储才之地，一时高才硕学往往荟萃其中，以地位清要而为百官看重。龚自珍虽是能文擅诗之士，但并不以做一文士自限，他也要为成为翰林院中人而奋力一搏。按照惯例，殿试之后，还有一次朝考，以便选拔进士中的佼佼者到翰林院庶吉士馆深造。四月二十八日，龚自珍赴保和殿参加朝考，试题为《安边绥远疏》。当时正值张格尔叛乱初平，新疆善后事宜成为朝议焦点。龚自珍谙熟西北边事，胸中早有成竹，于是千余言疏稿，顷刻拟就。他从西北地区的实际状况出发，提出了"以边安边""足食足兵"的主张。所议既涉及新疆的长远部署，又总结了近年用兵的得失，论议周详，策划可行。龚自珍对之颇觉自负，疏末竟难以抑制地口出大言道："虽有重臣宿将，老于西事之人，为我皇上直陈得失，无以易此。"读卷大臣刑部侍郎戴敦元见此疏稿，为之大惊，打算拔置第一名，而其他同考官员则多持异议。最后，终以所写小楷不合规格，不列优等，从而把龚自珍拒之于翰林院门外。

五月，清宣宗在皇宫召见诸新科进士，龚自珍奉旨由吏部选派到外地任知县。后经请求，他被留了下来，仍回内阁去做他的中书。在之后两年多的时间里，龚自珍与魏源同在内阁供职，同以中书著称，京中名士的诗酒之会，他俩也每每联袂出席。当时同在内阁中书任者，颇多异才俊彦。龚自珍以才名，魏源以学名，宗稷辰以文名，吴嵩梁以诗名，端木国瑚以经术名，一时有"薇垣五名士"之称。

　　道光十一年春，魏源父邦鲁病重，他告假南旋省亲。七月，魏邦鲁卒于宝山任所。临终遗嘱："如贫不能归邵阳，可家于江苏。"此后，魏源即遵其父遗嘱，留住江南。翌年春，恩科会试在京举行。魏源虽丧服在身，亦如期进京应试。结果，依旧败北，颓然南归。从此，他横下一条心，索性不入京城，安居江南，中书一官不再做了，就是那个梦寐以求的进士也不要了。魏源为什么要做出如此的抉择？前哲时贤于此少有论议，李汉武先生著《魏源传》，据《抱一遗著》所记，把此事同权臣穆彰阿联系起来，提供了有价值的思考。

　　据《抱一遗著》卷六《乱楮间杂忆》载："默深先生应北闱获录，遂常居京师。陶文毅公（澍）深器之，为之游扬于朝，又欲其投贽穆彰阿以取巍科，先生不之从也。穆相时正宏奖风流，欲罗致先生，亲访之于寓次，先生慢不为礼，卒亦弗谒见。穆深衔之，遂坎坷终身。"穆彰阿，郭佳氏，满洲镶蓝旗人。嘉庆十年进士，由翰林院检讨迭次迁升，至道光元年三月，擢任总管内务府大臣。二年，魏源举顺天府乡试，三年的会试，副主考即为穆彰阿。作为顺天府乡试的第二名举人，竟然在来年的会试中一败涂地，恐怕就事出有因。道光十二年的恩科会试，副主考又是穆彰阿，而魏源再被黜落榜外。这确实就有些蹊跷了。当然，正如李汉武先生所说，这还是一个疑案，读者诸君若有兴趣，倒不妨去梳理一番，或许能弄它个水落石出。

　　同魏源的遭际相比，龚自珍在这一期间的境遇也相差不多。由于楷书不合规范而与翰林院绝缘，使龚自珍始终耿耿于怀。就在魏源会试再度被黜的这年八月，一天，一个古董商带了一本习字帖登门兜售。自珍见此物正是早年塾师宋璠旧物，就花制钱一千七百文买了下来。睹物伤情，悲从中来，于是他借酒浇愁，大醉之后为此帖写了如下跋语："嘉庆甲子，余年十三，严江宋先生璠于塾中日展此帖临之。余不好学书，不得志于今之宦海，蹉跎一生。回忆幼时晴窗弄墨一种光景，何不乞之塾师，早早学此，一生无困厄下僚之叹矣！可胜负负！"翌日，再睹此帖，竟然放声大哭。两年后，又值乡试在即，按照规定，凡由进士出身的朝中官员，皆可参加选拔主考官的考试。龚自珍不甘落于人后，也前去应考。殊不知又因小楷书法不合规范，就连考官也做不了。

接踵而至的挫折，对于龚自珍的打击实在是太大了，官员的任用升迁竟然要依书法优劣为取舍标准，他无论如何再也没法接受。盛怒之下，他想起了唐代书法家颜元孙所著《干禄字书》，于是反其意而用之，打算写一本《干禄新书》，借以对上述陋规进行鞭挞。后来，书是没有著成，不过倒是留下了一篇自序。序中，龚自珍写道："龚自珍中礼部试，殿上三试，三不及格，不入翰林，考军机处不入直，考差未尝乘轺车。乃退自讼，著书自纠。凡论选颖之法十有二，论磨墨膏笔之法五，论器具五，论点画波磔之病百有二十，论架构之病二十有二，论行间之病二十有四，论神势三，论气禀七。既成，命之曰《干禄新书》，以私子孙。"其实，"自讼""自纠"云云，不过是虚晃一枪罢了，锋芒却是指向当朝权贵的。据说，为了表示对以书法取人陋规的抗争，龚自珍让家中的年轻女子皆学习书法，女媳婢妾，无一例外，而且皆习一体，即翰林词臣中通行的馆阁体。凡遇人谈及翰林院中人书法者，则轻蔑地说："今日之翰林，犹足道邪？吾家妇人，无一不可入翰林者。"当然，龚自珍之所以长期冷署闲曹，困厄下僚，郁郁而不得志，原因远远要比书法优劣复杂得多。以"楷法不中程"而屡遭贬黜，无非当权者的借口而已。他终身于此不解，实在是"不识庐山真面目，只缘身在此山中"。

五、作幕江南风光好

　　江苏是魏源的第二故乡。由于他父亲长期在当地为官，自从嘉庆二十五年合家迁居江苏宜兴以来，太仓、宝山、苏州、南京，虽几经转徙，但终不出江南范围。道光十一年，其父病逝，遗命可居家于此，魏源买宅而居，先在南京，后在扬州，一门祖孙遂皆终老江南。

　　魏源之与江南结下不解之缘，就他个人的原因而言，乃是因为多年作幕于此，其感情之深厚实已超乎故土。早在道光五年，他即开始作幕苏州，应江苏布政使贺长龄聘，代辑《皇朝经世文编》。随后的几年间，又佐贺长龄及江苏巡抚陶澍整顿漕运，成为贺、陶二氏的得力助手。道光十二年，恩科会试被黜。此时，陶澍已擢任两江总督，他又应聘入幕南京，为陶澍治理江南出谋划策。魏源的幕宾生涯，几乎都是在江南度过的。作幕江南，在他的人生途程上，写下了最值得纪念的一页。

　　陶澍，字子霖，又字云汀，晚号髯樵，又号桃花渔者，湖南安化人，生于乾隆四十三年。嘉庆七年进士，由翰林院编修迭经拔擢，道光五年五月，升任江苏巡抚，驻节苏州。当时，魏源正在苏州贺长龄幕。贺、陶、魏皆是湖南同乡，贺为善化人，嘉庆十三年进士，亦由翰林院编修出身。魏源早年求学京城，即因之与贺、陶结识。由于陶澍调任江苏巡抚，他们三人得再聚首，只是贺、陶为幕主，而魏源是晚生幕宾罢了。

　　在清代，江苏为一大省，经济发达，交通便利，是国家赖以生存的重要财赋之区。因此，驻节江苏的官员，除他省所常设的巡抚、布政使、按察使之外，诸如两江总督、河道总督、两淮盐运使、八旗将军、内务府织造大臣等封疆大吏或皇家重臣，皆麇集于此。漕运、河工、盐政为江南三大政。谁能将此三政处理好，即可以循良之吏而立定脚跟，否则或以无能而受黜，或以失职而遭贬，甚而因之而丢官者亦不乏人。道光五年，正值漕运受河道决口影响而梗阻，内外大员无不为之焦头烂额。陶、贺、魏默契合作，成功地以海运代河漕，顺利渡过了难关。

漕运为江南大计。在中国古代，漕运之法，源远流长。秦攻匈奴，令天下飞刍挽粟，即已开其先河。西汉初，所谓"漕转山东粟，以给中都官"，亦后世漕运之先声。不过，隋唐以前，其法未备，其制未弘。及至隋炀帝开广通、通济、永济诸渠，以利转输，然后南粮北运，始告畅通。后世漕运，大抵依其成规，而随时变通。北宋建都汴梁（今开封），漕运四方粟米入京，亦仍隋唐旧制。元代都于燕京，京中官民衣食，多仰给于江南。元世祖用丞相伯颜之议，行海运法以代河运，集东南粟米，由海道运往京师。元末，天下大乱，漕运遂告停止。明太祖朱元璋有天下，定都南京，四方贡赋，沿江而至，道近而易行。北方军粮，亦沿用海运之法。自成祖迁都北京，道里辽远，漕运之法则变通元代旧规，日渐废海运而行河运。粮船由官军督运，称为长运，遂成一代定制。隆庆中，因运道艰阻，一度议复海运，终因多方掣肘而难行。

清初漕政，一仍明制，用屯丁长运，由淮河而黄河，由黄河而卫河，北抵通州，运入京仓。及至乾嘉之世，因河道梗阻，漕运屡屡受困。加之各级漕运官吏层层盘剥，河运剥浅有费，过闸过淮有费，催粮入仓又有费，国帑民膏皆为贪官污吏中饱私囊，乃至民生日蹙，国计益贫。于是改革漕运，剔除积弊，成为扭转颓势的一大要务。道光四年夏，南河、黄河骤涨。冬，淮河在高堰决口。自高邮、宝应至清江浦，河道梗阻，粮船难行。于是内外大臣争上济漕之策，恢复海运之议遂起。协办大学士户部尚书英和疏请暂停河运以治河，募海船以利运，指出："治道久则穷，穷必变，小变之小益，大变之大益，未有数百年不敝且变者。国家承平日久，海不扬波，航东吴至辽海者，昼夜往返如内地。"因此他主张"以商运决海运","以商运代官运",改河运为海运。海运议起,借漕运以营私的各级官吏,乃至仓胥船丁,无不从中作梗。他们或称风涛太大,或借海盗猖獗,或借口漕粮霉湿,或借口费用繁多,千方百计阻挠漕粮海运。迄于道光五年夏,何去何从,一筹莫展。于是清廷颁诏,责成沿海大吏议奏。陶澍莅任伊始,即奏请以苏、松、常、镇、太仓四府一州漕粮全由海运。经清宣宗认可,旋即委派贺长龄先期赴上海招集商船,随后又亲往督运。截至道光六年六月初五日,前后共运漕粮一百六十三万三千余石。

这一次江苏漕粮海运京城的成功,魏源及其父邦鲁皆有功劳。事毕,他的父亲还得陶澍奏请清廷予以褒奖。而魏源始终参与其事,是漕粮海运的积极提倡者和办理者。海运之议初起,魏源即于道光五年初代贺长龄覆书两江总督魏元煜,力主漕粮海运。同年夏,又撰为《筹漕篇上》,设为主客对答之词,以申论海运之利。文中,魏源历考隋唐宋明以来,历代漕粮运道的变迁,论证海运之势在必行。他指出:"天下,势而已矣。国朝都海,与前代都河、都汴异,江、浙滨海,与他省远海者异,是之谓地势。元、明海道官开之,本朝海道商开之,海人习海,犹河人习河,是之谓事势。河运通则渎以为常,海运梗则海以为变,是之谓时势。因势之法如何?道不待访也,舟不更造也,丁不再募、费不别筹也。因商道为运道,因商舟为运舟,因商估为运丁,因漕费为海运费,其道一出于因。"海运事竣,他又代陶澍、贺长龄辑《海运全案》撰写了《海运全案序》《海运全案跋》和《道光丙戌海运记》,对此次江苏漕粮海运的成功,进行了系统的总结。道光七年夏,由于河道疏浚,漕粮河运之议兴,魏源则仍坚持以海运为利国利民之计。为此,他再撰《筹漕篇下》,认为不可把海运与治河混为一谈,无论河道疏通与否,海运皆势在必行。他说:"海运于治河无毫发之裨,而于治漕有丘山之益,较河运则有霄壤之殊。舍是而徒斤斤补救,议八折,议恤丁,禁包户,禁浮收,皆不揣其本而齐其末也。即不然,名议海运,仅斤斤于河道之通塞，而不计东南民力之苏困，吏治之澄浊，亦见其轼不见其睫也。"同时，他又代陶澍致书大学士兼两江总督蒋攸铦，建议江苏漕粮永行海运，以救漕政积弊。信中指出："今以苏、松、太仓三属常行海运，即一旦浙江、湖广各省之糟，或梗于河患，或惮于陆拨，欲假道于海运，咄嗟立办，国家永无误运之忧，是所利在国计。"道光末，陆建瀛任江苏巡抚，魏源依然念念不忘漕粮海运，除面陈江苏漕弊，非海运不能除的道理之外，还郑重致书于陆氏，大声疾呼："惟海运可再造东南之民力，惟海运可培国家之元气。"

道光十二年，魏源由京中南归，再度入陶澍幕府。当时，陶已擢任两江总督，兼管两淮盐政，正接受魏源的友人包世臣的建议，打算对淮盐积弊进行整顿。魏源入幕，积极参加了这次盐务的整顿。

食盐为人民生活之所必需，盐税收入又是封建国家的一项重要财源，在中国古代，榷盐历来为理财者所重视。自汉代以后，食盐实行官府专卖制度。此后，历代相沿不改，把榷盐牢牢控制在官府手中。清代榷盐制度，一仍明代旧规，以官督商销为主。由于官府的支持，盐商的垄断地位日益加强，官商勾结，层层盘剥，酿成诸多积弊。结果，盐价高昂，一般贫户往往有淡食之虞。两淮是清代最大的产盐区，为封建国家提供财赋最多，积弊亦最深。因为淮盐价高，滞销积压，既挫伤了产盐灶户的生产积极性，又直接威胁到国家的财政收入，所以从增加财政收入着眼，改革淮盐积弊势在必行。

淮盐素有南北之分，当时的盐务改革在淮北先期而行。淮盐弊深，集中反映是一个价格过高积压难销的问题，而掩藏于其后的，则是冗费繁杂，成本居高不下。正如魏源后来撰《筹鹾篇》所说："盐为利薮，官为盐蠹，而其蠹之尤甚者，为江西、湖广。方其赴场重盐也，每票千引，需七屯船，前后牵制，不能分拆。且钱粮分四次完纳，又有窝单，有请单，有照票，有引目，有护照，有椎封，有水程，有院司监掣批验子盐五次公文，委曲烦重，徒稽守候，而滋规费。"这是说盐场关卡太多，陋规繁复，迭经各员盘剥，尚未出场，盐价已不断递增。而运抵行销口岸之后，各地官商层层勒索，则较之盐场有过之而无不及。魏源于此指出："及商盐到岸也，有各衙投文之费，有委员盘包较砠之费，有查河烙印编号之费，守候经年，然后请旗开封。又有南北两局员换给水程之费，三关委员截票放行之费，名色百出，不可胜胪。"有鉴于此，陶澍在盐运使俞德渊和魏源的佐理之下，在淮北盐场以票盐制取代旧有之盐引，大刀阔斧进行改革。

票盐法改引为票，其主要内容是：第一，由运司统一印制票据，一式三联，凭票购盐。三联票据，一留为票根，一存分运司，一给民贩行运。所购票盐必须运往指定口岸销售，盐与票不得分离。第二，每贩盐四百斤为一引，合银六钱四分，加以各项杂费，为一两八钱八分。第三，各州县民贩，由州县颁发执照，赴场买盐。第四，于各场适中地位设立局厂，以便灶户交盐，民贩纳税。第五，废除陋规，简化手续，凭票即可运盐出场。第六，改其运道，不再改捆，一次查验，直抵口岸。由于票盐法的推行，盐价降低，质地纯净，私贩无利，遂皆争相改领票盐。短短四个月间，请运之盐，已逾三十万引。其结果，不唯盐价平抑，利商利民，而且国家盐课亦与日俱增，历年亏欠迅速补足。道光末，票盐法在淮南推行，二十九年，两淮盐课收入达到白银五百万两。

在改革淮北盐务的过程中，魏源亦以个人身份从事票盐经营，获利甚多。据顾云《邵阳魏先生传》称，他因业盐而"累资至巨万"。道光十五年，魏源即以经营票盐所得，在扬州购置园林一处，名之曰絜园。从此，阖家迁居于此，俨然一富商气象。

清人论经世时务，每有南漕北河之议。南漕说的是江南漕运，北河则是讲黄河的治理。黄河之为患中国，并非自清代始，然而如清代河决之频繁，治河耗费之巨大，则胜过前代。黄河治理，为清代之一大政。其为工虽在北方，但因黄河夺淮南流，复与大运河交接，因而治河之与治漕往往密不可分。所以江南有识之士，既精漕政，亦稔河工。魏源即属其中之佼佼者。道光十三年，他在陶澍幕府，即已究心河工水利，先后撰写了《湖广水利论》《湖北堤防议》《东南七郡水利略叙》诸文。后来，又陆续著有《畿辅河渠议》《上陆制府论下河水利书》《再上陆制府论下河水利书》和《江南水利全书序》等。尤其是专论黄河治理的《筹河篇》上中下三篇，贯通古今，忧国忧民，更体现了他对河工的深湛思考。文中，魏源博考历代治河得失，上自东汉王景，下迄近人裘曰修、孙星衍，提出了一劳永逸的治河之道，即"夺济入海，东行漯川"。他指出："自周定王时，黄河失冀州故道，即夺济入海，东行漯川。故后汉明帝永平中，王景治河，塞汴归济，筑堤修渠，自荥阳至千乘海口千余里（汉千乘即今武定府利津县——原注），行之千年。阅魏、晋、南北朝，迄唐、五代，犹无河患，是禹后一大治。"魏源认为，王景治河之成功，就在于他"不用禹冀州漳、卫之故道，而用禹兖州漯川之故道"。这样做的好处有二，一是"以地势，则上游在怀庆界，有广武山障其南，大伾山障其北，既出，即奔放直向东北。下游有泰山支麓界之，起兖州东河以东，至青州入海，其道皆亘古不变不坏"。第二则是"以水性，则借至清沈驶之济，涤至浊淤之河，药对证而力相敌，非淮、泗恒流不足刷黄者比"。魏源既服膺王景治河之功，因此主张沿用其法，"乘冬水归壑之月，筑堤束河，导之东北"。魏源此议，高瞻远瞩，极有魄力。然而摒弃数百年治河之甘苦，一旦复归王景故道，又谈何容易。惊世骇俗，孤掌难鸣，最终难免纸上谈兵。大概当初魏源也已意识到此，所以他说："仰食河工之人，惧河北徙，由地中行，则南河、东河数十百冗员，数百万冗费，数百年巢窟，一朝扫荡，故簧鼓箕张，恐喝挟制，使人口瘖而不敢议。"于是，魏源于篇末只好无可奈何地喟叹："呜呼！利国家之公，则妨臣下之私，固古今通患哉！"

道光十九年六月，陶澍病逝。魏源遵其生前所嘱，为故友撰写了碑铭行状，然后离开南京两江总督幕府，回到扬州。在絜园新居，魏源迎来了阔别多年的挚友龚自珍。

六、辞官还乡疑案存

正当魏源作幕江南，就漕运、盐法、河工诸大政一展抱负之时，龚自珍则依旧沉浮宦海，冷署闲曹，最终竟被挤出了京城。

道光十五年（1835），龚自珍的仕宦生涯似乎出现了转机。这一年六月，他被调至宗人府任主事。宗人府，是清代掌管皇族事务的专门机构，始设于顺治九年（1652）。因其执掌的特殊性，所以它品高位崇，高踞内阁、六部之上。清代的皇族，依亲疏远近之别，而有宗室、觉罗之分。所谓宗室，指的是以清太祖努尔哈赤之父塔克世为不祧之祖的本支，而其叔伯兄弟旁支则称为觉罗。宗室、觉罗皆是皇室贵族，为显示他们与一般贵族的区别，在服饰上亦有特别规定。宗室腰束金黄带子，觉罗腰束红带子。宗室犯罪受黜，改束红带子，觉罗犯罪受黜，改束紫带子。宗人府的设置，意在巩固皇族的至尊地位，维护其特殊权益。主管该府的最高长官宗令及左右宗正、左右宗人，皆由皇室贵族充任。任宗令职者，非亲王、郡王莫属，左右宗正，则由贝勒、贝子出任，左右宗人，亦在镇国公、辅国公及将军中选充。其他下属官员，亦多由宗室、觉罗成员担任。雍正元年（1723），增设汉主事二人，由进士出身官员中遴选，主管汉文文书。尔后，遂成定制。

与形同虚设的内阁相比，一个是地位显要的特殊机构，一个则是日趋萎缩的冷署闲曹，自然不可同日而语。而内阁中书是七品官，宗人府主事则是正六品。因此，无论是从衙署的重要性讲，还是就官阶品级而言，龚自珍都算升官了。

宗人府的一项重要工作，便是纂修玉牒。所谓玉牒，就是皇室家谱。凡皇族中人，其生死、婚嫁、封爵、继嗣、授职、升调、降革等，平时皆造册报宗人府。然后根据所报材料，登记档案，宗室登入黄册，觉罗登入红册。生者用红笔写，死者则以墨笔写。每隔十年，汇总成册，是为玉牒。清代玉牒，自顺治十三年始修，迄于清亡，凡修二十八次之多。玉牒按尺寸大小，分为大档、小档；按记载格式及内容繁简，又有直格、横格之分；若以文字论，则区别为满文、汉文。此外，还有存档的副本及备查档等。诸本均分别按宗室、觉罗、男名、女名纂修，以帝系为统，长幼为序，按辈依序，载入玉牒。存者朱书，殁者墨书。直格档内容较详，凡宗室、觉罗宗友、房次、封职、姓名、生卒、母妻姓氏等，皆有记录。横格档内容较简，只记宗友、房次、姓名、辈序等。玉牒初定修四份，除送呈御览之一份外，另存宗人府、内院、礼部各一份。后改为一式三份，分置皇史宬、盛京敬典阁及宗人府。

玉牒纂修，专开玉牒馆，书成闭馆。每逢开馆纂修，由正副总裁主持，出任者在宗令、宗正、满汉大学士、内阁学士、礼部尚书、侍郎中遴选。下设总校官一人，由宗人府府丞担任。提调官二人，由府属理事官一人、内阁侍读学士或侍读一人充任。纂修官十一人，由正、副理事官各一人，满主事一人，汉主事一人，翰林院官员三人，内阁侍读一人，礼部司官二人充任。收掌官十二人，由宗人府笔帖式充任。誊录官三十六人，由内阁满汉中书各八人，礼部笔帖式八人，各部院笔帖式十二人充任。

道光十七年春，玉牒馆开馆。龚自珍以宗人府主事出任玉牒馆纂修官。莅任之后，他积极参与草创纂修章程，本欲有一番作为。结果，一次意外的升迁机会，不仅使他离开了玉牒馆，而且也调出了宗人府。

龚自珍的这次升迁机会的获得，还得从年初的京察说起。根据清代选官制度的规定，凡内外官员皆定期由吏部或各地长官进行考核，以作为升迁、降革的依据。对京中官员的考核称作京察，对地方官员的考核称作大计。京察每隔三年举行一次，逢子午卯酉年照例进行。届时，由各部院长官主持，以才干、操守、政绩、年龄为考核内容，对所属官员进行考核。凡分三等，一等为称职，二等为勤职，三等为供职。考核结果报送吏部考功司。列入一等者，除获晋级记名入档册外，还可由吏部官员带领，接受皇帝的召见，史称引见。在皇帝召见时，被引见官员应口述姓名、籍贯、仕宦经历等，经皇帝认可，即能升迁。龚自珍平素口齿伶俐，嗓音哄亮，引见时，他禀报履历一如平时，声音震耳。一旁的官员生怕引起清宣宗反感，都暗自替他担忧。可是清宣宗不但不反感，反倒在他的名字上提笔一挥，画了个红圈，也就是说他可以升官了。关于这次引见，龚自珍后来在《己亥杂诗》中回忆道："齿如编贝汉东方，不学咿嚘况对扬。屋瓦自惊天自笑，丹毫圆折露华瀼。"诗末，他自注说："予每侍班引见，奏履历，同官或代予悚息。丁酉春，京察一等引见，蒙记名。"

龚自珍的祖父、父亲早年都曾经在礼部任职，耳濡目染，朝夕相接，他对其中的掌故颇为熟悉。三月，恰好礼部官员出现一名空缺，作为升迁准备，吏部即把他从宗人府调出，改任礼部主客司主事，兼祠祭司行走。礼部是掌管国家礼仪和学校科举的机构，主客司、祠祭司皆为下设机构。主客司全称主客清吏司，掌管宾礼事务。祠祭司全称祠祭清吏司，掌管祭祀天地、太庙、社稷及帝后丧葬等事务。龚自珍熟谙礼部掌故，自是如鱼得水。四月，吏部奉旨，选派龚自珍出任湖北同知。同知是知府的副手，官阶五品，对于现任六品礼部主事的龚自珍来说，当然是升迁。然而他却不愿到地方去做官，宁可在京中握笔一生，做他所说的秃笔"退锋郎"。可是吏部的任命是奉旨差遣，没有特别的理由，是不能更改的。于是龚自珍绞尽脑汁，多方罗列理由，向吏部上书，请求留京仍在礼部供职。报告是送上去了，吏部的批复却迟迟不下来，龚自珍心乱如麻，唯有借酒浇愁。

十九日，吏部批文仍未有影子，却先来了一个经办此事的下级官员。龚自珍不把此人放在眼里，拒不见面。来人自讨没趣，留了张便札，悻悻而去。便札中提出，龚自珍呈文中申述的理由尚不充分，既然以照应归老在家的父亲为由，而其父远在杭州，并非京城，因而难以成立。来人建议他谎称其父告老在京，吏部即可批准他的请求。龚自珍素来光明磊落，对此拙劣的伎俩嗤之以鼻。当天，他即致书挚友吴葆晋，信中表示："弟宁化异物做同知，而断不愿撒此谎也。"他已下定决心，如若吏部不同意，他只好"俯首就选，投笔出都"。正当龚自珍苦于去留难卜，坐卧不安之际，吏部批复已下，同意他的请求，仍留任礼部主事。恰如他在《己亥杂诗》中于此所写："半生中外小回翔，樗丑翻成恋太阳。挥手唐朝八司马，头衔老署退锋郎。"

经历外放同知风波的冲击，龚自珍对官职的升降与否越发淡泊了。此时，恰好已故陕甘总督杨遇春的后人送来杨氏《中外勤劳录》一册请阅，杨遇春生前以勇武著称，年未四十，须发尽白。龚自珍还顾自己，年届四十有六，而一如当年之杨遇春，须发亦白，颇觉有所慰藉。于是他淡然名利，潜心佛学，致力于释典的校雠，撰为《龙藏考证》七卷。又重定《妙法莲华经》目次，分本迹二部，删七品，存二十一品。刊正历代释典翻译讹误，成《正译》七篇。复述天台宗教义为《三普销文记》七卷。又重辑天台宗典籍《六妙门》，刊刻行世，自署"观实相之者"。还写定法华宗陈朝南岳慧思大师书一种四卷，隋天台智者大师书若干种，唐荆溪湛然大师书若干种若干卷，涅槃宗唐永嘉无相大师书一种一卷，华严宗唐帝心大师书一种一卷，圭峰密大师书一种二卷，题为《支那古德遗书》。他究心大乘派佛说，纂述甚富，现存有目可考的杂著五十余篇。

龚自珍之治佛学，并非消极遁世，一则他是从事佛典校雠，进行学术研究，再则也是对龌龊官场的一种无声的抗争。所以，道光十八年，当他的友人林则徐以钦差大臣前往广东查禁鸦片时，龚自珍特意为文以壮其行，展示了一个杰出爱国者以天下为己任的博大襟怀。

林则徐，字元抚，一字少穆，晚号竢村老人。福建侯官（今福州）人。生于乾隆五十年。嘉庆十六年进士，以翰林院编修，历官江苏按察使和布政使、河东河道总督、江苏巡抚。道光十七年正月，擢任湖广总督。林则徐比龚自珍、魏源年龄略长，嘉庆间，他们在京师即已相识，后来林则徐为官江南，亦多有往还。林则徐莅任湖广之时，正值西方殖民者鸦片贸易猖獗，酿成白银大量外流，清廷焦头烂额，无计可施。当此国弱民贫、外患日深的关头，严格禁绝鸦片的呼声响震朝野。道光十八年闰四月十日，鸿胪寺卿黄爵滋疏请严禁鸦片，吸食者治以死罪。清廷令内外各大臣议奏。五月十九日，林则徐复议，响应以重刑惩治鸦片吸食者，并拟具禁烟章程六条。八月十七日，林则徐再奏湖南、湖北禁烟情况，指出如再不严禁，势必兵弱银尽，后果不堪设想。九月二十三日，清廷召林则徐进京。十一月十五日，林则徐受命钦差大臣，驰往广东查禁鸦片。

在林则徐抵京述职期间，龚自珍曾与之晤面。临行，又赠序一篇。文中，龚自珍提出"三种决定义，三种旁义，三种答难义，一种归墟义"，就禁绝鸦片详尽地阐述了自己的主张。所谓"三种决定义"：其一是说中国历代治国，讲究食货并重，而近期以来，无视鸦片贸易肆虐，以致泛滥成灾，白银大量外流而无法遏止；其二是说吸食鸦片，无异于古人所指斥之"食妖"，必须严惩不贷；其三是说必须以重兵为后盾，做好抵御外侮的准备。龚自珍所说的"三种旁义"：第一，不惟要杜绝鸦片输入，而且其他并不急用的货物，诸如呢绒、钟表、玻璃、燕窝等，亦皆在杜绝入口之列；第二，广州外商，应全部迁往澳门，仅留一贸易场所于广州城内；第三，修整军备，尤当注意火器的制造和使用。对于以上诸条，龚自珍于文中又设答难三条：首先，他指出食同货相比，食固是第一位，货则属第二位，但在堵塞白银外流渠道迫在眉睫的局势下，不讲货贸之法则是不切实际的；其次，杜绝并非急用的洋货入口，关税收入是会减少，但与禁绝鸦片贸易的大局比较起来，毕竟是"所损细，所益大"；再次，禁绝鸦片，驱逐烟贩，是正当的保国防卫，无可非议，与穷兵黩武不可同日而语。对林则徐此行所负使命的艰巨，龚自珍亦有充分估计，因此他接下去借疏解《诗经》中《小雅·出车篇》"忧心悄悄，仆夫况瘁"句，向林则徐提出忠告，建议林则徐警觉身旁的敌人。全篇末了，他满怀信心地向林则徐阐释了"归墟"之义。他说："我与公约，期公以两期期年，使中国十八行省银价平，物力实，人心定，而后归报我皇上。"

林则徐接到龚自珍的赠序，未及一读，匆匆启程。南下途中，他打开龚文细读，不禁激起强烈共鸣，于是命笔复书。信中，林则徐充分肯定了龚自珍所述诸议的价值，他认为旁义之第三条和答难之第三条，皆决然无疑，实可入决定义。林则徐还指出："若旁义之第二，弟早已陈请，惜未允行，不敢再渎。答难之第二义，则近日已略陈梗概矣。归墟一义，足坚我心，虽不才曷敢不勉！"至于龚自珍在文中所提应警惕身旁敌人的建议，林则徐则比龚自珍看得更深刻，他认为问题并不在广东，干扰禁烟者实在朝中。他说："执事所解诗人悄悄之义，谓彼中游说多，恐为多口所动。弟则虑多口之不在彼也，如履如临，曷能已已！"先前在京晤面时，龚自珍曾表示过希望随林则徐南行的意愿，故林则徐复信中于此亦作答道："至阁下有南游之意，弟非敢沮止旌旆之南，而事势有难言者。曾嘱敝本家岵瞻主政代述一切，想蒙清听。"

龚自珍随同林则徐南下广州的愿望虽未能实现，但他离京南旋的打算早经酝酿。这年七月，浙江会稽（今绍兴）有人来京，送给龚自珍一些当地产的茶叶。他颇通品茗之道，在他看来，茶叶以太湖洞庭山所产碧螺春为最好，其次则是会稽平水、花山所产，之后才是龙井。事后，龚自珍就此写了《会稽茶》诗一首，诗前有序云："明年当谒天台大师塔，归路访禹陵旧游，再诣稽山，印之诗以代发愿。"这就是说，至迟在道光十八年七月，龚自珍已有来年还乡之想。恰好也就在此前后，不知是什么原因，他被上司处罚，薪俸皆遭剥夺。龚自珍虽出身富家，但不善理财，加以为人豁达，挥金不惜，当此夺俸的打击，弄得经济状况甚感拮据。无可奈何，只好向友人乞援。送别林则徐之后，他为此南下保定，求助于任直隶布政使的同年好友托浑布。由于托浑布的解囊相助，一来龚自珍一家在京的生活无须发愁，二来他南旋的旅费亦有了着落。留下来的问题，就是等候时机，辞官还乡了。

道光十九年三月，这个机会终于出现。当时，他的叔父龚守正，由都察院左都御史调任礼部尚书，成了他的顶头上司。按照朝廷旧规，父子、叔侄如在同一衙门供职，理当回避。于是龚自珍即以此为由，兼以老父在乡无人照料，呈请辞官还乡。他的要求很快得到批准，四月二十三日便只身离京南旋。

龚自珍为什么要辞官还乡？由于他本人自述原因语焉不详，离京时又不带眷属，仅雇二车，一车自载，一车载书相随。而京中眷属直到同年十一月始接出，且自珍北上迎接家眷，又不入京，而是逗留于京南一百二十里外的固安县。加以当时他就此写的一些诗篇，语意隐约，难释真意。于是后人便横生枝节，随意附会，杜撰出他与宗室内眷顾太清的爱情纠葛来，断言他是因避宗室显贵加害，而狼狈出都。这就是影响久未绝迹的"丁香花案"。

所谓"丁香花案"，系由龚自珍《己亥杂诗》忆丁香花一首引申而出。龚诗云："空山徙倚倦游身，梦见城西阆苑春。一骑传笺朱邸晚，临风递与缟衣人。"诗末，龚自珍还加上了如下注语："忆宣武门内太平湖之丁香花一首。"于是后人的猜测之词便引而出之。既然是"朱邸"中人，宅邸又在宣武门内太平湖，则非顾太清莫属，龚、顾恋情经后人铺衍，即由此不胫而走，最终演成"丁香花案"。

关于"丁香花案"的来龙去脉，已故清史专家孟森先生有过详细考辨。据孟先生考证，顾太清确系宗室内眷，她是清高宗曾孙奕绘的侧室。奕绘，号太素道人，又号幻园居士，笃好风雅，著有《明善堂集》。他生于嘉庆四年，后以贝勒袭其父爵。道光五年，授散秩大臣。六年，管理宗学。十年，管理御书处及武英殿修书处，同年冬，授正白旗汉军都统。十五年，因故罢官闲居。十八年病卒，年仅四十岁。顾太清与其夫同年出生，亦为满人，族望曰西林，名春，字子春，号太清，自署太清西林春，世称太清春。她一如其夫，工于词翰，颇嗜吟咏，结为《天游阁集》刊行。太清不但丰于才，貌尤极美，自是招人耳目。她曾认刑部侍郎许乃普之母为义母，因而喜与朝士中杭州人家眷往来。而龚自珍夫妇亦是杭州人，所以孟先生认为："内眷往来，事无足怪。一骑传笺，公然投赠，无可嫌疑。"至于龚自珍之写此诗，孟先生则同样认为不足为奇，他说："盖必太清曾以此花折赠定公之妇，花为异种，故忆之也。"

为了证明龚、顾恋情的纯属子虚乌有，孟先生还对奕绘死后，其嫡出长子载钧与太清不和，威逼太清迁出太平湖宅邸的始末做过考证。据孟先生所考，由于家难骤起，太清春已无法在旧邸安身，遂卖金凤钗购宅一处，于道光十八年十月二十八日自太平湖迁出。新宅在城西平则门附近的养马营，与太平湖旧邸已相去数里。太清迁居养马营，此时龚自珍尚在京中，如果他们之间有恋情，自珍于此不会不知道。因此，他离京南旋，作诗怀念恋人，就应当写养马营，而不该写太平湖。所以孟先生于此得出结论："诗自忆花，乃与其人无预，可以推见。"

至于道光十九年龚自珍离京后，又于同年冬北上迎接眷属出都，之所以不入京城，孟森先生则依其秉性立论，认为："定公清兴所至，原难以常理论。"孟先生之所见，确非无根据的揣测。由于个人遭际的缘故，龚自珍的为人，跅弛不羁，实不可以寻常礼法论。正如他早先为友人王昙撰墓铭所言："其一切奇怪不可迹之状，皆贫病怨恨，不得已诈而遁焉者也。"其实，这既是深知王昙之论，也是自珍一己个性的真实写状。此时，他已决意绝迹官场，故以不入京城来明其心迹，这在情理上和实际上都是全然说得过去的。这样的事例，历史上不乏其人。即以清人而言，清初大儒顾炎武即是一例。入清以后，顾氏对故明深怀眷念，断不与清廷合作。康熙十七年（1678），清廷诏举博学鸿儒，意欲罗致炎武于彀中。顾氏闻讯，严辞拒绝，至以死抗。为了表明决心，从此不入都门一步，最终客死山西。龚自珍深知顾炎武其学其人，步趋顾氏也不是不可能的。因此，龚自珍之所以接眷而不入都门，又在《己亥杂诗》中明言行止，留下了"任丘马首有筝琶，偶落吟鞭便驻车。北望觚棱南望雁，七行狂草达京华"；"房山一角露棱嶒，十二连桥夜有冰。渐近城南天尺五，回灯不敢梦觚棱"一类诗篇，与其说是对某一个宗室显贵加害的畏惧，倒不如说是对整个黑暗官场的憎恨！然而诗人无力去与当权者的倒行逆施抗争，唯有以此来作无声的抗议！

对于"丁香花案"制造者的所谓龚自珍"狼狈出都"一说，孟森先生则历举龚自珍行前的诸多活动为据，予以有力否定。首先，关于此次出都，龚自珍的《己亥杂诗》言之甚明。其第四首有云："此去东山又北山，镜中强半尚红颜。白云出处从无例，独往人间竟独还。"自珍于诗末自注道："予不携眷属僮从，雇两车，以一车自载，一车载文集百卷出都。"试问，如系仓皇出都，岂能载书自随？其次，行前，云南石屏人朱䏲进京谒见宣宗，朱氏与自珍为道光九年同年进士。朱见自珍经济窘迫，慷慨解囊，为之治理行装，始依依道别。于此，亦可见并无丝毫仓皇貌。再次，当时，与龚自珍有同年之谊的在京为官者，共五十一人，临行，有八人赶来相送，其挚友吴葆晋更出城等候，依依不舍，洒泪而别。龚自珍在诗中写得很清楚："五十一人皆好我，八公送别益情亲。他年卧听除书罢，冉冉修名独怆神。"他于诗末自注云："别南丰刘君良驹、南海桂君文耀、河南丁君彦俦、云南戴君绚孙、长白奎君绶、闽黄君骧云、江君鸿升、枣强步君际桐。时己丑同年留京五十一人，匆匆难遍别，八君及握手一为别者也。"除此之外，龚自珍后来赋诗作别的，不仅有汉官，而且有满蒙官员，甚至是宗室王公。他的《别共事诸宗室》诗云："联步朝天笑语馨，佩声耳畔尚泠泠。遥知下界觇乾象，此夕银潢少客星。"而《别镇国公容斋居士》诗则详加题注道："居士，睿亲王子，名裕恩。好读内典，遍识额纳特珂克、西藏、西洋、蒙古、回部及满、汉字。又校定全《藏》。凡经有新旧数译者，皆访得之，或校归一是，或两存之，或三存之。自释典入震旦以来，未曾有也。"宗室诸公，早先与龚自珍同在宗人府共事，而镇国公裕恩，则是他治佛学的挚友。倘若龚自珍与奕绘贝勒遗孀有不正当关系，诸宗室贵族岂能容他？当然自珍也无必要赋诗作别了。足见，龚自珍之辞官还乡，既非仓皇出走，亦无任何狼狈样。正如孟森先生所说："似此则从容出都，与人无忤，安有如世之所传，避仇出走之情事。宗室尤多相契，可知蜚语之无因。"

既然龚自珍的离京南旋并非避仇出走，那么又是什么原因驱使他辞官还乡呢？关于这个问题，在他故世后，其友人汤鹏有过涉及。汤鹏曾赋诗赠龚自珍的生前好友朱䗫，其诗云："我怜朱太守，风格迈时流。为政心如水，论交气得秋。乾坤几胶漆，悲喜集舠筹。苦忆龚仪部，筵前赋白头。"诗中，汤鹏于"龚仪部"后加注说："往时丹木（朱䗫字——引者）入都，正值定盦舍人忤其长官，赋归去来。今舍人已下世矣。"这就是说，龚自珍当年的辞官还乡，乃是因为得罪了上司。汤鹏与魏源是同乡，同龚自珍也是挚友。汤鹏，字海秋，湖南益阳人。生于嘉庆六年（1801），卒于道光二十四年（1844）。道光三年，他考中了进士，先是在礼部任主事，随后又擢任山东道监察御史。十五年十月，因上疏奏请处分宗室载铨，被清宣宗斥为不知事体轻重。御史当不成了，就仍回礼部作他的主事。他能诗善文，著有《浮丘子》《海秋诗文集》和《七经补录》等。汤鹏诗结集刊行在龚自珍生前，他曾送请自珍评阅，自珍喜其直抒胸臆，个性鲜明，评为一个"完"字。对于这个"完"字，龚自珍解释说："海秋心迹尽在是，所欲言者在是，所不欲言而卒不能不言在是，所不欲言而竟不言，于所不言求其言亦在是。"可见二人相知之深。龚自珍离京时，未及辞行。南旋途中，他特为赋诗作别，诗云："觥觥益阳风骨奇，壮年自定千首诗。勇于自信故英绝，胜彼优孟俯仰为。"

汤、龚二人交友多年，汤鹏述龚自珍辞官原因，自然要比那些捕风捉影之说可靠。尽管汤鹏一笔带过，并未具体讲明因何事而得罪何人，然而揆诸龚自珍为官以来的经历，所述应属不诬。

一如前述，道光元年，进入官场伊始，龚自珍即以职位卑微的内阁中书而上书国史馆总裁。姑且不论所议之是否妥当，在严格讲究身份等级的封建官场，上书本身就无异于一种越权之举，因而主管官员是不会欣赏的。这封长达五千言的信，后来被上司删存二千言，道理就在于此。这件事对于试图一露头角的龚自珍来说，无疑是一个打击。其弦外之音则是在警告他，不可狂躁，还是收敛一些好。然而龚自珍于此似未觉悟。道光九年，他考中进士，在谋求进入翰林院的朝考中，所拟《御试安边绥远疏》竟然口出大言，声称："虽有重臣宿将，老于西事之人，为我皇上直陈得失，无以易此。"如此锋芒毕露，岂能不招人嫉恨！同年十二月初一日，他又上书主持内阁事务的大学士，就内阁整顿事宜提出六条建议：第一条，内阁大学士必须名副其实到衙署阅示文件，否则形同虚衔，不如奏请改订《大清会典》；第二条，应该分清内阁与军机处的关系，军机处为内阁的分支，而内阁并非军机处的附庸；第三条，侍读权限不宜太重；第四条，增设汉侍读一员，专任典籍厅掌印官，以分满官之权；第五条，恢复开馆修书旧规，中书应任纂修官，不可为分校官；第六条，内阁一应礼仪体制应当划一。这六条建议，不仅关乎内阁自身的整顿，而且涉及整个朝廷体制的变更，尤其是所议军机处一条，事体重大，实非一内阁中书所当言。龚自珍的畅言无忌，自然是不合时宜的。而且他的信中竟然称："大学士既不直日，又不到阁看本，终岁不召见，又不趋公，与冗食需次小臣何以异！"此类尖锐的措辞，更是为当朝大吏所不可能容忍的。

道光十八年正月，龚自珍已调礼部主客司任主事一年，他一如早先之在内阁，又上书礼部尚书，就若干紧要部务提出建议。所议第一条，鉴于《礼部则例》已二十三年未修，嘉庆间所修极多舛错，应于当年夏开馆重修；第二条，礼部风气日坏，应以尚书、侍郎到衙署办公为表率，挽救颓风；第三条，祠祭司应分股办公，既人有其责，又可造就人才；第四条，主客司应从速整顿，明确执掌，不可让四译馆监督侵权。以上四条，虽皆出以公心，意在整顿部务，但既非尚书，亦非侍郎，出此统筹全局之议，则在旧官场中难免僭越之嫌。主持部务的长官如非虚怀纳谏，从善如流者，自然没有这个器量去接受它。龚自珍当年的被夺俸处分，虽然原因不详，但应与他在礼部长官心目中所留下的轻狂印象是分不开的。

薪俸被夺，经济拮据，招人嫉恨，积郁难抒。严酷的现实所留给龚自珍的选择，唯有一条，那就是拔足而去，辞官还乡。这年夏天，他的南旋之念已经形成。第二年三月，其叔父出任礼部尚书，又给他提供了辞官的良机。于是龚自珍终于把愿望变成现实，毅然离开了令他窒息的龌龊官场。所以，前人于此制造的疑案应予澄清，龚自珍道光十九年四月的南旋，绝非为躲避仇人加害而出走。正如孟森先生于此所论："定公因忤长官而去。……其行又以尊人闇斋先生年逾七旬，从父文恭公适任礼部堂上官，例当引避，乃乞归养耳。"

七、《己亥杂诗》绝笔美

道光十九年（1839）四月二十三日，龚自珍辞别妻子儿女，只身先期南旋。他雇得马车二辆，一辆自载，一辆载书相随，取道陆路而行。出城门七里，远远望见前方小桥上有一人等候，走近一看，原来是挚友吴葆晋专程到此送行。葆晋早在桥上设置茶案，二人以茶作酒，洒泪而别。吴葆晋，字佶人，号虹生，河南光州（今潢川县）人。道光九年进士，时在户部任主事。后官江宁知府，巡盐道、江苏淮海道等。著有《半舫馆填词》，又名《半花阁诗余》。龚、吴二人为莫逆之交，且经历极为相似。嘉庆二十三年（1818）同中举人，道光九年同为进士，又同出王植门下。早先同在内阁供职，后又因朝考不及格而同放外官。二人皆不愿离京，最后同回原署供职。南归途中，龚自珍曾就此赋诗抒怀，诗云："事事相同古所难，如鹣如鲽在长安。自今两戒河山外，各逮而孙盟不寒。"诗末，他特为自注："光州吴虹生葆晋，与予戊寅同年，己丑同年，同出清苑王公门，殿上试同不及格，同官内阁，同改外，同日还原官。"

一路顺风，五月十二日已抵达江苏清江浦（今清江市）。后登舟而行，沿运河南下，倏尔便是扬州。扬州素为江南一大都会。它虽地处长江北岸，但就经济、政治、地理、文化诸方面而言，则历来都被人们归诸江南范畴之中。自隋炀帝开通大运河，扬州因当运河与长江之汇合要冲而成为南北一交通枢纽。唐代，海外贸易兴起，这里又是一重要港口。迄于明清，随着江南商品经济的发展，尤其是两淮盐业的繁荣，显赫一方的两淮盐运使衙署即设置于此。商贾骈阗，车马辐辏，其经济地位更形突出。龚自珍早年曾到过扬州，当时这里尚是一派繁荣，正如他当年的《过扬州》诗所写："春灯如雪浸兰舟，不载江南半点愁。谁信寻春此狂客，一笻一偈到扬州。"二十年弹指而过，如今又是何种气象呢？记得去年，一礼部同官谈起扬州近况，据称今非昔比，一片荒凉，与南朝文豪鲍照《芜城赋》所写别无二致。龚自珍将信将疑，亟欲弄个明白。

住定之后，稍事休息，他登上附近的小丘一看，三十里扬州古城，尽在眼里。经过连日雨水的洗刷，屋瓦鳞鳞，洁净清新，并无丝毫断壁残垣之态。于是他开始怀疑京中所闻的是否可信。随后，龚自珍信步蹀入闹市，熙来攘往，叫卖声回荡耳际，依然是当年旧貌。入夜，他买回熟肉，馆主备好酒，开怀畅饮，醉而高歌，直到惊醒了对岸的女子方才尽兴安歇。次日，他乘舟漫游，只见两岸园囿、酒肆相接，二十年前住过的西园景色依旧，至此，他不再相信去年京中之所闻了。郊游归来，龚自珍抵达扬州的消息已经传开，于是他下榻的馆舍门庭若市。前来会晤者，既有以知府衔和知县在此地做官的同年友人何俊、卢元良，也有昔日好友魏源、秦恩复等，还有慕名而来的远近文士。或询京师近况，或以经义疑难请教，或论史事曲直，或请撰序题辞，以文会友，高朋满座，依然嘉庆年间故态。然而毕竟已经时移势易，歌舞升平、笙歌达旦的盛况一去不可复返，当年在此赋诗吟唱的友人宋翔凤亦为官在外，存亡未知。扬州的盛衰、友人的聚散，不禁使龚自珍生发出今昔变迁、时不再来之想。他因之喟叹："余齿垂五十矣，今昔之慨，自然之运，古之美人名士，富贵寿考者几人哉？"不过，对于目前自己的处境，龚自珍并未绝望。他认为眼下虽因旅费拮据而在此向友人借贷，但还是可以有一番作为的。于是他欣然命笔，写下《己亥六月重过扬州记》一篇。文中，他把扬州和自己皆比作初秋时节，他说："天地有四时，莫病于酷暑，而莫善于初秋。澄汰其繁缚淫蒸，而与之为萧疏澹荡，泠然瑟然，而不遽使人有苍莽寥沈之悲者，初秋也。今扬州，其初秋也欤？予之身世，虽乞籴，自信不遽死，其尚犹丁初秋也欤？"

由于得到同年好友何俊、卢元良的接济，龚自珍在逗留扬州期间，生活得十分惬意。当时，前任体仁阁大学士阮元告老还乡，就住在扬州。阮元，字伯元，号芸台，卒谥文达，江苏仪征人。生于乾隆二十九年（1764），卒于道光二十九年（1849），享年八十六岁。乾隆五十四年进士，由翰林院编修历官礼、兵、户、工诸部侍郎，浙江、江西、河南等省巡抚，湖广、两广、云贵总督，官终体仁阁大学士。道光十八年，以大学士衔退休。龚自珍与阮元早年在京交往，二人皆好金石考古之学，龚自珍佩服阮元的博学多识，阮元也喜自珍诗文的奇奥，还请他代笔作过应酬文章。如今龚自珍来到扬州，自然要去拜谒这位忘年之交。当时阮元已是七十六岁高龄，见龚自珍翩翩而至，真是喜出望外。据说，阮元在家深居简出，平日有人以琐事打搅，一概推托为耳聋，不愿接谈。而与龚自珍相会，则谈兴极浓，不唯从早到晚毫无倦色，而且耳聪目明，无话听不见。他为人节俭，简直近乎吝啬，可是盛情款待龚自珍，则不惜破费，极尽阔绰。龚自珍与阮元的这次晤面，很快在扬州传为美谈，一时文士多戏谑阮元道："阮公耳聋，见龚则聪；阮公俭啬，交龚必阔。"事后，龚自珍还专门写诗以作纪念，诗云："四海流传百轴刊，皤皤国老尚神完。谈经忘却三公贵，只作先秦伏胜看。"阮元一生精研经籍，提倡学术，在浙江设立诂经精舍，在广州创办学海堂，作育人才，开启风气，其功甚大。所校刊之《十三经注疏》，汇刻之《学海堂经解》，辑纂之《经籍纂诂》等，不胫而走，流布海内。一部《揅经室集》，则犹如百川汇海，包罗古今。龚自珍对此推崇备至，凝练为"四海流传百轴刊"的诗句。而与老先生讨论经学问题，是那么的投机，以致忘却了阮元是位至三公的当朝显贵，竟把他只看作西汉初年的著名经师伏胜。可见这次会晤给龚自珍留下的印象是何其美好了。

扬州逆旅之令龚自珍难忘，与阮元的会晤是第一件事。第二件事，则是结识客居于此的太仓文士邵廷烈。邵廷烈，字伯扬，一字子显，江苏镇洋（今太仓）人。廪贡生，此时在扬州任县学教谕。邵氏留意乡邦文献，辑为《太仓先哲丛书》，上起南宋，下迄乾隆，太仓一州数百年文献网罗殆尽，共八帙五十六部。该书又称《娄东杂著》或《棣香斋丛书》。龚自珍抵达扬州后，邵即持该书请他撰序。龚自珍的父亲早年为官太仓，那时就已开始注意一方文献的收集，龚自珍也为之做过努力。如今成书已在案前，自然倍感亲切，于是他慨然应允，为邵书写了一篇序言。文中，龚自珍赞誉邵廷烈为他南旋以来"所见第一士"，把邵氏赠书亦目为"渡河第一乐"。他呼吁江南各地的文士起而效法邵廷烈，致力于一方文献的董理。他指出："江左百数州县耳，使一州有一邵子显，各纂其州，予限七年，此事何患不成！"龚自珍不仅倡导他人如此做，他亦明确表示将以邵廷烈为榜样，以从事著述来终其余生。他在序末于此写道："曩予营别墅于昆山县，距太仓一舍，天如予我以萧闲，著述于其中，当效邵君之所为，且挐舟商榷之。"后来，他又赋诗一首，专记此事，诗云："家公旧治我曾游，只晓梅村与凤洲。收拾遗闻浩无涘，东南一部小阳秋。"这就是说，龚自珍认为自己以往对太仓文献知之太少，无非晓得个明代嘉靖年间的王世贞、清代顺治康熙年间的吴伟业罢了。若要论网罗一方文献之功，还是当推邵廷烈，一部《太仓先哲丛书》，实际上就可以作为一方的史书来读。

六月十五日，龚自珍告别扬州，南渡长江，经镇江抵达江阴。在这里，他拜谒了神交多年的李兆洛。李兆洛，字申耆，号养一，江苏阳湖（今常州）人。生于乾隆三十四年（1769），卒于道光二十一年（1841），终年七十三岁。嘉庆十年进士，官安徽凤台知县，后居父丧不出，课徒著述以终老，主持江阴暨阳书院讲席将近二十年。学问极博，经学、史学、天文、地理、历算、音韵、训诂等，皆所究心，尤工诗、古文，为清中叶阳湖古文派的代表人物之一。著有《养一斋文集》等。龚自珍久已仰慕李兆洛，曾有书札互通音问，早在道光七年所写《常州高材篇》一诗中，即说过："所恨不识李夫子（申耆——原注），南望夜夜穿双眸。曾因陆子（祁生——原注）屡通讯，神交何异双绸缪。"李兆洛亦视龚自珍为后生可畏，将他与魏源并举，誉为"绝世奇才"。据云："默深初夏过之，得畅谈，又得读《定盦文集》。两君皆绝世奇才，求之于古，亦不易得，恨不能相朝夕也。"神交多年，终得握手，龚自珍为之激动不已，于是在此时所写的诗篇中留下了"江左晨星一炬存，鱼龙光怪百千吞"的诗句，对李兆洛极尽赞美。

由江阴而南，进入苏州。途中，龚自珍日夜思念故友顾广圻，竟然与之在梦中相会，喜极而醒，怅然若失。于是得诗一首："万卷书生飒爽来，梦中喜极故人回。湖山旷劫三吴地，何日重生此霸才？"顾广圻，字千里，号涧蘋，江苏元和（今吴中）人。他早年不事举业，专意读书，年三十始补为博士弟子员。读书数以万卷，博学通贯，尤工目录校雠之学，独步一时，最称专精。所校勘古籍多达数十种，自著有《思适斋文集》。生于乾隆三十一年（1766），卒于道光十五年（1835），终年七十岁。道光元年春，龚自珍与顾广圻在苏州相识，后二人就古籍校勘屡有书札往还。九年，龚自珍致书相约，以五年为期，南归晤面。顾广圻复书表示："敢不忍死以待。"五年后，自珍爽约未归，广圻亦在道光十五年病卒。逝者如斯，友人已去，三吴大地何时又才能挺生如此博学多识的"霸才"呢？龚自珍亟感时事艰危，人才匮乏，唯有仰天长叹而已。所幸广圻之子镐尚能守其父业，听说其父生前友好远道南来，便以广圻遗著《思适斋笔记》请龚自珍一阅。龚自珍极端佩服顾广圻的学识，他认为广圻是西汉刘向以后，校勘学中的一大宗匠，远非宋代目录学家陈振孙、晁公武所能相比。早先京中传闻，广圻死后，其学已无传人。如今看到广圻子虽贫，犹妥善保存其父遗著，深感慰藉，于是再赋诗一首："故人有子尚饘粥，抱君等身大著作。刘向而后此大宗，岂同陈晁竟目录。"

苏州是龚自珍的外祖父家所在地，故而他早年多在此地过往。自道光六年北上京城，十四年未曾南归。如今故地重游，昔日亲朋旧友，多已逝去。龚自珍一一赋诗凭吊，用以寄托哀思。友人宋翔凤为官湖南，久不得归，龚自珍亦赋诗一首抒发怀念之情。诗云："玉立长身宋广文，长洲重到忽思君。遥怜屈贾英灵地，朴学奇才张一军。"在诗题自注中，他特地写道："奇才朴学，二十年前目君语，今无以易也。"在苏州，龚自珍遇到了昔日的褓姆金老太太。老人家虽已八十七岁高龄，但头脑清晰，龚家数十年往事，一件件都在她的记忆之中。龚自珍既感激老人家童年的养育之恩，又想起了去世多年的母亲，于是得诗一首："温良阿者泪涟涟，能说吾家六十年。见面恍疑悲母在，报恩祝汝后昆贤。"

苏州之与杭州，相去近在咫尺，由水路三日便可到达。七月初六，龚自珍离开苏州，初九即抵家门。他四月二十三日出都，一路且行且住，回到杭州，已经是两个半月以后了。而他离京时所赋留别诸友诗，早已插翅而飞，先期南传，所以一时杭州文士中有"诗先人到"之谣。回到故里，七十三岁的老父问长问短，天伦之乐将旅途劳顿迅速涤去。龚自珍一如在扬州之所遇，亲朋故旧，纷纷登门，或设宴洗尘，或讨论诗文，或结伴远足，或商议接眷，就这样忙了一个多月。直到九月初，他始北上江苏昆山，修整羽琌山馆，安排北去迎接家眷的事情。羽琌山馆为康熙间名臣徐秉义旧宅，早年为自珍父购得，置为别墅。龚自珍大概不善安排此类事情，所以一应事宜都请友人陈奂前来商议。陈奂，字倬云，号硕甫，一号师竹，晚号南园老人。江苏长洲（今苏州）人。生于乾隆五十一年（1786），卒于同治二年（1863），享年七十八岁。他一生潜心经学，早年从江沅学古文字，后又出段玉裁门下，为段氏校订《说文解字注》。以治《毛诗》最称专精，著有《诗毛氏传疏》等。

与陈奂经过周密的筹划，昆山别墅的修整有了眉目，尤其是北上接眷一事，亦有了妥善安排。九月十五日晨，龚自珍离杭州北行，经苏州、扬州，于九月二十五日再抵清江浦。在此，他一住便是十天，而且用他自己的话来说，叫作"醉梦时多醒时少"。既然是北上迎接家眷，何以要在清江浦长住十日？原来，其中有一段龚自珍的曲折恋情。夏初南旋，他曾于五月中在清江浦逗留。在这里，龚自珍与年轻的妓女灵箫一见钟情，他决意要为灵箫赎身，娶之为妾。正如他当时留下的诗篇中所写："天花拂袂著难销，始愧声闻力未超。青史他年烦点染，定公四纪遇灵箫。"初度定情之后，他在另一首诗中又写道："一言恩重降云霄，尘劫成尘感不销。未免初禅怯花影，梦回持偈谢灵箫。"返抵杭州，后至昆山，之所以请陈奂一道筹划，为迎娶灵箫做出妥善安排无疑是一个重要内容。因为当时龚自珍的何夫人健在，家中尚有一妾，如今又要再娶灵箫，何夫人留居京城，一无所知，到时候如何交代？即使何夫人被迫同意，又将灵箫安顿于何处？这些问题牵涉日后的家庭生活能否和睦，龚自珍虽然洒脱，但亦不敢怠慢。后来经与陈奂商定，如灵箫娶回，即留住羽琌山馆。当时他在昆山所写的诗篇，即有这方面的内容。其一："灵箫合贮此灵山，意思精微窈窕间。丘壑无双人地称，我无拙笔到眉弯。"其二："此是春秋据乱作，升平太平视松竹。何以功成文致之？携箫飞上羽琌阁。"然而，这样的安排灵箫又是否同意呢？于是当面征求她本人的意愿便成为北上途中必须解决的问题。

不过事情的进展并不如龚自珍所设想的那么顺利。灵箫本为苏州良家女子，后沦落为娼，始北来清江浦谋生。她生性聪慧，口齿伶俐，能诗善文，气度不凡，为自己的前途计，不愿轻易托身于龚自珍。于是二人间为此讨价还价，若即若离，别别扭扭，十天的时间就这样一晃而过。龚自珍索性欲擒故纵，拂袖而去。十月六日，分明灵箫已致书道歉，且于当天清晨派人传话，她将前来送行，但是龚自珍却有意回避，不辞而别。与灵箫的这次为期十天的商谈，就此不欢而散。等到渡过黄河，龚自珍再频频寄诗谢罪，悔之已晚。

北渡黄河，很快便进入山东。早年龚自珍南来北往，屡次经过兖州，都没有能够到曲阜去一谒孔子大庙。这时，他想到自己已经著述有成，道光三年有《五经大义终始论》，十二年有《群经写官答问》，十三年则相继成《六经正名论》《古史钩沉论》，拜谒孔庙也可问心无愧了。于是，他先后斋戒于南沙河、梁家店，以示对孔子的虔诚敬仰。进入孔庙之后，他见到了乾隆年间清高宗颁赐的十种珍贵祭器，并一一将祭器铭文摹拓。对于孔庙中两廊下所设置的历代儒者神主，龚自珍则根据自己的取舍标准，或拜，或揖，有的人他甚至连一揖也不给。正如他当时留下的诗篇所言："少为贱士抱弗宣，壮为祠曹默益坚。议则不敢腰膝在，庑下一揖中夷然。"龚自珍先前在京为官时，曾经应曲阜孔子后人孔宪彝之请，为宪彝母撰写过墓志铭。有此一段交情，所以尽管当时孔宪彝在京未归，宪彝弟宪庚亦接龚自珍至家中下榻，盛情款待。孔氏兄弟为家学濡染，工于诗文，恰好此时的曲阜知县王大淮又是自珍的同年，大淮及其弟大埙，其子鸿，亦皆工诗。得此诗友终日相陪，诗文唱和，其乐无穷。临别，孔氏兄弟叔侄、王氏父子兄弟又为他设宴饯行。此时虽届初冬时节，但孔庙外瞿相圃竟然一枝蜡梅绽开，孔宪庚摘以为赠，伴龚自珍北行。

曲阜三日，倏尔而过。离开曲阜，冬雪初降，道路泥泞。龚自珍冒雪北去，艰难跋涉，苦不堪言。十一月初，进抵河北任丘。他遣一仆人携家书进京接眷，自己则在任丘住了下来。数日后，接长子橙来信，请他再往北行。于是龚自珍继续北上，经雄县进抵京南一百二十里外的固安，便在此等候家眷。二十二日，何夫人携二子、二女离京，夫妻父子别后团聚，喜而南归。一路兼程，十二月初，又到清江浦。此时，龚自珍依旧眷念着灵箫，可是一经打听，才知道恋人早已返归苏州，闭门不出了。他无限怅惘，登舟南行，经镇江、无锡，于二十六日返抵昆山羽琤山馆，合家就此居住下来。

龚自珍是一个才气横溢的诗人，在当时的学术舞台上，他一直以能诗著称。自十五岁开始写诗，迄于四十七岁，逐年编选，已成二十七卷之多。虽然由于个人遭际的曲折，每每发愿戒诗，但习性已成，屡屡破戒。道光十九年初，他又决意戒诗，结果言为心声，欲戒不能，以告别京中诸友的诗篇肇始，信笔写去，竟一发而不可收拾。在南北往返的八个月中，他每日皆有诗作。或日一首，或日数首，凡成一首则置于破簏之中。二十年春，发簏一看，居然积有三百一十五首之多。于是他稍加排纂，便成了著名的诗史《己亥杂诗》。

道光十九年为干支纪年的己亥年，此三百一十五首诗皆系自四月二十三日出都至十二月二十六日返抵昆山别墅所写，名从实出，故取己亥冠题。其间，有留别京国之诗，有关津乞食之诗，有回忆昔日友好之诗，既写个人遭际、南北见闻，又述家世、生平，还有情天恨海的波澜起伏。内容繁富，无所不包，称之为杂诗倒也名副其实。唯其如此，所以它是集中反映龚自珍生平和思想、情趣的自叙诗。《己亥杂诗》皆为七言绝句，诗如其人，真实无伪，绝弃雕琢，奇思妙想，灼人光华，皆寄寓于真情实感之中。无论是技巧的娴熟，意境的清新，还是立足现实的时代气息和震撼人心的深邃思想，都使之成为中国诗歌史上一部罕见的大型组诗。

全诗开宗明义，四句心声若涌泉喷出："著书何似观心贤，不奈卮言夜涌泉。百卷书成南渡岁，先生续集再编年。"龚自珍以此昭告友人，自己虽辞官出都，但绝无丝毫颓唐，更不会向恶势力低头。他深信自己日后将继续对社会做出贡献，此种心境见于诗句，便是："落红不是无情物，化作春泥更护花。"早在二十多岁的青年时代，龚自珍即已写出了《明良论》《乙丙之际著议》等倡导社会变革的雄文，长期的仕宦生涯，消磨了诗人的雄锐之气，如今是锤炼它，使之重放光芒的时候了。所以，龚自珍在诗中唱道："廉锷非关上帝才，百年淬厉电光开。先生宦后雄谈减，悄向龙泉祝一回。"《己亥杂诗》中的这些篇章，真实地道出了龚自珍此时的心境，是始终贯穿全诗的脊梁。当年为龚自珍抄写《己亥杂诗》的新安女诗人程金凤，之所以认为绝不能以"行间璀璨，吐属瑰丽"来评价这部杰作，道理正在于此。慧眼识人，不愧为龚自珍的知音。

龚自珍是一个志存经世的诗人，因而在他的《己亥杂诗》中，关心国运盛衰，系念民生疾苦，忧国忧民的篇章随处可见。途经河北大地，他以"满拟新桑遍冀州，重来不见绿云稠。书生挟策成何济，付与维南织女愁"的诗句，道出了地方大吏未能采纳他的建议而植桑养蚕的忧虑。在黄河渡口清江浦，龚自珍夜闻赶运漕粮的纤夫号子声，心如刀绞，潸然泪下。"只筹一缆十夫多，细算千艘渡此河。我亦曾縻太仓粟，夜闻邪许泪滂沱。"一曲《五月十二日抵淮浦作》，唱出了诗人对人民疾苦的深切同情。北方光景已经如此，素以富庶著称的江南也是每况愈下，由于沉重的赋税盘剥，迫使穷苦农夫离乡背井，后果不堪设想。于是龚自珍在诗中写道："不论盐铁不筹何，独倚东南涕泪多。国赋三升民一斗，屠牛那不胜栽禾。"如果说穷苦农夫的离乡背井在当时的农村尚未形成大规模的灾害，那么城市中鸦片烟毒的泛滥，则已是一个无比严峻的现实。《己亥杂诗》于此作了反映，"津梁条约遍南东，谁遣藏春深坞逢。不枉人呼莲幕客，碧纱㡡护阿芙蓉。"这说的是吸食鸦片之所以久禁不止，关键就在于官署中人即是吸毒成癖者。龚自珍对这些败类痛加鞭挞道："鬼灯队队散秋萤，落魄参军泪眼荧。何不专城花县去，春眠寒食未曾醒。"目睹如此严重的社会问题，龚自珍痛感恶势力阻挠自己随林则徐南下广州禁烟，他在诗中写道："故人横海拜将军，侧立南天未蒇勋。我有阴符三百字，蜡丸难寄惜雄文。"龚自珍敏锐地看到，此时的清王朝积弱不振，危若累卵，已经到了非进行变革不可的时候了。所以他说："卿筹烂熟我筹之，我有忠言质幻师。观理自难观势易，弹丸累到十枚时。"有鉴于此，龚自珍大声疾呼，打破令人窒息的沉闷格局，让千千万万救国之才挺生其间。于是他喊出了全诗的最强音："九州生气恃风雷，万马齐暗究可哀。我劝天公重抖擞，不拘一格降人才。"

龚自珍的《己亥杂诗》仿佛是蕴藏极富的巨大矿床，采掘的人们可以从中去尽情索取。因此，这部组诗结集伊始，即以抄本流传。道光二十年夏，刻本行世，就更是不胫而走，远播南北。在清代诗歌史上，《己亥杂诗》以其立足现实、直抒胸臆的洒脱诗风，一扫形式主义的拟古积习，为尔后黄遵宪等诗坛大家的崛起开启了先路。其影响所及，迄于清末民初而历久不衰。由于在《己亥杂诗》之后，龚自珍未及写出其他有分量的著述便遽然长逝，因而这部大型自叙诗就成了他的辞世绝笔。

龚自珍生命的最后岁月，几乎是平淡无奇的。在将家眷于昆山别墅安顿停当之后，整个道光二十年，他的身影皆频繁出没于南京、苏州、昆山间。龚自珍文士习气极重，旷达不拘，喜近女色。南京的秦淮河上，苏州的沧浪亭中，虽然不乏与之以诗酒消遣的名士妓女，但是他始终不能忘情于灵箫。日夜所思念者，便是如何将她赎出，娶回为妾。这年九月，龚自珍游南京，一些友人即促其南归，尽快了此心愿。临行，一友人托寄家书，赋《金缕曲》一阕作别，词中即写道："名士高僧何足算，有倾城解佩成知己。题艳句，绿窗里。"所谓"倾城知己""题句绿窗"据词人自注，即"谓阿箫校书"。龚自珍此时所写《台城路》一词也表示："催我归舟，鸳鸯牒紧，莫恋闲鸥野鹭。青溪粥鼓，道来岁重寻，须携箫侣。"而这首词的题注也交代甚明："同人皆询知余近事，有以词来赆者，且促归期。良友多情，增我回肠荡气耳。"大概就是在这个时候，龚自珍南抵苏州，如愿以偿，娶了灵箫。关于这个问题，龚自珍离南京前书《己亥杂诗》第二七六首赠友，曾有一段自注，据称："作此诗之期月，实庚子（即道光二十年——引者）九月也。偶游秣陵小住，青溪一曲，萧寺中荒寒特甚，客心无可比似。子坚以素纸索书，书竟，忽觉春回肺腑，掷笔挐舟回吴门矣。"刘逸生先生注此诗，认为"所谓回吴门，就是到苏州去替灵箫脱籍"，并以《上清真人碑书后》，龚自珍特意书有"姑苏女士阿箫侍"七字来证成此说。

龚自珍年近半百而娶灵箫为妾，风流倜傥，对他来说恐怕是一桩十分得意的事情。但是终日书屋相伴，卿卿我我，亦非居家久远之计。一门老小十数口，总得穿衣吃饭啊。于是迫于生计，他应江苏丹阳书院的聘请，前往主持讲席。道光二十一年正月初三，春节未完，即离家赴任。就龚自珍的人生观而言，他于前人辞官还乡之后再去做此类事情很不以为然，可是无可奈何，他却也走上了这条早先为自己鄙视的路。临行，他致书京中挚友吴葆晋，倾诉了自己不得已的苦衷。信中说："弟今年仍不能不出门，向来薄宋士大夫罢官后乞祠官，今之书院讲席，又出领祠之下，乃今日躬自蹈之。已就丹阳一小小讲席，岁脩不及三百金。背老亲而独游，理兔园故业，青灯顾影，悴可知已。"

在丹阳书院执教未及三月，即惊悉他父亲病故的噩耗。龚自珍匆匆南下，回到杭州料理丧事。他父亲生前亦应杭州紫阳书院聘请，主持该院讲席。此后，龚自珍承其父业，身兼二职，既在紫阳书院执教，也去丹阳书院主讲。

道光二十一年八月，龚自珍渡江至扬州，下榻于魏源的絜园。絜园位于扬州钞关门内仓巷，园内有古微堂、秋实轩、古藤书屋诸胜，亭台楼阁，花木繁茂，为当地一处名园。龚自珍近年来南北往返，每过扬州，即寄宿于秋实轩中。由于龚、魏二人情同手足，两家子女亦以叔伯亲戚相待，龚自珍子呼魏源为二叔，魏源子则称自珍为大伯。龚自珍不理生计，挥金如土，每每拮据而乞贷，而魏源则业盐有方，俨若富商。此次自珍来絜园，魏源出示所藏王稚登《南有堂集》四册手稿。龚自珍喜金石碑版，于古籍校勘颇有功力，他当即作跋一篇，敦促魏源刻以流传，并表示愿意辑录王氏有关轶文相助。龚自珍每来絜园，皆有宾至如归之感。据魏源的孙子魏骝所辑《羽琌山民逸事》记，龚自珍不修边幅，去年冬，由南京来住絜园。大雪之后，身着汤贻汾所赠白狐裘一件。贻汾身材修长，而自珍矮小，衣服极不合体。待他一路踏雪进入园中，白狐裘的下半截皆已为雪和泥污染。龚自珍不喜沐浴，往往数日也不洗漱。魏源为了让他生活得舒适一些，专门安排两个家仆去伺候他。一天早晨，只见龚自珍怒气冲冲来找魏源，高声嚷道："你这两个仆人强迫我沐浴，还不断用水撩我，这岂不是轻侮我吗！如此贤惠的主人，怎么能用这种恶劣的仆人呢！"魏源深知他的脾气，赶忙笑着谢罪。一天晚上，龚自珍在秋实轩中与来客畅谈，一时兴起，竟坐到桌子上去，手舞足蹈，忘乎所以。客人告别，他起身送行，这才发现鞋子不翼而飞。一直到他离开秋实轩，家仆打扫房间，始在帐顶上把鞋子寻出。又据魏源的侄女魏彦回忆，当时她年仅八岁，龚自珍喜其聪颖，总爱讲古今人物奋发有为的事鼓励她。临走，还为她题诗一首："女儿公主各丰华，想见皇都选婿家。三代以来春数点，《二南》卷里有桃花。"并叮嘱道："小子识之。"

扬州归来，时事艰危。当时，英国殖民者为维护可耻的鸦片贸易，悍然发动侵华战争。侵略军于当年七月攻陷厦门后，继续北进。清廷穷于应付，令沿海诸省严加防卫。此时的江苏巡抚梁章钜，由苏州赶赴上海设防。龚自珍早年即与梁章钜在京中相识，道光十六年，梁氏奉调广西任巡抚，龚自珍曾撰序为赠，并在吴葆晋家中设宴饯行。当此国家危难之关头，龚自珍从丹阳致书梁氏，决意"即日解馆来访，稍助筹笔"与章钜并肩抗敌。殊不知未及动身，八月十二日他便不幸在丹阳书院病逝，终年仅五十岁。

龚自珍生前曾与魏源有约，谁先死，其诗文结集一事便由后死者主持。道光二十二年夏，自珍长子龚橙执其父遗书前往扬州。魏源亲自排纂，编定遗文十二卷为《定盦文录》，又辑录其他考证、杂著和诗词十二卷为《定盦外录》，一并付梓刊行。之后，魏源还撰为《定盦文录叙》一篇置诸卷首。

关于龚自珍的突然病逝，在他的亲朋好友中，对其死因并无怀疑。譬如他死后两月，龚橙妻弟陈彝禄撰《羽琌逸事》三卷以资纪念，文中就明确无误地记为"以疾卒于客"。梁章钜的《师友集》，记龚自珍逝世前数日与他在信中讨论时事，也称"丁忧归，卒于丹阳"。魏源的《定盦文录叙》同样说"道光二十有一载，礼部仪制司主事仁和龚君卒于丹阳"。可是晚清以来，随着"丁香花案"的流传，龚自珍的死因越说越离奇。归纳起来，不外乎就是一个中毒而死，至于下毒者则有二说：其一是说由京中所遣，系受奕绘贝勒长子载钧之命而来；其二是说因灵箫另有新欢，遂以药毒死自珍。

其实一如前述，所谓"丁香花案"本属杜撰，不能成立。龚自珍既与顾太清间不存在恋情，载钧虽与其庶母不合，但并无任何理由要迁怒于龚自珍。因此，载钧遣刺客南来毒毙自珍，实属无稽之谈。至于灵箫毒死龚自珍之说，实系由"丁香花案"派生而出，无非多事文人舞文弄墨，强加比附，横生枝节，更属市井浮说。持此说者忘记了如下一个基本事实，即龚自珍并非夺官去职，而是乞养告归，只要他愿意，随时可以复出。因此，灵箫要加害于这样一个有身份有地位的人，就无异于以卵击石，她知书达礼，非同寻常烟花女子，恐怕不会去做那样的蠢事。何况龚自珍的友朋多为官场中人，梁章钜就是在任江苏巡抚，岂能见龚自珍受害而坐视不管？事实上，龚自珍自幼身体不好，用今天的话来说，即患有先天性心脏病一类的痼疾。道光元年，他入京任内阁中书，同年冬，旧病复发，曾有家书一封禀报父母，并附诗一首。诗中有云："黄日半窗暖，人声四面希。恄箫咽穷巷，沉沉止复吹。小时闻此声，心神辄为痴。慈母知我病，手以棉覆之。夜梦犹呻寒，投于母中怀。行年迨壮盛，此病恒相随。饮我慈母恩，虽壮同儿时。"这就是说，龚自珍自幼惧怕户外的刺耳声响，就连卖糖食小贩的箫声也承受不了，而且此病直到道光元年他三十岁时依然缠身。这是一种什么病呢？按当时的医学状况自然无从解释，若以今日眼光论，无疑应是先天性心脏病的症状。道光十六年春，因饮酒过量，旧病再发，"肺气横溢，遂致呕血半升"。可见到他四十五岁时，病情已经加重。三年之后，龚自珍辞官还乡，途经扬州作《己亥六月重过扬州记》，文中就谈到了生死寿夭的问题，并称："自信不遽死，其尚犹丁初秋也欤？"这显然表明，由于病魔缠身，他已经感到死神的严重威胁了。当时是道光十九年，两年后他即因之而病逝是不足为奇的。正如王寿南先生在所著《龚自珍先生年谱》中指出的："盖当时西洋医术尚未普及，所谓心脏病、血压高诸症，未能为所周知。暴卒者，未必非心脏病诸症之猝发也。"

八、风骚独领信史成

道光十九年（1839）六月，龚自珍辞官南旋，途经扬州，魏源以絜园主人盛情款待。送别挚友，魏源读书自娱，著述养亲，依然过着悠闲的寓翁生活。然而时局的急剧变化，最终把他召唤出书斋。

道光二十年五月，英国侵略军悍然扩大战火，封锁广州。同时，以军舰沿水路北进，于六月七日攻陷浙江定海。七月，清廷任命两江总督伊里布为钦差大臣，前往浙江。八月二十日，浙江守军在定海附近擒获英国军官安突德。此时，魏源的友人黄冕作幕伊里布，邀魏源南下参加审讯英俘，于是魏源应邀抵达伊里布军营。对于这次审讯，魏源作了详细记录，后来辑入他的名著《海国图志》之中。

二十一年一月，浙江战事吃紧。清廷以伊里布畏敌不前，解钦差大臣任，调回南京，仍任两江总督，改派江苏巡抚裕谦为钦差大臣南下浙江。魏源应裕谦聘，作幕军营，抵达定海。定海为舟山群岛西侧的重要关口，与浙东沿海军事要塞镇海隔海峡相望。当时英国侵略军已占领香港，遂自定海南撤。如何在定海、镇海设防，成为浙江方面抗击侵略军必须解决的重大防务问题。魏源抵达前线，根据实地观察所得，提出了放弃定海不守，集中重兵固守镇海的方案。他认为，定海孤悬海外，守之无益。对于此时定海守军所构筑的外城，魏源尤为不满，并予以否定。他指出："守舟山已为下策，况所筑者又必不可守之城乎？天下无一面之城，此乃海塘耳，非外城也。贼左右翻山入，即在城内矣。"鉴于这一情况，魏源主张若要坚守舟山，则应"环内城为新郭，勿包外埠，勿倚外山，度城足卫兵，兵足守城，庶犹得下策"。然而裕谦任事刚锐，不娴武备，并没有渡海视察，便弃魏源的方案于不顾。由于在军事防务上的重大分歧，魏源无从为裕谦效力，只好愤然北归。归途之中，他赋诗四首抒怀，诗中写道："到此便筹归，应知与愿违。狼烟横岛峤，鬼火接旌旗。猾虏云翻覆，骄兵气指挥。战和谁定算，回首钓鱼矶。"

　　回到扬州不久，六月末，魏源得知友人林则徐因力主抗英而遭遣戍新疆，已于近期自浙江北上，于是他赶往镇江迎候。林、魏二人早年在京中相识，后来林则徐历任江苏按察使、布政使、巡抚，他们之间来往更多。在对待英国侵略军的问题上，他们又都力主抗战，反对求和。共同的政治主张，使他们成为肝胆相照的同志。自林则徐于道光十七年正月奉调湖广总督，已经四年过去。四年间，林则徐在湖南、湖北的严厉禁绝鸦片，在广东虎门的销烟壮举，在广东沿海的英勇抗击侵略者，随后又被委罪夺职，再以四品卿衔赴浙江军前效力，直到二十一年五月竟遭遣戍伊犁。这一切，魏源都深知其中的缘由。是非颠倒，黑白混淆，抗敌有罪，投降有理，在此恶劣的政治环境之下，面对滔滔东去的江水，这一对重逢的友人紧握双手，百感交并，久久相视无语，真可谓"此时无声胜有声"。魏源把林则徐接至馆舍，他们既为别后聚首而欣喜，又为国事日非而忧伤，畅谈时事，通宵难眠。正如魏源当时留下的《江口晤林少穆制府二首》所写："万感苍茫日，相逢一语无。风雷憎蠖屈，岁月笑龙屠。方术三年艾，河山两戒图。乘槎天上事，商略到鸥凫。"此其一。其二："聚散凭今夕，欢愁并一身。与君宵对榻，三度两翻蘋。去国桃千树，忧时突再薪。不辞京口月，肝胆醉轮囷。"就是在这次长夜晤谈中，林则徐把随身所带的大量宝贵资料和所辑《四洲志》初稿，一并交付魏源，嘱咐他整理成书。这就是他们分手之后，魏源倾注全力，精心结撰的《海国图志》。

　　魏源同林则徐在镇江分手之后，时局日趋恶化。七月九日，英国侵略军攻陷厦门，浙江海面告急。不出魏源早先之所料，定海于八月十七日再度陷落。二十六日，镇海又告失守，裕谦投水殉国。道光二十二年四月，英军攻陷浙江乍浦后，继续沿海路北进。五月八日，吴淞、宝山被夺，江南提督陈化成战死。三日后，上海陷落。英国侵略军肆无忌惮，沿长江西上，于六月十四日攻陷镇江。清廷被迫遣使议和，于七月二十四日与英国侵略军签订《南京条约》。割地，赔款，五口通商，丧权辱国的恶劣先例，自此洞开。就是在这样令人义愤填膺的岁月里，魏源化愤激为力量，潜心著述，先后完成了《圣武记》和《海国图志》初稿的撰写。

魏源自幼喜读史书，道光九年，捐赀为内阁中书后，得以饱览内阁庋藏图籍，为他研究清代前期历史积累了大量的宝贵史料。道光二十年鸦片战争爆发之后，清廷战和不定，一败再败，最终招致不平等条约的缔结。蒙受此莫大民族屈辱，魏源痛心疾首，于是发愤撰写《圣武记》十四卷。全书"溯洄于民力物力之盛衰，人材风俗进退消息之本末"，试图据以从军事史的角度，总结清代前期由盛而衰的历史经验。前十卷以纪事本末为体裁，选取自努尔哈赤开国，经康熙平定三藩、奠立国基，迄于道光中叶对少数民族地区和周边诸国的用兵始末，以《开创》《藩镇》《外藩》《土司苗瑶回民》《海寇民变兵变》《教匪》为专题，依次对二百年间的重大军事行动作了翔实的记录。后四卷集中以《武事余记》为题，就兵制兵饷、掌故考证、事功杂述、议武诸方面，展示了作者关于军事理论的深刻思考。面对西方殖民者的军事侵略，魏源在《圣武记》中第一次明确地提出了抗敌"御侮"的问题。至于具体的方略，他主张一是取侵略者之船坚炮利，"以彼长技御彼长技"，第二则是坚决禁绝鸦片。他指出："何谓塞患？鸦片耗中国之精华，岁千亿计。此漏不塞，虽万物为金，阴阳为炭，不能供尾闾之壑。"

《圣武记》初成于道光二十二年冬。当时，由于"索观者众，随作随刊，未遑精审"，所以两年后，魏源在苏州曾对初刊本作过修订。二十六年，复在扬州重订。扬州之重订本，虽以定本掩之前二本而大行于世，但卷十《道光洋艘征抚记》，因涉及时事，多所顾忌，依然有目无书。直到清光绪四年，始由上海申报馆补入铅印本《圣武记》中。

《海国图志》的撰写，发轫于道光二十一年六月末在镇江与林则徐的会晤。告别林则徐返回扬州，魏源即遵其所嘱，着手对《四洲志》及其他数据排比钩稽。翌年冬，初稿五十卷成，以木活字刊行。道光二十六、二十七年间，魏源又将原书增补为六十卷，再刊于扬州。咸丰二年，续经补录徐继畬《瀛寰志略》等中西资料，终成定本一百卷问世。

《海国图志》是我国近代第一部系统地介绍世界各国历史、地理、经济、政治、文化、军事诸方面状况的综合著述。关于该书的撰述动机，魏源说得很清楚："是书何以作？曰为以夷攻夷而作，为以夷款夷而作，为师夷长技以制夷而作。""师夷长技以制夷"的思想，从五十卷经六十卷，直到一百卷本，不仅贯串始终，而且不断深化。魏源始而主张"造炮不如购炮，造舟不如购舟"。继之加以修正，建议"于广东虎门外之沙角、大角二处，置造船厂一，火器局一。行取佛兰西、弥利坚二国各来夷目一二人，分携西洋工匠至粤，司造船械。并延西洋柁师司教行船演炮之法，如钦天监夷官之例。而选闽、粤巧匠精兵以习之，工匠习其铸造，精兵习其驾驶、攻击。……而尽得西洋之长技为中国之长技。"最终则将视野推扩至对西方经济、政治制度的憧憬，称"不设君位""不立王侯"的瑞士为"西土桃花源"。

魏源的《海国图志》，虽多系译文、外人口述及我国旧有典籍的辑录，但剪裁断制，排比成篇，确有创辟榛莽、前驱先路之效。全书以"师夷长技以制夷"的具体而系统的主张，向传统的闭关自守政策发起有力挑战，不仅给当时的中国知识界和整个社会带来了新鲜的气息，而且影响及于全部晚清历史。尔后，曾国藩、李鸿章的洋务运动，康有为、梁启超的变法图强，都是从不同角度接受魏源思想影响而加以发展的结果。

经历鸦片战火，尤其是南京缔约的屈辱，鱼米江南已非昔日光景。而两淮盐业损失惨重，一蹶不振。据魏源所著《道光洋艘征抚记》载，当英国侵略军攻陷镇江、直逼南京时，"自瓜洲至仪征之盐艘巨舶，焚烧一空，火光百余里。扬州盐商许银五十万免祸"。可见一时盐业遭受打击之沉重。盐业萧条，财源断绝，魏源家境顿告窘迫。万般无奈，他决计再度出山，到官场中去觅一个差事。道光二十三年初，他就此致书友人邓显鹤，倾诉其无可奈何的窘境。信中写道："自海警以来，江淮大扰，源之生计亦万分告匮。同人皆劝其出山，夏间当入京师，或就彭泽一令，或作柳州司马矣。中年老女，重作新妇，世事逼人至此，奈何！"按理，魏源早有举人的功名，道光初年还做过内阁中书，如今他要复出，自然可以得到吏部的任职安排。所以他决计夏天北上京城，参加吏部的选官。大概后来又认为用这样的办法做官，不如通过科举考试取得进士资格更理直气壮，所以改变了主意。于是他先是走出家门，在当年秋天，取道镇江前往南京访友，然后才于二十四年春北上京城，到会试场中再做一搏。

在镇江，登临金、焦二山，远望北固，极目海天，抚今追昔而感从中来，魏源写下了《金焦行》的悲壮诗篇。停足金山游龙禅寺清圣祖当年所书"江天一揽"匾额下，魏源潸然泪下，发出了"江天高处御书悬，父老流泪先皇年"的呜咽。他回首往事，在诗中写道："我来醉数六朝山，残剩苍茫落照间。海会寺前郑三宝，曾出此山震夷岛。晋江城外郑成功，曾出此山夺台澎。白土山前梁化凤，复驱岛寇如卷蓬。若言江左人物少，前朝何故多英雄？若言长江费关锁，何故先朝岁龙舸？荷兰万里贡戈船，酋特陪臣观烟火。擎天拔地起离宫，回江倒海沸声镛。但闻蠲租百万诏，几见多垒四郊烽？"然而曾几何时，无论是明朝的郑和，还是清朝初年的郑成功、梁化凤，乃至统一中华，宣扬国威的康熙帝，如今统统都已成为历史的陈迹。时移势易，沧桑迭更，一代封建王朝业已江河日下，竟然屈膝于外敌，缔结可耻的城下之盟。历史和现实的波澜在魏源的胸中激荡，他不禁仰天长叹："登金焦，望海潮，海门荡荡无夷艘。登金焦，望北固，万家灯火知何处？我有苍茫万古哀，酒醋走上妙高台。江左夷吾安在哉，排崖撼塔西风来。"魏源呼唤管仲再出，尊王攘夷，一匡天下，可是这样的历史巨人又到何处去寻觅呢？他看不到前景，自然惟有作今不如昔的哀叹了。

游镇江心境如此，抵南京，正赶上七月初七鹊桥会。秦淮河上，灯船相接，浩劫后的南京游人，似乎忘却了去年的苦痛，竟沉溺在旧梦重温中。目睹一派虚假的繁荣景象，魏源格外痛心，于是他写下《秦淮灯船引》，向人们大声疾呼："君不见去年今夕秦淮岸，鹊桥待渡银河半。炮雷江口震天来，惊得灯船如雨散。圌山已失京口破，火轮撇捩黄天过。燕子矶头峙狰狖，朱雀航外横鲸鳄。生长承平听画筝，几闻铁马金戈声。游船变作逃船贵，十千未肯出关行。旌旗猎猎古城坳，不见游舸见海舠。海舠飘忽如霆电，谁敢声炮向江皋。二百余年桃叶渡，七万里外红毛刀。十丈长人龙伯国，翻天覆地喷波涛。"

道光二十四年春，魏源于阔别京城十余载后，再度入都参加礼部会试。他在初试中顺利通过，榜发，列名第十九。同榜得中贡士的湖广籍举人共四名，除魏源外，还有李杭、陈廷经、王柏心。此时，正在新疆遣戍的林则徐闻讯，曾有诗贺李杭，兼及其他三人。林则徐于诗注中云："是榜楚产仆识四人，君齿最少，陈舫在壮龄，魏默深、王子寿两君，则三十年名宿也。"殊不知覆试时，主考官节外生枝，蓄意刁难，竟以魏源试卷有涂抹，贬置四等，罚停殿试一年。这一次意外的打击，激怒了魏源，于是他愤然写下《都中吟》十三首，对当时的官场积弊进行了全面的抨击。一如亡友龚自珍的痛恨以书法取人，魏源的批判锋芒首先即以之为的。他于诗中写道："小楷书，八韵诗，青紫拾芥惊童儿。书小楷，诗八韵，将相文武此中进。八扇天门訇荡开，玉皇亲手策群材。胪唱喧传云五色，董晃花样毛锥来。从此掌丝纶，从此驰鼗铎，官不翰林不谥文，官不翰林不入阁。从此考枢密，从此列谏官，尽凭针管绣鸳鸯。借问枢密职何事，佐上运筹议国计，借问谏臣职何秉，上规主缺下民隐。雕虫竟可屠龙共，谁道所养非所用！屠龙技竟雕虫仿，谁道所用非所养！"对于自己数十年来为进入官场而参加过的科举考试、捐输鬻官，魏源也痛加挞伐。他说："数开科，数开捐，开科遴才为得士，开捐输粟为助边。借问开科得何士，项槁盐车悲骎骊。宋代得一张齐贤，一榜赐第方能尔。借问开捐何所润，中外度支财益罄。漕盐河兵四大计，漏卮孰塞源孰盛。开科开捐两无益，何不大开直言之科筹国计，再开边材之科练边事。市骨招骏人才出，纵不拔十得五终得一。"清朝自入主中原以来，宗室、觉罗世代相承，其至尊地位养成了一大批庸懦无能的贵族。魏源于此也作了大胆的批评，他在诗中写道："宗室禄，宗室学，教养天潢信优渥。从龙入关止二千，生息休养数倍若。红黄带子区云礽，景山觉罗教汉文。玉牒生齿岁岁登，禄额无增宗额增。国家景祚如天盛，金枝玉叶原无斧。岂有富四海，而虞一家甔！不见宋臣言，宗祧有毁服有尽。不见唐代制，疏籍编氓同仕进。材俊常登史传书，不与宋明同利病。我闻银潢之水天上来，亦愿银潢之气钟英才。"

道光二十五年春，恩科会试再开。魏源如期赴京补行殿试，以三甲第九十三名取中进士。由于他不屑屈事权贵，如同早先龚自珍的遭遇，也被剥夺了进入翰林院的机会。后来被分发到江苏，以候补知州衔等待任职。魏源傲然出都，临行，友人边浴礼赋诗赠别。边诗有云："浮沉郎署君不肖，登陟玉堂君不为。高名耻受达官荐，硕学翻贻俗子讥。人间科第久无意，不幸误中张良椎。罹罝野雉炫文彩，难禁鸿鹄冲天飞。一荣一枯若朝菌，于君何加又何损？骋怀且作山水游，招友试为文字饮。纵谈霸术陋管商，熟玩兵机思起膑。琅玕披腹大可呈，虎豹天门砺牙吻。生平著述高等身，此行名实且相宾。"

七月，魏源回到扬州，不久，即奉命代理东台知县。赴任前，他致书湖南友人邓显鹤，就即将代理东台知县及未入翰林院事解释道："至以不入史馆为源歉，则非源志也。今日史官日以蝇头小楷、徘体八韵为报国华国之极事，源厕其间，何以为情？不若民社一隅之差为近实耳。补缺无期，委署尚易。近已奉檄权扬州东台县，初学制锦，未知能不伤割否？"这就是说，他并不以未能入翰林院而遗憾，认为与其同那些不务实政的文士为伍，倒不如在地方上做些实事更好。魏源莅任，得精通幕宾之道的友人邓传密等协助，迅速而妥善地处理了前任留下的矛盾。东台为扬州府属县，濒临黄海，素称难治。当时，由于前任知县葛起元征收漕粮处置不当，激起民怨，事态日趋恶化。魏源接下这么一个棘手的摊子，上任伊始，即面临抗粮民众的严重威胁。他一改前任的软弱退让，首先将带头抗粮的二十余人捕获监禁。这样一来，抗粮民众群龙无首，很快瓦解。为了安抚民心，不致使事态扩大，魏源对一般抗粮民众皆晓以大义，既往不咎。于是一场眼看就要蔓延的风波，遂告平息。

魏源在东台任职不到一年，道光二十六年四月，因他母亲病故，便去职而返归扬州。居丧之初，魏源将先前所著《圣武记》再度修订。对其中的若干篇章，或如征苗、征缅甸及道光回疆之扩大篇幅，增为上下二篇；或如廓尔喀、俄罗斯等篇的尽行改写；或如雍正征厄鲁特等篇的多所损益；或如《武事余记》诸卷的删繁就简，更正体例，终于使全书臻于完善，取得了定本形态。魏源服丧在家，整理旧日著述，生活本来十分平静，殊不知一场经济纠纷找到他的头上。就在他离开东台不久，不知是什么原因，上司突然下令清查东台漕粮，查出大量亏空。结果，责任自然要由魏源来承担，他为此赔垫出白银四千两。受此意外打击，刚见复苏的家境又告窘迫。不得已，魏源只好重操旧业，应江苏巡抚陆建瀛聘，入幕供职，协助办理漕粮海运事宜。

道光二十七年四月，为修订《海国图志》，魏源南游广州，抵达香港、澳门，购回大量图籍。北归途中，又遍游两广、湖南、江西、浙江、江苏，年末，始归扬州。《海国图志》经过两年来的增补，于此时扩充为六十卷本再度刊行。翌年十月，服丧期满。奉新任两江总督陆建瀛命，魏源复出，监理漕运及疏通河道事宜。道光二十九年七月，再任扬州府兴化县代理知县。当时正是秋收时节将至，扬州连日暴雨，里河水涨。督河官员不顾运河东岸民生疾苦，只图推卸责任，打算启坝放水。而兴化等河东七县，地势低洼，一旦洪水东泄，势必一片汪洋，颗粒无收，一时之间，人心惶惶。魏源抵任，权衡大局，坚决反对启坝放水。他星夜赶往陆建瀛行署，力陈不可启坝，必须尽快在运河东岸二十四闸开闸泄洪。陆建瀛查勘现场，接受了魏源的主张。启坝争议方息，大雨倾盆而下。魏源亲冒风雨，督民防护，加固堤防，兴化等七县终得保全。正如同治年间续纂《扬州府志》所言："下河七邑获庆更生，源之力也。"然而，魏源因在防河护堤中劳累过度，留下病根。两年后复发，目黄体肿，几乎不治。

道光三十年正月，清宣宗病故，文宗继位，改明年为咸丰元年。此时，魏源已调任高邮知州，兼海州分司运判。至此，他早先离京时，吏部所派候补知州一职，始告实授。魏源在繁忙的公务之余，依然著述不辍。咸丰二年，又将《海国图志》进行修订，增补四十卷，合前编六十卷一并为书一百卷在高邮刊行。这样，继《圣武记》之后，《海国图志》亦最终成为定本。二书不仅风行国内，而且远播日本，乃至西欧，产生了久远的历史影响。同年夏，湖南同里友人邹汉勋来访。汉勋精通天文学，魏源留他在署中数月，一方面协助撰写《尧典释天》，另一方面校订魏源的新著《辽史稿》。后因太平军攻克两湖，江东告急，汉勋离高邮还乡。临行，魏源将《辽史稿》及一些未刊手稿皆托付邹氏，嘱其回乡代为校订。后来邹汉勋战死安徽，邹氏藏书楼被焚，《辽史稿》亦付之一炬。

咸丰三年二月十日，太平军攻占南京。二十三日，再克扬州。其前锋进抵高邮召伯埭，距州城仅四十里。魏源一面出榜安民，开仓赈贫，一面招募壮勇，操练御敌。当时由南京方向溃逃而来的官兵甚多，沿途掳掠，已成一害。魏源当机立断，坚决镇压，将犯有奸淫掳掠罪的官兵百余人正法，虽带兵官员说情，亦不为动。三月，南河总督杨以增奉令督办江北防务。杨以增先前在防洪治河问题上，因与魏源主张对立，始终耿耿于怀。于是假公济私，向清廷疏劾魏源蓄意贻误江南文报，以致南北信息不通。魏源即因之以"玩视军务"而遭革职。七月，捻军由河南进入安徽，魏源应兵部侍郎、代理安徽巡抚周天爵聘，前往参与军务。九月，周天爵卒，兵科给事中袁甲三接任。魏源因与袁甲三素无交往，遂自安徽告辞，遁居于江苏兴化县。从此潜心著述，销声匿迹。

关于魏源避居兴化前有否到过南京，甚至与太平军往来，迄今依然是一个未有定论的问题。据魏源子耆所撰《邵阳魏府君事略》载："全家时避兵侨兴化，自归，不与人事，惟手订生平著述，终日静坐，户不闻声。"这是什么原因呢？魏耆解释说："府君以年逾六十，遭遇坎坷，世乱多故，无心仕宦，……至是辞归。"晚清，刘禺生著《世载堂杂忆》，则提出新说，认为魏源曾应聘至南京，与太平军合作。据刘书中《纪先贤容纯父先生》一节称："侍王府在城南，过秦淮河。府中有三老，称为中国年高有大学问者，最为王所礼遇。其一为南京上元人梅先生曾亮，称为古文大家，年殆七十左右，出入王必掖之。……其二为安徽包先生，称为中国书法第一人，曾写对联一副赠予。其三为湖南魏先生，通中外地理，予未得见。"李柏荣著《日涛杂著》亦持此说，而且认为后来魏源的坟墓之所以被铲平，原因就在于他曾经应洪秀全的太平天国聘。据李书中之《魏源轶事》载："默深声名既宏伟，又值洪秀全建国南京，提倡文化，设科取士，乃聘江宁梅伯言、泾县包慎伯及默深为乡三老。默深既殁，坟墓遂湮。……因侧身洪廷，遂遭平墓之灾。"今人李瑚先生著《魏源事迹系年》不赞成魏源受聘太平天国之说，但认为他"未以贼寇视太平军。在此期间，回至天京旧居观光似不无可能。但其思想与上帝教教义恐亦格格不入，因而再返兴化"。王家俭先生著《魏源年谱》，则指出容闳之到南京，时在咸丰十年，魏源已故世数年，因而所谓魏源身陷太平军中，实属"道路传言"。

置身急剧动荡的时局，目睹弥漫江南的战火，魏源既无心仕宦，亦不可能与太平军合作，因而他采取了超然局外的态度。一方面，他痛恨太平军的占据南京，比之为"长爪巨牙"，在咸丰四年冬所作《江头月》中写道:"可怜今夜月,正照秣陵城,秦淮歌管变鼓钲,长爪巨牙街衢行。"另一方面,英国殖民者挑起的鸦片战争,硝烟散去未久,作为一个历史家和思想家,魏源希望早日结束眼前的战火,所以他把清军与太平军的对垒比作"蚌鹬相持",在同一诗中又说:"可怜今夜月,更照吴淞郭。城头谯鼓兼画角,蚌鹬相持几时活。"然而战争何时才能结束呢?魏源看不到这方面的前景,因而他陷入迷茫之中,试图去寻求远离战乱的桃花源。这就是他在《偶感》诗中所写:"年年水旱与兵戈,南北东西事渐多。乍喜蚁蜂安梦国,已闻乌鹊斗银河。城完各战蜗牛垒,燎至犹甘燕雀窝。剩欲移家风鹤外,桃源何处有桑禾。"

在当时的中国,外有西方殖民者的欺凌,内有积重难返的社会危机,桃花净土是并不存在的。于是魏源只好把无穷的怅恨消融于著述之中。他晚年的著述事业,主要是从事两个方面的工作,一是《元史新编》的结撰,二是佛教净土宗典籍的整理。

在中国历代官修史籍中,《元史》成书最速,亦最为陋劣。明初开馆,两度纂修,二百一十卷的巨著,未及一年便草草成书。由于资料不充分,又缺乏较细的融会贯通功夫,所以错漏百出。明中叶以后,对《元史》做正误、续编、补遗一类工作者,代不乏人。清初,史家邵远平著《元史类编》四十二卷,开清人重修《元史》风气之先河。乾隆、嘉庆间,著名史家钱大昕潜心《元史》改撰,致力于《元史稿》的编写。为他所发现和表彰的《元朝秘史》《元典章》《皇元圣武亲征录》等宝贵史料,以及所补《元史艺文志》《元史氏族表》等,为之后史家的究心元史奠定了深厚的基础。嘉庆、道光间,研究西北地理蔚成风气,徐松所著《元史西北地理附注》及诸王世系表,虽未卒业,亦不失为一时杰作。魏源早先撰写《海国图志》时,已多涉猎元代史籍,而且发现不少来自英国的史料。避居兴化之初,他即着手进行整理,以邵、钱诸家之作为基础,博采《元朝秘史》《蒙古源流》《皇元圣武亲征录》《元典章》《元文类》和元人文集,于咸丰三年七月初成《元史新编》稿。

魏源是一个志存经世的史家，一如他先前的编写《圣武记》《海国图志》，《元史新编》的结撰，既要纠正明修《元史》的疏舛，力求以信史存世，同时也是为了总结元代历史教训，引为当代殷鉴。所以他在该书的叙中说："元有天下，其疆域之袤，海漕之富，兵力物力之雄廓，过于汉唐。……而末造一朝，偶尔失驭，曾未至幽、厉、桓、灵之甚，遂至鱼烂河溃不可救者，何哉？"魏源的结论是："前事者，后事之师。元起塞外，有中原，远非辽、金之比。其始终得失，固百代殷鉴也。"后来，魏源旅居杭州，打算通过浙江巡抚何桂清将该书稿进呈清廷，终因战乱频仍，未得实现，他亦因病赍志而殁。魏源故世后，《元史新编》稿辗转相传，直到晚清，始由邹代过、欧阳俌之详加校订，补勘为九十五卷，于光绪三十一年（1905）刊行。

魏源晚年，虽在现实生活中无从觅得一处净土，然而他却在佛教经典中找到了自己的归宿。这就是他自咸丰四年以后的虔诚佛门，对净土宗经籍的整理和研究。魏源早年曾经在杭州结识佛门弟子钱林，并听过钱林及高僧曦润、慈风等讲经。后来世事纷繁，无暇究心。咸丰四年，生平著述旧稿的整理和《元史新编》初撰蒇事，魏源便把精力专注于佛教净土宗经典。净土宗是中国佛教的一个派别，形成于隋唐之际，以东晋僧人慧远为初祖，实际创宗者为唐代僧人善导。这一宗派的基本经典是《无量寿经》《观无量寿经》《阿弥陀经》和《往生论》，专念"阿弥陀佛"，以期达到极乐净土。其修持方法简便易行，所以自中唐以后，广为流行。魏源服膺净土宗教义，鉴于自魏晋迄于唐宋，历代译经的繁冗，他自咸丰四年起，会译《净土四经》，并取名承贯而皈依佛门。咸丰六年春，魏源由兴化至高邮，病中，录《净土四经》及所撰序寄湖南友人周贻朴。同年初秋，南游杭州，寄迹僧舍。从此，"闭门澄心，危坐如山，客至亦不纳。即门生至戚，接二三语，便寂对若忘。"咸丰七年三月初一日，在杭州僧舍病逝，时年六十四岁。

附　录

龚自珍、魏源生平大事年表

乾隆五十七年壬子（公元 1792 年）　龚一岁

　　七月初五（公历八月二十二日），龚自珍生于杭州东城马坡巷。

乾隆五十九年甲寅（公元 1794 年）　龚三岁　魏一岁

　　三月二十四日（公历四月二十三日），魏源生于湖南邵阳金滩村（今属隆回县）。

嘉庆二年丁巳（公元 1797 年）　龚六岁　魏四岁

　　龚自珍随父母宦居京城。

嘉庆六年辛酉（公元 1801 年）　龚十岁　魏八岁

　　秋，龚自珍随母返杭州。

嘉庆七年壬戌（公元 1802 年）　龚十一岁　魏九岁

　　龚自珍居杭州。

　　魏源至邵阳县，参加童子试。

嘉庆八年癸亥（公元 1803 年）　龚十二岁　魏十岁

　　龚自珍随父母北上京城。途经苏州，外祖父段玉裁讲授《说文解字》部目。

嘉庆十三年戊辰（公元 1808 年）　龚十七岁　魏十五岁

　　龚自珍居京城。随父游太学，为国子监监生。

　　魏源补为邵阳县学弟子员。

嘉庆十五年庚午（公元 1810 年）　龚十九岁　魏十七岁

　　秋，龚自珍首次参加顺天府乡试，中副榜第二十八名。

　　魏源以学业优异，成为县学廪生，取得课徒授学资格。

嘉庆十七年壬申（公元 1812 年）　龚二十一岁　魏十九岁

春，龚自珍由副榜贡生考取武英殿纂书处校录。三月，其父外任徽州知府，举家南迁。四月，在苏州成婚。后居徽州。

嘉庆十八年癸酉（公元 1813 年）　龚二十二岁　魏二十岁

龚自珍二次进京参加顺天府乡试，不中，南归。妻卒。

魏源入岳麓书院求学，被选为拔贡生。回乡成婚。

嘉庆十九年甲戌（公元 1814 年）　龚二十三岁　魏二十一岁

龚自珍撰《明良论》四篇。

魏源北上京城求学。从胡承珙问汉儒之学。

嘉庆二十年乙亥（公元 1815 年）　龚二十四岁　魏二十二岁

龚自珍父改任安庆知府，再擢苏松太兵备道，举家迁上海，在杭州续娶何吉云为妻。

魏源在京从刘逢禄问《春秋》公羊家学。

嘉庆二十一年丙子（公元 1816 年）　龚二十五岁　魏二十三岁

龚自珍参加浙江乡试，不中。撰《乙丙之际著议》十一篇。

冬，魏源自北京南归。游泰山。

嘉庆二十二年丁丑（公元 1817 年）　龚二十六岁　魏二十四岁

龚自珍居上海。

魏源返湖南，先授徒长沙，后回邵阳。

嘉庆二十三年戊寅（公元 1818 年）　龚二十七岁　魏二十五岁

秋，龚自珍在杭州参加恩科乡试，考中第四名举人。

春，魏源往辰州，应辰沅永靖兵备道姚兴洁聘，主持纂修《屯防志》《凤凰厅志》。

嘉庆二十四年己卯（公元 1819 年）　龚二十八岁　魏二十六岁

春，龚自珍在京首次参加恩科会试，落第。后留京从今文经师刘逢禄问学。与魏源初次结识。秋，南归。

夏，魏源入京。秋，参加顺天府乡试，中副榜贡生。冬，游嵩山、华山，取道成都、重庆，沿长江出蜀。

嘉庆二十五年庚辰（公元 1820 年）　龚二十九岁　魏二十七岁

三月，龚自珍再度在京参加会试，落第。四月，以举人入选内阁中书。后南归。

魏源送母至江苏宜兴，寄居其父任所张渚司巡检。

道光元年辛巳（公元 1821 年）　龚三十岁　魏二十八岁

春，龚自珍入京就任内阁中书。时值国史馆重订《清一统志》，以中书出任校对官。夏，考军机章京，未被录取。

春，魏源取道山东进京。秋，参加顺天府乡试，仍中副榜贡生。

道光二年壬午（公元 1822 年）　龚三十一岁　魏二十九岁

春，龚自珍第三次参加会试，再告落第。秋末冬初，送魏源、邓传密赴古北口。冬，上海住宅失火，冒雪南归。

秋，魏源以第二名考中顺天府乡试举人。后应直隶提督杨芳聘，赴古北口教其子杨承注。

道光三年癸未（公元 1823 年）　龚三十二岁　魏三十岁

春，龚自珍入京。第四次会试，依然败北。七月，母病逝，解职南归。

春，魏源入京。首次参加会试，落第。冬，回江南。

道光四年甲申（公元 1824 年）　龚三十三岁　魏三十一岁

龚自珍居丧在家，开始研究佛学。

魏源在江阴访李兆洛。三月，杨芳调常德，任湖南提督，魏源应聘作幕常德。

道光五年乙酉（公元 1825 年）　龚三十四岁　魏三十二岁

龚自珍居丧在家。十月，服丧期满，游昆山，购得别墅一处，即后来的"羽琌山馆"。

魏源应江苏布政使贺长龄聘，作幕苏州，代贺氏辑《皇朝经世文编》。冬，进京。

道光六年丙戌（公元 1826 年） 龚三十五岁 魏三十三岁

春，龚自珍偕妻入京复职。第五次参加会试，又告落第。

春，魏源第二次参加会试，依然失败。后回苏州贺长龄幕，《皇朝经世文编》辑成。助贺氏督办漕粮海运，与其父邦鲁均至上海。

道光七年丁亥（公元 1827 年） 龚三十六岁 魏三十四岁

龚自珍居官在京，喜治金石碑版之学。

魏源仍作幕苏州。

道光八年戊子（公元 1828 年） 龚三十七岁 魏三十五岁

龚自珍居官在京。著《尚书序大义》《太誓答问》《尚书马氏家法》各一卷。

魏源应左都御史汤金钊聘，随入陕西。后闻友人杨芳讨伐张格尔叛乱，自请从军新疆，行至嘉峪关而返。南游杭州，从钱林问佛学，听高僧曦润、慈风讲经。在南京结识词人周济。

道光九年己丑（公元 1829 年） 龚三十八岁 魏三十六岁

三月，龚自珍第六次参加会试，中第九十五名贡士。四月，殿试，列三甲第十九名，赐同进士出身。朝考，以楷法不合程式，未能入选翰林院庶吉士，奉旨外任知县。经请求，仍留任内阁中书。

三月，魏源第三次参加会试，仍告落第。援例捐赀为内阁中书舍人。

道光十年庚寅（公元 1830 年） 龚三十九岁 魏三十七岁

龚、魏同在内阁任中书，与同官宗稷辰、吴嵩梁、端木国瑚并称"薇垣五名士"。四月九日，龚、魏同赴花之寺观海棠。六月二日，龚自珍招魏源、吴葆晋、张维屏等在龙树寺为诗酒之会。

道光十一年辛卯（公元 1831 年） 龚四十岁 魏三十八岁

龚自珍居官在京。

春，魏源因父病重告假南旋。七月，父卒于宝山住所。守制苏州。

道光十二年壬辰（公元 1832 年） 龚四十一岁 魏三十九岁

春，龚自珍招公车诸名士再集花之寺，魏源、宋翔凤、包世臣等应邀参加。

春，魏源第四次参加会试，落第。后回江南，入两江总督陶澍幕，积极参与淮北票盐改革。

道光十三年癸巳（公元 1833 年）　龚四十二岁　魏四十岁

龚自珍居官在京，先后成《左氏春秋服杜补义》《左氏决疣》《六经正名》等著述。治佛教天台宗经典。

魏源寓居南京，仍作幕两江总督陶澍，究心江南水利。

道光十四年甲午（公元 1834 年）　龚四十三岁　魏四十一岁

龚自珍居官在京。参加选拔乡试主考官，未能入选，愤然著《干禄新书》。

魏源仍在陶澍幕。代陶作《海曙楼铭》。

道光十五年乙未（公元 1835 年）　龚四十四岁　魏四十二岁

龚自珍擢官宗人府主事。

魏源作幕之余兼营盐业，所获甚丰，在扬州购置园林一处，题名絜园。

道光十六年丙申（公元 1836 年）　龚四十五岁　魏四十三岁

春夏间，龚自珍旧病复发，肺气横溢，遂致呕血半升，健康状况日下。

友人梁章钜出任广西巡抚，设宴饯行，并撰《送广西巡抚梁公序》。

魏源仍在陶澍幕，往来于南京、扬州间。

道光十七年丁酉（公元 1837 年）　龚四十六岁　魏四十四岁

龚自珍在京察中列名一等，受到道光帝召见。充宗人府玉牒馆纂修官。

三月，改任礼部主事。四月，外选湖北同知，经请求，改留原任。究心大乘佛教，著述甚多。

魏源居扬州，研究明史，撰为《明代食兵二政录叙》。

道光十八年戊戌（公元 1838 年）　龚四十七岁　魏四十五岁

正月，龚自珍上书礼部尚书，主张整顿部务。撰《春秋决事比》六卷。十一月，友人林则徐以钦差大臣赴广东查禁鸦片，撰《送钦差大臣侯官林公序》赠行。因故受罚，薪俸全无，冬，前往保定向友人借贷。

魏源仍居扬州絜园。应海州分司运判童濂请，纂《淮北票盐志略》。

道光十九年己亥（公元 1839 年）　龚四十八岁　魏四十六岁

三月，龚自珍以其叔父调任礼部尚书理当回避，兼以其父年迈，呈请辞官还乡。四月二十三日只身南旋。九月十五日北上迎接家眷，途中游曲阜，谒孔庙。十一月初，进抵京南固安县，不入都门，候眷属离京，一道南归。十二月二十六日返抵昆山羽琌山馆。南北往返，得诗三百一十五首，翌年春辑为《己亥杂诗》刊行。

春，魏源还乡扫墓，议修族谱。六月二日，陶澍卒，撰《太子太保两江总督陶文毅公神道碑铭》。龚自珍南旋途经扬州，魏源与之会晤。

道光二十年庚子（公元 1840 年）　龚四十九岁　魏四十七岁

龚自珍居昆山。游南京、苏州、扬州。

魏源奉命疏浚徒阳河，至镇江。八月，应友人邀，南下浙江宁波，参加审讯英国战俘。著《诗古微》成。

道光二十一年辛丑（公元 1841 年）　龚五十岁　魏四十八岁

春，龚自珍应聘主持江苏丹阳云阳书院讲席。三月初五，其父丽正病故，承其父业，兼主杭州紫阳书院讲席。七月，至丹阳。八月初，游扬州，下榻絜园。返丹阳后于八月十二日病逝。

春，魏源应钦差大臣裕谦聘，入幕浙江定海，筹划抗御英国侵略军事宜。后因与裕谦主张不合，辞幕北归。六月末，林则徐因力主抗英，被夺职遣戍新疆，魏源在镇江与之会晤，受嘱撰《海国图志》。

道光二十二年壬寅（公元 1842 年）　魏四十九岁

魏源在扬州，闭门著《圣武记》《海国图志》。夏，龚自珍子橙携其父遗稿至，删订为《定盦文录》《定盦外录》。冬，《圣武记》《海国图志》初稿成。

道光二十三年癸卯（公元 1843 年）　魏五十岁

魏源取道镇江，赴南京访友。赋诗抒怀，痛感鸦片战争失败，民族蒙受莫大屈辱。

道光二十四年甲辰（公元 1844 年）　魏五十一岁

春，因家道中落，被迫再度出应科举考试。会试中考取第十九名贡士，因覆试试卷有涂抹，罚停殿试一年。

道光二十五年乙巳（公元 1845 年）　魏五十二岁

春，入京补行殿试，中三甲第九十三名，赐同进士出身。以知州分发江苏候补。秋，奉命代理扬州府东台县知县。

道光二十六丙午（公元 1846 年）　魏五十三岁

夏，其母逝世，辞官居丧。旋因东台漕务亏空一案，被罚白银四千两。入江苏巡抚陆建瀛幕。重订《圣武记》。

道光二十七年丁未（公元 1847 年）　魏五十四岁

南游广州，抵香港、澳门。北归，遍游两广、两湖、江西、浙江、江苏。重订《海国图志》。

道光二十八年戊申（公元 1848 年）　魏五十五岁

南游江西，登庐山。

道光二十九年己酉（公元 1849 年）　魏五十六岁

奉命代理江苏兴化知县，率领兵民，抗洪护堤，积劳成疾。

道光三十年庚戌（公元 1850 年）　魏五十七岁

调任高邮州知州，兼淮北海州分司运判。

咸丰元年辛亥（公元 1851 年）　魏五十八岁

在高邮知州任。

咸丰二年壬子（公元 1852 年）　魏五十九岁

居官高邮。增补《海国图志》为一百卷，在高邮刊行。

咸丰三年癸丑（公元 1853 年）　魏六十岁

二月，太平军连克南京、扬州。溃逃官兵入高邮，一路烧杀掳掠，魏源予以严惩。三月，河南总督劾魏源贻误江南文报，奉旨革职。秋，应代理安徽巡抚周天爵聘，入安徽赞理军务。天爵病殁，避居兴化。著《元史新编》。

咸丰四年甲寅（公元 1854 年）　魏六十一岁

潜心佛学，取法名承贯，会译《净土四经》。

咸丰五年乙卯（公元 1855 年）　魏六十二岁

著《书古微》成。

咸丰六年丙辰（公元 1856 年）　魏六十三岁

春，在高邮。秋，南游杭州，寄迹僧舍。《元史新编》脱稿。

咸丰七年丁巳（公元 1857 年）　魏六十四岁

三月初一日，病逝于杭州僧舍。葬于西湖南屏山方家峪。